总 主 编　李红权　朱宪
本卷主编　李红权　朱宪

近代蒙古文献大系

政 治 卷

◇ 第 七 册 ◇

中 华 书 局

目　录

内蒙自治之鸟瞰

孟权　撰

　　自内蒙自治声起，朝野上下，举国重视。邻近省区，既呈杌陧不安之象；南中各省，因道途远隔，真相莫明，风声所播，尤滋疑惑。留心时事者，辄曰内蒙自治，必有国际背景，与夫外人诱惑，事之有无，姑不具论；然内蒙自〈治〉，由酝酿至于显露，其原因决非如是简单。查"自治"二字，并非恶名，何独于内蒙之自治，而特怀忧虑？窃谓欲悉内蒙自治之内容，应将其自治分作三类，逐类研究其利害得失，及其将来之趋势，则事实充分明了。三类为何？即：（甲）在中央指导下有规则之自治；（乙）名义上不脱离中华民国，而自治权扩张，致国家治权失其效用之自治；（丙）第一步，以自治为名，而形成独立，第二步，则为异国所吞并。

　　内蒙之自治，不能出此三类范围。内蒙究为何类之自治乎？且待下文说明。吾人欲明悉内蒙自治真相，应先略述内蒙之地理与历史，及其经济状况、政治组织。

　　查内蒙位于大沙漠之南，东界辽宁、吉林二省，南界陕西、山西、河北三省，西接宁夏，北连大漠。全境分六盟及各特别旗，今已分别编入辽、吉、热河、察哈尔、绥远等省，故舆地上已无内蒙名称。所谓内蒙者，乃就昔日疆域而言，以求研究上之便利而已。

　　内蒙分六盟，即（一）哲里木盟，属辽、吉；（二）昭乌达盟；（三）卓索图盟，均属热河；（四）锡林果勒盟，属察哈尔；（五）

乌兰察布盟；（六）伊克昭盟，均属绥远。此外尚有各部各特别旗。自九一八事变发生暨热河沦陷，于是失去哲、昭、卓三盟，暨属黑龙江之呼伦贝尔部。现仅存锡、乌、伊三盟，暨在察省之察哈尔部、在绥省之土默特特别旗、在青海之阿拉善浩其诺特别旗。

至于内蒙之经济状况，除哲、昭、乌等盟之农业、矿产、森林等，久为世界所共知，无庸赘述外，现存各盟旗，大都崇尚畜牧，不事耕作，矿产蕴藏甚富。达诺斯诺尔及苏尼特盐池之盐，运销甚广；而矿产多未开采，交通尤异常梗塞，除数条汽车路外，非赖驼马之〔不〕能通行，别无新式交通机关。

内蒙政治组织，所谓蒙古王公贝勒者，大都仍袭前清暨北京政府时代封号。国民政府成立，并未续封此种爵秩，仅任命扎萨克而已。扎萨克为蒙古行政官，对于蒙民有统治权；王公爵位虽尊，若不兼扎萨克职衔，则不能有统治权。

内蒙各王公，大抵富于保守思想，无一定坚决主张，惟锡林果勒盟之德王，自命甚高，常思操纵全蒙。德王年三十余岁，识汉文，其母操北平官话尤纯熟。德王名穆楚克栋鲁普，字希贤，为锡盟副盟长。正盟长一称大王，现为索王。索王，名索诺木拉布坦，年龄已老，性情忠厚，遇事无所主张，一任德王之所为。德王所属旗，名西苏尼特，在滂江之西，近乌盟地带，故亦称苏尼王。各盟旗皆未练兵，独该旗练有蒙兵若干。去年，国难会议，德王曾到南京，拟另组蒙藏委员会，其志气可见一斑。但德王虽欲雄长全蒙，乃系胸怀志愿，一切实行计划，内幕中另有一人在，其人为谁，即彼之代表赵海福是已。赵系德王亲戚，蒙名布英达赖。其人通汉文，读四书甚熟。居常慷慨自负，时诵《论语》文句，若有无限抱负者。德王一切计划，此人实左右之。

近闻蒙籍青年数十人加入。此等青年，大概系中央、军政两校学生，曾受新式教育。但以东盟，尤其哲里木盟之人为多，西盟之人甚少。伊等鉴于国破家亡，乃思团结以御侮，故虽与德王等同为自治运动，而其动机则各不相同。

吾人叙述至此，可依上文分类方法，进而论内蒙自治之本题矣。假定内蒙为（甲）类之自治，则与宪政时期各省县之自治无殊，为《建国大纲》所规定。此类自治，可谓完全无害。假令为（乙）类之自治，则名义上虽不脱离中国，然自治权极度扩张，所有内蒙一切交通、林垦、工业、商务，如《建国方略》所详载者，必至大受影响。以内蒙之地处边陲，强邻环伺，土旷人稀，文化落后，若不由中央力量，通盘筹划，依法建设，其危险何堪设想！至于（丙）类，则其恶劣，尽人皆知，本篇无详述之必要。

然则内蒙将为何类之自治乎？此问题关系重要，吾人当平心静气以考察之。若谓其出于（甲）类，则倡导自治者，初意似非如此。若谓其出于（丙）类，则蒙古王公及蒙籍青年，深明大义者居多，断不至如此荒谬。故察其趋势，殆以出于（乙）类为多。所幸中央简派大员，驰赴蒙疆，召集王公，开诚商榷，闻德王等已愿接受中央方案的。诚能如是，则内蒙自治，可入于正当之途，而德王等亦不失为识时务之俊杰。

此外尚有一问题，即舆地上已无内蒙名称，而德王等犹号召于众曰"内蒙自治"。所谓内蒙者，其界限究竟如何，是否专指锡、乌、伊三盟，与特别旗是否在内？锡、乌、伊三盟久已分隶各省，已不称内蒙。各部与特别旗，则其土地早已多数开垦，尤不在各盟管辖范围之内。将来即许蒙人正当自治，其名称，亦不可不注意。今知中央政府重视此事，爰著斯篇，以供谋国者之参考。

《西北月刊》

张家口西北月刊社

1933 年 2 期

（李红菊　整理）

繁荣察省之刍言

文乞 撰

察哈尔省，为蒙、汉往来之孔道，西达秦、晋之喉咙，开发西北，首宜注意之地点也。察省繁荣之后，北之蒙古，西往山、陕，以至甘肃、新疆，自不难渐次开化，而收行远自迩、登高自卑之效也。溯察省自昔商贾辐辏，客货云屯，乃西北著名之陆路商埠。自张、库交通断绝，复经内战后，一变繁华之区为萧索之地矣，以致市面沉寂，百业就荒，民生艰窘，官府向隅，若不急图恢复故有繁盛之区，而犹欲经营荒凉未辟之域，是犹舍熟地而垦新田然，新田未效，熟地已荒，何若以熟地所得之利，逐渐从事于垦辟耶？是繁荣察省，较开发他处为尤重要也。谨就管见所及，繁荣察省，要件有六，外交方面，为应先决问题，治安问题次之，再次则为民生、交通、捐税、教育，如能一一解决，繁荣自必不难。分述之，以待热心国事者，从而研究之。自九一八事变发生，热河失陷，波及察省之多伦、沽源、宝昌等县，亦均呈不安状态。益以方、吉为乱，日人借口进兵，多伦一县，现被伪国所据。停战协定，原以长城为界，丰宁以西，本不应再进日、伪两军，伊犹任意窃据，似应与伊严重交涉者。且多伦一县，原非战地，既未经伊武力夺取，停战后，何得据而不释？一县混乱，邻封不安，沽、宝、康等处，亦均难于治理。此与日本所当急积交涉者也。至于中俄复交一节，事过一载之余，张、库交通，仍无具体办法，虽有商人自行周旋，总莫如国家加之以力之为愈也。固以察境屡生变故，噬脐莫及，现已渐臻平复，此后不难与彼交涉通商之条件焉。张、库交通复原，察省市面自当活动，一般失业商人，可无饥寒之虞矣，凡百营业，均可借资复兴，是与俄人交涉通商，亦应急积进行者也。

至于察省治安一层，在平时即难保持，况迭经事变，兵匪不辨之时乎？口北六县，地旷人稀，毗连之处，均系盗薮，地方兵力既单，匪众出没又属无常，居民受害，时有所闻。彼值〔至〕遣兵剿捕，困难又非一端，居民零星，食宿无处，天气酷寒，幕营不易，而且水薪之寻觅，动须百里，近者亦须四五十里耳，偶得一井，水亦有限，非能供给多数人马之饮食，实一大难题也。且匪闻兵至，早已远避，兵去匪至，为患依然，是以口外农民常不能如期而耕耘者，比比然也。商人行路而被劫者，不计其数。近而至于察省事变，口北六县，混乱异常，良莠难分，兵匪莫辨，居民不问贫富，均被抢掠一空，幸经宋主席剿抚兼施，人民稍得安枕，然亦火烧毛尽，生活无法矣。犹有少数劫路小□，根株未断，若宋主席之常事剿办，尚不难于荡平。

匪患既除，固亦打破民生问题之一大障碍，安则安矣，无衣无食，且无庐舍，亦是堪虞。总理之民生主义，以衣、食、住、行为四大要素，察省在平时所产之农产物，仅可谓自足经济之农业，皆无积蓄数年食物之可能，复经事变，军旅云屯，人口骤增数百倍，食料一时用尽，房屋半作燃料。口南十县，为害较轻，口北之民，生活无术，似应急筹赈款，以恤此嗷嗷待哺之哀鸿。此为急救燃眉之计，而后再筹巨款，补助农民，以待来年犹能耕作。在察省应设立大规模之工厂，凡口外所产之皮毛骨角，以及乳油之类，均能制为成品，行销全国，不但可以抵制舶来之品，且可保持国产原料不为外人所得，尤可使一般贫人皆能有所工作，自食其力，既免冻馁之虞，更可使致无不轨之行为，以及伤风败化之发现也。考察省盗匪之多，固因前述之原由，而被饥寒所迫者，亦在所恒有，并闻官府驱逐暗娼之令，源源不绝，而暗娼依然较他处为多者，岂不亦因饥寒所致哉？古人云"女子之不贞，男子之事窃，非失其本性者，莫肯为也"，"羞恶之心，人皆有之"，本性讵易失哉？生活问题迫人之甚，有不得已而然者，故虽有法律，亦易失效，虽知廉耻，亦难维持，是在当局所当顾虑者也。查察省全年收入，本不抵所出，益以此次事变后，地方经此挫折，岁收顿减，中央发款为整顿善后之费，非为救灾而发，当局顾虑乏术，数万灾黎何恤，愿中央政府熟计之。

交通一层，关系民行，亦民生主义中一大要素。察省只有铁路一条，西至绥远，东南至北平，亦因察省事变，客货间阻，运输不便，全线经济状况，受莫大之影响。张多铁路，修筑无期。全省汽车路，亦均失修，汽车数目，亦因战事大减，以前曾有商运汽车数百部，除被赤俄扣留于库伦，即被杂军所损坏，现所存者，仅数十部耳。曩者陆路之运输，汽车外尤有驼载，以骆驼运送者亦属不少，因受杂军之征发，骆驼亦无先前之多。有此种种原因，交通上亦不如先前之利便矣。犹欲谈到进步，戛戛乎其难也，交通不利，运转不灵，物价腾贵，粮食无源之弊，在所难免，至于文化之输入，消息之灵通，更不可得矣。欲使察省之交通进展，须先由交通复原起。复原交通，厥有两端，在铁路方面，则限制军人乘运，在陆路则保护行旅，减却重捐。此两项事，宋主席已经施行，惟有进展方策，尚待计划耳。将来张多铁路如能修筑，沿途可以殖民，生产增加，输出自易，而库伦通商复原，由张家口至乌得再筑铁路，则察省之繁荣，可立而待也。

上捐纳税，为国民应尽之义务，亦地方与国家公款之来源也，使无捐税之收入，凡百政事皆须停顿。然捐税有正杂之分，地方有贫富之别，在百业兴盛之区，纳税不成问题，在地方边僻，而频年罹灾之地，四民本不堪命，再加之以重税，是不啻敲骨而求膏也。地方愈罹灾患，四民愈加贫困，而公家需索亦势必愈多，在应征之正税外，更加种种杂捐，积少成多，终成民间之大累。张家口自事变以来，除正税之外，每家所摊捐款，恒逾正税数百倍。曩者，出入货物，以及营业，固应纳税，而在变乱时，凡顾〔雇〕用民夫，军用车马，均由民间摊款，应付一起，一起又来，直至无可应付之时，军事乃息。幸宋主席来张整顿，取消一切苛捐杂税，而正税又虽〔难〕豁免，虽民有饥色，野有饿莩，而捐税一层，犹须继续，似应由繁盛之区，拨款接济，使察省市面复原后，再行实行税捐，未始非苏民困之良法也。此言货捐与杂税之宜去，至于亩捐一层，尤应豁免。查察省自罹乱以来，耕耘、收获均失其时，益以天气较他省为寒，在平时收获，即属不足一年之用，遇此兵荒，又减数倍，再加之以赋税，农村自然均须破产，工商所供给者，以农民为大主顾，农村破产，市面尚能繁荣乎，是减却田赋，亦繁荣地面之妙法也。

再谈一谈教育。察哈尔文化落伍，无可讳言。查全省只有中等学校十余处，每处一二级，每级有生徒一二十人。高级小学校，亦不过百处。教员薪金，多者三四十元，少者六七元耳，教育概况从而可知。据民国二十年度之户口调查，全省人口，系一百二十万八千八百八十余人，受教育者百无一二焉。一地方文化发达之程度，与该民族之购买力及消费量成正比例，盖文明国家，其生活程度，恒较落伍者为高，因其教育普及，文化发达，一切事业，大都皆形科学化，于是农产物及工业制造品之产量大增，因而发生过剩之恐慌，北美合众国即为最显著之例。为谋解决生产过剩之恐慌，除向海外夺取市场外，即在国内竭力提高国民之生活程度，物质方面之需求欲自大，于是过剩物品乃有销路；他方面因国民经济富裕，文化发达，一般人自然而然需要安适之生活，需要增加，设若供不抵求，生产方法，将必更加改善，工商业乃更形发达。是以普及教育，即所以提高国民文化程度，文化提高，工商业乃因之而发达，工商业发达，国民经济因之而更形富裕，于是教育愈易普遍，此三者应相互为因，相因为果，其关系至为密切。故为谋繁荣察省计，普及教育，实为刻不容缓之图。

综前数事，如能一一注意，察省之繁荣，自属不难，是在当局之注意耳。言开发者，不在空谈，而在实行，实行开发，必自繁荣故有之市面起。

《西北月刊》
张家口西北月刊社
1933 年 2 期
（李红权　整理）

评省府解决学潮办法

荡旌　撰

打开鼻子说句亮话，所谓这个"学潮"的起来，假如这几位出身高等学府的教育专家先生稍微掏一颗点儿良心的话，哪里会出人意料而乌烟瘴气得若是其凶呢？

不幸的，这一场使人啼笑皆非的波澜，一天比一天汹涌的害怕，一回胜一回的嚣张起来，这气焰，我想全绥的仁人君子哪个不同作者起一样的"哭无泪，笑无声"的感触呢？怕凡属绥人恨不得一齐向省主席傅作义先生面前跪倒，合二百万人心为一意念的请个"赶快解决学潮"的愿。

真是一天一天……一月又一月……的才盼到了。几个本地人灰办的学潮，省府本着使学务闲步进行，不影响青年学业的大旨解决了，这样欠〔大〕快人心而万众渴望解决的事，看了办法，总是应当讴歌的功德！而且，敢请大家盲从着我来。

唉！想来也许是实际有所为难吧，我一点点儿理论不是硬来白白胡涂么？要不然，省府解决学潮办法中何以就有了（一）、（二）条令人左思左觉得有点矛盾，右想右有点麻糊呢？然而，这是条文，条文里的文是含有法律性的，潘厅长辞职照转，这是法律问题，省府确实是除了协助自己系的教育厅整顿各地各校各负教育责者的教育事业外，□遵法统的话，□厅长求去，乃个人行动，只好照转教部，在教部准辞与否谁都不敢说定的话下，按手续厅长职务让教厅的总务科长暂代一时，回头来看教部如何作处，再行定夺才是道理。然则照转下文是厅长职务由主席暂兼，进而又是接收教厅，看我的理论，不是白胡涂了而何？

再说，这位侯璠，因为鼓动学生反对会考，经教厅撤职以后，厚着脸皮收买会耍长枪短棍的打手几乎是土武装式的盘踞校内，对教厅目无法纪，岂不是对省府、对教部、对中央政府也一样的目无法纪？真是小小的个校长侯璠，"这还了得？"而省府办法（二）的条文曰"一中已经教厅撤职之侯璠着即离校……"这里对省府维护他系统的教厅撤侯之令，我且慢讲赞颂之言，莽撞点说，按侯璠这等目无法纪而蛮干的人，撤职下边，实实还差填"查办"两字，虽然他更进一步的录取了不经考试，革除了不付收买的学生，且学田基金的遗失，以及只要新生（不经考试）交学费不管下落如何的一大本胡涂账尚未帐誊清楚的时候，应当"拘押"的话，我主张索性宽饶点赫了他。

至于那位擅起无名风波的中山学院院长白映星先生，真是捣了安然天下的大乱，不安本分办学校，竟率领学生参加捣毁教厅，又丧心又病狂的胡涂□为，许是教部洞察到他的内幕了，电令解散，而省府所以迁延至今者，一定是怕绥省起了智育荒，这，我倒是觉得为政者应当如此设想的。可是，问问白先生为什么胡里胡涂的率领学生去捣毁教厅？果能教导有方，严加约束，又哪里能够如此？今儿，省府竟撤□教部命令予以"免职"二字，我想白先生一定憧憬着免职下边的"究办"，或"彻查"……等等字眼儿偷偷地按着突突在跳的心胸，玩味他那股子"不是喜儿也是幸"的滋味！

末了，我来讴歌省府的德政，所谓解决办法（三）开除了双方□事的学生，诚如高唱人（四）的口吻，这真是"公正而又严肃"的了。他如解决（五）所说："鉴于此次风潮着由教厅拟具整饬方案，嗣后学生应专志学业……"的至理名言，也真是至理名言，我除赞颂外，别无话说。

《绥远学潮》（周刊）

归绥省立一中

1933 年 3 期

（朱宪　整理）

如是我闻之一师学潮

闻者 撰

"侯璠罪恶深重，祸及同学刘汉先生"，听说，这是侯先生在某一次的宴席上"挥泪举杯"，对着众英雄宣示的衷心的话。一师的风潮，究竟谁在幕后指挥，固非局外人深知，但就此言察之，侯先生当然是这幕戏中的一位导演者了。

话要说回来，一师的风潮竟认为完全是由侯先生一手奠定，这未免太冤枉了侯先生，同时也太过奖了侯先生。侯先生秉性"善跃"，学专"正杆"，在此次的教潮中，或上或下，一起一落，侯先生大现显身手，曲尽巧技，真使的一般观众耳昏目花，连声叫叹。这正是侯先生的真本能，亦正是侯先生的真抱负。因之，据吾人想，侯先生对于一师的风潮，也不过在前台"跑跑腿子"，"打打手势"，在幕后发令指使者一定还大有"人"也！

据十字路口探警的报告，一师风潮发生的经过是这样：

> 该校学生张万仁等六位青年，素日在校旷课、罢考，图谋不规〔轨〕，其言行早已逾出学生的范围。该校职教员久欲将其学籍开除，以示惩戒，无奈感于绥省环境险恶，每恐因小事酿成大的事变，故迟未执行。最近省府令该校彻查参预此次教潮之为主学生，刘校长遂具实将该六名学生呈报省府。

> 月之二日下午，有张敬亭、焦子明、张可旌诸先生电约刘校长到绥远饭店吃席。在酒席筵前，张敬亭先生只管呻吟唉

叹，并微语"同宗操戈，同室操戈"，而焦君却对刘校长时而利诱，时而威吓：利诱者是"你如不开除这六名学生，我们一定对你有好处"，威吓者是"你要不听我们的话，我们能让开，而下级干部也对你绝不干休"。刘校长始终未说多话，最后只答以"不做校长不办教育则可，不遵守政府的命令，不开除那六个学生则不能"，离席拂袖而去。

刘校长返校，已经是傍晚的时候，当时即遵照省府来令将张万仁等六名学生开除学籍，赶三日早，将牌挂出。

当日午后，有张可旌诸先生又电约该校训育主任常生耀、国文教员张恺然二先生到蜀珍饭店开县同乡会。该二君跑到饭店，仅见有张可旌等三数人在座。候了两时，还不见增加一人。该二君因学校中晚自习的时间将到，遂力请先行，而张可旌先生等则云"同乡会开会就是这样，不必等候他们了，我们先吃饭吧，随吃随谈好了"。但酒已饮过三杯，菜已换过数样，还未见召集人发表开会的意见，只说："焦君太对不起静漪君了，左女士恼了焦君！"这一类废话。时已晚九点钟，该二君见情势不佳，遂未终席而返校。

该二君进校后，分头在校院内视察一切，但见学生三五成群星散操场，彼此密秘谈论，情景颇为可奇。二君见景不佳，遂急奔校长室向刘校长说明一切，并请其即时出校。刘校长离校后，即到公安第六分局报告校内状况，并请派员到校维持秩序，时已至晚十一点钟。此时校内学生遂猬集三十余人，一面将校门封锁，一面齐奔到校长室，室中灯火熄灭，以为校长卧室做梦，遂群举木棒、火箸向卧床痛击。打了半天，未见动静，持手电一照，始知校长早已溜之大吉。怒气未息，遂将该室中一切什物捣毁了个无遗。继而众位好汉四处找常训育主任与张国文教员，但该二君业已于校门被封锁前踱出校外。在众学生找寻常、张二君之际，适值该校年近半百的刘教务主任在后院徘徊，有少□同学不顾二三，遂上前将刘君推打蛮骂，强要拖出校外。当时刘君说："多日的师生之情竟是这样吗？夜半三更，让我到何处去？……""废话，废话！……"刘君没法，哀告了再三，披了件随身小衣，□了块线毯走出校外。

　　常、张二君逃出校外后，便觉四处漆黑，凉风凄然，自思如果一直跑□城去，又恐学校发生其他意外，于是就在校门前面远处伏下。就在此时，二君看见有两辆灯光灿灿的洋车风驰电掣向师校而来，随着即听到："口令？""哦？我们到师范学校去！""夜半三更，干吗去？""哦！哦！我们，我们奉张会办的命令来请刘校长开同乡会去！""发生了风潮，请您们赶快离开此地回去！"常、张二君此时很清楚的听得这是鼎鼎大名现在实业社常务干事寿松年与刚由本校开除的学生张万仁的声音，二君忿忿然，于是向着说声跑来。譬面而来者，正是六分局派来到校维持的警务人员，二君将刚才坐车的二位来意说明后，警兵一面协同常、张二君到校弹压，一面追上去将逃跑二位不速客捕获。赶常君等会同警兵同校时，见校门东面有骑自行车的数位穿西服与长袍的先生向南跑去。……

探警的报告也许是不确，因为站在十字路口，大小动物拥来挤去，观察上有时难免欠真；但四日本埠的大小报纸上特载"寿松年、张万仁被捕"的消息。寿、张二先生被捕属确，则张、焦等诸先生请刘校长吃饭也许是实！张可旌先生请常、张二君开同乡会也许是实！总而言之，此次一师的风潮是张、焦、侯等诸先生一包造成也许是实！

　　的确是，侯先生下了杆，精疲力倦，应该在弄者的背头上修养几天，也值得修养几天。把这次大闹一师的功劳推在侯先生的身上，也冤枉也不适当；虽然侯先生自称："祸及同学刘汉先生！"

一师的风潮是这样的发生，侯先生的此次变的花样是如此而已！

二二·九·一〇

《绥远学潮》（周刊）

归绥省立一中

1933 年 3 期

（朱宪　整理）

内蒙自治的严重性

萍　撰

一　绪论

内蒙锡林格勒副蒙〔盟〕长，德木楚克栋亲王（即德王），于八月十五日，在百灵庙召集内蒙自治会议。关于这个问题，国人已极注意，每天的报纸上，成了一份主要的新闻了！现在政府派黄绍雄、赵丕廉二位先生赴蒙调查真像，我们在这政府没有发表如何处理内蒙问题的时候，作一个简单的讨论。

"满蒙"这两个字在中国字典上，底确不是两个字，许许多多的麻烦都是这两个字引起的。最近二三年的中间，整个的中国和整个的世界，都集精会神的正在研究"满"的问题（东北问题），但是毫无结果反而愈弄愈大了。中国也真是一个国运多乖〔舛〕的〔一个〕国家，"满"的问题还没有头绪，"蒙"的问题，又成问题了！现在把"蒙"和满两个问题的分量称一下，是哪一个重，哪一个轻？可以说是八两半斤，都是缠头缠手的事，不过"蒙"的问题还没有"满"的问题那样凶，虽然是病入膏肓，还有半分可救，设或是回春妙手的老医生，当然不成问题了！

蒙古（内外蒙古）是中国的领土，蒙古人民是中国的人民，这个肯定的说定〔法〕，无论在历史上和事实上，都有充分的理由，和确切的左证。就是问到蒙人的自身，恐怕他们也是这样的一个答覆。在蒙古和中国的内在关系上是如此，但在客观的观察上，蒙古在和中国的关系，是不是像山东、河北……各省一样呢？各帝国主义的国家，是不是承认蒙古是中国内地同一无二的行省呢？中国政府政治的力量，是不是能达到蒙古而统治一切呢？假如我们不承认上边的几个问题是对的，肯定的讲，蒙古确是中国领土的一部，那么我们对于内蒙自治的问题，自然有检讨的必要了！为什么内蒙要自治，因为什么要自治，为什么在这惨痛危殆的国难期中要自治，自治后与中国有什么影响？关于这个问题，我们不能不十二分的注意，把这个问题的内容仔细探讨一下，因为一件事情的实现，都有它的原因和结果，我们拿因果的关系上的实在，来研究内蒙自治的问题，当然不能不牵引到蒙与中国经济上、政治上和军事上关系，和日俄两帝国主义的关系了（地理上的关系）。现在把这极严重的、极有关系的和极应注意的问题的前身和背影，剖解在下面。

二　民国后中国治蒙史的缩写

清帝下台，五族一家，同庆共和的时候，蒙古虽为五色旗的一部，但因国家多难，无暇顾及蒙事，复因交通、语言、宗教等等的关系，致与中国内地特别隔膜。现在把治蒙的略史，写在下面，以资本文的参考。

a. 内蒙——内蒙虽信喇嘛教，但语言语和内地相同[①]，民国后，为便于统治，遂改内蒙为三个特别区（热河、绥远、察哈尔），待其建设完整后，即变为行省（现已改为行省），境内除少

---

① 原文如此。——整理者注

数汉人外，蒙人的同盟会和各旗属的界限，特别森严，所以人民的封建思想最深，仍然崇拜神权（活佛），服从首领（公王）。以其风俗习惯，完全不与汉人相同，因此互相交往，也特别疏淡，在这二十多年的过程中，他们（蒙人）的思想没有一点改换，复因当地的汉人官员，多半贪污卑劣，专刮地皮，并以时局为转移，与蒙人毫无感情，学校仅有私塾，文化因之也毫无进步，除掉迷信宗教一件事，他们不知道什么是国家。一般蒙民痛恨的，就是两层赋税（一纳与官署，一纳与旗王），所以对民国的印象，是特别坏，因此蒙王中，稍微晓得社会情形的，就打算利用蒙民这个弱点来号招，去找他们个人的出路，这就是二十多年治内蒙的成绩！

b. 外蒙——外蒙根本更谈不到什么治了，从日俄战后，俄国失掉了南满的权益，便转换目标，专对外蒙下工夫，所有蒙古的市场、金融和原料，完全被俄商所垄断，蒙人实不堪其苦。到了民国八年，徐树铮为西北筹边使，出兵外蒙，复于恰克图等处，驻国防军，因此俄人的势力消减，不幸次年徐被吴佩孚免职，令陈毅代理防务，日人与蒙王秘密勾结，暗订条约（内容为日本借给蒙王日金五百万元，并卖给军火，日本军事教官，日本辅其独立等款），于是蒙民暴动，陈毅因为兵少将寡，终为蒙兵击败（张景惠派兵援助亦无效），在民国十年二月间，完全退出蒙境，至今十余年，外蒙问题竟无人过问矣！

外蒙亦奉喇嘛教，但语言文字，纯为蒙文，人民生产状况，纯为半农耕半游牧民族，虽名为中国的土地和人民，风俗习惯，没有一样和内地相同的；故于治理外蒙是更难，而中国政府在这过去二十多年的过程中，哪一天不在风雨飘摇中度命，更有什么力量去管这些闲事呢？

三　内蒙自治的前身和背景

关于蒙人的宗教、文字、语言和风俗习惯的不同，和各盟各旗封建制度的特征，在上节已经提过。因为种种的隔膜，中央对于蒙政如何处理，也没有一定的计划，就是代表蒙人的南京代表团和北平代表团，也同虚设，因此蒙人与中央感情的联系，益行弛懈，而蒙古的公侯贵族，在满清时代，每年还得许多的金钱、珠宝的御赐，到了民国，不但不能得着国家的赐赏，反而向外纳税，所以挥霍成性的公侯贵族，也感到经济的拮据，此其自治之理由一也。

民国后，为启发蒙人的知识起见，曾召集公王的子弟，和富室的青年，到内地读书（多在平、津各地的蒙藏学校），并有入军事学校的（亦有少数留学日本者），此辈青年毕业后，在他们所处的环境里，所求得的学问，和学得的技术，完全是所学非所用（在宗教支配下的群众，对于新思想、新技术，当然是格格不入的），甚至在内地的蒙人团体的里边（代表团、蒙藏会等团体）找个位置都很难（多为汉人所把持），因此这些失意青年，走头〔投〕无路，不得不同公王贵族打成一片，希望觅得一个出路，此其自治之理由二也。

在去年冬季，德王同各公王到南京去办理蒙务，和改组蒙古王公代表团驻京办事处，并且德王还希望自己作处长和蒙藏委员会的委员长，后为吴鹤龄（蒙人）所破坏，撞了政府的钉子，忍气回蒙，为出这口气的关系，遂有决心自治的酝酿，此其自治之理由三也。

德公正在这气闷塞胸，一筹莫展的时候，正遇班禅东来，他（德王）为拢络人心，特意在滂江花了十多万建筑佛寺一座，请班禅在寺居留，因此德王能借活佛的旗号，去任所欲为，此其自治之理由四也。

德王已经包藏自治的决心，所以对于军队，也特别扩充，并委日本士官学校毕业的学生云继贤（蒙人）为队长，最近训练较比有成绩的军队，已经有五六千人，现在又创办军官学校，以备将来的扩充，因为有此实力，亦可自保，此其自治之理由五也。

去年春季，德王因日本顾问的介绍，同卓王等七人，乘日本飞机，到长春谒见溥仪，开一个秘密会议，议员〔定〕的内容，共分三点：1."西蒙（内蒙）宣布独立"；2."东蒙（热河北部）各盟划归德王统治，不受伪国管理（作者按：在订定秘约时，热河尚未失守，但日本已视为囊中物矣！顾五日失去的热河，可耻亦复可恨！）"；3."满洲国以友邦关系，充分接济"。德王回到热河，请示班禅，并谓蒙古有何政变（指独立而言），某国定能帮忙，此其自治之理由六也。

德王既被外力所欺惑，又碰了国政一个大钉子，承〔再〕看整个中国督〔都〕在动荡，就是宣告自治，政府也是无可如何，所以不顾一切的（种族存亡，系此一举！）领导着宗教的、封建的蒙古民众走上政治斗争的路上，换句话说，就是要掌握政权，出出风头，泄泄〈胸〉中的闷气，此其自治之理由七也。

四　日俄势力的冲突

在赤白帝国主义恶魔包围中的东北三省和蒙古，虽然在过去因为抢夺不着，而流了不少血，抛了不少头颅（中日和日俄的战争），谁也没有把这块肥肉独自吞下，但在过去的三十来年（日俄战后）的明争暗斗，在哪一天也没有停止（俄向外蒙，日向辽、吉），这样〈无〉声息的偷袭，到了九一九〔八〕，一声霹雳，再也隐盖不住了！在表面上看，日本是完全胜利（得了东北四省，又白送了长城各口和滦东五县，不过日本声称世界大战，他们用山西煤的程度，还差点！），但是远东的狂澜，已经引起世界波涛的汹涌，眼见暴风雨就要降临（日美军备的扩充，苏俄不出声息的向西伯利亚〈增〉兵和运〔建〕筑飞机场），所以说惨苦的战争，在每一分，每一秒里，都有爆发的可能性！因此哪一国也不肯示弱，都在弓上弦刀出鞘的等着。现在日俄关系的恶化，俄美的携手，虽然广田叫破喉咙，想要缓和国际间的空气，但是军人派，只和〔知〕枪杆有用，愈法〔发〕干得凶了（东路俄员被拘捕），因税〔此〕日俄战争，十分之九不能避免的！现在把日俄的头纱掀掉，看看他们本来的面目。

A〔a〕．政策的敌对——苏俄五年计划完成后，一切国防设施，大致齐备，在帝俄时代，就是陆军极强的国家，现在又能走到军队科学化的锋刃上，当然实力是强上加强了！但是社会主〈义〉的发展，推向西欧是不可能的（德意的法西斯，英法的资本主义），死逼的转过头来，向着中央亚细亚和满蒙二方面进攻，但在日俄战后，南满的权益，完全被日本独占，北满仅中东路的沿线，和北满商业中心的哈尔滨，在苏俄经济支配之下，屡欲在北满造成红色的恐怖，但是吉、黑两省，多年是富农（新兴地主），要和他们谈共产，那不是痴人说梦吗？就一般受教育的青年，因思想的落伍和环境优裕的关系，也不能把他们领到极左的路上，所以哈尔滨共党总部，屡次被抄，就可以证明他们宣传的失败，只好把全幅精神，移到外蒙去，因为外蒙虽是中国领土，仍是另一个民族所盘据，况且是一个半开化的民族，是中国统治力达不到的地方（民十后，政府对蒙即不过问！），所以苏俄把外蒙的一切公王子弟，富室青年，都拉到俄国去读书（交通关系，由库伦乘汽车，可直抵恰克图而至西伯利亚铁路），把旧老不堪的一群封建虫，都换成二十世纪最新的脑子（社会主义）。现在外蒙青年，对于中国的关念，一点也没有了（早先也不浓厚！），不但不通中国文，反倒成一个俄文的作者了（语言文字，就是异样民族最大的裂痕！）。由这点看来，在苏俄整个经济支配下的外蒙，对于苏俄向外发展共产主义上说，当然是一个不可忽视的大力量！

日俄战后，日本侥幸的抢着南满大钱包（铁路、矿山、原料），很迅速的赶上了资本主义的步伍，在东亚各市场，和各帝国主义相角逐，但是资本主义的青春期，已经衰老，仅仅存在着病榻上刹那的呼吸。当一九二九年，整个世界不景气的样子，摆在我们眼前的时候，日本当然也不能跳出圈子（东北打通、沈海、洮索各路的通车，葫芦岛的兴工，都给日本很大的打击！），在这危急存亡的时候，不得不奋起病老的躯体，去干强盗的勾当！况且日本在明治维新的时候，就定下这一贯的政策（大陆政策），日本军阀（荒木）也就冒险的促成了九一八的变乱，这个震撼世界的大暴动，把旁边站着没有机会下手的各帝国主义，都气得眼红了！于是扩充海军的扩充海军（美），完成国防计划的完成国防计划（俄），但是日本已经吞下这颗炸弹，爽性一不作二不休，于是退出国联，拘捕东铁路员，可是日本始终怀着鬼胎，究竟与俄国拼呢？还是与美国拼呢？但是任何方面也讨不出便宜，只得用尽毕生之力大干一下吧！俄国经营外蒙以制我（日本），我也只好联合内蒙以制俄！一则削去华北的屏障，二则包围苏俄的势力，以取得军事上的优势！

　　b. 军事上的关系——按着最近世界的局势，无论久暂，世界战争，必有爆发的一天。先就日俄方面来讲，他们（日俄）为将来获得军事上的优势，都正在明争暗斗着，苏俄是新兴社会主义的国家，煤铁、汽油和粮食，都有多量的产额（战斗原料），还有强有力的空军，和七百万的红军（战斗工具），有西伯利亚铁路联络，有海山〔参〕崴海军根据地，一旦战争开始，俄国飞机可到日本东京去投弹。从这点上看，苏俄是多么声势浩大，但就事实上来观察，并不是这样简单，红军由莫斯科运到战场，至少也得一礼拜工夫，极东的军港（海山〔参〕崴）可受日本海路军的威胁（由吉林绥芬可直抵），陆路可由三江口（吉林绥〔抚〕远、同江二县）剪断海山〔参〕崴的联络，而占领东海滨省，由胪滨（满州〔洲〕里）可达赤塔，使西伯利亚铁路，完全失其效用，得获取阿穆尔省，并且库页岛，亦能被日攻下，两〔而〕取得多量煤油，因此日本可完全胜利！苏俄为抵制日本冲断西伯利亚铁道的毒计，不得不向蒙古发展其红色势力，以备作战的时候，从恰克图到库伦，由库伦到热河，而直抵辽宁，以破坏南满，使战线拉长，教日本首尾不相顾，好操必胜之券！

　　但是红色势力，还没伸到内蒙，狡猾的日本，已经和德王秘定条件，他（日本）一方面可以牵制着苏俄，一方面可以控扼着华北，所以日本现在，正筹筑朝阳、承德间的铁路，一旦开战，可由张北到库伦，直抵恰克图，不仅苏俄东亚势力完全消灭，就是华北也同归于尽了！假如这种狠毒计，能以实现，中国还有收复失地的希望吗？当这内蒙问题，未成大患以前，赶快决定应付的方策，不要把大好河〔华〕北，任敌人的宰割才好！

五　怎样去解决这难题

　　国际间孤立的日本帝国主义，现在已经站在世界潮涌的浪尖上，只有孤注一掷，作最后的挣扎，关于有利的机缘，他（日本）是不遗余力的向前钻进！现在内蒙已经正式提出自治的要求，日本是正在高兴的狞笑；可是能否达到他的企图，只看中国如何处理了。我们从静的观点来批评这个问题，除掉了日本在后边耍花枪，内蒙自治内在的问题来讲，归纳起来，也不过是内蒙各王公贵族的失意，想要在这政府无能为力的时候，作一个投机的斗争，达到他们掌政发财的希望！现在已经演成活现的事实，政府也只得将计就计，否则事件扩大，更使我们的敌人有机可乘了！所以政府正〔若〕要解决蒙变问题，应当注意以下各点：

a. 内蒙的王公贵族，所以要自治的，都是因为碰钉子，没出路，才干这无可奈何最下智的办法（自治），他们的希望，如此渺小卑劣，政府也勿妨委以崇衔，使他们大过官瘾，一般无知无识目光如豆的王公们，自然不会闹事了！为平息这场风波，也不算政府失体面。

b. 在德王领导下的干将，多半是内地军官学校和中等以上的学校毕业的学生，他们在内地敌不开〔过〕社会之门〔斗〕（抢不着饭碗），回到他们故乡（内蒙），又不能施展他们壮志经纶，得着这个机会（自治），他们为求出路，也就饥不择食了！在中国现在的环境里，虽说是人浮于事（？），这大一个中国，也不在乎这几百青年没处安插！况且他们还有一点能力，叫他办理蒙藏等团体的事务，不是正好吗？何必让他们苦〔哭〕丧着脸瞎干呢！

c. 蒙民对于现在政府，素无信仰（他们还希真龙出现，给他们官作），切不可用武力，如果对蒙用兵，则蒙民皆叛，现在内蒙编好的军队，应当正式收收编（好在无多），按月发饷，以维持内蒙治安，自然就不捣乱了。

d. 想法改进蒙民的教育，使一般青年，都有求学的机会。内蒙语言与内地并无何差异，对于教授方面，亦无何困难，久而久之，自然洗净他们封建的余毒，变成中国有用的人材了。

e. 召集内蒙青年，训练将来真自治的方策，改组各地蒙藏团体，使他们有参加蒙政的机会，同时政府派专员指导，在最短期间，一定奏效的。

f. 作开发西北的基础工作，政府向内蒙投资，发展地方的手工业（毛毯、羊毛为内蒙出产大宗），改良生产工具和技术（可设制毛厂和制呢厂），以塞华北的漏卮〔卮〕。

g. 建筑铁路和汽车路，以便交通，使蒙民有向外发展的机会，内地人民，也可以到内蒙从事生产，不数年后，自然可以打破种族的沟渠，忘却宗教的思想，不再作这分家的勾当。

h. 政府可将此种善意，传达各盟会和各旗，使各首领（王公贵族）对于中央有信任心，不致再受外人的欺骗。

六　结论

总之，内蒙自治问题，也就是中国存亡的关键，这并不是作者小题大做，假如内蒙自治，能在现在的恶环境里实现，也不啻把华北白送给日本，如果华北作了东北之续，我们中国还有什么力量来应付"匪区"和新、藏各省的问题呢？一旦世界局势稍微一变，恐怕整个中国也就寿终正寝了！

所以内蒙问题，才是国人极应注意的问题，才是中国存亡枢纽的问题，不要给我们敌人造机会，自己走上灭亡的道路！望我全国同胞，赶快集中我们的力量，预备在这崎岖的前途上奋斗！中国虽然是千疮百孔，不易救药，马上得着仙丹（全国人民合作，就是救国仙丹），仍然会恢复健康的，整个的世界已经风狂雨骤了，我们怎样才能冲过这场暴风雨？

《今生》（旬刊）

北平今生社

1933 年 4 期

（朱宪　整理）

内蒙高级自治运动平议

王文定　撰

一

内蒙位于中国的北陲，物产丰饶，广袤数千里。自外蒙宣布独立，附丽于苏联政推〔权〕统治之下，九一八事变后，哲里木盟、卓索图盟、昭乌达盟又归并于日本帝国主义者，内蒙已成为中国北部第一道国防线。其面积共为二十六部五十二旗。蒙旗之政治系统，以盟为最高行政机关。盟由一部或数部综合而成，内蒙共分六盟：哲里木盟、卓索图盟、昭乌达盟、锡林郭勒盟、乌兰察布盟、伊克昭盟。前三盟已被日人鲸吞，此次高级自治运动之主要角色，即后三盟也。自黄绍雄、赵丕廉二氏，奉命处理蒙变，在百灵庙与德王、云王两首脑人物，切实磋议，威胁德感，并用并施，已根据事实条件，准锡盟五部十旗，察哈尔内属蒙古八旗，联合设置内蒙古第二自治区政府，乌盟、伊盟、阿拉善额尔〔鲁〕特特别旗、归化土默特特别旗，二盟六部十四旗，合组内蒙古第一区自治政府。其自治政府之组织及职权，亦经披露，一时烘动全国之内蒙自治问题，至是始得到初步之解决。

就内蒙国防关系论，东与日寇毗连，北与苏俄接壤。日人得陇望蜀，苏俄宣传"赤化"，险象环生，危机四伏，其影响于我国西北边防者至巨。蒙人为游牧民族，生活习惯，积重难返，经济状况，本可自足自给，雅不愿掀动风波，从事改革。但民国改造以来，历届中央政府，不暇注意边疆各省，于蒙人之政治、经济、生活各方面，裒如充耳。中央虽有蒙藏委员会之设，委员多属汉人，与内蒙各王公间之感情，既十分隔阂，而于蒙旗之政治、经济、风俗、习惯，又素不通晓，甚之蒙语亦不能讲述，徒耗国帑，形同虚设。至邻接内地之察、绥蒙人，久已脱离牧畜生活，恳〔垦〕荒农耕，从事稼穑，迥异于满头金碧，束带长靴之蒙族。且因读书之便利，故青年隽楚，颇不乏人，每思改善落后之蒙族生活，复兴已濒消亡之民族精神。中央与察、绥省政府，迄未制定任用办法，反大事排忌压制，致一般有志智识青年，积恨极深。蒙藏委员会仅为高官厚禄之大集团，对于内蒙一切政务，又不能兴利剔弊，一味敷衍应酬，因之智识青年，于悲愤之余，大倡蒙族自决自治之说，游说有力青年王公，并代为策划布置，怂恿实行自治。而王公辈亦因中央之漠视不顾，欣领其说。其他旧派王公，虽逸情成性，不愿参与革新运动，亦因同种同族关系，群相景从。此派人物，只立于被动地位，胸无成见。有此数因，耸动世界听闻之内家〔蒙〕自治问题，于以勃发。国人骤闻之下，臆度悬测，疑神疑鬼，初不料其内容乃如是之单纯也。

二

由上所述，可知此次内蒙酿成空前巨变之原因，实由于青年王公与青年学生之协〔携〕手共谋，借要求自治之正大题目，直接满足个人之权利欲望，间接予中央政府以重大打击，一泄积年郁愤，与全体劳苦民众实无丝毫之关联也。然其地方之经济条件，及一切政治设施，能否建立一巩固之自治政府耶？就政治组织论，仍带有极浓厚之封建色彩。王公之衣裳，补挂〔褂〕袍套，顶子朝靴，蓄发风气，至今犹存。蒙古之旗，为唯一之政治机关与军事管区，设旗长——礼〔札〕萨克——一人统理旗政。当阳独尊，民众咸敬畏之。旗下有佐领若干，为旗中基础组织。旗上有盟，由旗集合而成，设盟长及副盟长各一人，监督各旗之政务设施。札萨克与佐领等，概为世袭职，子承父业，世世相传。王公既占有政治上、经济上之优越地位，故得聘师以教授子弟。一般百姓，无受教育之机会，浑浑沌沌，愚昧无识。至各盟旗经济情形，除察、绥南部土地，已经垦殖耕种外，其他部落，仍安度原始状态之游牧生活，民无定所，逐水草而栖，生活极为散漫。富者牛羊百余头，贫者亦数十头，以此为生活上之主要物品，饮食衣服，均取诸于牛羊之身。是以亲朋相见，先问牛马安否，次及家族尊长。每当春夏气暖，南北数千里，绿草如菌〔茵〕，羊群马群驰逐漠漠旷野。迨立秋以后，气候渐转寒冷，野草枯萎，积雪数尺，荒凉悽惨，如入无人之境。蒙民之生活，无巨贫巨富，皆能自饱，其他经济来源极少。果尔自治政府成立，即实业、交通、军政等费之筹措，必先陷于万难之境，更何能期其发展？

其最为蒙人之害者，厥为喇嘛教。故清理蕃，利用宗教羁縻，原为一时安边之权，然流毒所及，甚于洪水猛兽。康熙、雍正、乾隆三朝，以敕令于多伦诺尔、热河、库伦建筑巨寺，乾隆尤为提倡奖励。各旗均建寺庙一所，佐领所在地亦同。僧侣之身份待遇，又格外尊重，故一家有兄弟二人，必有一人出家；有兄弟三人，必有二人出家。出家后教规虽不禁绝与父母兄弟往还，但须脱离尘上利欲思想。家庭事务，尚不闻问，遑论蒙旗行政？蒙人处此愚迷政略之下，历二百余年，于种族之繁殖，大受阻害，实无异于慢性之自杀。故内蒙青年志士，悚于亡族灭种之危，高揭反对之炽〔帜〕。但一般百姓，对于佛教，迷信正深，顶香膜拜，莫不恭奉唯谨。

　　综上所述，可是〔知〕蒙人之政治权力，尽握于王公贵族之手，民众不特无参与政治之机会，抑且无参与政治之常识。其经济生活，仅恃只足自活之牛羊牧群，一时既无流可节，亦无源可开。交通工具，全赖骆驼以代步，汽车则唯王公有之。教育只限于蒙人之贵族子弟可以享受，一般平民，不能得其实惠，浑沌愚昧，了此一生。土地则率为牧畜区域，荒草野坡，广漠无垠。工商各业，更无足称。根据以上内蒙之政治社会实况，而欲推行高度自治，不啻空中造阁，缘木求鱼。其改造蒙政之精神，固可赞佩，无如其事实上所具备之条件，过于欠缺。自治政府果然成立，于蒙人自身匪特无益，且反害之，可断言也！

三

　　内蒙之政治社会组织，既维持其纯粹的封建制度，而经济生活现像，又不脱其原始的游牧状态，要求高度自治之建议，自不能为中央完全接受。此次黄、赵二氏，根据事实情况，并参照各王公之意见，对于内蒙行政系统，拟定三项方案：变更蒙藏委员会组织为边务部，准许设置区自治政府，政府经常费，与办理地方各种建设事业，得请求中央拨款补助，军事、外交及国家行政，由中央负责办理，并可斟酌地方风习，制定各种单行法规。至于行政之用人标准，则尽量容纳蒙古人。此种处置办法，吾人认为相当的满意。在改进蒙政上，准其自制法律，发布命令，与尽量任用蒙人，均为事实上所最需要者。维持贵族统治权，亦为蒙民智识薄弱时之不得已的过渡办法。裁撤蒙藏委〈员〉会，另组织务部，以专责成，尤为革新蒙政之一快举。

　　惟整治蒙政，原不仅在行政上之革新，如青年学生之扶掖、经济生活之指导，以及改革宗教、提倡工商各业、修治武备、巩固国防等问题，均为目前当务之急，应由中央政府切实督饬举办，以谋蒙事之彻底解决与发展。兹简述于左，尚希执国政者，三致意焉!

一、扶掖智识青年　年来有志青年学生，因汉人排挤，多感失业之苦，为生活所迫，遂怂惥王公滋生事端，欲期内蒙之长治久安，首在妥为安置，俾一般智识青年，有发展其才力智力之机会，而纳于正轨。

二、指导经济生活　蒙地尽为牧场，以牧畜为唯一生活工具，关于改良马种、预防兽疫、蓄积水草等均应切实指导。

三、改革宗教　蒙古种族削弱，实因大量之蒙民为出家人。宗教信仰既深，只好改为自由的崇拜，不必兄弟二人，必须一人出家也。是在蒙藉〔籍〕有志青年之努力劝导耳。

四、创办大规模工厂　牧畜区域，牛、羊、马、骆驼等，出产羊毛、皮革、驼绒最多，可由自治政府督办皮革及毛织物工厂，以振兴工商业。

五、编练骑兵，巩固国防　蒙产之马，雄健善走，蒙民体魄，又极伟壮，中央可编练骑师，以固国防。即内地军旅，亦可选购蒙马，与以相当代价，岂非两利?

以上不过检举数端，其他应行改进举办者，自然不少。其详细办法，有待于专家之熟筹细绎，督饬举办，尤视中央之有无决心。为政不在多言，要在切实履行耳。

《西北论衡》（月刊）

西安西北论衡社

1933 年 4 期

（朱宪　整理）

察哈尔的重要

黄敦岳　撰

　　溯自九一八后日军侵占我国东三省，得了一块三百余万里的土地，他的欲望还未满足，又于二月二十日大举进攻热河，三月四日占了承德。一块五十八万方里的大好河山，又添赠日本，这总该志得意满了。近来再传出一种图占平、津的空气，我国当局知道平、津为河北重地，不能够轻易放弃，也有一种相当的警备，这是理应的办法。但是平、津有失，果然危险；热河西边的察哈尔失掉了，怎么样呢？恐怕影响全局更加重大罢！察哈尔面积八十三万方里，东界热河，西界绥远，南有长城界山西、河北，北有沙漠界外蒙古车臣汗部，位在内蒙古的中央，在东北境上有兴安岭分出来的苏克斜鲁山，南部有阴山分出来的大马群山和马尼图山脉，盘结成功一块高地，北部大多是沙漠。就地势上看来，察哈尔省在现在这样情形之下，有四种重要性。

一　察哈尔是中国北部的屏藩

　　我们可以把明末的事情来证明，当崇祯二年科尔沁诸部投降了满洲，现在热河的地方就在满人手中，他们马上会集了奈曼、敖汉、扎鲁特、巴林诸部，命喀喇沁台吉作向导，入犯长城。当时满将恐怕劳师袭远，被敌人围攻，归路断绝，都有些踌躇。可是奉了清太祖之命，不敢违拗，就毁坏了喜峰口的边墙，闯入遵化、蓟州、顺义、永平、迁安、滦州诸城，骚扰一下，但终恐受锦州、山海关的明兵袭击，不久仍掩旗息鼓，狼狈退还满洲去。到崇祯七年，察哈尔林丹汗受满洲的胁迫，向西逃到大草滩地方，患痘死了。次年满洲把察哈尔的溃众收抚起来，还占领了察哈尔和绥远地方。当时满人眼见中国的北境藩篱尽撤，山海关的险阻已无形消灭，可以自由出入长城了。一班攀龙附凤的满官，就造出一种把戏，说在收服察哈尔部时候，得到一颗中国历代传国玺，这是太祖非常洪福，天赐玉宝，要他统治中华亿万年的吉兆，非称帝不可。崇祯九年时候群臣再为劝进，太祖也假作谦让一回，马上登位，改号大清，自居中国皇帝的继承人了。后来屡次从察哈尔、绥远进犯山西和河北北境，几无虚日。在崇祯十一年还遣两支大兵，由墙子岭和青山关会师涿州，再分八道南下，直到山东济南，攻陷五十余个城池，俘虏数十处人民，蹂躏数月，满载而归。崇祯十五年，明将洪承畴，又不幸在松山大败，山海关外诸城完全失掉，清朝越发不怕了，再大举攻入河北省北边的界岭口和雁门关、黄岩口，浩浩荡荡直杀到山东兖州，克城八十余，虏民三十六万，方才缓缓地唱凯还去。我们须知道当时满人敢这样猖獗，不是得了察哈尔已无心腹之患，而明廷反要到处防不胜防吗？所以现在我们要保持华北的安全，决不可放弃察哈尔。

二 察哈尔是西北各省的门户

西北诸省僻处内地，去年沪战，中央政府搬到洛阳，并且要把西安作为陪都。这不是以距海辽远不易受日人袭击，是一块安全地方吗？可是热河早失，察哈尔再失掉了，绥远就不易守。那时西北诸省门户洞开，就变成最危险的地方。往事可鉴，像周之犬戎，秦、汉、两晋之匈奴，随〔隋〕之突厥，唐之吐蕃，宋之西夏，明之鞑旦，多是利用塞外，闹得西北诸省鸡犬不宁。清朝入关之后，也先捣我西北后路，一支兵走大同边外，合蒙古兵入陕西，略榆林、绥德、延长趋西安，一支兵由河南攻入潼关、趋西安，把陕西立刻占领，西北和黄河流域就算解决。后即分三路大军经略长江流域，西路入四川，争取长江上游。中路由汉水趋武昌，占长江中游。东路由河南，趋归德，会山东，向徐州，一军入捣扬州，扼长江下游。明人就无办法，只好南退，终被清灭掉。所以察哈尔失守，西北诸省立生问题。况且日本现可占有京绥铁路，同包头兰州汽车道。自张家口至兰州其间路程虽有三千一百余里，然六七日可达，来去很便。这路又和由陕、甘肃边境接近，作侵扰的工具真好。我们和他作战呢，道路遥远，运输困难。在山西交通较便，由曲阳北至大同约六百二十里，由曲阳南至清化镇来道清铁路约六百八十里，即大同、清化镇之间，共有一千三百里。此道现已通行汽车，但恐车辆不敷，有妨转运。在陕西由潼关到西安约三百余里，有汽车路由西安至北境榆林，约一千三百里，恐尚没有汽车路。再由榆林到包头走山径还须五日路程，那就成一大问题了。甘肃现虽有汽车路，由西安趋兰州约有一千五百里，道路既遥，又多匪患，终属不便。新疆在极西边境，和内地诸省交通大道本有两条。北道由天津西北出张家口，走塞外直达新疆古城，路坦近而平安。南道由陕、甘出肃州而至新疆，自兰州至哈密相距三千〇五十里，路长而多危险，费用亦多于北路。倘使察哈尔一失，北路就断绝，非特商人感受损失，一旦甘肃、新疆内部有变，中央军队要从南路深入，费用既大，危险复多。所以为未雨绸缪计，要巩固西北数省边防，必须先将察哈尔门户牢牢守好。否则小害是西北受他封锁，大害是我国从此益形多事，埋伏将来无数的隐忧呢。

三　察哈尔是欧亚交通的孔道

自日本占据东三省，俄人隔绝了外蒙，中国人要到欧洲各处总是由海道，经时很多，现幸中俄复交，俄蒙通路业已开放，由察哈尔的张家口乘汽车直达库伦，全路虽长二千一百六十八里，然汽车速力大的三四天已可到。且由北平至恰克图有电线和西伯利亚相接，传递欧亚消息非常灵便。在目下情形论，这路在商业上、政治上、军事上都有很大的意义。可是察哈尔失掉，则通欧通路立告断绝。此外虽有新疆一路可通，然道路深阻，损失很大，中欧陆路交通纵不被他完全封锁，终是很不自由了。

四　察哈尔是恢复热河的根据

察哈尔是一块高地，俯瞰热河，攻守都便。东境重要的地方要算多伦，距热河的赤峰约六百里，距围场约二百四十余里，距张家口约四百七十里，都有汽车可达，交通很便。我们倘能保住察哈尔，凭险固守，相机反攻，拊热河之背，现虽不能驱长〔长驱〕深入，然终有恢复的希望。由日人方面看来，在未取得察哈尔前，决不敢倾巢南犯，深入内地，以蒙不测。最近据察省驻军电告，日本又联络伪逆，分兵两道进攻多伦，可见他为巩固热河的占据起见，来以攻为守了。

就这四点而伦，察哈尔的重要真是很显明的。我国政府亟宜派精兵良将，妥为驻守。同时须多备汽车、饷糈、军械、药品，沿途设立兵站、医院，使前线将士专心杀敌。保持这一省便是中国唯一的生路。清太祖曾说过，取北京好像断一株大树，先从旁砍取，结果树自倒下，可安然取得。现在我们东三省和热河已失，而东部濒海一带，时有被敌人封锁袭击之虞。这是两旁已着了刀斧痕，倘使再一斧，把察哈尔砍断，西北各地就不能免掉他的利刃。到这时候，一株万年老松，无论怎样坚劲，终有倒下的一日。重要的察哈尔，我们还能像热河那样轻易断送吗？

二十二，四，九，于北平旧寓

《人民评论》（旬刊）

北平人民评论社

1933 年 5 期

（张婷　整理）

绥远社会现象掇拾

绥远通讯

正金　撰

一年来国人都忙于抗日及"剿赤"种种事务，对其他别的偏僻区域的一切从没有注意到，尤其是绥省，绥省的社会现象怎末样？人民的心里与一般学生的思想又怎末样？与夫政治方面的情形，社会上很少有人注意到，现在简略的述之如左。

社会的情形　绥远是处于偏僻之区，虽然临着平绥铁路，而大青山的文化方面，和人的风俗习惯，仍本其闭塞的风味，谈不到有什么进步或是退化。但社会上普遍的人们带一种浮气。你如果一个外省人进入了这种社会，马上可以感觉到这社会是充满了一种污浊的氛气围绕着你，这就是普遍的社会上的人们被鸦片的毒质麻醉了，晕天黑地过其无聊的生活。普遍的男子横陈在床上过其吞云吐雾的生活，而其经济的来源，大半皆倚靠女子赚钱来供给的，那末，女子怎样地去赚这许多的钱呢？大略可分为两种：一种是公开或秘密操买〔卖〕皮肉生涯，一种是靠自己的苦力去赚得一点钱。因有这两种原因使得男子在社会上活动的能力渐渐腐化堕落下去，同时在娱乐方面，因为普遍的人们都染有鸦片瘾嗜好，如果在闲余的时间内，仍要思念着给精神上找一种寄托之所，因此品茶、听说鼓词是种陶冶性情的消遣品，所以茶馆在绥远成了一种普遍的设备。而一般人也认为这种生活的最高等不过的。这是关于绥远普遍的社会情形是这样。

关于各校学生思想 绥远各学校学生，可以说谈不到什么思想，大半都带着一种憨老气分〔氛〕，所以各学生读书充其量也不过是读死书而已。盖绥远学生并不求深造，普通一个中学毕业，便都回去独占一方，自〔至〕少小学教员总大有把握。各个学生的心理既如此，对于各杂志的读物并不去追求，故课外的寻求必趋于趣味方面。《七侠武〔五〕义》、《啼笑姻缘》……等等的一类书籍来作了他们的消遣品。绥地的正风、一师等学校普遍都是这个样。

政治方面 自傅宜生充任了主席后，表面上仍是属于阎锡山指挥，而实际傅氏有他自己的一种做法。傅氏与阎过去的隔膜，这是谁都知道，然而现在仍在隔膜着。阎虽对傅疑忌并派王靖国部队监视，但对傅氏的地位总是无可如何。傅在绥远的施政上虽没有好的成绩，但总是能维持平衡的状态。人民普遍地对傅氏的印象还好，过去大同盟的分子在绥活动，曾经一度鼓动起学潮打了教育厅，而又计划有打省党部之势，但后来经傅氏之负责维持，学潮渐渐平息。在建设方面因处处额〔困〕于经济，无有大的进展，前计划修筑绥宁汽路，因款项无着，前虽经傅氏呈请中央，拨美麦借款完成此路，恐仍无希望，所以绥新路的建筑暂时仍难实现。

九日〔月〕廿九日寄于绥远

《社会周报》
北平社会周报社
1933 年 7 期
（朱宪 整理）

内蒙自治问题解决以后政府应持之方针

王新民　撰

　　内蒙自治问题，曾经喧嚷一时，后经中央派员与内蒙诸王公一再磋商，结果尚不至问题扩大，大体算得解决。按此事之由来，决非旦夕所能酿成，盖以政府当局，对于边疆，向少注意，蒙民生活，仍旧保持其原始时代之方式，智识落后，思想闭塞，虽亦有省县之设，从未与内地发生若何密切关系。加之年来盗匪纷起，社会陷于不安状态，政府又未予以充分之保障，帝国主义者从而利诱拉拢，遂有此次自治运动之产生也。所以内蒙自治，亦非纯为自卫而自治，乃系帝国主义者之一种分离运动。但吾人亦不能单怪蒙人易受敌人之愚弄，政府当局之忽视边疆，实亦大原因也。

　　然内蒙本身究有何种问题耶？当局极应根据事实，采取适当对策，努力经营，我大好边陲，庶不至再被敌人分割也！兹将内蒙本身之严重问题，略述如次：

　　一、教育问题。我国教育，向称落后，而内蒙尤甚，虽间有少数王公及资产阶级能有受教育之机会外，其余同胞，仍过其不知不觉之麻醉生活，殊无教育之可言。其影响社会甚巨，无怪乎蒙民之毫无民族意识，反而有种种不良风俗习惯之产生。吾人纵观中外历史，未有教育落后而毫无民族意识之民族，能与诸先进国家并立于世界者！又何况内蒙处于今日之危殆局面——外蒙已被赤俄侵略，东蒙又被倭寇鲸吞？教育落后，人民即无最低限度之智识，其他一切，更不易着手，故此项问题，尤为重要。

二、治安问题。凡经垦殖之地，因移民日多，良秀〔莠〕不齐，有业者，固可安分守业，无业者，啸聚抢掠，加之连年内战，散兵游勇，逃窜内蒙，遂成流匪。其集团之较大者，枪马齐全，组织亦备，官兵视之，亦无可如何。且向取互不侵犯主义，故蒙民之牛马财帛，时被抢掠，杀伤人民，强奸妇女，亦为常事，近年来虽经当局从事剿除，终未完全肃靖，社会仍为紊乱不安。

三、行政及官吏问题。内蒙行政甚为纷乱，省有主席，县有县长，盟有盟长，往往以管辖不明，遂致民无所从。且边疆官吏，多为贪污之流，欺蒙民无知，恣意剥削，诬杀冤害，层出不穷。前者北平蒙古同乡会为自治问题上内政部长黄绍雄、蒙藏委员会副委员长赵丕廉书中，谓"边陲省县官吏，压迫蒙民事件，不时发生，以致业〔蒙〕民非常愤慨"等语，蒙古救济委员会为自治事，上黄、赵二氏书中亦谓，"蒙古民族鉴于外蒙既被赤俄侵略，东蒙复为倭寇资据，且不堪受省县之压迫"！吾人阅之，即可知内蒙行政之紊乱，官吏之贪污矣！

四、土地及税政问题。自民国以来，由内地移民恳〔垦〕殖者日多，垦殖区域之内，汉人自由耕种，且不予地价，于是汉人之垦地愈广，蒙人之收〔牧〕地愈狭，蒙人受此压迫，结果以至经济破产。

内蒙之税收，本为蒙人纳旗税，汉人纳县税，然事实却〈非〉如此，有县强旗弱、旗强县弱之现象，互相强迫摊派，结果蒙人既纳旗税，又纳县税，遂有两重纳税之压迫。

以上各问题，均属内蒙切肤问题，究应如何普及蒙民教育，以改善蒙民风俗习惯？如何维持内蒙治安，以保全蒙民生命财产？如何划清省县盟旗权限，而免蒙民无所适从之苦？如何慎选官吏，扶助蒙民改进生产方式？如何消灭两重税收，而减轻蒙古〔民〕

负担？今后政府自当筹谋善后，努力进行；虽然，此皆消极之治标办法，政府当局尤当拟定积极治本方策，极谋实现。然则根本方策如何？

A、在内蒙各地，大量设立学校，积极普及蒙民教育，提高蒙族文化，务使蒙民知晓蒙汉两族在历史上之深切关系，唤起民族意识，必令蒙民洞悉个人与团体之关系，及整个中华民族团结图存之必要。故须：甲、施行军国民教育，使人民养成健全之体格，并可养成有纪律有组织之国民精神；且内蒙产马甚多，民风亦甚强悍，训练蒙古骑兵以为维持治安及充实国防之用。乙、提倡职业教育，利用内〈蒙〉各项出产品，解决内蒙人民之经济恐慌。丙、提倡科学教育，内蒙出产，以马、牛、羊、骆驼及绒毛、皮革、牛奶、油为大宗，此项出产品种类之改良、一切养育制造之各种方法，皆需要科学人才。

一月四日中政会通过之《内蒙自治方案》第十项，"自治区之教育问题：关于变通蒙人教育制度，及补助蒙人经费问题，拟由教育部会同蒙藏委员会，通盘计画，拟具具体办法"，此项办法，吾人甚愿早日拟就，确实施行。

B、便利交通，为沟通文化之要务，政府可在内蒙各地，分设邮政、电讯，赖以互通消悉〔息〕，并须在可能范围〔围〕内多筑公路、铁道，除便利交通外，于国防上亦有莫大裨益。最近中央拟辟西北十大公路（西伊、西汉、包兰、兰疏、包塔、塔疏、汉白、青玉、西包、兰汉等十线），其中尤以包兰（绥远包头——甘肃兰州）、包塔（包头——新疆塔城）、西包（由陕西西安——包头）等线，与内蒙之关系更为密切，此亦望其早日实现。

C、移民内蒙，政府应有整个计划，清晰步骤，并征集教育、政治、军事、实业等各项人才，一齐动员，根本废除已往放逐囚犯、乞丐之零星移民政策。

D、蒙民生活，极应改善，其经济阶段，尚为游牧时代，游牧社会需极广阔之土地，根本不合经济原则，用教育力量设法改进生产方式，使蒙民之经济阶段，由牧畜时代，渐进到农业、工业时代，如是则内蒙自经济上庶可减少被人压迫也。

上述诸端，系就大者略言之，其余极应建设之处尚多，切望政府当局，迅速图之，我幅员广大，出产丰富之西陲边疆，不难培植成国家富饶财源，边防坚固门户。否则仍以过去之羁縻方法，捞〔牢〕拢手段，不但内蒙永无开化之一日，且不久或将沦于异族而有第二傀儡组织之产生也！

《西北论衡》（月刊）

西安西北论衡社

1933 年 8 期

（丁冉　整理）

绥省区长下乡巡视办法

作者不详

第一条　本省区长为宣传政令、指导自治及考察地方情形起见，须依本办法之规定每月下乡巡视。

第二条　区长每月下乡日期最少以十五天为度。

第三条　区长下乡应按所属乡镇多寡及地方环境情形，酌量轮流分往巡视。

第四条　每逢下乡时，应将现行政令及自治要端务须在乡镇公所召集乡、闾、邻长及其他自治人员切实讲解，并对于民间疾苦及庶政得失切实访询调查，随时呈报。

第五条　区长下乡巡视，应将所到乡镇及经过事实，分别详载日记，月终汇订成册，呈县政府转报民政厅核阅。

第六条　各县区所报日记，每届三个月由民政厅汇编考核一次，以观实效。

第七条　区长下乡巡视，如一月不及十五日时，应于月终详述理由，呈由县政府转民政厅核办。

第八条　区长下乡巡视，应轻骑简从，一切需费概由自备，不得向乡民需索。

第九条　区长下乡巡视，如有骚扰乡民情事，或奉行不力及捏报蒙蔽情事，由民政厅查实酌量惩儆，该管县长亦受连带处罚。

第十条　本办法如有未尽事宜，得随时呈请修正之。

第十一条　本办法自公布日施行。

《西北新农月刊》绥远省农会

1933 年 8 期

（朱宪　整理）

绥远省各县区长交代办法

作者不详

第一条　本办法凡属本省各县区长于新旧任交替时适用之。

第二条　各县区长凡新旧交代时，应由该县政府派员监交，造册分呈民政厅查核备案。

第三条　凡各区区长新旧交替时，所有卷宗、经费、服装、枪械、马匹等项，其卸任区长均应造具清册移交新任，由新任点验相符，再由监盘员查核，公同著〔署〕名、签章，分呈备案。

第四条　卸任区长关于应行交代事项，如有亏损公款、私挪物品情事，新任不得含混接收，并由新任区长或监盘员呈报主管官厅，加以看管，限期补偿以重公款。

第五条　新任区长或监盘员，通同舞弊以及徇情蒙蔽，一经查出，除依法惩处外，即应共负赔偿之责。

第六条　凡交替时，卷宗、物品、枪械、子弹、马匹、服装分类造册，不得混同，致碍稽核。

第七条　交替期间至多不得逾十日，除特别情事呈准展限者不计外，逾期应由该管县府严加督促，如有延抗不交情事，即由县府看管。

第八条　如旧任交代不清私自离去，以弃职潜逃论，除查封其财产抵偿外，并依法惩办。

第九条　县府所派监盘员，应遴选公正、忠实者充任，如有依阿朋比情事，一经查出，当由该县长负责。

第十条　各区长交代册簿报厅至迟不得逾十五日，如因交通阻碍或另有情节，须由各该县申述理由，呈由民政厅令准，否则查明议处。

第十一条　本办法各设治局区长亦适用之。

第十二条　本办法如有未尽事宜，得随时修正之。

第十三条　本办法自公布之日施行。

《西北新农月刊》

绥远省农会

1933 年 8 期

（朱宪　整理）

内蒙自治之研究及感想

艺圃　撰

当此外患日深边土日蹙之秋，内蒙自治之呼声，忽甚嚣于尘上，将来演变若何，实值得吾人之特别注意。据锡、乌、伊各盟旗长官上中央愿电观之，此事酝酿已久，其动机有二，一则鉴于外蒙剥夺于苏俄，哲盟、呼伦贝尔沦亡于日本，昭、卓等盟，近复相继覆没，不免有燕雀处堂之感，一则鉴于中央"内乱频仍，事势分异，当局尚不明自救，吾蒙抑何忍以协助责望中央"，故不能不投袂而起。此事之经过，远在今年夏季，当七月二十六日，内蒙全体长官，集议乌盟百灵庙，决定"采用高度自治，建设内蒙自治政府"之原则，其后九月二十八日，讨论进行办法，十月九日，推定二十四人起草自治方案，十月十五日，将自治方案通过。自治方案内容若何，现尚未经披露，自未便有所论列，特在此事酝酿之际，日人亦在多伦召集其所谓蒙旗会议，威迫利诱，形势非常严重，遂令国人对于内蒙自治问题，恐怕者有之，怀疑者亦有之。中央政府对于此事，除特派内政部长黄绍雄、蒙藏委员会副委员长赵丕廉前往调查宣导外，并明令衰〔褒〕扬班禅宣化之功，且将改组蒙藏委员会为边政部。吾人于此，虽不敢过事恐惧与怀疑，然亦不敢谓中央特派专使，特组专部，遂对内蒙问题，竟然为之乐观也。

关于内蒙自治问题，就著者个人之见解言之，敢为原则之赞同。《第一次全国代表大会宣言》，谓"国民党之民族主义，有两方面之意义，一则中国民族自求解放，二则中国境内境民族一律平等"。《建国大纲》第四条，亦谓"其三为民族，对于国内之弱小民族，政府当扶植之，使之能自决自治……"所谓自求解放也，自决自治也，质言之，均一弱小民族之一自治问题而已，今内蒙各盟旗，既以要求自治见告，就本党党纲言之，正应因势利导，积极加以扶植，而不容多所延宕，酿成其他变化。

顾实行自治，事亦非易，今以内蒙之处境，与夫筹备自治之程序言之，斯则不能不加以考虑。《建国大纲》第八条有云："在训政时期，政府当派曾经训练考试合格之员，到各县协助人民筹备自治。其程度以全县人口调查清楚，全县土地测量完竣，全县警卫办理妥善，四境之纵横道路修成，而其人民曾受四权使用之训练，而完毕其国民之义务，誓行革命之主义者，得选举县官，以执行一县之政事，得选举议员，以议立一县之法律，始成为完全自治县。"今内蒙各盟旗长官，借口于"不忍以协助责望中央"，不经呈报核准，径行召集会议，以致上下扞格，致使爱护边政者，为之恐惧与怀疑。现虽德王电陈中央，表示好感，而蒙古各盟旗联合驻京办事处，一再表示此次自治运动，绝无其他背景，究以举动轻率，终遭物议，此不能不希望各盟旗长官严加慎重者也。再，筹备地方自治，既有一定之程序，纵令"燕雀处幕，覆亡之祸已迫，因循偷安，又为事实所不许"，然亦不能过事躐等，即如调查人口、测量土地等事宜，一时未能办完，而人民对于四权之使用，不能不有相当之明了。即令退步言之，以上诸事，且待诸自治政府成立以后，再行设施训练，然在目前，最低限度之要求，所谓百灵庙之内蒙筹备自治会议，亦必有人民之代表参加，庶几整个民意得以表现，否则纵令将来自治政府成立，亦不过徒拥虚名，成为"官治"而非自治也。抑尤有进者，边疆问题，日益严重，真如各盟旗长愿电所云"千钧一发，举国忧心"，假使措施稍有疏虞，纵令动机异常纯善，而且直接间接，亦将被人利用，或者授人以隙，反引起他国之野心，此不能不特别慎重者也。为欲避免此种危险起见，中央与地方，更应切实合作，沉着应付。在中央既不应徒派专使，希望边疆"因循偷安"而已，在内蒙人士，亦必应以"中央军事鞅掌，既不遑忧及吾蒙"，遂舍中央而任性自为也。倘上述各点，均有完满之解决，则著者对于内蒙之要求自治，更愿进一步而为事实之同情，不仅原则之赞同已也。

　　吾人研究内蒙自治问题之余，不禁感慨万端，自十七年统一以还，举国上下，即着手所谓地方自治事宜，并规定自十九年起至二十四年止为训政时期，今也民国二十二年十一月矣，离所谓训政年限，仅两年零两个月矣，试就训政时期唯一的要政所谓地方自治而言，有一县粗具规模否？虽谓内忧外患纷至沓来，致阻自治工作之进行，然而严格论之，亦有非内忧外患之罪，而至今仍未举办者，如各市之市组织，能将"区"一阶段完成，已觉不数觏矣。吾不料内蒙各盟旗，尚知自治足以救国，而急欲采用高度自治，建设内蒙自治政府，其古人所谓礼失而求诸野欤？现内蒙自治之趋势，既已箭在弦上，亟盼政府因势利导，努力使其完成，切无以为改组某会某部，或请德王或扎萨克等来京授予要职，即可以措内蒙于磐石之安也。至内蒙各王公，亦应审察国势之危急，严防帝国主义者之狡诈，即欲要求自治，亦宜与中央上下一心，方能"革其固陋，兴其治化"，若徒骛虚名，凭借某一帝国主义之势力，以建设其名不副实之自治政府，而曰我已实行自求解放矣，我已能自决自治矣，则外蒙之殷鉴不远，是不可不慎之又慎也。

《生力》（半月刊）

南京生力杂志社

1933 年 9 期

（丁冉　整理）

献给绥人之前

王元魁　撰

一　前言

谁都晓得处今日内忧外患的严重国难时期，全国的国民非有一种相当的准备，与刻不容缓的努力，是不足以挽救目前中国的危亡的。因而中央也早有此种一贯的计划，即所谓"突〔安〕内攘外"是。诚然是这样，当此危急存亡，岌岌不可终日的紧急关头下，不安内焉足以攘外？然而不攘外又焉足以安内？是以我们的一贯主张是安内攘安〔外〕同时并进的。

我们终不敢赞成那些"唱高调"、"尚空谈"的一般救国论者，因为它在目前中国的环境下是一种非常的危险，它不但不可以救中国的危亡，反倒要促成中国走上极端国亡灭种的绝境了！试观举国人民的心理，对于此种空谈的或是高调当〔的〕救国论，究竟有无相当的反应？是否对于目前危亡的中国有多少裨益？航空可以救国，实业未始不可以救国；武力可以救国，学术未始不可以救国；飞机可以救国，高射炮未始不可以救国；五花八门，式样翻新的救国论，真是数不胜数了。意大利墨索里尼的法西斯蒂独裁可以救国，苏俄的共产主义与新经济政策的无产阶级专政可以救国；土耳其的民族革命可以救国……就是印度唯一革命领袖甘地氏的不合作主义，我们也很相信可以救国。救国之道，何止一途？然而又岂可乱扯乱抓拿一种不适于各个环境，非驴非马的任何救国论来谈救国吗!？这是何等危险的事！我们解决无论任何一件事，总是要有目标有对象，观察它的环境，至少应抓住时代的背景，然后才可以下手，这正合乎大夫治病的方法是同一的道理。譬如大夫治病，必须先明了病人所患的是什么病，才可以对症下药，绝不是随便吃一种药可以医好的，这是必然的理论，我们不能非难当〔的〕！同时，为救治中国社会的周病性，所以才会有三民主义的产生，换句话说，三民主义，就是唯一的救国主义。总理也曾说过："……因三民主义系促进中国国际地位平等，政治地位平等，经济地位平等，使中国永久适存于世界，所以说三民主义是救国主义"，我们由这几句话看及〔来〕，舍三民主义而外，其他不适合国情的主义是不足以救中国的，所以我们目前不欲救中国算罢，苟欲救中国，非奉行三民主义，继续总理遗教，脚踏实地的努力不可。

　　然而一般所谓时髦派的共产主义的中国信徒，他们不察中国的环境，一味拼命的宣传所谓阶级战争的谬理，而攻击提倡民族主义者的主张，竟谓民族主义偏狭浅陋，不合潮流，所以有许多人不察，也就随波逐流，无形中把革命视线，转移到阶级战争，民族观念，转移到第三国际；这一来，将整个中国革命的真正目的，完全丧失。我们要知道目前国人心理的所期望及我润〔们〕革命的所要求，不在时髦的运动模仿，而在中国民族自由平等地位的获得，就事实论，中国目前有无阶级战争的必要，我们知道，中国根本就没有所谓大资本家，如何会发生阶级战争!？总理也说过："中国只有大贫与小贫的分别……"我们由此可以看出中国是不须要阶级战争的。而一般共产党徒，却偏要拼命的让这小贫打倒大贫，或大贫压迫小贫，这无异是取自杀的政策！我们知道中国目前所受的两种最厉害最显明的压迫，便是帝国主义者的对华侵略——"九一八"与"一二八"的事变，便是一个很明显的事实。其次便是国内大小军阀，及贪官污吏等的压迫。我们既已证明有了这么两重压迫，便战〔要〕向这两种恶魔进攻，才可以使中国脱去这种牢不可破的羁绊，争得国际地位的平等、政治地位的平等和经济地位的平等，使中国永远适存于世界，我们并不需要所谓时髦的阶级战争，可以救中国。

处此严重的国难下，国人只有在党的领导之下，全国上下，一致团结起来，共御外侮，实不容再有什么所谓阶级战争的共产主义派，以及什么法西斯蒂的独裁等派以误国，誓必本安内攘外同时并进之旨，共赴国难。兹略述己见，就当着目前救国的一点意见，敬献于绥人之前。

1. 关于抗日

一般醉生梦死的绥人，老是这样的消极——日兵打到热河啦，还有平、津与察哈〈尔〉呢！离我们绥远还远的呢?! 不要紧，大概是不至于来的！殊不知处心积虑的日本帝国主义者的满蒙政策，早已将我们的绥远划入他们侵略的版图内去了！你想这是何等可怕的事！当沈阳被占的时候，我们便料到日人的野心，定要占锦州、吉林、黑龙江，然而我们的军队虽然有少数在抵抗，但大多数终于不抵抗，结果，完全被占领了。三省整个沦亡后，日兵进取热河，占领榆关，又意中事，然而汤逆玉麟□不战而放弃承德，几日来数千里大好山河，竟丧失于不抵抗，这又是如何使我们要痛心的事！现在野心勃勃的日寇，又要进占华北，进一步实施不〔其〕满蒙政策了！试问平、津被占，察省被侵后，我们绥远又应作何等感想？难道甘愿作汤玉麟第二，蹈热河的覆辙吗?! 为今之计，我们只有本着下列几个抗日的条件，脚踏实地的去努力——

　　A. 绥远民众须各自努力于本职作抗日的实力的培养———一般人或者以为我们的国家，到了这步田地，便消沉颓废起来，其实在这样严重的国难下，我们更应当十二分的努力抗日工作，才可以应付国难。譬如党员以及一般智识分子，打现在起，便应当负起宣传国难的责任来，组织国难宣传团，作长期的宣传，使一〈般〉醉生梦死，不了解国难的全绥民众，对于国难，于〈有〉相当的认识，养成抗日的决心，确定长久抗日的基础，其余各界亦应当同样努力，作抗日的实力准备。如新闻界当此国难严重时期，更应负有重大的使命，扩大的来宣传国难，并领导民众，指导民众抗日应有的准备与努力。又如许多青年学子，更应当努力学术上的研究，给未来国家学术上的贡献，更应注意体格的锻练，养成所谓金钢〔刚〕不坏之身，才可以与列强帝国主义者的国民争长比短，才可以充实抗日的力量。至于在绥的军警，尤其应有一种刻不容缓的准备，如加紧实地练习野外作战，以备一旦战争祸及绥省，不致无法应付。总之，现在大难临头，愿我绥省民众各自努力，救国救家救一己！

　　B. 一致自动的不买日货对日经济绝交———一般人痛骂奸商没有国家观念，只徒一时小利贩卖仇货，这固然是爱国者爱国的表现，可是以我的浅见来观察，奸商贩卖日货，固然罪该万死，然而这种责任，究竟不能只让商人来负，全绥远的父老兄弟姊妹，都应当负起这个责任的。这个责任是什么？就是自动的不买日货，果能如此脚踏实地的实行，所谓商奸贩卖日货百〔之〕事，亦不会发生，真正对日经济绝交的政策，才会实现呢！

　　我们知道，对日经济绝交，在目前抗日的战线上是非常重要的，假如真能对日经济绝交，非但使日军在战线受莫大的损失，国内起重大的变化，并且我们还可以挽回每年外溢的利权，供给抗日的需要，同时还可以使本国的物产倡〔畅〕销，生产事业渐渐发达。望我绥远各界人士注意，共同努力！

C. 唤起整个的绥远民众团结起来抗日救国——绥远僻处边陲，地接外蒙，居民异常复杂，即以蒙古人民而论，自经赤俄煽动以来，外蒙一般无知青年，完全受共产主义的薰染，外蒙宣告独立，便是一个明证，绥远本内蒙古地，一般蒙民，纯系无知识的人民，最易受外来的诱导与煽惑。中央亦早见及此，所以年来对于蒙民竭力宣化，任命班禅为西陲宣化使，使蒙边宣化，班禅之宣化蒙民，固然我们相信会发生相当的效力，然而我们觉得蒙汉人民之不能亲切，是很大的危险！所以目前我们顶重要的便是联络蒙民，一致抗日，绝不应有蔑视蒙民的心理、欺凌蒙民的事实出现，致使蒙汉民众间的感情恶化起来，给日人以可乘的机会，使蒙民受日人的诱导煽惑，如近日前线许多无知蒙匪，受日人的指挥，作自杀自的事实，所以我们关于蒙民是应当十分注意的。

再就满人而论，在绥虽经长久居住，好像与汉民同化，且我们五大民族同为一家的中国社会下，早不应分什么汉、满、蒙、回……了，这种观念，早应打破！然而我们要是详细观察，恐怕始终有点使人不解的地方，据说当日军未占热河之前，一部分的满人，早已挂着龙旗，派了代表欢迎日军，这又是何等可怕的事实！本来在绥远的满人，我们很相信他们是不致有任何意外发生的！但是目前的满、汉民众，自少应当联合在一条抗日的战线上，使双方的感情融洽，绝不致像过去的隔膜仇视，致使在如此的抗日战线上，受莫大的影响！其他回、藏等，亦应有相当的联合，才可以巩固抗日的力量！

2. 关于剿匪

年来"赤匪"祸国，真是胜于洪水猛兽，是以中央有安内攘外的大计，"剿灭赤匪"，本是安内的根本大计，这不过是就大的范围来说。我们现在要拿绥远的土匪来论，这虽然是一个小范围，但就目前抗日说，剿匪是有莫大的关系的，所以我们主张要剿匪。但我们却不主张以往那样的剿匪——拉锯式的——现在谨将我们的剿匪主张，写在下面——

（甲）治本的剿匪

a. 提倡农村教育——当今全国的教育，差不多完全建筑在各个都市与名〔县〕城，而对于乡村，却是不闻不问的。一般人终日狂呼"到民间去"！其实不过喊几句空洞的口号罢了！实际哪一个会到民间去？因而占中国全民众百分之八十以上的农民，差不多就有大半的农民是没有受过相当教育的，尤其是我们所谓地处边陲，文化晚开的绥远，乡村教育，更是无从提起，虽然近年当局竭力设法提倡，然而究竟还没有多大成效，是以一般无知的农民，平时只知完粮纳税，遇有不察——如小数无业游民，互相勾结，一旦因生活或环境所迫，便冒着险结伙打劫。固然一般无知的农民，不能纯粹是这样，但我们相信如果农民个个受过相当的教育，他的行为，绝不致如此糊涂，所以提倡乡村教育，是根本肃清匪患的唯一政策。

b. 改良都市习俗——近世所谓文明增进，都市的生活程度，也随着渐渐增高，一般富翁固不必论，就是那些中产以及无产阶级者，亦染了种种不良的习惯，衣服必要华丽，食物必要珍奇，一切的一切总不能以俭约为是，兼之一切烟酒嫖赌的恶习，实足以促进民众堕落的心理。谁都知道土匪之所以为土匪，并不是自己甘愿的，实在是迫不得已的事，所以我们平时也有一些经验，那些无赖，终日游堕，终日沉溺于酒烟嫖赌之中，当他们在生活不受任何影响时，也就这样的过着游堕的生活，但是一经受了生活上的逼迫，或其他不能如愿的波折，便下意识征服了上意识，终于流为盗匪。因而我们觉得废娼，戒赌，以及所有都市一切不良的习俗，目前实在应当有改良的必要！

　　c. 开渠灌田组织大规模的实业工场以工代赈——回顾过去民十七、十八年间，绥省遭了饥馑，人民为灾情而惨死的，真不知有多少呢！然而死的究竟多系老弱残废，与妇女幼童，那些年青的，早冒着险，做起抢劫的事来了！这个原因，实由于人民一向迷信天神，所谓靠天下雨，才可以生活，殊不知事在人为，人定真可以胜天的话，实在不假。所以我们要以人力来改造一切不良环境，因为靠天神是不可保险的事，所以我们的主张是要开渠灌田。民生渠开了，可以灌溉不少的田地，人民此后不用靠不可靠〈的〉天神了！可以安安然然无忧无虑的耕种过活了！其他如民富渠、民利渠……都可以使农乐于耕种，这样，农民还甘愿为匪〔非〕作歹吗？所以我们还希望绥省当局协助人民，多多开渠，能如是，不但可以根本铲除土匪，并且还可促生产事业的发达呢！其次便是设立实业工场，以本省的出产，如皮毛之类，均可以治造各种货物，这也是一举两得的事情，一可以促进商业发达，一可以收容无数失业的民众。如果能脚踏实地的做去，土匪自然是不会产生的！

　　d. 设立村长制根本防止土匪的崛起——这里所说的村长制，是在每一个村落制定村正、村副二人，专以防止匪人，譬如假定某一村突然发现匪人，村长或村副应急速报告当局，否则，村正与村副应负完全责任，这样土匪根本便没有机会蜂起，何用剿除？！

　　（乙）治标的剿匪

　　a. 收抚——剿匪，本来是不能单独凭剿可以成功的，势必有一种妥善的办法，这种办法，就是匪人苟能悔过自新，我们还得用收抚的方法才可以成功。

　　b. 痛剿——也可以说是包围式的或多方面的剿，绝不似过去拉锯式的剿匪可比。因为过去的剿匪，仅能谈到驱逐，根本就谈不到消灭。我们以过去剿匪的事实来看，仿佛甲村发现土匪了，剿匪的兵在乙村，等到土匪到了丙村，他们又到了甲村，这样的剿匪，不但不能消清匪伙，并且能更使土匪猖獗起来，搔扰地方，惨害民众，实在是一件痛心的事！今后的剿匪法，自应取一新方针，便要包剿，万不能让匪人乱跑，才可以肃清土匪。

c. 清乡——据说土匪当春夏之季，便埋伏在自己村中耕种，到了秋冬，便又成群结伙的来向各处打劫，甚至在剿匪吃紧的时候，那些匪人，亦可以埋伏一时，待大难过去，便又出现，往往军队剿匪，也有如此的经验，当首次剿匪，假定匪人是一千，然而经过三日之后，变成五百了，再过三日，变成二百，以至于无影无踪了！他们究竟上哪去了？还不是埋伏于自家乡村吗？如果我们不施行清乡的办法，土匪何年何月可以肃清呢？！所以我们欲使土匪根本消灭，非清乡不成！

3. 关于禁烟

自从鸦片战后，鸦片由国外公开输入中国以来，国人均争吸食，以致举国上下，大多数的国民，伤身害体，变作懦弱不武的病夫。我们知道，身体的强健与事业的成就是有绝大的关系的，有强健的身体，才会有高尚的思想，有高尚的思想，才会有伟大事业的成就，这是任何人公认的。但是我们的国民，一味争吸鸦片，此种病国病民的自杀途径，尤其是我们绥远，吸烟的真是触目皆是，这种人非但对国家不能有相当的贡献，就是个人的前途亦异常黑暗，最可怕的要算是遗传给子孙的劣根；我们知道吸烟的人，他的子孙是同样的不健全的，当此外患日急的时候，我们的国民，本来是应当锻练金钢〔刚〕不坏之身，才可以抗强敌，才可以御外侮，但是我们的国人，偏偏是如此的不争气！所以我们为预备抗强敌，御外侮，必须要使身体强健，欲谋身体强健，又非从禁烟入手不为功！

但是我们偶一回想起来，真令人痛心，过去的禁烟，差不多是提倡过的，说得是何等的好听，但是所谓禁烟，究竟禁了没有？我们可以这样说——每年总是要有些禁烟布告散布于全省的[的]，种烟是如何如何的坏，吃烟是如何如何的糟，说得倒是津津有味，结果，还是大种而特种，大吸而特吸起来，所以我们目前所主张的禁烟，是要彻底去实行，不尚那许许多多的空谈禁烟的。兹略述几点如下。

（甲）积极的禁烟

a. 禁种——一般农民只求一时的小利，将自己所有的田地，不安分守己的去种五谷杂粮，专心一意的来种这病国病民的鸦片，这是使我们非常痛心的一件事！然而我们要是追本求源的来考查一下，这个责任，究竟还不能归罪于农民，实在是当局的责任。试观每年春耕时节，民众禁烟的呼声是如何的高，结果，只因为政府没有决心，终于种下了祸根。我们上边说过，鸦片是伤身害体、病国病民的东西，如果不彻底禁绝，恐怕不但是伤身害体，甚至要亡国灭种，况当此国难日急之时，前方抗日将士，正值缺乏粮饷，我们应当急起禁种鸦片。凡我绥人，岂有不努力自强，发奋为雄以坐令祖国的沉沦吗？

b. 禁止外省输入——本省连年遍种鸦片，已属遗祸不浅，再加上外省的输入，为患更大，试观西部各省，如甘肃、宁夏等省，每年输入本省的烟土，我们虽然一时没有相当的统计，但是该地的所谓烟客，每次来绥，总是成群结队，至于所输入的烟土，完全用骆驼等牲畜载运，由此我们可以证明，输入本省的烟土，实在也不是少数了。是以目前不但禁止本省种烟，更进一步要禁止外省的输入，才可以收相当的成效。

（乙）消极的禁烟

a. 禁吸——这里所论的禁吸，是根本不可吃的，绝非以往的那种禁止可比。我们知道以往的禁烟，只是提高烟捐，挂一面禁烟的木牌罢了！实际吸烟的依旧是吸烟，这还是就一般平民，没有势力的人说，我们再回头看看那些有权有势的老爷太太、小姐公子一流的人物，还不是公开的吸食鸦片吗？最可恨的要算是各机关的公务人员了！我们平心静气的来讲，这些吸食鸦片的先生们，是否称职？这种腐化分子，是否有资格服务社会？然而目前的事，真使人痛心到万分了！我们不客气的说一句，这种腐化的人，在现社会还得志呢！？因为某种关系，我们也可以说因利害关系，或所谓皇亲国舅的关系，便可以高坐无忧了。因而我们目前不欲谈禁烟则罢，如欲谈禁烟，首先应从各机关公务人员做起，这样才可以推进到民众，不然是不会有相当的成效的！至于禁止的方法，至少应分几个时期，譬如打现在起，无论各机关公务人员或民众，首先与以相当的警告，制定一种罚则，在这个时期内，如果能一一履行更佳，如果不能履行，公务员应立刻停职，并受相当处分，民众亦应如此处罚，这是就已经吸食的人说。至于未经吸食的人，尤其是青年，亦应有一种相当的办法，至少应有一种严厉的处罚，方不至使健全的国民，堕入深不可察的陷阱去，做祸民祸国的事实！

b. 禁止贩卖——目前要想真正达到我们所期望的禁烟目的，只有禁止贩卖，打倒公开贩卖烟土的烟店及烟馆与贩卖烟土的小贩，我们希望当局不要饮鸩止渴，贪图目前烟捐收入的小利，致使大好健全的国民，弄的变成懦弱不武的残废！我们觉得这实是一种莫大的耻辱，当着这内忧外患国难下，我们的市面，是充斥着无数的烟土贩，我们的市面，林立着烟店烟馆，挂着那使人痛心疾首的"出卖清水净烟"的招牌！所以我们目前为免去这种耻辱，亦应立刻禁止全绥市的烟店与烟馆和小贩停止贩卖！

4. 关于财政

　　年来绥远财政紊乱，实是一种使人民愁苦终日，不能安居乐业的事实。我们每每可以在本省各报发现，不是各市县闹穷，便是今天财政紊乱，明天滥发纸票，这样的把戏，真是屡见而不见〔鲜〕的事了！然而我们现在要平心而论，绥远财政为什么弄成这样的糟呢？全绥民众是不是了解呢？回想起来，当票价低落至两元七八或三元的时候，当局曾费过九牛二虎之力，所谓整理金融者，不过是两元五角兑现洋一元。（这还是只见平市兑现，其他根本就没有看见过！）那时虽然我们可以看着拥挤在平市门前的兑换者，但也不过是一群所谓空中取水的奸商罢了！这还是就平市一种纸票言。我们回头再看看绥远的纸票有几种呢？流通票兑现吗？商会票兑现吗？最可恨的要算是丰业银行了！怎么你们也竟会不兑现起来？原因究竟是在哪里？难道你们也照样儿滥发纸票，结果不兑现，这岂不比之××还厉害吗？未免也令人民失望，以至绝望吧！我想如果丰业自己要是知耻的话，请赶快停止了你们的营业吧！如果我们绥远人民要是有脑筋的话，恐怕你这天堂的纸票，还不会流行市面呢！总而言之，绥远的金融是紊乱到不堪设想的境地，人民实在是受它的害不浅了！我们可怜小民，还有什么活可言呢！！！除掉了两元五角票兑现一元外？！为今之计，只有整理财政，安定金融，以解除民众的痛苦！

　　（一）整理各县市财政——各县财政，一向就是非常紊乱，征收的手续，非但复杂，就是支款用途，也多浮滥。且各种杂款，竟会超过正供，附加摊派，往往超过止〔正〕税。捐目苛细，需索繁重，人民实以为大痛苦。所以目前为解除民众痛苦，誓非从整理各县财政入手不为功。

（二）速改组平市官钱局并整顿商会钞——查本省过去金融的紊乱，最大的原因，实是因平市官钱局滥发纸币的缘故，而平市官钱局所以滥发纸币者，是因为该局组织的不良，营业不能独立的缘故。所以我们唯一的希望是急速改组平市官钱局。至于商会钞呢，当发行时，根本无基金可言，但是当时因为征款紧迫，不得已也就发行了！因而我们时常可以看见，商会破钞，散布市面，买卖多因此而引起风波，假若目前不急整顿，前途又何堪设想！

（三）打倒奸商从中渔利——我们知到〔道〕，一般奸商一向就是高抬市价，操纵市面金融的，尤其是当着这金融紊乱到极点的时候，他们更可以乘机渔利，致使市面的金融，离〔竟〕朝夕亦不能稳定，是以我们目前欲使绥市金融安定，百业复兴，非先打倒此种所谓要盘子的渔利奸商不可！

二　后语

我们每次是这样的主张，目前为救这已经岌岌不可终日的租〔祖〕国，非先从四万万每个人的自身努力不可，非安内攘外同时并进不可。我们综合上边各节，来作本文的结论是——

（一）关于抗日——全绥民众，不论汉、满、蒙、回……俱应一致团结起来，联合在一条抗日的战线上，作长期抵抗，作有效抵抗，努力自救以救国！

（二）关于剿匪——希望军事当局，今后变更剿匪方略，急速肃清绥匪！

（三）关于禁烟——林文忠说的好："烟不禁绝，数年后，不但无可筹之饷，抑且无可用之兵。"我们由此看来，烟不禁是要亡国灭种的，所以我们希望绥省当局，努力禁烟，千万不要再往下拖延，走那亡国灭种的境地了！

（四）关于财政——整理各县财政，减轻人民负担，改组平市官钱局，整顿商会钞，打倒无故不兑现的丰业银行（所谓不兑现者，一元丰业票不兑一元龙洋之谓也）与从中渔利的奸商！

《新绥远》（月刊）
国民党绥远省党务执导委员会宣传科
1933 年 13、14 期合刊
（李红权　整理）

从汉蒙的历史关系归结到我们的
认识和今后进行方针

五月二十二日先〔在〕本部第八十一次总理纪念周讲

纪守光　撰

诸位同志：推进蒙旗党务委员会，在上星期已经正式成立，开始工作。因为兄弟也是其中的一个负责人，自己认为要作这项工作，必须先明白汉蒙在历史上的关系。所以今天所谈的，就是"从汉蒙的历史关保〔系〕，归结到我们的认识和今后进行方针"。汉族与蒙族的历史关系，说来很悠久的，可分为地理和种族两方面来讲。《诗经》上说"周宣王料民于太原"，可见当时周朝的出征的地方，还在太原以北，周末时韩、赵、魏三分晋国，而赵武灵王习胡武骑射，考当时赵国的疆土〔到〕已扩展〈到〉现在时〔的〕托县、和林境界。秦时虽筑万里长城以为屏蔽，然而秦的疆域已在大青山之南。及汉武帝时，疆域更为扩大，今之五原、临河、固阳、东胜一带，已划分为州郡，武川、百灵庙一带，亦尽属汉土也。唐代之疆土更超出乎秦汉以上，几与清代之地域相比埒。这是汉族北向的大概情形。赵宋之时，辽势至燕云十六州，澶州之盟，虽真宗御驾亲往，然而会盟之结果无异于屈服。金朝之兀珠，用兵南侵，奄有中国之一半，宋室仅存于偏安。元代之世祖、太祖、窝阔台三大英雄，不但把中国全部统一，而欧洲的东部，亚洲的各国几乎完全都被征服。这是蒙族南下的大概情形。

汉族极盛时代，疆域既是达到今之外蒙，汉人的踪迹，当然也要随政治范围而遍处于蒙古各地矣。蒙族极盛时代武功既征服欧亚，奄有中国，蒙人的踪迹当然也要遍处于中国各地也。当时两种〔族〕人民，来往既然混合通婚，又无禁令，又经过很悠长的时期，那汉族与蒙族的界限，还能分的清楚么？记的民国元年，章太炎先生考证中国的各民族，在古代都是一个种族，而汉蒙两族关系尤为密切，可见汉蒙虽系异族，实在还是一家。况且那时的战争，完全是英雄战争，几个皇帝的争夺政权，人民除了受了作战时的影响，决没有绝灭种族、摧残文化的毒辣手段。所以汉族拿到政权，并未虐待蒙族的人民，蒙族拿到政权，亦未残害汉族的人民。政治首领虽有彼此之擅〔嬗〕递，而种族间实无丝毫恶感。现代战争，就和以前不同了。战败的国家，不仅要给战胜国割地赔款，甚至于还要亡国灭种。一到衰弱程度，受人压迫，将永无反身之日。我们看看现在的印度，虽有甘地的领导，把人民程度提的很高，但结果仍然不能独立自由；朝鲜人口已被日本消灭去十分之六七，那年日本地震时，日人还要乘机惨杀韩人三千余人；法国虽然比较和平，但对安南也是防范很严。所以现代的侵略国，不如中国那样的宽大。其侵略的目的与残酷的手段，我们要确实认清楚，万不敢以中国古代的前例，与现代帝国主义混为一谈。看日本的横暴侵占我东三省后，有知识的人民，大半被害，起初还假维持名义教育，笼络人心，现在都改变为日本课程，对于文化已渐渐显露消灭的现象，眼看就要步朝鲜的后尘。古时的战争，对象是首领，所以对于人民，并不仇视；现在的战争，对象是全民族，所以飞机的轰炸不顾一切了。这种战争，就叫绝灭人种的战争。第三点，我们再说蒙族衰弱的原因。蒙族从汉到元时，都很强盛，以汉高祖之雄才大略，当被困于白登；以李广〔元〕之饶〔骁〕勇善战，尚有无功缘数奇之浩叹；以宋真宗之英明，又有范仲淹、寇准等一般有为大臣之辅佐，然而檀洲〔州〕之盟，君臣均有踌躇难定之势；元时武功，五〔自〕古无比，以事实证明，这决不是衰弱之民族。然而蒙族之所以衰弱，是自从满清入关，得有天下开始也。因清代之康熙、乾隆、雍正三皇帝，均为英明圣主，为他们的子孙后代巩固皇帝地位打算，于是对蒙族提倡佛教，把财力之消耗，种族之减少，都随着热心崇拜喇嘛教而不知不觉了。你看在此二百七十余年之中，蒙族为有三子者即须有一人或二人当喇嘛，每年要到五台山朝拜一次，把所有的蓄积财产尽数载运，回时衣物无存，去时牛驼满道。你想人口既那样〔不〕锐减，经济又这样消耗，在政治上所包含的意义，丝毫没有认识清楚，哪有不衰弱的道理。前人的这种做法，我们应该有深刻的印象，近年来有少数一般蒙古青年，有的说，汉族压迫蒙族，要蒙族复兴，非打倒汉族不可；有的主张民族自决，作独立运动。我们晓得，一个民族要想自决，必须财力、智力、兵力三种条件具备才能作到，刻下情势不但蒙族不够条件，就是整个的中国，这三种条件也是不足的。既是不够自决的条件，要去找好朋友来赞助，这种朋友到哪里找去呢，找东邻日本吗？日本对朝鲜是那样虐待，事实告诉我们是不行的。找北邻苏俄吗？现在的外蒙也不是完全叫人家宰割的么？外蒙的同胞近来逃到内蒙避难者，何止数千人。按历史关系及种族间的情感，还是同汉族的同胞携手相宜。因为这个朋友，它有悠久的历史，它无论对任何民族，从古及今，老是宽大仁慈的。第四点，再就西北整个的环境来说，西北人民的不安，不是一部分的，而是全体的。大家都感觉到没有做到总理对西北的计划，人民都感受痛苦。既是都感受痛苦，就须大家想方法来解决。按种族说，汉蒙两族有如兄弟；按环境说，简直是一家，大家此时应该共同奋斗；到了国家有宪法大典时，凡中国人，都能享受自由平等的待遇，只要在国家法律、政治范围以内，决没有视歧〔歧视〕、偏袒的弊病；凡于能力、道德者，都能尽量的发展，而为国家效劳，这才叫民族自觉。反过来说，如果蒙族认汉族就是仇人，认有武力的日本或苏俄是朋友，那么朝鲜、安南的后尘，恐怕蒙族同胞还要再步一次呢。帝国主义者目的，在灭人国家和种族，它一时也须先给你点小惠，但终久它是要制你的死命的，如同下象棋一般，它故意给你一个小卒吃，但在它给你吃小卒时，已经谋下杀你老将的主意。所以这个圈套，我们稍有知识的人，绝不会上它的当的。此次推进蒙旗党务委员会成立，各位委员，都愿意负责做到一个蒙汉两族，既是兄弟，又是一家的境地。希望各位同志，把这个意思，广为宣传，使我们把这点愿望，早一日达到目的。

《新绥远》（月刊）

国民党绥远省执行委员会宣传科

1933 年 15 期

（王芳　整理）

二年来绥远的党政军

——二月二十六日在本部第八十六次
总理纪念周报告

纪守光　撰

　　各位同志：今天我报告的是二年来绥远的党政军，因为兄弟在监察委员会担任监察委员，这监察委员的使革〔命〕和责任，是对党部的工作，以及工作的情况，党费的支出，统统有个稽核考查的责任，同样党对政府也有监察的责任，所以我们对政府应有种建议和批评的态度。现在快到七月，那末兄弟就把自二十年七月到二十二年七月底的二年之中的绥远党、政、军三方面作个简单的叙述，先从事实方面叙述一番，然后加以个人的观察和批评。在绥远这个地方确实是文化落后，知识蔽塞，而出产丰裕、多未开采的省份，同时，在省的周围环境又不很好，进行当然多不顺利，所以在这省里边，条件既然不够，而尚能负责的来维持整顿，这当然值得人们钦赞了。现在起先说政治。绥远的政治，在大体上说，还算有点建设的萌芽，一切行政还不背乎本党政策政纲，我且郑重的声明，这并不是说使我们满意到极点的意思，是说绥远政治是有一个建设的新趋向了；正因为政治当局对总理的政策政纲有遵从的表现，所以对于职务有努力的热忱。在我们眼里看见的，如近几年的修汽车路，提倡造林，设置公共场所，举行产马比赛，开设毛织工厂，这种地方虽然是尚未得到大的收获，却也有小小的成效了。他如主席出巡，整顿区治，整饬保卫团，加紧训练区安，再如财政划一，田赋整顿，各县荒地、民地的开拓，整理金融，教育方面的整顿津贴，举行奖学金考试，举行运动会，派遣教育参观团出外调查各地教育状况，增加各校经费，扩充班次，凡此种种，都会活现吾人眼帘，这足证明大家都是往建设的路上走，都是想从自己努力之下，求一点发展的好现象。其次是本省党务。刚才我已经说过，本省环境不好，本党无日不在飘摇之中扎挣〔挣扎〕着，在这二年之中，也曾几次的经过恶劣的遭遇，幸诸同志都能劳力的把此恶劣关头突破，始终能够把党的主张、党的意志和党的计划实现。这一种是上级党部的肯来负责，上下一致的结果，一种是下级党部能体会上级党部意见，遵奉党的意志努力的原因，一种是我们党员都有个真的觉悟，每一事态发生，他们都能看的清楚，至于所领导的民众团体，无论省会、各县，对自己应努力的地方，也都肯出以全力来奋斗，赶到正当的态度应表现时，也都义不容辞的来表示。那末，如此上级党部能一心一德，下级党部能遵奉党的命令，人民团体又能同心协力，所以才能把几百次遭遇，卒使安然下去。再其次关于军队。中国的军队也不是都没有希望，凡能尽卫国保民的责任，能不扰人的，就是人民爱戴的好军队。在绥远的军队，大体都还军民相安，并且有一部分肯去绥西作屯垦工作，虽然这事在试办之中，但屯垦是总理的实业计划，这试办虽是屯垦的萌芽，要亦为推进总理计划的试办。上边已经把党、政、军约略的叙述了一番，以下谈这三方面关联上所生的关系。我们知道党是监督地方行政的机关，如果政府很能信仰党的主义，推进党的计划，对他自己的责任很能负责的去履行，服从上级政府的命令，那末，党部当然不能故意去与政府为难，必然的还于〔与〕政府结合一起，协助政府去进行，虽然说一切设施不能尽满人意，但在这一种努力的印象之下，发生的彼此关系，无疑的，更复去勉励政府，使他的事业努力往前发展，求尽一番督促的责任，而在另一方面，还要衔接着分工合作的去一同努力。因为这种关系，完全是由于彼此信仰总理主义而趋于同一方向的，这样，凡所设施，都抱定个同一意志，为国为民，大家意思既如此接近，这种接近关系，不是酒肉应酬发生出的关系，是由于信仰主义，由于互相磨练发生的关系，也可说是由于悠久观察发生出的关系，这关系不是任何一个造谣者，散布一些流言所能破坏了的。关系既然如此，那末，倘若社会上不幸有一些片纸谰言的文字，在挑拨是非者，恨不得要以他的毒计有所成功，把这关系撕破，然而识大体者，实实觉得不值一笑，因为人类除疯狂之辈，及神经麻木的人，绝对不会随便朝三暮四反复无常的任意胡为，而且在一个悠久关系之下，彼此既有深刻的认识，彻底的了解，放发谰言如何能作祟呢？所以无论人家怎样的来〔极〕挑拨离间，我们是绝对应以坦然态度处之。今天借纪念周的机会，把履行个人的职务陈述一下，陈述以后，各位同志知道绥远是怎样的情形，并且知道各部分的关系又是如何，而最当要的是要知道绥远党部是服从中央命令的，绥远党部是奉行总理主义的机关，还有一点，我们党、政、军统通站在信仰总理主义，推进总理计划的努力之下，绝非狐朋狗党可比，一些片纸谰言，总〔纵〕使他实现，彼此都能看的清楚，是不庸介意的事。

《新绥远》（月刊）

国民党绥远省执行委员会宣传科

1933 年 16 期

（李红权　整理）

内蒙自治问题

十月九日在本部第一百零一次总理纪念周报告

郝秉让　报告

各位同志：（中略）其次内蒙自治问题近来甚嚣尘上，本用不着多说，不过甚〔因〕为绥远地近蒙古，必须研究一下。据兄弟个人意思，自治不是独立，也不是邦联，更不是联邦。战前德国、瑞士等国，一度是邦联的组织，专为应付国外环境。对内的是各国独立，现在的国联，我们也可以说是邦联的形态，不过近年来国联表现的不佳，实在够不上。自治当然不是邦联，美国现在施行联邦制，各州是独立的，每州都有宪法，但与中央的宪法并不冲突，同时外交、军事、财政大权，仍归中央掌握。自治也决不是如美国的联邦，这在未说自治以前三种不同的现象。至于自治究竟是怎样呢？我们可以说："自治是在某一行政区域内，全体居民经过政治训练，已有参加政治能力，自动的发起，在整个国家权力统治之下自主的，主持政治之谓也。"从这八〔几〕句说话看来，自治便要有四个条件：第一必须要全体居民，要不是全体居民来参加，为一二人所把持，那就形成一种特种政治形式。第二要自动发陆，如某地居民有了政治兴趣，自动的起来，同时宣布自治以后，又必须自主实施。第三必须经过政治训练，中国各地，都愿意实行自治，而且国民政府还正在积极提倡，为什么现在还没有普遍的实现呢？乃环境全未改良，人民政治能力不纯熟，所以仍在提倡试办之中，这三个条件都是本身的。第四是相关联的，必须在整个国家权力统治之下施行自治，如果一个自治区，没有中央权力来统治，那就是独立了，不得称为自治。我们拿这四个条件来研究现在内蒙自治问题，似乎略具标准，不至无的放矢了。说来自治要求是中华民族人人都希望的，内蒙同胞有此感觉，足见提倡自治，已有效果，所以我们对于内蒙自治，绝对的来同情，同时是政治上的进步，更觉兴奋。不过要注意的：第一是不是整个居民，我们很希望内蒙全体同胞都参加，如果不是全体参加，自治便要落空，将来实在危险，这是第一点希望考虑的。第二看看现在内蒙同胞是不是自动发起，将来能否自主。汪院长说："内蒙自治，是分离运动呢，还是傀儡运动呢？"这点汪院长也不很清楚，我们更无从知道。如果不是自动发起，将来一定会被人利用，这是第二点希望考虑的。第三谈到受政治训练，汪院长说："内蒙同胞的生活方式，与内地不同。"本来我们中国各地生活方式〔不〕很不一致，就以蒙古同胞来说，还是游牧生活的多，逐水草而居，所以生活是流动的。因为流动的关系，对于参加政治不很方便，行施上当然不很熟练。中国沿海各省对于自治，尚感棘手，拿对政治不熟练的居民来施行自治，很可疑虑。第四既谓之自治，就必须受国家统治，如果不受国家统治，就不是自治，那就成了独立或邦联了，这是对自治的一般理。我们再看看中山先生的意见，中山先生说："在自治施行以前，必须扫除障碍。"所以由军政到训政，由训政到宪政，自治就是宪政的开始。并中山先生主张地方自治，有三要点：（一）主权在民，即人人得而参加政治；（二）移官治与〔为〕民治，就是把政治事务由官厅移到人民；（三）地方自治团体，不仅是政治团体，而且是经济团体，这点更为进步，尤其要紧。即自治团体除管理政治事务外，必须管理经济事项，现在的进步政治，着重后一层。所谓自治，必须有此三点，缺此三原则，则自治只有其名，而无其实。现在内蒙行政，中央设有蒙藏委员会，专门管理蒙旗事务，所以内蒙有许多事，不受地方政府干涉，是很自由的。所以现在中华民族都是一律平等，共同发表〔展〕的，所以我们站在蒙古同胞的立场说，对此及自治，很觉忧虑。现在中央对于此事，已决定派黄部长前往指导，内蒙同胞，只要根据黄氏之指导，渐渐做到自治所需要的条件，这是整个中华人民所最希望的。继而言之，地方自治，是中山先活〔生〕在《建国大纲》内明白规定的第一件重要工作，现任中央正在积极推行的时候。内蒙是我国版图的一部分，蒙民是我整个中华民族之一，如果在不违背中央意旨之下，进行自治，循序渐进，当然中央一定要充分的指导，予以各种便利，促其实现。不过我们要知道，在此强敌压境，华北还未安定的时候，内蒙关系国防，现在要求筹办有〔自〕治，如果一时稍有不慎，极容易被奸人利用，上了敌人的大当，后患实在不堪设想。所以我们唯一的要求，希望内蒙筹办自治，要慎重，要听从中央的规定，不可自作主张，那就万幸了。

《新绥远》（月刊）

国民党绥远省执行委员会宣传科

1933 年 17、18 期合刊

（朱宪　整理）

再论内蒙自治问问〔题〕

——十月二十三日在本部第一百零三次
总理纪念周报告

纪守光　撰

各位同志：今天兄弟报告的题目，是《再论内蒙自治问题》。关于这个问题，在上次纪念周，郝秉让同志已经报告过了，不过因为这个问题关系于国家边防至为重大，故特别再提出来，和大家检讨一下。本来内蒙自治一事，据诸本党主义和内蒙情形而论，我们是极赞成而且很愿意促成的。因为要想巩固西北的尔〔国〕防，舍此莫由，要想把几千万蒙旗同胞引入政治途径，更非此不可。自从锡盟副盟长德王通电要求内蒙自治以后，行政院汪院长发表谈话，表示对于要求内蒙自治一事不甚明了。因此有很多能人加以种种揣测。前日行政院特派蒙旗宣慰员巴文俊，对新闻记者详谈内蒙自治之真相，并发表各盟旗王公呈请中央要求自治之原文，一般人大都才明白了。现在中央特派内政部长黄绍雄、蒙藏委员会副委员长赵丕廉亲自到内蒙巡视，并商洽内蒙自治事，同时汪院长在中政会提议将蒙藏会改为边防部，而对于内蒙行政系统亦加改革，由此可见中央对于此事为如何关切。当内蒙自治问题发生的时候，有很多人作各各推测，并且想把这个问题赶快消弥，还有些人说内蒙自治系由德王首倡，而且系受了察省事变的影响，德王为势所迫，实逼处此，此一原因。有的说：内蒙有东四盟、西二盟，现东四盟已被日本占去，所余者仅锡林格勒一盟，锡盟与日伪接壤而处，有事则首当其冲，因处境危急，不得已乃另觅新途，此又一因。当时研究应付内蒙自治问题，也有许多办法，有的人以为，内蒙古系王公制，王公有无上权威，一般民众太苦，想借此机会改革以前制度，振起民众精神，不过这种办法，各王公一定是不赞成的，因为他们压根儿就不愿意人民有政治智识，更不愿意人民来参政。民元张绍曾任绥远都统的时候，内蒙也曾有一度要求自治的酝酿，后来张氏强迫召集各王公来绥，当面勒令取消。不过本人以为以上这几种推测与解决的方法，都不相宜。目前内蒙处境北邻赤俄，东近暴日，虎视眈眈，岌岌可危，无论任何人处在这样的环境，也应当想种妥善方法来应付。我们从各盟旗王公呈请中央的文和巴宣慰员谈话里，可以知道内蒙自治问题，完全是为联合起现存三盟实力，对外抵御强敌，对内请中央促成地方训政建设，此诚当前切要之图，我们应努力赞助以成。不过这个呈文里所说的关于内蒙衰弱的原因，不免有所误解，这我们应当明了的。这篇呈文首述元世〔太〕祖成吉斯汗威震欧亚之光荣历史，次言清世敬谨相待，继述民国以来开荒屯垦，设县置省，为致内蒙衰弱之总因，此实大误，希望大家对于此中原委，要认识清楚，尤其是各位蒙籍同志，更当广为宣传，并且要详晰说明内蒙之衰，不在民国，而在有清，内蒙之弱，是在有清政治之下，也不是在民国。清朝对于内蒙所施政策：第一用封锁手段，消灭蒙古种族；第二用种种方法，销耗蒙人金钱；第三蔽锢蒙民智识，使其迷信。因为这三种原因，所以内蒙才衰弱至如此地步。元时蒙古民人数，比现在多至三四倍以上，按人口孳生的常情说，无论如何，到现在二百余年也应当比以前要多，然而事实上不但没有增多，反而减少至数倍以上，这完全是清朝愚弄蒙民迷信所致。清时特设文殊菩萨与所谓活佛，以为活佛与朝廷就是代天行使职权，只要朝廷有旨，各王公绝对不敢违抗，尤其是一般蒙民每年去朝五台山文殊菩萨的时候，满载而去，空手而归，所有终年积蓄，全数销耗于此。至于求知识的话，更谈不到，这才是内蒙衰弱的真正原因，并非为各王公所呈言。现时整个华北与西北边防岌岌危殆，我们应当及时设法思有以拯救之。不过在一切拯救之前，首先当想法纠正一般蒙民之错误观念，从心理建设做起，同时还要使蒙古同胞知道蒙族在以往历史上对国家民族生存之关系。虽然古时也曾有过许多次战争，和蒙汉间的彼此相轧，但皆贵族之争，与一般民众无何影响。自周、秦、汉历代以来蒙汉两族，已混合而不可分，到现在当作一个种族看待。再就各帝国主义者的趋势而论，过去有许多弱小民族国家，当其被帝国主义利用的时候，无不美其名曰"扶植"、曰"自治"，迨至事已成功，即不得不任人摆布，类此者不胜枚举。当兹中华民国危急存亡之严重关头，非整个国家一致团结起来共同奋斗，抵御外侮，不足以救亡图存，保我疆土，这时〔是〕我们在举国上下一致赞助内蒙自治声中所应当注意之又一点。复次，我们从实质方面观察：第一，一般内蒙同胞，不但无科学智识与现时代之工商技能，而大多数人民，且不识字；第二，内蒙生产力量薄弱，过去各王公缺乏联络，现既注意及之，不应只唱"空调子"，必须西北人民一致脚踏实地干去才行，而且自治也应当有相当的限度。我们所希望的是，如何使蒙古同胞个个都成知识分子，如何能够开辟荒野，增加生产力量，如何能够把地方一切事业建设起来，如何能够解除人民已往的痛苦。总之要使"自治"二字名实相符，要民〔是〕只是空喊"自治"之名，是无益的，最要紧是要从实质上作起，依照总理之主义、本党政纲的规定。我们知道国内各民族自治自决是正当途径，可是理论上虽对，现在我们要作的是如何能使与本党主义、政纲之原则相符，这就是我们应当努力的地方云云。

《新绥远》（月刊）

国民党绥远省执行委员会宣传科

1933 年 17、18 期合刊

（朱宪　整理）

蒙古问题之解决途径

含华 撰

东北失陷，热河不守，多伦被占，曾几何时，内蒙又以自治闻矣。中国今日，真是百孔千疮，无一片干净土，政治未上轨道，匪寇到处横行，外患相率逼至，而奸猾强悍者乃狡焉思逞，最近内蒙锡林格勒盟副盟长德木楚克栋鲁普亲王（俗称德王）之要求内蒙高度（?）自治，即其一例。夫蒙古盟旗组织，至今尚未变更，旗县之间，分权而治，固完全起〔居〕于自治之状态也。而乃于此内忧外患，国本飘摇之时，忽提出高度自治口号，谓非别有用心，其谁置信？据一般观察，此次德王发动要求内蒙自治之里因，约有左列数点：

一、去冬德王赴京进行蒙藏委员会委员长，及蒙古王公代表团驻京办事处处长，均未成功，因而心怀怨望。

二、去春德王曾由日人介绍，赴长春谒见溥仪，与伪组织订有秘约，其内容为：（一）西蒙宣布独立；（二）东蒙（即热河所部）各盟划归德王，不归伪组织管理；（三）伪组织予德王以充分接济。

三、苏俄支配下之外蒙，日人支配下之呼伦贝尔、齐齐哈尔、郭尔罗斯、布特哈等部，及哲、卓、昭各盟，均曾以利相诱，麻醉各盟王公。对政治认识甚浅之内蒙王公，不免受其诱惑而心生携贰。

四、一部分蒙古青年，因受新思潮洗礼后，在政治上尚未获得出路，均跃跃欲试，因亦乐为德王所用。

五、大部分蒙古人民，知识尚低，既不知有国家，更不知有中央，而惟知有汉蒙种族之分，惟知服从王公，迷信喇嘛。

狡黠之德王，基于上述各点，乃敢借名自治，蠢焉思动，企图达其个人在政治上之野心和欲望。中央专理蒙藏事务之蒙藏委员会，对此似毫无办法，延至最近，政府始有派定黄绍雄、赵丕廉二员前往宣慰之举，中枢与边疆之隔阂，政府办事之迟缓，于此可见。吾人固知日人有所谓满蒙政策，以满蒙并称，今满洲既已入于日人之手，则蒙古之处境危急，不宣可知。观日人之在呼伦贝尔教练蒙骑，及派遣代表常川驻居蒙古各盟旗，派日人充喇嘛，与派蒙人赴日本留学，其居心之险，尤属十分显著。蒙古之危机若此，谋国是者，岂容忽视！谨就浅见所及，提出数点，以供采择。

一、治本之道，当提高蒙民之知识程度，唤起其国家观念，使不为王公及喇嘛所愚弄，但此须期以数十年或数百年，非短期间内所能实现。

二、治标之道，应以理喻，而不可以威迫，质言之，约有数端：

（A）在不背统一原则下，允许蒙民自治。边防与外交，须听中央处理。

（B）延聘各王公之有力者，一一予以爵职，以安其心。

（C）召集蒙古青年，加以训练，使回盟办理地方事业。已训练者，须即派以工作。

（D）利用宗教势力，加以抚慰。

以上为解决蒙事之正当途径。至于中央蒙藏委员会之未能尽其职责，已无可讳言，应即根本改组，以蒙、藏人主持，方足以慰边民之望，而免上下隔阂。总之今日已处于危急存亡之秋，政府万不宜再有因循敷衍之弊，而贻百世之忧。谋国是者其慎诸！

《扫荡》（旬刊）
国民政府军事委员会政治训练处
1933 年 23 期
（丁冉　整理）

俄人目光中之冯玉祥的复活

——译自《消息报》

孙寿 译

传来了许多矛盾的消息，关于中国过去所谓国民军总司令的冯玉祥将军。他长久的从事于各军派的活动之后，现在却企图演一个革命的脚色，然而他却变成了为中国地主资产阶级反革命的工具的脚色了。从这个消息里面得出了一个确证：冯玉祥又想在华北演一个重要的脚色，关于其他的一切，我们可以用客观的分析，预料到华北的地位，而认识冯玉祥政策的性质。

用什么方法确立他在华北的地位呢？日本军不仅占领了东三省、热河，还在继续向察哈尔推进，但是，中国军事当局无抵抗的退却，把长城以南的整个广大的区域都让给日本。他不能保护华北，也不想保护华北。

在将来，他的地位就确立于此，因为日本帝国主义不能够宣称把整个的华北与东三省联合在一起，他不能如此作，不仅是因为占领了东三省而向世界宣称说这是东三省的民族自决，不能骤然把生活在全华北的人民附加进去，而其困难还在此，因为华北还有英帝国主义者的很大的利益。他不十分愿意开滦煤矿与华北、天津的铁路，在东三省政府的保护之下。到终结，日帝国主义者对东三省的计划，不过是日帝国主义者克服中国整个计划的一部分，这种计划，将要使用各种的方法，他的成功，就只看日帝国主义者与国民党的交涉如何。如果国民党现在还依靠美国，我们确信美国不愿意或者不能够维持他与日本的对立。如果国民党公开的投降，则日本军阀在华北就再不要组织独立的政府。如果国民党怕公开的投降后，自身逐渐崩溃，而不愿意作日本统治权在中国的掩饰品，则日本军阀就必须制造各种的"独立运动"。好吹空气的冯玉祥，日本军阀就认为他是实用他这些个创造力中的一个。

冯玉祥转变的能力，从国内的趋向或从国外的影响而转变，早已被历史证明了。当冯玉祥登上了假革命舞台的时候，他用中国的谚语来解释自己的转变，说："当群狗互斗的时候，人们都躲开了。"他的躲开，并不是因为不同情于群狗，而是因为他的根据地察哈尔经济与军力都很危弱，并且他屡屡的失败都是在企图当一个独立脚色。

实际上，冯玉祥不能够演个独立的脚色，因为他在最近这几年中就完全失掉了国民的同情，冯玉祥现在希望复活，只有作日帝国主义者利用的工具，日帝国主义者也愿意利用他来作为一个华北独立的组织，或者作为蒙古独立运动的战士。纽约很有权威的一个机关报"Herald Tribune"载着冯玉祥一定与日本的政界有联络的消息，这是很确实的，问题仅在此，只看这个政界的势力如何，与这个政界与统治阶级的关系怎么样。

这种消息渊源，是来自东京，而南京与上海的消息，则认为冯玉祥与苏俄有联络，其实，苏联既与华北的独立无干，亦与蒙古的独立无涉，与冯玉祥联络，究竟又有什〈么〉利益哩！

《北平周报》

北京大学第一院

1933 年 30 期

（朱宪　整理）

内蒙同胞宜协御外侮

崇农　撰

暴日以武力进占东省后，早有所谓东北四省之迷梦。最近实施其侵略之步骤——且因义军之故，非得热河，日伪不得安枕——乃蛮横无理，强占我山海关，攻夺我九门口，意图扰乱平、津，断绝援热之后路；又决分三路攻热，一攻凌南，一攻朝阳，一攻开鲁，同时实现，志在必得。夫热河在全国地势上之重要，过于平、津，盖热河为塞北屏藩，满蒙门户，敌得平、津，我守热河，则敌受威胁，反之则受窘迫者在我，故非誓死防守热河，不独东三省永无收复之望，即华北亦必随之而亡。北平师大教授徐炳昶氏，独见及此，警告国人，国内贤达，始渐知注意。近闻热河防务，前线工作甚勤，关于调动军队与作战方针，其权虽在政府，惟现在战争，于军队之外，胜负系诸全民；其尤有密切关系者，厥为战地土著。倘我内蒙同胞，对于协助热防各军，无论精神与物质，能尽其力之所及，凡便利我军、妨害敌军者，莫不充分为之，则军事即可进展于无形，致胜可操左券。曩者国民革命军北伐之以寡胜多，正由于此，内战尚属如是，则抵御外侮，其影响与关系，当尤深巨！兹将我内蒙古同胞所应注意之点，略陈于左：

一、布防进击，须熟地形，仅恃地图，殊难详尽。土匪据弹丸之地，数倍大军，不能胜之者，正地形生熟有别也。蒙疆窵远，内地人每多隔膜，作战之际，蒙古同胞于远来各军，宜不避艰危，竭尽能力，凡刺探敌情，向导我军，均须精诚协助；若能愚诱敌军，毁其工事，扰其动作，所有裨于我军之事，尽量为之，使敌防不胜防，则胜算自属在我矣。

一、军实粮秣，为全军命脉，远征军队，不能多携。蒙古同胞之强者勿论，即在妇孺，亦应尽接济粮秣，与后方输送之责；若能节食毁家，以飨军士，则同仇敌忾，可免巢覆卵倾之祸矣。

一、蒙地冬季严寒，夏季剧热，饮食习惯，多有不同，内地军队，所不能堪。故凡气候之抵御，及食料之调制，危害之预防，蒙古同胞除于物质极端供给外，更应详加指导，言无不尽。

一、人需饮料，过于粮食。而蒙地饮料则最为缺乏，至寻源与掘井之法，及原〔源〕井之是否适用，均非土著不知。内蒙同胞应预为设备，以节远来军队之劳，最小限度，亦须随时指导协助，一面对敌，并设法绝其来源，制其死命。

兵家胜负，每在极小极微，上列数者，平淡易行，而转危为安，即在于此；然事机之来，非可预测，此则在吾内蒙同胞，随时随事，临机应变，见义勇为；古之毁家纾难，执殳前驱，救国即以自救，保身即以保族，欲免危亡，舍此莫由矣！

《蒙藏旬刊》

中央宣传委员会蒙藏旬刊社

1933 年 41 期

（丁冉　整理）

中央注意蒙古党务与军政

作者不详

设立党务机关

蒙古设立党务机关，中央曾拟在察哈尔设一总党务机关，现又将变更办法，即于绥远、热河、察哈尔、宁夏四省党部，尽量容纳蒙人参加，闻该项办法，业已决定，一俟人选物色妥当，即行发表。又德王现已回张家口，各王公亦将回盟，实行抗日。

筹设军事分校

军事委员会，以我国中下级军官人才不敷应用，尤以西北如热河、绥远、察哈尔、新疆、青海、宁夏等省国防军队，经过正式军事训练之中下级军官，尤难多见，军委会现为积极改良西北国军起见，拟筹办中央军校蒙古分校，俾便就近养成充分军事人才，闻军委会经分饬军政部、训练总监部，负责筹划，务于最短期内实现云。

《蒙藏旬刊》

中央宣传委员会蒙藏旬刊社

1933 年 41 期

（丁荣　整理）

察哈尔问题之检讨

彭鑫　撰

自五月二十六日，冯玉祥氏于张垣通电就任民众抗日同盟军总司令以后，察哈尔问题就成为全国政治中心问题之一，这个问题的严重性，在于冯玉祥氏代表着一种与中央政府互相对立的武装势力，他既自动地撑起抗日军总司令的旗帜，就无异从此与南京中央政府完全脱离关系。所以在他就职的第一天，就将南京政府所任命的察哈尔省政机关完全改组，并且将他自己的亲信部属一律加以委任。察哈尔问题在名义上是因对外问题所引起的内部纠纷，然而骨子里所表演的完全是对于中央政府的抗争。有二十余年之历史的中华民国，始终未实现真正统一的局面，一直到今日国难如此严重的时候，内部依然表现绝无任何妥协团结的可能！我们不必问这个事变的内幕如何，不必问当事者所揭橥的口号如何，即就陷中国政局于更严重的混乱而言，已经可以确定察哈尔问题，绝对违反国家民族的利益。"中国人真无组织呵！"日帝国主义借以侵略中国之最惯用的论证，在察哈尔问题上又得了一个最有力的证明。

中国是这样庞大的一个国家，政治生活又有数十年长期紊乱的背景，值此内外形势非常险恶复杂的关头，如若希望全国纠纷能以迅速地完全结束，希望在短时期内能以造成全国巩固的统一，这自然是一种超乎事实的幻想。由政治紊乱到政治统一，必然是一种长期斗争的过程，我们在主观上自然希望这种过程尽量缩短，然而这种过程在事实上所可能缩短的程度，这还是要决定于我们一般国民之努力的成绩。所以，我们在原则上并不是对于一切政治纠纷都抱持悲观见解，如若我国政治纠纷表现着促成全国统一的奋斗，表现着改造中国政治的努力，那么，我们对于这样的纠纷，丝毫没有可以反对的理由。

不幸察哈尔事变所表现的中国政治纠纷，并不是促成全国统一的奋斗，并不是改造中国政治的努力。无论对垒争持的各方在表面上揭出的旗帜如何，然而实际上在这里，我们一点也不能看出中国政治日趋清明的征象。

现在，我们可以追溯一月以来察哈尔事变发展的经过，从这个追溯能够将中国政治弱点完全地清晰地辨认出来。在平津危急中，南京政府正谋与日本缔结军事上停战协定，当着这种"城下之盟"大体上已经成立的时候，而蛰居张垣的冯玉祥氏突以"民众抗日"名义揭竿而起，冯玉祥氏在历史上政见上久与中央政府立于对立的地位，这是南京政府知之最审的情形。中日停战交涉在华北进行，而冯氏在华北一些部队中确有一部分之实力基础，因此，将冯氏置于圈外而解决中日问题，这就造成了冯氏对中央之必然公开破裂的形势。两月有余之长城抗战，冯玉祥氏事实上始终立于局外的在野的地位，这一方面划深了冯氏与中央间之鸿沟，另一方面，正是这种形势使着冯氏对中日胜败，不担负任何法律上与事实上之责任，而巩固了其反对中央的政治地位。所以冯氏在今日竟能以抗日旗帜而与中央对立，固无论其抗日之诚意如何，而这种对立形势当然是中央对冯氏应付失当的事态所造成的。向使中央于热河或长城战争中，付与冯氏某种前方应战的任务，则无论其成败如何，无论是否有以后之《塘沽协定》，中日事件之一切责任，冯氏既须与中央政府共同负担，那么无论如何，察哈尔问题绝不至呈露今日之尖锐。中央政府当时只是在非常近视的观察中，唯恐冯氏之军事实力因负抗日责任而壮大，所以竭力防止他有所表显，然而唯其如此，冯氏反中央之政治地位始能培养巩固，这是不容否认的事实。

不仅在察哈尔事变突然爆发的追溯中，我们感觉着中央处置的失当，便是再就察哈尔事变已经爆发以后的形势来看，我们也可以发见南京政府之对策有很多不妥善的所在。冯氏在张垣揭出民众抗日旗帜，并且公开建立脱离中央政府的省政机关，此一问题之解决，站在中央政府的立场上，绝不能轶出武力讨伐与政治妥协的两条路线。最初，中央通信机关宣布很多冯氏联络苏俄的消息，在平绥路上也有很多的军队调动，南京政府似乎已经准备以武力维护中央政府的尊严。但是，南京政府一方面觉察出来全国非战空气的浓厚，另一方面对于华北许多重要将领亦有若干分之怀疑，于是一经冯玉祥氏通电声明与国内外共党全无联络之后，中央政府关于维护统一尊严的武力准备便完全停止了。当然，中国在今日不应再见内战，中央政府在责任上应当尽量避免内战，这在原则上不会遭受任何的非难。然而，既不能武力解决，则必须采用政治解决，而政治解决的首要条件是确定双方所占有的政治立场，确定一切变乱责任之谁属，并确定能以肃清这种变乱的根本方针。所以，中央政府与冯玉祥氏应当首先确定目下对外的方针，应当根据国家民族利益的要求以决定察哈尔省的攻守大计，总不当以派系的、地盘的、感情的斗争，而遮饰了政治斗争的根本意义。从察事高呼和平解决以来，往来代表不知若干人，谈话会商不知若干次，密电信函不知若干件，争论调解不知若干种，然而所讨论的对象都是些什么呢？某人为省府主席也，某人为绥靖主任也，某人为督办也，某人为会办也，某部应缩编若干也，防地也，名义也，军饷也……一切一切除了个人权利、位置的分配以外，我们没有听到一个人提及中央与冯氏所根本争持的抗日问题，也没有看到一个人留心中国政治改造与统一原则问题，似乎权位名义一经确定，于是一切政治问题都可以不解决为解决。只有到个人权利问题不能得着适当解决的时候，在宣布谈判破裂的最后文电中，我们便可以看出人人都以政治问题为掩护了。所以中国之所谓政治解决，就不外地盘之攫取，用尽其一切明争暗斗远交近攻的技俩，以使整个中国的政治组织更趋紊乱，此外不会有任何其他结果的。

我们敢于断定，中国政治纠纷是不能以这种解决方式使之终结的。退一步说，即令由此可以得着暂时的妥协，也不过使着两个对立的派系暂时停止敌对行动，使他们各自得到暂时培养实力的闲暇，以准备更剧烈的更扩大的抗争罢了。

但是，察哈尔事件不仅含有对内斗争的意义，由于今日华北形势的紧张，以及察哈尔所处的特殊的地理形势，这种斗争是很易伸张至外交范围以内的。察哈尔事变及今已逾一月，还未看出任何解决的途径，夜长梦多，当然易于引起更严重的形势。日本撤兵像蜗牛行走一般迟缓，很显然地它们正坐观变化，一有机会，便立刻可以"护侨"或"自卫"的名义重新用兵于华北。张北至今犹呈混沌状态，察局久延不决，张北必然非常危险。如以抗日名义所引起的内争继续扩大而延展，那么，这必然要给与日本以二次进攻之最便利的机缘。我们觉得，以中日两国冲突之剧烈，尚可以在《塘沽协定》中取得暂时的解决，那么，中央政府与冯玉祥氏的冲突，真个比中国与日本之冲突还要剧烈吗？老实说，在这样的斗争中，无论哪一方面取得了最后的胜利，都绝不表现任何荣誉啊！

《北方公论》（周刊）

北平北方公论社

1933 年 43 期

（朱宪 整理）

中俄复交后之外蒙现状

自民十五中俄断绝国交后，外蒙政权，已入于苏联之手。彼时中蒙商旅尚不断往还，张家口与库伦间之交通未断绝，内地货物，尚能运至库伦。迨民十八中俄在东北战端发生后，张、库间交通遂完全断绝，所有由张家口开往库伦之华商汽车计六十余辆，亦被外蒙政府扣留，汽车司机人，亦被外蒙政府禁止出境。张、库间之电报，亦于此时断绝，数年以来，张、库间消息不通。旅居库伦之华商二万余人，先是均能维持现状，经外蒙政府之苛捐重税，剥削殆尽，现均苟延残喘，欲归不得，谋生无路，受饥寒所迫者，大有人在。前为巨商富贾，今作小贩而不可得。而中央对外蒙，既鞭长莫及，对此数万流连无告之华商，亦无救济之法，徒任大好外蒙屏蔽，拱手让与俄人掌握，思之良可慨也。查当民八、九时，徐树铮任外蒙筹边使之际，外蒙各王公无不畏中央政府之威信，彼时即应积极筹巩固国防，多派军队，分驻外蒙之库伦、恰克图、乌里鸦苏台、唐努乌梁海、科布多等处，以兵工代开垦，改革外蒙政治及教育。果如是，则今日之外蒙，亦不致为苏联政治所拢络，早能建设新的外蒙矣。苏联政治行于外蒙，已十有余年。外蒙青年，完全为共产主义所麻醉。外蒙一切政治，全为无产阶级者，所有政权，完全操于俄人之手。统治外蒙之最高干部为外蒙国防处，该处为委员制，委员长为俄人，下有委员九人，俄人及蒙人均有。内部组织，分军事委员会、政治委员会、劳动委员会、交通委员会，各部重要人员均为俄人。现经训练精锐蒙兵达二万人，军事长官均为俄人充之，分驻外蒙边防各要塞，所有军器，均由苏联运来。外蒙之王公制，已早被苏联政治所打倒。外蒙儿童及青年教育课本均为苏联教科书所选译，及至中学则添习俄文，中学教员，多为俄人。外蒙共有中学四处，计库伦二处，恰克图二处。数年来经苏联统治之外蒙人民，被剥削已尽，一息尚存。外蒙经济，早已破产，生产既落后，供用又不足，土产皮毛、羊、马等，已被俄人所垄断包销。现在外蒙人民，已至流离生活，大感恐慌之际，供用来源，早感缺乏。去岁春间，曾一度发生革命风潮。彼时外蒙人民，拟乘时机脱离苏联势力之下，卒因团结无力，不久瓦解。自民十八后迄民二十一年，四年之间，张、库间消息杳然，国内对库伦情形，更属捕风捉影。国人对于外蒙问题，早已置之度外，亦即视外蒙屏蔽，借鞭长莫及之口号，甘心送与苏联之手。呜呼！我国对于国防，其忽视有如此也。岂知未失东三省之前，外蒙领土已早丧失管理权。迄去岁春季，有德商德华洋行，开始进行对外蒙通贸易，包运国内土货及国产，运至库伦以济外蒙人民之用度，并可由外蒙运回皮毛等货。该洋行对外蒙贸易已有一年，获利竟达数百万元。自中俄正式恢复邦交后，消息传至外蒙，库伦居留华商均喜形于色，冀能返回内地，察、绥两省及平、津商贾，亦均感对外蒙商业可有转机。中央方面，为进行中俄通商计划，已组织中俄视察团，定期赴俄视察苏联经济状况，及中俄通商之步骤。该视察团此行赴俄后，关系中蒙通商，亦属不少，当二月间，在库伦华商与俄商合组之东方汽车公司，派汽车二辆到张家口，因东方汽车公司均为旅居库伦之张家口汽车界同人所组织，所有车辆甚少，不足十辆，不敷运输之分配，故到张垣与张家口汽车公会商请，彼此为进行张、库通商计，拟将张家口汽车公司所统辖之百余辆汽车，与库伦东方汽车公司之汽车合办张、库通商事务，现外蒙国防处已批准，过境亦准通过无阻，乌德（内外蒙分界处）边卡蒙兵，亦不严密检察。现在张家口汽车会已派汽车一辆，同东方汽车公司之汽车，于三月七日由张垣赴库伦，接洽通商事务。张家口、库伦间之电报，已有数年不能通报，现在外蒙政府已允东方汽车公司与张家口通报。张、库通商，关系华北商业之发展，至为重大，与复兴张家口之商业，亦有极大关系。最近国货，已可陆续运至库伦。然外蒙经济，既操纵于俄人之手，币制亦属统一，华币至外蒙等于废银。第以外蒙捐税极重，值百元之物，须抽以七十元之税。币制与捐税，亦影响通商事务，是则张、库通商及今后外蒙问题，望中央早日注意及之也。

《蒙藏旬刊》

中央宣传委员会蒙藏旬刊社

1933 年 46 期

（丁冉　整理）

谈谈察局问题的解决途径

维也　撰

自中日《华北停战协定》签字后，冯玉祥氏崛起张垣，高揭抗日的旗帜，以示不屈，而中央当局则认为冯氏此举有背于《停战协定》的本旨，怕给日人以口实，于是百计钻营，要冯氏掩旗息鼓而下，以杜敌口，所以使节往还，道途仆仆，而所谓察局问题，因以发生。

当局对于解决此问题所采的途径，以及其中张弛变化的经过情形，近来各报章言之綦详，用不着我们再事喋喋；可是，我们如用这副菩萨心肠以为观察这问题的基点——假定问题发生的主因，纯然由于各方所抱救国主张的先后缓急的不同，绝无其他别具肺腑的作用——那么，无论相持两造的是非谁属、曲宜〔直〕何居，但它的结果之足以影响我们国家和民族的安危，则实至重且大。我们是国民分子之一，我们对于这种关系国家民族的存亡的重大问题，能可恝然相视吗？然而，我们不愿徒究既往，以增重许多无谓的纠纷；我们所谓不能恝视者，特拟在解决此问题的途径上，一贯其管窥的愚忧而已。

自然，谁也应该知道，察哈尔是屏藩燕、晋，挈系两蒙，和热河轮〔辅〕车相依，同为长城以北的要地。自东三省及热河相继失陷后，尤其是最近的《塘沽协定》成立以后，它对于我们失地的收复及第二重国防浅〔线〕的建设上所含有的意义，更日见其重要了。这是说：我们长城一带，既已险要尽失，而榆关咽喉，又复握于敌手，假如我们再不能保有察省的话，非但以后收复失地时，无从进兵塞北，以分敌险；而且，一旦敌再倾师南犯，我们更不能利用察省，以侧出敌背，我们只有永久处于被动的形势，受制于敌，坐视敌军席卷华北，束手待毙而已！所以察省的得失直接关系于国家民族的安危，这是绝对不容我们忽视的啊。唯其如此，我们才万分同情于冯氏之能矢志抗日，誓与察省共存亡；但亦唯其如此，我们更不能不愿有所论列，以为中央当局及冯氏劝。

　　冯氏这次的揭举抗日，也许自信（我们也相信）是只求心之所安，成败在所匪计的吧？然而我却以为，圣贤谋国，对于一己的毁誉，固应置之不顾；而于国家利害，则不能不问，冯氏既为求保全察省，拯救国危而树帜抗日，则冯氏于所以保全及拯救的方法似应从最善而万全的方面去追求，才能获得完善的结果。作者不敏，但未尝自忘其为一分子的国民，所以终愿一试其哓哓。

　　我以为战争的胜负，关系于国家民族的安危，所以事前对于一切行动策划的作为及彼己情势的了解，都应该慎重周详，不可疏忽。现就日寇方面来说，他根据其传统的侵略国策，合整个的国力，于周至的准备之后，挟其精练新锐的军队，统一指挥，整齐步骤以侵凌我国，所以淞沪之役，热河之役，以及长城附近各役，虽经我前后数十万国军英勇壮烈的牺牲与奋斗，而结果仍不免于挫败，这都是局部抗战的结果，虽说有些人以为某役也某军奋斗不力，某役也某部不战而逃；然而，我们试一平心约计过去各役，我军所受的损失，几达十万人之多（据《申报月刊》二卷六号黄震遐君《抗日战争之回顾》），该可想见这话之不尽确切吧！

　　现在冯氏以区区数万临时收编的军队，装备训练既不周至，而补充给养又极困难，乃竟独树孤帜，去和强寇相周旋，予敌以各个击破的良机，而自犯兵家的大忌，虽说热血壮志，实有足多；然究能否幸免于过去各役的挫败，能否确保察省的安全，这却不能不叫我们疑虑！

我们这种说话，绝对不是说寇强我弱，不可与抗，要教冯氏亦如不抵抗主义者辈，一味保全实力，靦然偷生。我们不过以为察省的得失，既然是直接关系于整个国家的安危，那么我们要求能保全察省，自然要有一个最善而确称万全之策而已。

我们知道，现代战争的特性，就是普遍而深彻地渗透于交战国全国家和社会的所谓国力战；绝不是单纯的交战国两方军队一刹那的交绥，所得致胜利的效果。所以无论战前关于国家经济的统制，军需工艺的整备以及一切战争实施的策划等，皆须有整个的统筹；即战中关于战场各部的协同，攻守虚实的互应，以及国民战争的持续策动等，都莫不须要一个完善强固的指挥中枢；否则古人所说"分者易折，合则难摧"一语，不能成为名言；而我们过去局部抗战的结果，该不至于每战俱败吧？所以，我们认为保全察省，拯救危亡的最善而确属万全之法，只有一反过去局部抗战的谬误，竭力融合地方与中央的人力、物力，使成一整个完固的国力，以与敌寇相周旋，于周到的准备和统一的指挥之下，勇迈奋进，利用现有察、绥的形胜，进可以开国军收复失地的途径，即守亦可以胁威敌军的侧背，而制止其南下，比之冯氏的孤军应敌而置察、绥于不可知之数者，总较万全吧！

至于中央方面，我们姑且不问其《塘沽协定》成立的用意何在；假如他没有放弃抗日和收复失地的主张与责任，他便应该鉴于过去头痛医头、脚痛治脚的失策，一面对于冯氏的救国热忱，力予嘉纳，而完成他所编军队的装备和训练，并补充其给养，使成国防的劲旅，以供政府的驱策；一面更应集中全国的人才和物力，精诚合作，以实现抗日救国计划。这样，才能合于近代战争的要求，才能抗日救国，至于所谓察局，那更不成问题了。

　　也许有人要以为这解决察局的途径简直是作者的梦想吧？他们——中央与察省的当局们——各有其难言之隐，亦各有其标榜的幌子，诚如作者之所主张，何异与虎谋皮？诚然，这自然是我们所见到而最引为焦虑的；可是，我们不是说过：我们对此问题的观察，是以菩萨心肠为基点，假定他们都没有别具肺腑的作用的话吗？否则胡立夫尚可为日人大办其善后；张景惠辈也可赧颜去事仇；国家民族之存亡，尽可被置于脑后，宁能禁制他们不为鹬蚌之争吗？

　　所以我对于察局问题——同时也对于全国的政局问题——主张解决的途径，是和平互谅，精诚团结，在中央统制指挥之下，化局部抗日的斗争，为整个救亡的奋战；否则我们只有另行培植新兴的实力，毅然执行国家主人的职权，奋力自救，我们不应瞢然于私欲斗争之下，甘受无谓的牺牲！

《救国通讯》（不定期）

上海国讯书店

1933 年 49 期

（朱岩　整理）

抗日宜速与外蒙联防

崇农　撰

日自鲸吞满洲，更欲蚕食内蒙，最近占多伦，犯沽源，着着前进，盖必欲得察省而甘心也！虽我防御各军，将士用命，然军事要着，要在用力少而成功多，政府之于国防，尤须通盘筹画，熟审利害得失以行之。

外蒙自受俄操纵，脱离中央久矣！然而五族一家，外蒙固我之兄弟也，阋墙御侮，固应联合对外，虽其中不无扞格之虞，苟政府能通权达变，以非常手段，应非常之局，不独目前军事多所利赖，即往日僵局，亦可借以打开。

外蒙仇日，由来已久，对民九日人怂恿帝俄白党蹂躏库伦之事，至今不忘；客有自外蒙归者，目击外蒙国民党反日宣传品甚夥；又自九一八后，外蒙国民革命党库伦市党部，曾举行全库人民大会，决议对外和平，对内唤起群众，一致对敌；凡此种种，足证明蒙古国民革命党及人民革命政府、革命青年团，对宣传工作及蒙疆防务之努力与仇日之决心！吾人若进一步考察其军事准备，则东界三贝子、唐苏噶不路嘎，东南界古吉尔、达里冈崖，南界乌得及西南各处，无不骑兵密布，而大炮、机关枪、铁甲车、军用汽车、军用电话等武器，更为整齐，并附有卫生队、宣队传〔传队〕，虽确实兵数，不知其详，但库伦一处，已确有骑兵三万余，沿流克鲁伦至三贝子处，共有骑兵约九万上下，其势力雄伟，已足惊人。且因抗日之故，渐生内向之心：如最近张家口商会赴库伦代表刘兆祥初到库时，库伦工商部长告以闻宋哲元战胜消息，蒙政府已去电致贺；又库伦《工人日报》，充满反日文字，谓中蒙本属同胞，蒙人均愿协助中国，抗日作战；其愿携手御侮之情，溢于言表。

外蒙之仇日如此，而其实力又如彼，苟能迅派大员赴库，重修兄弟之好，实行联防，则同仇敌忾，唇齿相关，我军得此助力，所有饷弹供给，军队补充，均可不虞断绝；即可用我全力，扫清察东敌人，再进而集中兵力，东趋承德，以击破热省敌军之重心点，则热河可先规复，察省自可保全矣！否则内蒙一失，则外蒙即愈形隔绝，而将永非我有矣！况彼之"赤化"，以目前之情况，尚无蔓延之可能乎？衡以缓急重轻，更未可因噎废食，外蒙不乏明哲之士，以历史、种族之关系，为其设想，未尝不思内附。值此中俄复交之后，疏通非难，故特为刍荛之献；至应如何进行，则在当局之眼光四射，不可拘于一管之见，相机而为可也。

《蒙藏旬刊》

中央宣传委员会蒙藏旬刊社

1933 年 51 期

（李红菊　整理）

察事和平解决之经过

作者不详

　　庐山会议后，汪、蒋于前月二十八日发出联名通电，对于察事，提出四项意见，冯玉祥则于三十一日亦发通电，对于汪、蒋四项意见，毫末接受，措词极为激昂〔昂〕，与汪、蒋通电，大有针锋相对之势，原电云：

　　各报馆转全国民众均鉴：顷接读汪精卫、蒋介石两先生俭日通电，不知两先生爱祥如此其切，祥虽不敏，敢不敬从。顾祥生性戆率，终有不得不为国人告者。自民元以迄今日，国人之苦内战也久矣。乃者倭寇西侵，国土日蹙，热河为东北之续，平、津订城下之盟，此何等时？此何等事？稍具人心，岂复容意气用事，而置我国家民族于不顾者？祥悲愤填胸，举义边塞，区区之意，亦欲利国家、卫民族耳。微特无对内作战之心，抑亦断无爱国而反以祸国之理。故自上月号日出师以来，诸壮士壮怀奇节，奋不顾身，旬日之间，克康保、克宝昌、克沽源，而多伦血战五昼夜，不惟河山已复，正义已昭，即祥枪口决不对内之宣言，亦已成为事实上之铁证。方谓伏尸流血，事且见于国人，而国土重光，又何为不可见信于政府，乃才决东征之议，旋来北军之师，电掣风驰，边廷鼎沸，近且愈迫愈紧矣。胜虽不足言功，但胜亦何至获罪。此君主国家所不可见者，不图竟于我国民革命之政府见之，此真千古奇闻，亦一人类变局也。谓祥为抗命，则祥之所为与政府所标榜之长期抵抗，或一面交涉一面抵抗者，果何以异？谓〈为〉割据，则不徒祥欢迎宋哲元回主察政各电，盈箧累箱，即察省穷瘠荒陬，亦断非可以怡然自足之地。且我军多伦之役，官兵之受伤及死亡于日伪炸弹者，千六七百人，而政府不惟禁运伤兵，抹煞事实，且缓则诬之以赤化，急则迫之以兵威，纵玉祥有罪，而诸为国受伤义士，抑又何辜？世有此人，人有此见，国之不亡，亦迟早事耳。吾人抗日，诚为有罪，而克复多伦，则尤罪在不赦，祥知罪矣。亦既知居今日而言爱国，不量力矣，顾念国难之严重如此，而豆箕〔其〕之煎迫，又复如此，虽当局自鸣得意，但不审倭贼之视我民众作何耳？而欧美民众之视我国家，视我民族则又作何感想耳？摘三摘四，民族已艰，骨肉相戕，虽胜不武。祥屡次宣言，一则抗日到底，一则枪口不对内，如中央严禁抗日，抗日即无异于反抗政府，则不独军事可以收束，即科我以应得之罪，亦所甘心。至谓中央政权因察省而分裂，祥殊不解，中央何以不使宋哲元回察，而必欲以武力消灭此抗日军队也。祥自兴师抗日，迄今已六十七日，究竟赤化察省与否，与确保察东失地与否，事实俱在，究有见谅于人者。敬布区区，唯希亮照。冯玉祥叩世印。

冯电到平，空气骤然紧张，何应钦当即致电汪、蒋，请示办法。蒋覆电仍主和平处理，何乃本来电意旨，拟定三项办法：(一) 望冯取消名义；(二) 冯部改编之土匪、杂军等部队，撤至张北一带，俾宋可返察主持；(三) 冯部撤出张垣后，宋未到察前，由佟麟阁以察警备司令名义维持过渡治安。以上三项办法，即电冯商洽。冯于四日派代表由张垣到沙城，与前方将领庞炳勋、关麟征晤面，表示接受政府所提办法，欢迎宋速返察。并于五日发出结束事军〔军事〕通电云：

（衔略）前接汪精卫、蒋介石两先生俭电，当于世日通电，诚恳答覆。玉祥誓死抗日，原期对外牺牲，湔雪国耻。若因此反招致政府军之讨伐……抑亦国人所不忍闻。嗟夫！今日中国，危殆极矣！河山破碎，灾祸荐〔洊〕臻，正国人同舟风雨，生死相依时也，岂容其豆相煎，为渔人造机会，益陷民族于万劫不复乎？玉祥爱国，决不忍以救国者而反以误国；玉祥爱民，亦断不肯以爱民者反以殃民。今愿将曲直是非，公诸万世，爰自即日起，忍痛收束军事，政权归诸政府，复土期诸国人；并请政府即令原任察省主席宋哲元，克日返察，接收一切，办理善后。玉祥举义迄今，凡七十日，报国之力已穷，复土之愿未遂，深愧无以慰举国同胞之热望；然抗日雪耻之念，愈挫俞坚，一息尚存，此志不渝，所可自信也。冯玉祥，歌。

迁延两月余之察局，至此始现和平解决之希望。察省主席宋哲元及熊斌、蒋伯诚等，即于五日由平赴沙城转下花园，至时佟麟阁已先至，当与宋会商办法。冯复于六日由张垣发出通电云：

此间本和平爱国之旨，曾于世、歌两电，一再申叙衷曲，是非当可见谅于国人。顷原任察省主席宋哲元昨已抵察，兹自本日起，即将察省一切军政事宜，统交由宋主席负责办理矣。特电奉告，冯玉祥麻印。

平〔均〕军分会当局对冯之通电，并未声明取消抗日同盟军名义，认冯仍无诚意，故电令宋哲元注意三事：（一）须冯即日明白声明取消民众抗日同盟军总司令名义，总部亦即撤销；（二）张垣、宣化一带杂军、土匪，须由冯下令暂时调驻张北、宝、康，听候编遣；（三）须冯即日离开张垣。宋哲元、秦德纯、蒋伯诚、邓哲熙、李炘等七日抵宣化后，宋即派秦偕同邓、李等，由宣化专车赴张晤冯，接洽接收张垣军政手续。冯表示，本人既通电交还察政，一切军政权，静候宋来接收等语。汪、蒋二氏以冯尚无离张表示，亦于七日联名致冯电云：

> 阅报知吾兄通电，交还察省军政，并催促明轩兄回任主持，至纫公谊。惟明轩兄前次迭受平军分会、平政委会明令敦促回防，迄未奉行，其濡滞之苦心，人所共喻。今吾兄既有此廓然大公之表示，切盼克期离察入京，共商大计，俾明轩兄得以自由接收察省一切军政，并自由处理。现在察省军队庞杂，而日伪军攻多伦消息甚紧，当此千钧一发之际，非当机立断，必致偾事。吾兄明达，当不以为河汉也。掬诚奉达，伫候裁夺。

宋哲元部冯治安师两团，九日开抵张垣，即晚会同秦德纯、佟麟阁，向各地接防。宣化由庞炳勋部接防，冯玉祥各部，则向张北移动。宋氏本人于十二日始赴张垣，至时冯到站欢迎，宋下车首向冯三鞠躬致候，即伴冯到新村。旋冯、宋同参列新村抗日烈士祠墓落成礼，致词皆侧重抗日。宋语记者，冯为中委、国委，居住本有自由，现决自动离察；察善后非一人能任，故请蒋伯诚兄同来，一切惟秉中央、北平当局意旨办理。据北平电讯，冯于十四日离张垣，由宋哲元伴行，并率卫队千余人，除彭国政团外，有冯之卫士二百余人，直开泰安拱卫冯氏。专车十二时五十五分抵西直门车站，刘治洲、邓哲熙、秦德纯、过之瀚、李炘、张吉墉等均随来，何代表罗健群、黄代表何其巩，与熊斌、门致中、徐英、张自忠、冯治安等，均到站欢迎。冯衣蓝对襟短衫，面微黑，右手执大芭蕉扇，左手持一大信封，向欢迎者拱手称谢。车停五分钟即东开，秦德纯等数人下车，余均随行，韩复榘派泰山号铁甲车三列到丰台迎冯。新闻记者询冯对国事感想，冯答：这年头儿不好谈，彼此原谅！又谓：我此来系十亩地种一根高粱，谓之独苗。言毕，大笑不已。冯十五日抵济南，拟赴泰山居住。

宋哲元十五日夜送眷至津，闻宋感力难胜任，除对察主席职，推荐庞炳勋继任外，对善后各端，亦请中央迅派大员会同处理云。

关于察局军事善后，闻决依照军分会前定方针处理，即以经过军分会点验过者为标准，凡未经点验者，概不承认，如邓文、李忠义、刘镇东各部，均早经过点验，当不成问题，方振武之张人杰部，已定改编一旅，亦无问题，而于方所新招之杂军及刘桂堂等部，则恐难收编。吉鸿昌、孙良诚各部，在原则上亦难承认，必不得已，酌量改编，一俟军队整理以后，始能谈到地方善后。由以上各种情形观察，察局前途，仍难乐观也。

关于日伪军进攻多伦消息，纷传不一。据北平八日路透电传，日本驻平武官柴山，今向此间军事当局表示，略谓，多伦现为冯所属吉部驻守，"赤化"彩色甚浓，日本关东军对此不能漠视，决即加以进攻云云。又据九日北平专电称：多伦方面日伪军一部先头部队开入多伦，多伦吉鸿昌部，已向沽源、宝昌一带撤退。同时日伪军飞机五架，在距离沽源城二十五里之平定堡掷弹二十枚，炸死商民二十余名，牛七八头，羊十余只。多伦是十三日陷落，入据者为伪军李守信部及蒙匪万余。至此始证实多伦确又告失守矣。北平军分会当局以冯已离察南下，民众抗日同盟军已取消，察省军政已归统一，当即函知日使馆武官柴山，请其转达日本政府及关东军遵停战协定精神，速将进取多伦伪军撤退，以维和平云。

马占山将军部抗日将领邓文师长，于前月三十一日黎明，在张垣寓所，突遭暗杀，邓氏身中七弹，当场殒命，甚为惨恻！被杀原因未明。冯玉祥氏闻讯后，即拨款为其治丧并缉凶。至邓氏遗职，现由檀自新代理云。

孙殿英部已陆续开抵包头，孙派代表胡捷三赴赣谒蒋，面陈赴青海屯垦，决不参加内战，并请将该部饷项代金早日发下。孙本人曾一度患病，并传其部队有一小部叛变之说。据北平九日电，谓孙病已愈，现赴河边村谒间〔阎〕，有所商洽云。又南京十日专电云：青海汉、蒙、回、藏民众代表祁中道、马绍武、敏珠尔等，由青来京，晋谒石青阳、褚民谊、贺耀组等，陈述青海欢迎中央开发西北，及反对孙殿英率部垦殖青海西区，青民众表示反对理由，深望尊重民意，以免发生意外云云。兹将孙氏二日发出决不参加内战通电录下：

各报馆转各界民众公鉴：慨自民国肇造，廿载于兹，其间变乱频仍，灾祸并至，益以帝国主义之经济侵略，武力压迫，致使国家元气，剥削殆尽，腹地精华，罗掘无余。不惟贫苦之民，死亡枕藉，苦无救济之方，即富厚之家，亦感于生活之不安，不免流离，此皆廿载内战当然之现象，而魁元所目睹心伤，闻耗下涕，不忍尽情详述者。九一八变起，不旬日而三省继陷，寇势既张，国威大损，浸假而热河告警，滦东受敌，魁元奉命率部抗日，塞外喋血，孤军苦撑，捐躯断头者数达三千，折臂断足者亦逾四百，终以物力不济，难于久持，前线各军，同感兹艰，遂使热河不守，平、津垂危，使我整个民族，全体袍泽，爱国有心，御侮乏术，虽欲不屈不挠，以免于丧权辱国而不可得。且以四省既失，国势益蹙，岁入遽形减少，饷糈自感竭蹶，坐视死伤袍泽，无以为恤，即此强壮官兵，亦将冻馁，此亦二十载内战必然之结果，而魁元所顿足痛心，日夜焦灼，不忍一刻或忘者。窃维东北之天府虽失，西北之宝藏尚富，当兹国弱势蹙，军民交困，内忧外患，危机四伏之秋，凡我袍泽，倘不能根本铲除其封建思想，彻底揭开其军阀面具，毅然逃出此内争之漩涡，以为国家前途找出路，为整个民族谋生存，仍复再蹈前辙，使变乱相循于无极，视东北为已失，置西北于不顾，则纵使暴日能醒其侵略之幻梦，而各种不合国情之主义，亦足以亡我而有余，此又魁元所惕然自惊，誓不参预内战，而率所部以努力屯垦于边陲者也。近者中央既颁明令，遵令整饬部属，策马西行，魁元非不思歼灭丑虏，以复我失土，而安我寰宇者，特以民族生死所关，国家安危所系，在此不在彼，不得不忍痛西去，以为我父老兄弟诸姑姊妹作开辟之前驱，并作异日收复失地之根据。惟以兹事体大，端赖众擎易举，凡实业之开发，以及经始造端诸大计，咸非一人一部之智力所能及，即此数万之众，跋涉长途，亦非群策群力，共同协助不为功，是则所望于海外侨胞，国内先进，与夫西陲贤达，工农同胞共鉴谋国之愚，而于经济上、计划上予以相当臂助。嗟乎！大乱未已，国难方殷，每抚盾以振戈，辄痛心而疾首。魁元定国无方，屯田有力，本其愚衷，出兹下策，非欲规避以自全，曷敢争地以自固，从此为兵为农，但求足食足衣。此日牧马桃林，暂隐身于渔樵，他年挥戈黄龙，再努力于疆场。谨布腹心，惟祈亮鉴。陆军四十一军军长孙魁元叩冬印。

《救国通讯》（不定期）

上海国讯书店

1933 年 52 期

（朱宪　整理）

外蒙现况谈

张惠　撰

（绥远通信）外蒙宣告独立后，汉蒙交通，几经断绝，复因苏俄把持外蒙政治，通商亦几中断，对库伦现状，尤多隔阂。兹有绥远大盛魁前营（外蒙、乌里雅苏台）总分号执事张惠、韩守文、郭久田等，于三月间自库伦起程返绥，五月末始经到达张垣。张等旅居库伦垂四十年，对外蒙情形颇熟悉，大公社记者特往访晤，兹将张君所谈前营汉商失败及库伦近况，略志如次。

外蒙宣告独立后，本号在前营及后营（科布多）、库伦及其他各地所设分号，尚能维持营业。民十九年，蒙古政府压迫汉商最毒辣之政策，即按营业之等级（即营业捐）抽收流水捐，例如流水帐共千元，则按百分之十抽收，再由流水捐中，附收红利捐（例如流水捐若收一百元，红利捐则收五十元）。此事实行后，先由库伦各商号起征。是秋蒙古政府派员二人，前往前营，即向当地之汉人商会声称，政府因经济拮据，奉派来此起征上项税捐，商会人员当答以未奉当地行政长官之命令，实难办理云云。该员等遂退出，另与当地市政厅计议办法。斯时本号已接库伦支号来函。次日该厅传集当地之华商执事人（共有四五十家）等十余人，声称奉到政府上项命令，着即执行，当时并分配捐额，按营业等级支配，本号为二等营业，派为十万零五千元，三等有四万余元，或三万余元，四等有三万余元者，又有一万余元者不等，并限十日将款缴清。各商回号，莫不焦急，同时并请商会要求减少，及支配捐款，同等营业，何以有不均之分别，该厅当答以捐款按其营业之历史及其业务上之优劣与声望而定，非按等第而定，即同等者亦有多寡之别，此事系奉上峰命令，普遍执行，未便擅准。屡经要求，均如此言，各商号无路可走，只得措办。届限有缴少数者与未缴者，该厅当即传集，并谓如各该号对此款一时难以措齐，可先将银行所存之款，如数交来，其不足者，由该号或将每日门柜所售之款，逐日送缴，或由各分号提款均可，自当日记，又展限七日。各号原冀自银行中贷款，自此事发生后，银行亦不贷给，门柜所售，又苦无多，而各号中所存，不过千元（该地仿苏俄制度，商号中存款，不准超过一千元，或五百元（此指次等商号），余款须尽存银行生息，违者重罚）。在此七日中，本号将银行所存九千九百余元，先行送缴，次则将每日所售之百元上下之款，亦逐日送往，其他各商，亦均如此。其中有摊款最少之商号，在限期未满，即将捐款如数送交，自谓可以得安，讵料官方又复加派捐款，巧立名目，或派一百五十万元，或百万元不等，负款较少之商号，不但不能稍释重负，且更行加重。本号顾虑及此，故未敢猛浪从事，深恐此款一缴，则复蹈前辙，更将如何。其他各商号，均同此心，故向前推延。七日之限至，该厅又传各执事人前往，当云，此款如今明两日不能缴齐，即将解送审判厅，按违抗国法论罪等语。各商返号，以所有之款，已搜括净尽，外路之款，又一时不能到达，虽忧苦倍增，但均束手无策。至第三日早晨，该厅传集各号执事人等来厅，而由警察在街市布岗，将欠款之汉商四五十家，均行封锁，所有货物、财产，均行登记，号中人等均行驱逐出号，一面由该厅备文转由审判厅。当时本人亦为其中之一，经本人等要求，将食物发给，首尚不允，再三要求，始蒙许可。在该厅未判决之前，由该地官营协和（译音）公司，将被封之号全部货物均行运去，按货物之所值作价后，再将总数七折，下余之款，共为若干，全数由该公司代缴官厅，以偿所缴不足之捐款。双方互登账簿，并由公司给付收据，全部货物，既被运去，货物虽多，但七折八扣后，为数已无多矣，大有杯水车薪之概。该厅将货物、财产、不动产全部没收后，尚不敷原派之捐，即当庭将本人等分别判罪，本号派款最多，被判徒刑二年，其他有一年零数月者，有一年者。宣判后，本人等即开始度囹圄生活。同时距库伦七八站之某地，亦有本号分号，所有财产，尽为牲畜，不幸亦被派款九万余元，亦因无力缴纳，全部财产牲畜，均被没收，所幸彼处同人未被判罪耳。直至翌年（民二十）七月间，值库伦举行赛会（按该会蒙名为那法门，每年七月一日在库伦城南约三十里之寒山农之西高冈上举行，每次举行有半月之久，亦有时历二十余日，各商号及工厂等均将各种货物陈列于此竞赛，全国军队士兵及学生等，亦有不远千里而来此参加者，此会为"蒙古国庆"纪念最隆盛之一会，与我国双十节相类似），本人等至此时，被囚业已一年，该地向例，全国各地，至此会期，重要罪犯，亦有酌减徒刑，情节较轻者，即行开释，本人等当蒙开释，即于库伦持原有居留护照向库伦政府之内防处请领路照，以便归国（按在该地居留之汉人，无论所执何业，均须领有居留之护照，护照为小册形，否则一经查出，即行判罪。护照费在前数年，若遇汉商，即索要照费，亦不按定例，一百元或二百元皆不定，近年来稍减，有数十元或百元即可，惟对工人甚优待，护照费有八元即可）。呈请时，为民二十年间，直至今年二三月间，始行领下，同时并缴照费五元。内防处将路照发给后，由该处代雇汽车（费用已缴），本人等一行三人，于离库伦之前日，该处已派士兵在前途相等，本人出库后，行约半里，该处所派士兵，即将汽车拦住，先检验路照，继搜检全身，有无挟带违禁物品，纵无其他，所有银钱、衣物等，悉数全行掠去，彼等始呼啸而去。本人等欲返库求借旅费，必须再行请领路照，又须数年之久，不得已而前进。途行三四日至乌得，被留难十余日，始过三道卡子，而入汉境之西宿尼旗所辖之白庙子。该地与外蒙以电线杆为界（距白庙子约五六十里），东为外蒙，汽车至此，不再前行，本人等在附近雇得骆驼，至白庙子，由彼行十余日方至张垣。本人等因所携钱物，悉被掠去，沿途食宿之费，均由汽车代垫，到张后，始行偿还。自库伦至张垣，几行三十一天，自库至乌得，所受之扰，亦难计其次数，此心终日犹如悬旌，至今回忆，尚觉万倍凄凉云云。张君谈至此，言下如受有重大刺激，碍难出口之概。记者继询以库伦近年各种情形，张君答称，从前外蒙各种商业，多半操之于汉人之手，自汉商失败后，当地最大商号有二，一为苏俄人之公司，名史打孟康（译音），一为蒙古人之公司，名相少卖买，又名协和公司（该公司在张垣亦有分庄，名西合公司）。此两公司，为当地最大之商号，均为官营，仿苏俄制，售货时间，午前自七时至十一时，午后自一时至四时，逾时不售。所售货物，大多由苏俄经恰克图所运来者，即食物亦系由苏俄供给。其所售米面，有一定之重量，其规定按谱计算，每谱为四十分，共合华斤二十七斤。往购者，或购一谱、半谱，或十分均可，其价格尚称公道。该公司所有之下级人员，多系汉人，待遇亦不甚优。汉人在库能得到优遇者，莫若工人，自汉商在蒙失败后，所有青年商伙，多改习工业，工业中尤以鞋帽工为最优，其他则次之。往年优异之工人，月能得五六百元，次者亦能得二三百元，近年外蒙因经济困难，益以生产过剩，无法出销，以致从前最高价格之各货，亦降至极低之价格，因此工厂亦多倒闭，建筑业之工厂，倒闭者更众，因是工人失业者，较前更形激增，工人待遇，亦逐渐降低，现在优者，月只领三百余元，次者不过百元。当从前工人尚能向本国原籍汇款，只不准超过一百元，汇款亦迭降至五十元及二十五元，以至停汇。现在当地政府，又允工人请求，每人只许汇寄十元，每次三人。工人既多，数年之中，尚有未得汇寄一次者甚多。至失业之汉商，经营商号，不但无力，且受许多之束缚。上年政府，应蒙民之再三要求，允许汉商作小本之营业，如搭棚或摆摊均可。上年间搭棚者，只纳七八等营业税三十元，每六月稽核流水账一次，纳流水捐、红利捐各一次，去年则又不然，搭棚者收纳五六等之营业税一百八十元与一百二十元，即摆摊者，亦须纳百十元之营业税。流水账改三月一稽，捐款亦改每三月一纳，总之名为恩遇汉人，实较宰割尤甚，稍有过犯，即将财产没收，人则判罪徒刑，其他敛征苛扰，种种非人之待遇，更难罄言。在去年库伦那德门赛会之前，西部蒙民（守旧者）反对东部蒙民（维新者）政治之不良，结合民众，与之交哄，连战数月，始告终止，双方互派代表，进行调停，结果西部蒙民提出数项要求：（一）与汉人通商，许汉货运蒙，以应蒙民之需要；（二）允许汉人在此营业，不得歧视；（三）取消共产政治，以孚民望。其他尚有数项未详。东部库伦政府所派之代表，当将前三项接受，其余未知作如何之结果。缘以西部守旧蒙民，对华久思内附，而对于汉人，素称亲善，更如手如足，本无歧视，自苏俄嗾使蒙古一部青年把持政治后，乃排除异己，并与中国断绝关系，实行苏维埃社会共产主义。实际蒙古青年等，不过受其愚蒙，而库伦政府最高之官吏，多系俄人充任，大权操于俄人之手，而彼等不过徒有其名，作人傀儡受人之驱使而已，此为守旧蒙民反对之最大原因。其他例如蒙民所需之烟、茶、米、面等物，向系自中国输入，近年来此项物品突告绝迹，所用物品，均由俄国而来，用之多不适宜，虽有德华公司自张垣运往之货，但又过少，无济于事，此为反对之第二原因。再因蒙古固不宜于共产政治，致使失业者连年激增，经济愈趋恐慌，外蒙将入破产之境地，此为反对之第三原因。自和议成后，库伦政府待遇汉人，略见宽松，因汉人被虐已久，亦不觉如何。至中俄复交事，库伦报纸亦曾揭载，汉人闻之，莫不欣喜，以为有望，讵料库伦蒙俄当局，仇视汉人，更甚于前，不但无补，且对当地汉人，苛虐愈多矣。

《蒙藏旬刊》

中央宣传委员会蒙藏旬刊社

1933 年 52 期

（朱宪　整理）

察哈尔问题

梓　撰

《华北停战协定》签字以后，平、津局面因延庆、芦台之线以西五千英方里地域不驻兵之代价，得以暂时安定，此后时局重心，乃移转于察哈尔问题上矣。

造成察哈尔之问题者，其一，为冯玉祥上月二十六日之在察省省会万全县（张家口），通电就民众抗日同盟军总司令职，宣言武装保卫察省，进而收复失地。此事件之国内的影响，可暂置勿论，其对日军事上之关系，则一方面显示察省不在停战范围以内，且独负继续抗日与进行收复失地之责任；一方面使日军另得一作战之目标，以积极进行其由多伦南下之军事，在此种形势之下，使冯氏而无发展之实力者，则将来张家口问题之严重，恐不亚于停战协定签字前之平津问题矣。其二，为停战协定之未涉及多伦、沽源间军事，中央社所发表之停战协定，概要停战撤军，西北自察省东南隅之延庆县起，此为延庆与日军由古北口西攻之军事有关系之故。至延庆以北之多伦、沽源一线，协定中竟未着一字，其用意何在，吾人殊不能推测。此后日军在所谓《华北停战之协定》下，尽可攻取沽源，进迫张家口，以停战协定与此路战事无关也。

以上并非吾人神经过敏之观察，六月一日路透社天津电，已有"停战协定之签字，可使日军腾出一大部分……供攻夺张家口区域之用"之语，今日亦有日军准备进取沽源之消息。盖日军自得热河后，分两路进军，今其由长城各口前进之一路，已达其目的，则攻击察省之一路，自必由多伦南下，以达长城之线，俾完成其军事作用，可不待言。况日军之欲占有察省取得张家口，已由其军人明白表示于前乎。

　　察哈尔问题之制造，业已相当成熟。吾人今日所欲知者，将来此方面之应付，由揭橥武装保卫察省之冯氏独任之乎？抑仍由签订停战协定之华北军事首领予以援助乎？多伦至张家口之公路线，长二百七十七公里，今其二分之一，已在日军掌握中，日军更有二日之进行，即达张垣，彼时距张垣约二百公里之北平，其将以停战协定之作用，得免于任何影响乎？抑因日军之控制其北面，而仍为不安空气所侵袭乎？

《蒙藏旬刊》

南京蒙藏委员会蒙藏旬刊社

1933 年 53 期

（朱宪　整理）

内蒙自治与中央对策

作者不详

内蒙自治问题，自黄、赵等人前往百灵庙后，虽仍无就地解决之望，但内幕情形则已较前显露。本月十三日，南京行政院发告蒙民文，内容方面固只为原则上之阐述，而所谓"倘于省行政区域及省行政系统之下，特设蒙人掌理政治之机关，试行初步自治，则不唯可免扞隔之弊，亦可以辅助政府之不及，而收合作之效。总须不违背国家一般之法令，不妨碍各省行政之制度，中央政府无不推诚相与，竭其全力以图蒙古人民之福利"云云，亦已指出蒙事解决必须符合何种之条件。就中央发表此文之意向观察，殆谓内蒙无论在教育、文化、经济、政治各方面，均较内地尤为落后，今日即实行高度自治，亦不过虚有其名。故蒙人要求自治，纵在理论上并无何可驳议之处，但实际上则未便冒然允许，借免发生流弊。而某报记者自百灵庙发出通讯，述旧派王公关于自治问题之意见云："我们的力量，总是给人抬轿子，与其给不相干的野心家抬轿子，更不如给中央及省政府抬轿子，抬的好我们也可以跟着往前走几步，我们更犯不上找一个婆婆来侍候。"是则蒙古多数王公之意见，与目前中央所持之方针，无大差异，皆谓立即实现高度自治不为客观事势之所需要。

内蒙自治问题自其最初发动之时，国内舆论已一致认为出于少数新进青年之策划，迄今则可证明其说为不诬。此少数青年急欲树立蒙古新政权，于是以见弃于中央之说打动各王公俾赞助自治政府之创设，同时以处境险恶，不行自治，难以幸存之理由要求中央在自治问题上作最大之让步。自此种意义而言，内蒙自治问题乃内蒙本身以内之政权转移问题，自治政府果正式成立，则多数王公在职权上，在行政地位上，即将由第一位降至第二位，旧派王公"侍候婆婆"之喻，已将个中消息和盘托出矣。

民国成立以来，中央以及各地方之政权转移，次数不为不多，结果总令人不满意，国人实应于此领取教训，不当屡屡重蹈覆辙。中国改造事业，必须自文化、经济方面入手，迄今已无人能加否认。政权转移不唯不进政治于清明，国家政治之长期紊乱，且由此而胚胎。政权转移不为内战之原因，即为内战之结果，国人无不厌见内战，亦即无不厌闻政权之转移。

吾人可为内蒙称幸者，即为在民国成立以后之全国大纷扰中，内蒙大体上风平浪静，未曾卷入凶恶漩涡。国难发生，整个内蒙之一半为敌国囊括以去，剩余之一半亦处于敌人积极进攻之前。当此之时，内蒙亟谋自保，自值得全国予以充分之同情。然中国全国之复兴事业既须以经济建设为开始步骤，而内蒙经济发展又在内地之后，则是内蒙经济建设之需要，又较内地为急迫也甚明。吾人以为内蒙新进青年能集中其注意力于经济改造，则内蒙及全国皆被其福。反之，如先着眼于政权转移，汲汲于自治政府之成立，则内以招全国之惊疑，外以启敌人之伺隙，事变递演之所极，非国家之福，非内蒙之福，亦岂内蒙少数新进青年之福乎？

中央及内地人士则须认明：国家政治陷于长期紊乱，其影响必将渐及于各地各方面。二十余年之政治不统一，其初似仅限于中央及省政之离开常轨，惟在最近数年中，社会各方面由此所蒙受之恶劣影响固已非常显著。匪患蔓延，农村破产，思想驳杂，民情浮嚣，凡此皆与政治紊乱有直接间接之关系。边疆各地，在过去与内地相较，总可谓为比较安谧，然自九一八事变发生后，亦已显著纷扰之开端。今兹内蒙要求自治，无疑地表现政治紊乱之因素业已侵入内蒙，此在中央及内地人士，各宜深自警惕，力谋补救。及今图一妥善合理之解决，尚非甚难，所忌在仍以交换利益、粉饰太平为唯一之手段，至于最后无可粉饰之时，内蒙前途则真不堪设想矣。

《北方公论》（周刊）

北平北方公论社

1933 年 57 期

（丁冉　整理）

不可轻视之内蒙自治运动

向尚　撰

近来关于内蒙自治运动，喧嚣尘上，有谓系出于少数跋扈封建王公割地自雄之企图，而并无其他背景作用者；有谓系受某方之发纵指使，而绝对有背景作用者。两者各具成见，姑置不论，而事实胜于雄辩，吾人试一检举，即可一目了然。

九一八后，日人组织内蒙军队，挑拨内蒙王公，使成分化作用，可见日人觊觎内蒙之心，蓄意已非一日。然则此次事起之非偶然，吾人不难想见。此其一。

九月廿八日百灵庙会议前三日，日人松室孝良曾在多伦召集东蒙王公会议，并通知西蒙王公前往出席。西蒙王公虽趑趄未前，而相距三日之百灵庙会议，要亦不无因果关系。此其二。

德穆楚克栋，在百灵庙召集之会议，到六十五人中，有二人系由热河前往参加。而此二人，均为伪组织下之蒙民，其中之一，且为有地位之军人。此中蛛丝马迹，不无可疑之处。此其三。

德穆楚克栋，曾大声宣言："如中央能允许内蒙自治之请求，当无异议，设或不然，则蒙人不难自寻另一方面之出路……"此所谓另一方面之出路，吾人不必深思，即可洞烛一般。此其四。

综此四点，所谓内蒙自治运动，其内幕之复杂，情形之离奇，实予吾人以严重之征兆，断不可以轻视！盖自九一八后，日人虽以武力劫去满洲，而东西蒙形式上尚无若何进展，所谓并吞满蒙造成大陆帝国之迷梦，一时无法实现，故不惜种种卑鄙手段，挑拨汉蒙两族之恶感，使彼此分化离间，而从中加以饵诱，冀便坐收渔利。故此次事变，吾人虽不忍认其绝对有背景，但亦不敢谓其无相对背景。且也，查百灵庙会议中所提出之《自治政府大纲》第一条有云："内蒙自治政府总揽内蒙各部、盟、旗之治权。"第二条有云："内蒙自治政府以原有之内蒙各部、盟、旗之领域为统辖范围。"所谓总揽（？）内蒙各部、盟、旗之治权，是不啻将中央政府在内蒙一切行政统治权，取而代之。第二条所谓自治政府以原有（？）内蒙各部、盟、旗之领域为范围，尤不啻否认中央政府在内蒙之一切统治实权，而要求归还察哈尔、绥远、宁夏与蒙人之表示，是此次自治运动，与其曰蒙人之要求自治，则毋宁曰所要求者为一变相之独立国家。在此内忧外患交相湢〔煎〕迫之际，蒙人居然提出此种要求，无异乘机要挟，其心怀叵测，实不能不令吾人严重注意而即早妥筹防范之策。至所谓防范之策，则不外两种：一、即如章嘉之言，政府须立即采用神速手腕，将西蒙首脑人物如班禅等请出西蒙；一面即专责章嘉协同黄、赵二使，用政治和平手段相机解决，在不妨碍国家统治权范围之下，而容纳其所谓自治之原则。一、即一面感化旅平内蒙青年，使不为少数王公所利用，一面即责成当地驻军集中大军，设要防守以备万一。原德王既已提出"不幸（？）或有意外，启衅者亦决非蒙人也"之豪语，是显然有后台为靠山也无疑。总之，当此千钧一发之际，我政府必须一洗从前消极放任之政策，而采取积极断然之铁腕，以打开现在僵持之局面，应付将来之变动。盖不如此，国家前途，即有不可思议之厄运，而令人不堪设想也。

《救国通讯》（不定期）

上海国讯书店

1933 年 57 期

（朱岩　整理）

西蒙各盟旗请求自治

作者不详

内蒙自治运动，主角为锡林格勒盟副长德穆楚克栋〈鲁普〉。德年在少壮，颇有野心，此次高唱自治后，对人辄道成吉斯汗之功绩不置，大有追绍先祖之意。幼年曾到东瀛，今春一度到平，转往汉口谒蒋，并到南京与中央各要人谋面。现仅有枪千余枝，士兵不满二千，实力极单薄，且资望较浅，内蒙各王公对其所倡导之自治，咸持观望态度，故几度召集会议，参加者颇少。据曾亲与百灵庙会议之某君谈称，本月九日起，在百灵庙召集之会议，系德王一人所鼓动，共到各盟旗代表六十五人，中有二人，乃由热河前往参加，此二人为伪组织下之蒙民，极堪注目。其中之一，且为有地位之军人，尤值重视，会议席上，竭力主张实行自治，使此会议有政治作用。然盟旗各代表，则多意存观望，亦有主张与中央代表接洽后，再行定夺，故各项议案，均行保留，延期讨论。至于所致中央要求自治之文电，悉由德王在会外所拟就发出，并非多数公意。政府初意不发表，嗣蒙古代表恐各方误会滋甚，传闻庞杂，乃于二十一日非正式由蒙古办事处招待席上发布。其电文如下：

（衔略）年来吾国兵荒饥馑，纷扰鼎治，边疆日蹙，外患日深，吾蒙古接近日国，创痛尤烈。广漠之地，弱小民族，抵拒无力，固守无方，俎上之肉，宰割由人。十年以来，外蒙剥夺于苏俄，吾盟呼伦贝尔沦亡于日本，近并卓、昭等盟，亦相继覆没，西蒙牵动，华北振撼，千钧一发，举国忧心。吾蒙老弱民族，坐受宰割，亦固其所，中央虽负有扶植救济之责，顾内乱频仍，事势分异，当局尚不暇自救，吾蒙古何忍协助责望中央。况兵燹之余，不时劳遣专使，远方存问，足证休戚相关，患难与共，吾蒙深为拜嘉。边疆有警，委蛇偷安，未为不可。迩来强邻俱侵，刻不容缓，燕雀处幕，覆亡之祸已迫，因循偷安，已为事势所不许。煎急虽甚，应付无方，倘不黾勉自决，一日劲敌压境，所至为墟，风波所及，积弱之蒙疆，势必蚕食殆尽，深贻中央之忧，藩篱破决，将以亡命蒙古，累及同胞，一联〔经〕摧折，全体牵动，关切至大，为罪滋深。《传》时〔曰〕鹿死不择荫，凡我同胞，设身处地，试为蒙民三思，舍自决自治，复有何法？伏念我孙总理，艰难定国，以人民自治为基础，以扶植弱小为职志，兢兢〔煌煌〕遗训，万世法守。中央军事鞅掌，既不遑忧远，吾蒙敢不投袂而起，遵奉总理懿训，自任自决，以自策励。盟长、札萨克等谨查二十年国民会议议决案，已有特许外蒙自治之先例，乃于今年七月二十六日，在乌盟百灵庙，招集内蒙全体长官会议，金日采用高度自治，设立内蒙自治政府，急谋团结促进，以表〔补〕中央所不及。凡事自决自治，庶几眉急可挽，国疆可守。民意淳淳〔谆谆〕，亦咸以是为请。于是毅然进行，气象为之一振。所有愿应民意，应付环境，施行自治情形，除由盟长、札萨克王公等，会衔联印正式呈报中央鉴核外，爰将吾蒙推行自治真相，谨先电达。其自治真相，实因事急境迫，日暮途穷，志切自救救国，不得不亟图自决，以补救危亡。至于军事、外交，关切国家体制，吾蒙能鲜力薄，平时犹仰仗中央扶助，矧当存亡关头，一切对外措施，更惟中央是赖。并望当局诸公，一本总理民胞物与之旨，天下为公之意，谅其苦衷，悯其衰弱，辅导箴勉，弥缝其阙，而教以所不及，策励其自决自治之精神，促进其发奋图强之苦心，革其固〔锢〕陋，新其治化，上有以翊赞中央殷殷图治之心，下有以慰吾蒙喁喁渴望之意，俾五族之民众，互助共存，打成一体，庶几危亡可挽，边疆可固，蒙民幸甚，国家幸甚。锡林果勒盟长乌珠穆沁右旗札萨克亲王索讷木磅〔拉〕布坦，副盟长亲王德穆楚克楞〔栋〕鲁普等数十人连署。

绥远主席傅作义，于百灵庙会议开幕之前，曾派代表劝阻绥远各盟旗王公前往参加，谓该会议有革命意味，绥远各盟旗王公，以为并无此意，终派代表前往。故从各方面观察，百灵庙会议，乃系久经分裂之内蒙各盟旗，重行整立其关系，而为一种非政治性之团结，初不能因德王之另有所属而辅〔转〕移一般蒙民之趋向也。德王曾对某君谈称，外蒙现已为苏俄吞并，东蒙又化为"满洲国"版图，蒙人鉴于情势之危迫，急谋自保，目前之要求，只为自存自治，决无不合理吁请。外交仍归中央办理，其他内部问题，则由蒙人自治。如中央能允许此种请求，当无异议。设或不然，则蒙人不难自寻另一方面之出路。惟蒙人决无意与政府构衅，不幸或有意外，启衅者亦决非蒙人也云云。依德王之谈话观察，德王当无绝对背弃中央之意，至其他各王公，更无论矣。最近内蒙除于自治之口号外，更高唱"蒙地还诸蒙人"口号。中央对于此事，初仅责成察主席宋哲元就近处理，宋曾派萧振瀛前往疏解，嗣以关系重大，缜密考虑，乃决定特派黄绍竑、赵丕廉前往宣慰。黄、赵已先后赴平，于二十五日邀集蒙古在平各王公及重要人员，征求意见。据内蒙至平蒙民谈，内蒙人民年来生活艰难，目前急待解决问题有三：（一）生活问题；（二）治安问题；（三）边吏问题。希望中央：（一）速筹救济内蒙人民生活办法；

（二）设法维持内蒙治安，保障其生命财产；（三）放弃利用宗教之羁縻政策，树立内蒙实际政权；（四）慎选边疆官吏；（五）介绍内蒙有志青年，在各盟旗办理旗务。如能作到以上数端，则外人野心，亦无策施其技俩云。

黄、赵二氏二十七日由平出发，黄等一行共分军事、政治、经济三组办事。军事组任务，在注意国防警卫；政治组工作，在调查蒙古已往及现在情形，与旗县分治状况；经济组调查蒙古之经济情况。齐集百灵庙方面之各盟旗王公，有电到平表示欢迎，并派员赴绥远迎候。驻京蒙代表吴鹤龄与黄、赵同行。黄等二十八日抵张垣，接见蒙方要人，询问自治真象及内蒙情况。三十日抵归化，与傅作义等对蒙事从长商讨，同时并接见伊监〔盟〕阿王等征询意见。黄谈，赴百灵庙非为召集会议，行期尚未确定，已派李松风先赴百灵庙内、外蒙旅平同乡会通电，反对章嘉入蒙，并电中央，反对阎锡山长边政部。盖中央有将蒙藏委员会改为边政部之议也。据北平卅日专电云：内蒙自治问题，自黄绍雄、赵丕廉到绥，与傅作义及蒙民代表商讨结果，大致已有决定，当局对蒙事意旨，决以在中央规定原则，不破坏系统，及整个组织下，当扶助其成功。否则即准备采取适当有效方法制止。蒙人对自治已下决心，且要求以张垣以北绥远全部为其自治地理之范围，故内蒙问题，如何开展，颇可注意，不能遽抱乐观。徐庭瑶应〔与〕黄绍雄随同入蒙，即系视察一切云。

×　　×　　×

东蒙方面，自九一八东北事变后，日本即派员赴东蒙煽动，冀完成田中内阁所主张之既定计划，当按地理之情状，将东蒙划为数省，兹调查分省及省长人选如下：（一）东分省，蒙旗布哈特为该省之中心，且为黑龙江之要镇，日本为事实上顺利计，即派布特哈王鄂伦春为省长；（二）北分省，地当海拉尔，且为东北蒙古重埠，日本经派呼伦贝尔都统贵福之长子林陞为省长；（三）南分省，以哲里木盟之中部为该省之范围，并命图献图王延喜海顺负省长之责。但分省上边之节制机关，统归兴安总署，总长为哲里木盟长，次长系日人。自热河陷落后，更将锡拉木伦河以北地带（卓索图盟）划为中分省，并将卓盟盟长巴林王扎咯尔，邀掌省政云。

《救国通讯》（不定期）

上海国讯书店

1933 年 57 期

（李红权　整理）

黄绍雄赴百灵庙后之内蒙情形

作者不详

内蒙各盟旗请求自治后，黄绍雄、赵丕廉即奉命入蒙巡视。原拟过绥稍作勾留，即行前往锡林郭勒盟，指导蒙古自治。黄氏因绥主席傅作义，对蒙古自治稍持异议，并胪陈意见，拟供献中央参用；同时各蒙旗王公对中央意旨又尚未完全接受，且在距百灵庙百余里之天池，筹备自治政府，复派大批骑兵，分布蒙汉边界，严加警备，云王、德王并希望以大青山为界；因此种种，黄、赵二氏遂停滞在绥。李松风奉派先到百灵庙访各王公，除传达中央意旨外，对于黄赴百灵庙事亦有接洽。德王、雄王、云王、班禅四人，拟派汽车及蒙古马队到绥远迎接。黄、赵当即覆电称，赴百灵庙时将由傅作义派兵护送，勿庸派队迎接。德王为避免引起误会，将百灵庙军队扫数开往天池，该庙不留一兵一枪。但希望傅派兵护送黄、赵时，勿过大青山，因蒙人对汉兵素来印象不佳云。李松风七日夜返绥，报告在百灵庙接洽经过。黄、赵等于十日偕徐庭瑶赴百灵庙，率特务队六十余人，沿途由驻在地骑兵担任警戒。黄、赵除赠各王公大量绸缎、茶叶外，并题赠照片。黄、赵等于当晚抵百灵庙，在庙各王公欢迎甚盛，以蒙古最珍贵之全羊席款待黄、赵。闻内蒙自治原则，将在百灵庙决定，其详细办法，黄、赵等拟邀各王公到绥，再作缜密讨论，绥省府拟俟各王公到绥后，举行大规模汉蒙联欢大会云。黄、赵抵百灵庙后，有长电向汪院长报告与各王公晤谈情形，谓各王公对中央政情，虽甚隔膜，但多年并无成见，且袭爵已久，本极自由，除维持原有地位外，亦无何种企图。若辈之国家观念，固甚薄弱，但对中央政府，仍甚推崇，所谓自治运动，根本上无须此念头，而百灵庙会议，更系少数缺乏真正认识，而略具野心之少壮代表所包办，事实上不特非蒙人之公意，即王公之公意，亦说不上。盖大部分德望较隆，年事称〔稍〕长之王公、总管并不知此种运动意义之所在，现经分别宣达之后，多数已明白中央意旨，并愿在中央领导之下，为蒙人谋福利。惟尚有少数分子，对中央原则，虽未持异议，但态度尚觉游移，以是不得不再加解释，但形势极可乐观云云。行政院编印之华蒙合璧文告，已派专家送赴百灵庙，交黄、赵分发各盟旗张贴，原文云：

本党以三民主义为施政之圭臬，其民族主义，本含有两方面之义意，一则中华民族自求解放；二则中国境内各民族一律平等。国府本此主旨，对国内各民族待遇，无不一视同仁，未尝稍有岐〔歧〕异。内蒙地处边要，国防所关，凡有利于吾民族同胞者，中央莫不尽力以图；徒以连年以来外患凭陵，灾祸洊至，对于边疆行政设施，容有未当，此则政府所深用忧虑者也。现在吾内蒙人民，希望推行自治，中央政府不惟无靳不许之意，且乐愿扶植辅导，俾底于成。惟自治之先决条件，为人民在政治上有相当之训练，在经济上有相当之余裕，预立计划，逐步前进，而后能达所期之结果。内蒙地方，教育、文化及经济生活，均亟待发展，政治训练，尤未有准备，若一旦实行高度之自治，亦将不过虚有其名，人民之不能行使权利如故，经济之不能适应需求如故，甚至功效未见，而纷扰徒增，此尤政府之所洞悉而深虑者也。唯政府于自治之进行，虽不欲躐等以立虚名，而切望努力以求实效，务使蒙古王公首领，及受有政治训练青年，能得政治上相当之地位，俾各展才能，以造福于国家社会。至对于全体蒙人之文化生活、经济生活，亦当尽力扶助改进，充实其自卫御侮之力量，养成其实行自治之能力，以期于不远之将来，实现真正之地方自治，一如本党《建国大纲》之所规定。此种程序，不独于蒙古为然，即内地亦无二致也。惟蒙古人民风俗习惯、语言宗教，与内地略有不同，此为政府所特别考虑。倘于省行政区域，及省行政系统之下，特设蒙人掌理政治之机关，试行初步之自治，则不唯可免捍隔之弊，亦可以辅助省政府之不及，而收合作之效。总须不违背国家一般之法令，不妨碍各省行政之制度，中央政府无不推诚相与，竭其全力，以图蒙古人民之福利。兹因道途辽远，深恐意志隔膜，特派内政黄部长，亲往巡视，并派蒙会赵副委长，襄助一切，宣布中央德意，商榷自治方案，各该王公及盟旗长官，暨地方人士，如有嘉谋良猷，或兴革改良之意见，务向该部长等条陈无隐，必能求得满意之办法，以副吾蒙族同胞之殷望。方今外患日深，吾五族一家之国民，凡有意见，均宜尽情宣露，开诚磋商，以祛除误会，敦睦感情，一致团结，精诚无间，吾国族之复兴，国民之光荣，实利赖焉。特此布告，咸使闻知。中华民国二十二年十一月日，行政院长汪兆铭。

《救国通讯》（不定期）

上海国讯书店

1933 年 58 期

（李红权　整理）

察局现状终不能久

大公　撰

　　近来最使人悲怆苦闷，啼笑皆非者，莫过于察哈尔问题。盖自一方面言：收复失地，湔雪国耻，凡有人心，畴不渴望？然而，必谓据穷瘠之地，拥饥疲之众，即可以打破从来武力抗日之纪录，立收摧坚歼锐之奇效，是又任何人不敢乐观者也。更自一方面言：剖裂政权，擅行建制，国法所在，岂能默许？然而，李际春且受优容，则苟可以略迹原心者，又何必执着过甚？况以党政情势之复杂，政府地位之削弱，统筹并顾，复岂有径情直行之自由？察局变化至今，种种消息之所以忽缓忽急，矛盾无已者，势则然也。

　　虽然，察局现状，终不可以久！夫日本之于中国，得寸进丈，于今为甚。彼于热河，觊觎多年，经营有素，其在察区则不过探查准备，势力尚未深入。迩来目标所注，厥为蒙旗，既于海拉尔训练蒙旗青年，复于热、察区勾煽蒙古王公，是以今日急务，应为固保察省，抚绥蒙众，其法必须军事、政治双管齐下，而先决问题，首应安定地方，齐一内外之意志。如照现在情形，内外异致，相反而不能相成，同时在地方则有匪必招，无兵不录，其结果拘牵破坏，徒利外人，而不戢自焚之末路，终必驱蒙民众以挺而走险，或别入歧途。夫国防也者，有有形，有无形，有形则国防在物质，无形则国防在人心，物质绌，人心又去，则终为热河之续而已，非徒利外人而何？查自察局变化以来，日本在多伦未尝驻兵，仅有特务机关长浅田少佐以下若干人，本月八日以后，即经撤去，迄〈至〉今日，仍只陈兵热边，戒备观变，所以然者，洞彻中国内情，明知察变延长，于彼有利，故无所用其积极也。

据外国最可靠消息，冯方代表，已与日本武官商订，只须日本不进攻察省，则冯部可不向热河进展；同时东京陆〈军〉省，亦有类似之正式公报。此事看似不经，实在情理之内。盖冯氏夙有保守察省之宣言，以彼实力，又本〈不〉足以言收复热河，故纵令兹讯不虚，要无足责，在日本立场，固乐得隔岸观火，坐视中国之加紧内争。且审核情势，察局愈延长，愈无以善其后，则将来一到相当时机，日本只须招收少许杂军，即可取察省如取热河，此其老谋深算也。惜乎寡识者流，在不知不觉中，受人导演，何异玩火球于火焰山头，犹不自知其危险，此真吾人悲怆苦闷，索解无从者也。

抑吾人尤有感者，国人习于虚骄浮动，不切实际，自经国难，迭受痛创，迄仍故我依然；甚且不顾事实，随意宣传，妄为高下，受屈者增其不平，夸大者则转令有识之士为之齿冷。即如多伦之役，确经战事，乃一指为移让，未经交绥，固足令志士痛心，一则过于铺张，宣传逾量，易滋群情疑窦。阅七月八日《广州民国日报》载察哈尔某代表谈话，有"沽源围攻二十余日"，及"多伦方面有日兵两师团及伪军六七万人死守"等语，吾人身在北方，读之惟有骇叹，此种过分宣传，徒彰国民弱点，而张家口迭电广州所称："饥军鏖战，渴待接济"、"给养困难，无以罗掘，筹措巨款，以救燃眉"等等，将因宣传过甚，转使效力微弱，尤敢为之断言。且也，抗日乃为全国之事，用兵更全局所关，夫岂有募化式之宣传所可集事？当局者苟于此而不知，是不明也，知之而故以虚骄之宣传，动浮动之社会，是不忠也，不明不可，不忠尤不可，况其结果，巨款接济终不能来，则试问最后将何以自处？此无论真爱国者不应如此无责任，即为个人或团体事业利益计，亦实计之奇愚至拙者，奈之何当事者昧昧不察也。

溯自察事发生，中央政府，始终标揭和平主旨，吾人闻负责方面有"中央对于察事，一本和平初衷，决无军事行动"之电报表示，是知察局和缓，确有可信，惟如此现状，事实上难久支，而目前之善后、将来之察防，尤在〈在〉需要全国一致之负责的擘画。故其归宿点，第一希望冯方诸氏知责任之重大，凛来日之大难，速为收拾之谋；第二希望党政争潮中人，了解察局之真相，认清军事之实力，权衡轻重，觉悟责任，速使察局转圜，齐一内外意志，俾国防大计，脱出党争政争之漩涡，此诚国民一致之祈祷也。

《蒙藏旬刊》

南京蒙藏委员会蒙藏旬刊社

1933 年 58 期

（朱宪　整理）

内蒙自治问题大体解决

作者不详

内蒙问题，经黄绍雄、赵丕廉在百灵庙一周之勾留，与德王等多次会谈，中经班禅与阿王之调解，至十一月十七日夜，始有结果，黄、赵及随员，十九日由百灵庙启节返绥。十八日参谋本部特派随黄、赵赴百灵庙巡视之刘朴忱，先由百灵庙返绥，刘谈百灵庙会商情形颇详，略记如下：黄、赵等一行到百灵庙后，除宴会及其他酬酢外，并未举行正式会议，德王与黄会议数次，唯无具体结果。因黄主张须实行中央方案，组织蒙旗政委会，与地方政府发生较切之关系，德王则坚持组织内蒙自治政府，始终不让步。黄屡次表示返绥，几次挽留未果。直至十七日晚，尚无具体结果，黄、赵乃决定十八日无论如何离百灵庙返绥。中间经班禅之调解，至深夜，德王乃毅然放弃其一向之主张，请班禅从旁再留黄在百灵庙勾留一日，大体决定，从此不谈组织内蒙自治政府事，将来分别成立蒙旗自治区政府，以数字识别，如第一、二、三区等是。区政府之组织，与地方政府联络。原则如此决定，德王乃以书面呈黄，黄始允十八日再在百灵庙勾留一日，讨论详细办法。至此，此轩然大波之内蒙自治政府问题，始告段落，亦可谓完全解决。黄、赵十九日由百灵庙返绥，德王等恭送至郊外二十里。四子王旗扎萨克，云王代表沙贝子，德王代表堪人等多人，随黄、赵同来，参加蒙汉联欢大会。黄谈："余等到庙后，将中央意旨，向各王公逐一转达，并作数度商讨，旋决定在绥、察分设第一、第二两区自治组织，但须经中央与立法院核议后，方能决定。县治问题无变更；防地问题，经研讨后，以不妨害蒙人利益为宗旨；牧畜事业，已派员赴各盟旗调查，中央拟设国营牧场，与私人牧场共谋改进，增加国家收入，仍应归蒙旗经征。税收将划分清楚。自治组织政府，经费由中央拨给，德王等已有通电发出，表示不违背中央处理蒙事原则。"（编者按：截至本刊付印时止，所谓德王通电，尚未见诸报端。）汉蒙联欢大会，二十八日在绥开幕，计到乌兰察布盟、伊入〔克〕昭盟、札萨入〔克〕各盟旗代表，察省十二旗总管，班禅、章嘉代表，各王公，黄绍雄，赵丕廉，傅作义，王靖国，赵承绥，并绥省各机关团体代表，各学校男女学生等共二万余人，极一时之盛。正午阅兵，计兵、骑、炮、钢甲车队等五千余人，步伐整齐，精神饱满，各王公及黄、赵二专员，均称赞不置。下午表演国术、刺枪、摔角，四时演马戏，至五时余完竣。傅等即在绥远饭店公宴，席散后，映演电影助兴。二十九日午，黄、赵公宴。下午由富连成科班演剧，晚傅作义、王靖国公宴。各王公代表仍陆续前往参加，绥垣颇形热闹，为数十年来所罕见云。

《救国通讯》（不定期）

上海国讯书店

1933 年 59 期

（朱宪　整理）

察局和平解决以后

民生 撰

扰攘数月之察局，自冯玉祥氏前日通电，将察省一切军政大权，统交宋哲元氏办理后，可谓已暂告一段落。今后察局既由宋哲元氏秉承中央意旨负责处理，则中央对察事之如何整理与改进，以及察土之如何保全与开发，在在俱应有审慎而周密之计划与决心，固不能因冯玉祥氏之引去，遂认为察局已解决，而〈不〉复措意也。依吾人之见解，目前察省亟宜解决之事，约有三端，请分述如下。

（一）对察省军队应设法安置　冯玉祥此〈次〉欲借抗日之名，招收军队，有谓已达十余万者。确数究有多少，固尚有待于调查，然其数额之巨，自在意中。此项军队，大都系北方各地之义勇军，性质复杂，派别纷歧，因冯玉祥倡言抗日，始集合于一旗帜之下。今冯氏既去，此辈失所凭依。中央此时宜速定编遣大计，择其质优、性良、器械齐全、精悍可用者，分别编为国防军，至其老弱乌合之徒，亦应妥为遣散，免为地方之害。若中央此时对此项大部军队，不复注意，任其自生自灭，小则扰乱地方秩序，大则且有被日伪利用之虞。此政府宜速图者一也。

（二）对察省领土应誓死保全　察迩〔省〕东部，密道〔迩〕热河，壤土相接，千有余里。我若保有察省，不惟将来收复失地时，可获无限之便利，而且张垣一地，实为汉蒙交通之枢纽，我如屯驻重兵于此，必可为平、津之有力保障。中央此时亟应对察、热边境周密设防，不得稍事疏懈。此政府宜速图者二也。

（三）对察境治安应妥为维持 察省本汉蒙杂处之地，口外尤多蒙众。蒙人近渐觉悟，决非旧日之王公与喇嘛所能一意威服者。故政府治理察省，自不能沿袭帝王时代之成法，仅笼络王公与喇嘛，即为已足，应对大部蒙众，多方训练，唤起其旧日刚劲之气，使为我边防之助。对于其生活，至低限度，必使其能畜牧，能垦殖，能自由与汉人交易，不受土匪或军队之侵扰，致使彼辈怀怨望之心。盖日人对蒙民之煽惑，已有数十年之准备，最近占领东省及热河后，对蒙民更努力进攻。乃我国政府，除年耗数十百万羁縻其王公、喇嘛外，不闻有其他积极行为。窃恐内蒙将为外蒙之续，于不知不觉中被敌人囊括以去。此政府宜速图者三也。

以上三者，实为察省今日之要图，吾人深望政府积极责负处理，否则察局脱有不虞，政府实无以自解于国人也。

《蒙藏旬刊》

南京蒙藏委员会蒙藏旬刊社

1933 年 59 期

（朱宪　整理）

内蒙自治与中央态度

作者不详

拟在张垣筹备自治

蒙藏委员会拟具之内蒙自治原则大纲，已呈行政院审核。兹据该院负责者语记者，该项原则，业经昨日行政院会议一度讨论，将由中央负责办理。至中央拟派内长黄绍雄及蒙藏委员会委员长石青阳赴蒙劝导蒙古王公，现黄氏是否成行，尚立〔未〕确定。石氏因德王及蒙古各王公表示反对，亦不愿前往。关于目前适应办法，闻将在张垣设立内蒙自治筹备委员会，由蒙藏委员会负责指导，并规定筹备期间六个月，即正式组织内蒙地方自治机关云。

黄氏谒蒋请示机宜

轰传一时，正在酝酿中之内蒙自治问题，自经中央令饬内长黄绍雄、蒙会委员长石青阳赴蒙宣导后，两氏连日曾数度会同有关各部会，对此问题详加研讨。石氏以会务纷繁，决定辞去此项使命，黄绍雄亦主慎重其事，在中央未决定何项办法以前，黄氏将赴南昌谒蒋请示。中央方面，正物色赴蒙宣导之适当人选，如石氏果因会务不克前往，则将另派大员偕黄同行云。

汗召蒙人征询自治

内蒙各王公，自发出通电，要求中央允许设置自治政府后，中央当局，鉴于此种举动，关系至巨，以故日来筹谋应付之方，颇见慎重，并已决定先派内政部长黄绍雄、蒙藏委员会副委员长赵丕廉，前往内蒙各盟旗宣达中央意旨，而后再定辅助之道。行政院长汪兆铭，特于九日下午四时，假励志社邀请旅京各界蒙民举行茶话会，宣示中央对于此事之态度，同时聆取旅京蒙人之意见，历三小时方始散会。

参加人员达百余人

九日应邀参加茶话会之旅京蒙人计有国府委员恩克巴图，监察委员白瑞，立法委员博和其亚，蒙藏委员白云梯、克兴额，参事吴鹤龄，蒙古各旗盟驻京代表、军委会咨议德克吉珂，军参院咨议伊德钦，教育部科长汪睿昌、金淑□，青海七呼图克图驻京通讯处主任敏珠尔呼图克图，中央党部科长李永新，《蒙藏月刊》编辑陈翊周、陈世铎，章嘉办事处秘书白洁琛，科长葛瑞峰、傅里、杨贵，中央党部蒙藏科干事王泽寰、白颜葛图，及中央军官学校学生、中央政治学校蒙藏班学生等百余人，并邀考试院长戴传贤，司法院长居正，中央党部秘书叶楚伧，中委张继，参谋部次长黄慕松，内政部长黄绍雄，蒙藏副委员〈长〉赵丕廉作陪。

茶会席上宾主致词

茶话会设于励志社［会］食堂，席为田字形。宾主共计一百四十九人，济济一堂，殊形热闹。坐甫定，先行唱名介绍式毕，汪即起立致词。首述中央对于内蒙此次要求自治之态度，继望蒙人秉五族共和之精神，毋受外人蛊惑。汪对中央年来因内遭"共祸"迭起，外受强邻侵蚀，致对蒙民痛苦，不遑兼顾，深致歉意。并述中央此次选派大员前往，其使命在宣示中央对待蒙民之真正态度，并愿辅导其关于政治建设应兴应革之要政。最后汪请在座蒙民尽量发表意见，用供政府之参考。历八〔二〕时余方毕。继由戴、居两院长，石、黄等各致恫忱毕，出席蒙民白云梯、吴鹤龄，相继发表意见，对于内蒙此次要求自治原因、动机及内幕情形，与乎中央应持之方针，陈述颇多，而对于黄、赵二氏赴蒙极表欢迎。汪等静聆各人意见，其紧要处一一记录，至六时四十五分方始散会。

黄绍雄谈确定方案

　　大会散后，据内政部长黄绍雄语记者云，此次内蒙自治问题发生后，中央即派本人会同赵副委员长前往宣慰，自属义不容辞。汪院长为广征博引起见，故于今日召集旅京蒙人，及与蒙事接近人员，商讨意见，汇集后，俾作为参考。现在赴蒙已不成问题，惟赴蒙前须确定军事、外交、内政诸方案，以资赴蒙后，有所根据。本人此去任务，秉承中央意旨，除前往宣慰开导外，并须顺便考察当地情形，回京详具永久计划，作为治蒙基础。行期约在一周内，决可启程云。

赵丕廉氏表示意见

　　蒙藏委员会副委员长赵丕廉氏，于散会后，语记者云，九日汪院长对蒙古自治问题，特召集蒙古旅京人员开谈话会，乃系中央为审慎周详，博采众议，期得一具体办法，以指导蒙民施行地方自治。今日汪院长于开会时，报告中央意旨后，蒙古旅京人员，均能充分发表意见，结果甚佳。至余与黄部长启程日期，尚未确定，一俟中央对一切应办事项，筹备就绪，即乘平浦车转往张垣。关于随行人员，除内政、蒙藏委员会各调三四职员外，并将由中央组织委员增派善操蒙语二人，前往襄助。对蒙古各盟旗与察、绥省政府之关系，中央正从事研究，不日即可拟定云。

张溥泉谈调查内幕

记者旋又叩询中委张溥泉氏，对于内蒙宣布自治之意见，有何表示。据张谓，一，内蒙居吾国边围，易受外界蛊惑，第一步须先调查内幕动机，以定方针；二，中央现已决定派黄绍雄、赵丕廉二氏，赴蒙宣慰，然对于蒙人，须加以实惠，毋徒空言，俾服人心；三，我国连年以来，外受强邻之迫，内遭兵燹之灾，致政府对于蒙事鞭长莫及，以后对于蒙古一切建设，须加再重视，庶五族民众，有同蒙德泽之机会，俾免此项事件特之行发现云。

石青阳氏欢宴黄、赵

蒙藏委员会委员长互〔石〕青阳氏，以黄部长绍雄、赵副委员长丕廉，行期在即，特于九日晚九时，在私邸设宴款待，并邀请各院、部、会长官为陪。石氏除在席申述本人不克离京之苦衷，表示歉意外，并于席间，对于蒙事亦有所商讨。至十时余方始尽欢而散云。

内蒙各旗服从中央

自内蒙自治问题发生，中央即向〔派〕内政部长黄绍雄、蒙藏委员会副委员长赵丕廉赴蒙宣导。惟以尚未经明令发表，黄、赵二氏，迄未定启程日期。但蒙古各盟旗领袖，顷齐集贝勒庙，亦盼中央迅派大员，前往领导，并有电到京表示欢迎。其中有庚电一通，系由云盟长领衔，由贝勒庙借用班禅无线电台发出者。大意谓内蒙各盟旗代表共三十余人，顷已齐集贝勒庙，拟举行会议，盼中央派员前往指示一切。电中并有"拥护党国下求得自治权"之语，外传附逆及反抗中央之说，足征全非事实。九日上午十时各盟旗驻京代表特推派吴鹤龄等六人为代表，赴行政院晋谒汪院长，呈赍〔赏〕该项电报。惟汪院长适出行政院会议，未及延见云。又蒙古旅京某要员语记者云，蒙古各盟旗蒙古王公，近筹划蒙古自治，完全为环境之需要，及遵总理之遗教与中央指导以施行，故当兹筹划伊始，亟盼中央派定之大员黄绍雄、赵丕廉两氏，迅速前往，以慰蒙民之渴望。且蒙古领土为中国版图之一部分，与中央政府相互之关系，已有长久之历史。当此国难严重，蒙古力求自治，即所以为固边防、拥护中央之表示，决无其他意义。现德王等对汪行政院长负责主持劝导蒙古自治，尤表满意云。

黄、赵接洽赴蒙事宜

蒙藏委员会副委员长赵丕廉，以中央对劝导内蒙自治大员，虽已决定派渠与内长黄绍雄前往，但迄今尚未奉政府明令，而内蒙各盟旗王公，又迭次来电催促，无法答覆，赵丕廉氏，特往鼓楼头条巷访晤黄绍雄洽商进行事宜。并拟俟行政院长汪兆铭由沪返京后，请其召集有关系各部会，在不背总理《建国大纲》所规定自治及巩固国防原则下，决定蒙古自治方针，以便为黄、赵两氏赴内蒙与各王公接洽时之张本。至黄、赵启程日期，据黄氏表示，拟定本月二十日左右，闻赵丕廉以时机迫切，则主张早日赴蒙云。

百灵庙开自治会议

北平□绥电：德王九日在百灵庙开自治会议。因代表到者甚少，伊克昭盟无一人参加，乌兰察布盟仅一二旗在庙，锡林果勒盟闻有十余人，均系德王带来者，乃草草集会。首由德发言宣布会旨，旋提议在相当地点组自治机关，各旗无人发言。继又推自治条例起草员，亦无人应，德乃自行负责。达王在会颇持重，未多发言，表示应与中央、地方一致，勿被外人利用。会遂无结果而散，闻现俟黄绍雄到后再开会。

宗教、军事上有准备

京、平参加代表可分三系：（一）鲍悦卿系，代表四人，主在中央指导下进行自治；（二）青年系，代表五人，主张同鲍；（三）吴鹤龄系，代表六人，无主张，可亲德王，亦可亲中央。平方接通知者，计各王公驻平代表会及各大学蒙籍学生等。此次德王自治运动，确含重大政治意味。德对宗教、政治、军事、外交上，早有布置。宗教、政治上拥班禅为领袖，向各盟旗发号施令，班感德待遇优厚，故任德放手做去。军事上德自受任乌滂警备司令后，一面训练骑兵五六百名，一面请准中央，在滂江设中央军校内蒙分校筹备处，所收青年达七十余名，以日士官毕业之蒙人云继贤为总队长，黄埔军校毕业蒙人韩凤林为分队长。因察变发生，中央所派教官中途折回。德现将乌滂警备队与军校合并训练，有令全蒙皆兵野心。现有枪者服从德指挥，约三四千人，合计兵力在六千以上。

蒙民决定拥护党国

蒙各〔古〕各盟旗驻京代表吴鹤龄等六人，九日晨赴行政院谒汪院长，呈赍〔赍〕蒙古到京各项电报。内一电系由云盟长领衔，八日假班禅无线电台，由贝勒庙发出。大意谓内蒙各盟旗代表，已有三十余人，齐集贝勒庙，拟举行会议。内有拥护党国下求得自治权之语，盼中央迅派员前往领导。所传蒙人附逆、反抗中央等说，证明殊非事实云。班禅驻京办事处息：顷得班禅电，刻已离百灵庙赴伊盟讲经。又北平张电：内蒙卓王表示，彼及其所属十二盟旗，对德王自治运动，并未同意，决拥护中央，日内拟由滂江来张谒宋。

蒋委员长在赣电萧

张家口电：蒙古宣慰事，蒋二十八日由赣电萧振瀛，令详筹电告。原电云：宋主席转萧委员仙阁兄：宥电悉。□①密。蒙古各王公之宣慰方法，宜如何办理乃易生效，尚希详筹电告。中正。俭（二十八）。机。赣。又北平电：萧振瀛元（十三）日晨九时，由张垣抵平，据谈内蒙事件，德王现在百灵庙会议，事尚未了。此事本系由政整会及察、绥两省府解决，近以事件扩大，故改由中央处理。并由中央派黄绍雄、赵丕廉、百〔白〕云梯、恩克巴图

---

① 此处"□"为原文所有。——整理者注

等前往宣慰，闻黄等不日即可北来。察省情形尚好，惟宋主席带回察之款不多，而编遣部队不少，是以财政殊感困难。宋拟于巧（十八）前来平，出席政整会例会。本人来平，俟谒见何部长后，休息一二日，即赴赣谒蒋委员长，报告内蒙及察省之最近情形。

《蒙藏旬刊》

中央宣传委员会蒙藏旬刊社

1933 年 66 期

（朱宪　整理）

告内蒙民众文

行政院　编

行政院特编华蒙合璧《告内蒙民众文》，十三日专差送百灵庙，交黄绍雄、赵丕廉分发各盟旗张贴。文云：

本党以三民主义为施政之圭臬，其民族主义，本含有两方面意义，一则中华民族自求解放，二则中国境内各民族一律平等。国府本此主旨，对国内各民族待遇，无不一视同仁，未尝稍有歧异。内蒙古地处冲要，国防所关，凡有利于吾民族同胞者，中央莫不尽力以图。徒以连年以来，外侮侵陵，灾害洊至，对于边疆行政，设施容有未周，此则政府所深用忧虑者也。现在吾内蒙古人民，希望推行自治，中央政府不惟无靳而不许之意，且极愿扶植辅导，俾底于成。惟自治之先决条件，为人民在政治上有相当之训练，在经济上有相当之余裕，预立计划，逐步前进，而后能达所期之结果。内蒙古地方教育、文化及经济生活，均尚亟待发展，政治训练，尤未有准备，若一旦实行高度之自治，亦将不过虚有其名，人民之不能行使权利如故，经济之不能适应需求如故，甚至功效未见，而纷扰徒增，此尤政府之所洞悉而深虑者也。惟政府于自治之进行，虽不欲躐等以立虚名，而切望努力以求实效，务使蒙古王公首领，及受有政治训练之青年，能得政治上相当之地位，俾各展才能，以造福于国家社会。至对于全体蒙人之文化生存、经济生活，亦当尽力扶助改进，充实其自卫御侮之力量，养成其实行自治之能力，以期于不远之将来，实现真正之地方自治，一如吾党《建国大纲》之所规定，此种程序，不独于蒙古为然，即内地亦无二致也。惟蒙古人民风俗习惯、语言宗教，与内地略有不同，此为政府所特别考虑，倘于省行政区域及省行政系统之下，特设蒙人常〔掌〕理政治之机关，试行初步之自治，则不唯可免格〔扞〕隔之弊，亦可以辅助省政府之不及，而收合作之效。总须不违背国家一般之法令，不妨碍各省行政之制度，中央政府无不推诚相与，竭其全力，以图蒙古人民之福利。兹因道途辽远，深恐意志阻隔，特派内政部黄部长亲往巡视，并派蒙藏委会赵副委长襄助一切，宣布中央德意，商榷自治方案，各该王公及盟旗长官暨地方人士，如有嘉谋良猷，或兴革改良之意见，务向该部长等详陈无隐，必能求得满意之办法，以副吾蒙族同胞之殷望。方今外患日深，吾五族一家之国民，凡有意见，均宜尽量吐露，开诚磋商，以屏除误会，敦睦感情，一致团结，精诚无间，吾国族之复兴，国民之光荣实利赖焉。特此布告，咸使闻知。

《蒙藏旬刊》

南京蒙藏委员会蒙藏旬刊社

1933 年 69 期

（朱宪　整理）

内蒙高度自治

慈　撰

内蒙勒〔锡〕林郭勒盟、伊克昭盟等盟旗长官，因边疆蹙削，外患日深，迄来有实行自治之蕴酿，七月二十六日由德王在乌盟百灵庙召集全体长官会议，并拍发愿电向中央呼吁，词诚恳切，然字里行间不无令人深滋疑窦者。如谓：

> ……吾蒙古接近日国，创痛尤烈，广漠之地，弱小民族抵拒无方，俎上之肉，宰割由人。十年以来，外蒙剥夺于俄，呼伦贝尔沦亡于日……中央虽负有扶植救济之责，顾内乱频仍，事势分异，当局尚不暇自救，吾蒙古何忍以协助责中央。

吾中国边境之遭人凌夷，固为全国人士所痛心，负边疆保卫之责者，宜如何拥护中枢，巩固防捍。乃不此之图，故逞巧辩，以求脱离中央，不知中央年来虽迫于内乱，于边疆未能深为计及，然而爱护之心固未尝一日或忘，边疆各地，帝国主义环视左右，图染指觊觎者，实繁有徒，尚以中国主权有所顾忌，碍于侵略之恶名，未敢轻举妄动，以破坏国际间之均衡。然而黠者固无日不穷思力索谋所以侵略之方，使内蒙而得自治之名，其力未足以"抵抗有方"，而徒贻人以柄，正属彼等所求之不得，必谓自治之区中国不应干涉，而故意离间破坏以逞其私欲。此为帝国主义者获得殖民地之惯技。俄之于外蒙，日之于韩、台，亦既卓著成效矣，东北四省现正走上同样之过程，不谓贤明练达如内蒙诸王公，而乃不此之计，亦甘步其后尘也。

虽然，事亦岂偶然哉！

此次内蒙高度自治之掀起，盖有因焉。

一、蒙古地处边疆，语言、文字、风俗、宗教皆与内地歧异，中央适〔当〕局采纳一二蒙籍要人之言，处理蒙政，已嫌隔靴搔痒，而况蒙藏委员会自川人任委员长以来，登庸者且并蒙籍人员而无之，各地所谓代表团者，对蒙政亦属莫名其妙。去冬德王、卓王等十余王公赴京，原意在整理蒙古王公代表团驻京办事处，并有自任处长兼蒙藏委员会委员长之意，终以所愿未遂，拂袖离京，则蒙盟与中央间联系之松弛，可想见焉。

二、蒙古王公子弟及富室青年，毕业内地及日本学校者，十九投闲置散，未能与滇、黔、川省等汉籍人相竞，而遭排斥，郁郁回本盟以自谋发展。至蒙古王公及贵族，民元以前，多受高官厚俸之供奉，乃则均遭排挤，甚且不及俄、日治下之王公待遇，亦不免生离贰之心。王公与青年处境既相同，此唱彼和，沅〔沆〕瀣一气，而自治之声，乃甚嚣尘上矣！

三、而况外来势力更从而诱之。去年春间德王曾以日人顾问之介绍往长春谒见溥仪，同开会议，当时已有宣布独立之意，尚慎重未发。然而德王已坚信，如内蒙而运动自治，必能获得某国之接济援助无疑也。

由是以观，内蒙之所谓高度自治者，全由于若干短识浅见之王公，急于谋政治上之出路，不惜托庇外人以出之耳。

中央政府如能认清其动机、原因，而亟为决定方针，从速处置，临之以威，惠之以德，使蒙族各盟销除对中央离贰之心，而洞然于帝国主义者险〔阴〕贼险狠之计，如蒙藏委员会之添增蒙人，蒙古青年之设法录用，务使其感德怀恩，帖然顺服，则蒙事之处置不难也。

　　中央现已渐知蒙情关系之重要矣。日来有改组蒙藏委员会之决议，并派遣大员入蒙宣慰，循斯而行，内蒙前途，其可免为外蒙、呼伦贝尔之继乎?!

《时代公论》（周刊）

南京时代公论社

1933 年 83 期

（李红权　整理）

内蒙要求自治问题

方秋苇　撰

一

关于内蒙自治问题，各方均有不同的观察和见解，各地报纸所载的此项消息，大都是片断不完，以致全国人民真象难明，如堕五里雾中。究竟此次内蒙所要求的高度自治，意义何在？背景是谁？或者高度自治是蒙民一致的要求？或者是少数野心家的作用？这是大家所不知道的，即使知道这个事件的发生，也是错误地认识其轮廓而已。

在未探讨内蒙自治问题的内幕真象以先，我们应对于内蒙自治问题的本体，作缜密的考察。

蒙古与中国本部的关系是不可分离的。在历史上，则有元代一百年来之荣誉，在经济上，则有茶马数百年之贸易。而平沙大漠，绝无藩篱，在地理上尤觉表现"合则两利，分则两伤"。在满清专制政府统治中国时代，外既不能抵抗各个帝国主义侵略中国，内复以种种手段防制境内各民族的政治自由。以蒙古民族为藩属，实行羁縻政策，一方出以怀柔，一方断绝其交往，表面上抚绥备至，以笼络其王公及喇嘛，实则时存畏忌，抑压内蒙的发展。辛亥革命成功以后，国内诸民族获得自由平等，终以帝国主义压迫之加深，及国内封建余孽的把持政权，复燃昔日专制时代的死灰，于是蒙古民族仍不免受与昔日相同的压迫，依然未获得真正的民族平等自由。

澎湃中的中国革命，其首先的任务是争夺国内各民族的平等，政治的自由。孙中山先生在《建国大纲》里明白地写着："……对于国内之弱小民族，政府当扶植之，使之能自决自治；对于国外之侵略强权，政府当抵御之，并同时修改各国条约，以恢复我国际平等，国家独立。"《中国国民党第一次全国代表大会宣言》里说："今国民党在宣传主义之时，正欲积集〈其〉势力，自当随国内革命势力之伸张，而渐与诸民族为有组织的联络，及讲求种种具体的解决民族问题〈之〉方法矣。国民党敢郑重宣言，承认中国以内各民族之自决权，于反对帝国主义及军阀之革命获得胜利以后，当组织自由统一的（各民族自由联合的）中华民国。"中华民国与蒙古民族的结合，即在〔以〕〈此〉数语为枢纽，中国国民革命运动与蒙古民族解放运动的潮流，即以此数语为汇归。当中国国民党在广州举行第一次代表大会时，蒙古国民党代表耶邦丹藏特至广东，以中国国民革命与蒙古民族解放间的关系诸问题，与中山先生为同志的商榷时，中山先生早已诚坦的将他的民族主义表现于上述两个重要文件中的精义，表示中国解放运动亦即是蒙古的解放运动；中国的民族自由平等，亦即是蒙古民族的自由平等的意义，经由蒙古国民党代表陈布于蒙古全民族之前了。这样看来，中国与蒙古是不可分离的；中国民族争取自由平等的运动，是与蒙古民族解放运动的归趋是一致的。

二

中国的革命不能完成，蒙古民族是不得解放的；就是整个中国也无从获得真正的自由平等。在这种情形之下，整个民族中的某一部分要获得解放，不能与整个民族运动相汇合时，结果必是失败的。事实上，它分化了革命的力量，及民族的力量。外蒙是叛离中国而去了，东蒙是在日本抑压下脱离中国而独立了，现在内蒙又在"高度自治"的口号之下，从事于叛离中国的运动。我认定这件事的发生，比较外蒙沦胥于苏俄，及日本攫取东蒙问题严重。

关于此次内蒙自治问题，各方面都有各不同的见解；政府方面的报告亦有不少的矛盾。班禅随员，虽谓内蒙自治，旨在自卫；蒙古盟长，亦电京表示，在拥护党国之下，求得自治权；内蒙盟旗驻京代表，且声明请求自治，并无若何背景，更非受人利用；蒙藏会委员长石青阳且谓：此次蒙古宣布自治，并无其他秘密行为，亦无其他作用，纯以地方自治为原则，至党政权则仍秉承中央意见处置。如果根据这几种见解，似乎内蒙自治言之有理，为目前必要的要求；因此项运动，纯出于对外的"自卫"与对内的"自治"。不过，我们要认定：（一）所谓自治为全国一致的要求，前此中央颁布各种自治法规，原系通饬各省一例办理，何独内蒙先而上之？（二）内蒙所要求的自治，为"高度自治"，显然自认为属领，对有宗主权的中国的抗争。所谓"高度自治"者，乃系李顿报告书对于东三省问题之一种建议，当然非内蒙之要求。（三）如果内蒙以强邻压境，御侮必先，重任之重大，必要先争取得自卫权？那么御侮为全国一致的要求，何独内蒙要单独行动。事实上，一个国家对外的行动是共同一致的，御侮的力量更不容许分化。在欧战以前，爱尔兰及澳洲属地，向英国要求自治；至一九一四年大战发生时，爱尔兰等的自治运动，乃无形消灭。

从以上的几点看来，内蒙所要求的"高度自治"，完全是表现上的说词，实际上还有重大的作用。直言之，内蒙所要求的自治，并非自治，是有重大的背景存在着。不过，这并非整个内蒙的行动，也非全体蒙民一致的要求，乃系察哈尔锡林勒林〔格勒〕盟副盟长德王等的行动，及其野心的暴露。事实上，德王所宣传之"高度自治"，并非全体蒙民自动要求，也非自治的必然的趋势；彼虽以自治名义为掩护，实则别有用心。唯其如是，日本帝国主义便可乘机离间，利用其野心，分化中国民族的力量，根本脱离中央，造成形似"满洲国"之独立局面。现在，德王的一切动作，都是向着这一目标迈进。究竟他的企图可以成功么？内蒙可以完成"高度自治"的计划么？这是要从这个事件发生的原因，及目前的情势加以检讨，才能够估量其前途的。

三

要知道这个事件发生的原因，当然首先要知道它底背景。自然，谁也知道它的背景为日本帝国主义，那是毫无疑义的。日本帝国主义对"满洲"的政治设施，其最重要的目的，是在想用吞并高丽的方法，吞并满洲；再用夺取满洲的方法，逐渐的很快的夺取蒙古。

关于夺取蒙古的方法，日本的策略是注重在小封建诸侯（如王公、盟长等）的收买，羊毛及矿山资源的独占权的欺瞒获得，军事密使的派遣，以及土地的收买（实则夺取）等等。这个计划从田中觉书的起草，直到武力夺取满洲以后，都是没有变动的。并且在热河夺取得以后，这一个计划更成熟了。日本帝国主义的目的，是要将满洲与日本打成一片，如"日满经济体制"的建立；更要将蒙古与满洲融成一炉，以待将来满蒙吞并计划的实现。假如大家不健忘，还能记忆热河失陷时，日本怂恿蒙人建立"内蒙大源共和国"的计划罢。据六月十二日中央社消息云：自热河陷落之后，日人取两种政策：对于汉人方面，极力施行小惠，以收买人心，蒙人方面，极力施行挑拨，以期与汉人绝缘。又谓对于蒙人方面，则以种种挑拨之辞，谓蒙汉本无关系，特以蒙古民族受汉族之欺凌所致，现日本愿以全力扶助蒙古民族建立"内蒙大源共和国"等语。现开鲁一带蒙民，已有将汉人所购置之房地等，以强力收归蒙人。事实上，热河的蒙民已在日本奴役之下，供其驱使；并有不少的蒙民还梦想着"大源共和国"的实现啊！

在这种情形之下，察哈尔内蒙锡林格勒盟副盟长德木楚栋克〔克栋〕鲁普亲王（俗称德王）便为入幕之宾了。当多伦失陷之时，日人曾用飞机将德王等七人载往长春，谒见溥仪。会议的内容，可分为三要点：（一）西蒙宣布独立；（二）东蒙（即热河北部）各盟划归德王，不归"满洲国"管理；（三）"满洲国"以友邦关系，充分接济。这一个计划的决定，显然的是"内蒙大源共和国"的一种雏形了。德王返漭江以后，曾一度请示班禅喇嘛，于八月间在百灵庙召集会议，对于内蒙自治问题有相当的表示。惟大多数王公，深明大义，受其诱往参加会议的，寥寥无几。德王以和之者寡，乃复分发函电，邀集各盟旗王公及散在各地之蒙古代表，于九月二十八日在漭江开会，仍因人数未能到齐，再行延会，改于十月九日仍在百灵庙举行筹备会。不过，这次会议的举行，到会的盟旗代表仍少，大部分的王公均有举足重轻之势。在会议中仅有德王发言，也可以说是德王支配下的自治会议。虽然十五日全体大会时，通过了自治政府的组织法，表示自治政府除军事、外交仍归中央外，关于内蒙行政各项，均由自治政府处理，这不过是表面上的说词，实际的内容决非如此！

四

现在的内蒙问题，已经是千钧一发的危险形势了。假如最近的局势没有逆转时，当前的危机不能消灭的，那么将来绝对的不堪设想了。不过，据我个人的观察：德王所支持下的自治运动，那是没有胜利的把握的。因为：（一）德王现在所能号召的，就是以日本帝国主义为护符，欺瞒着班禅喇嘛及广大的蒙民；假如这一个面具揭开时，班禅及大多数的蒙民是决不为德王所御用。一方面是因班禅数年来内向之殷，决不外倾的；如果内蒙自治运动无班禅的同情，蒙民是不会发生信仰的。（二）因广大的蒙民过于保守，虽然他们仇视汉人，但更仇视日本人。他们只知运用原始的头脑去获得食物，和牧放他们的羊群，并且是如何保存着这块净土，不容许任何人的践踏。日本帝国主义对蒙古的野心，最大的企图是土地的夺取，羊毛及矿山资源的独占与获得，当然保守的蒙民是不能容许的：除了日本帝国主义运用武力征服以外。

因为这样，我认定德王支持的蒙古自治运动，很难有胜利的前途。真正蒙民所要求的自治，是如何巩固蒙古疆域，是如何稳定蒙古的内部，和他们现在的未来的生活之获得。现在蒙古内部及散在各地的蒙古青年，正是向着这个目标迈进，他们在保持中国领土主权完整之下以求自治，是值得我们同情和援助的。不过，现在的内蒙情势非常混沌，究竟将来的形势如何变迁，也是难于逆料的。如果现在政府当局，对于内蒙问题还没有善良的处置，无论将来的形势怎样演变，于内蒙于中国都是没有顺利的前途！

二十二年十月二十四日于内蒙要求自治声中

《时代公论》（周刊）

南京时代公论社

1933 年 84 期

（李红权　整理）

内蒙自治问题之合理的解决

梅汝璈 撰

内蒙自治问题，是我们最近内政上的一件大事。政府和人民方面对它异常注意。蒙古本有"内蒙"和"外蒙"之分。"外蒙"早已宣布独立，实际上现在已成为苏俄的附庸。内蒙之属于热河的部分（简称"东蒙"），在"九一八"以后亦为日人暴力所占据，事实上已非我有。现在蒙古硕果仅存的部分几乎可说是只有属于察哈尔和绥远两省的锡林果勒、乌兰察布、伊克昭三盟，而这次要求自治的，也就是这三盟（简称"西蒙"）。统计三盟的人口不过三十万，仅等于我国内地的一个中等县。这种自治运动若是在内地发生，那决不会使人诧异，因为地方自治正是我国近日所积极提倡并努力实施的政策。但是因为它发生于蒙古，却能特别引起国人的注意和惊骇！这里面的原因，大概不外下列几种：（一）蒙古远处边陲，与内地消息隔阂，道路传闻，易生误会。（二）蒙古自治要求含有民族自决的意味，且有组织政府的传说。它虽非直接对中国之独立宣告，要非单纯的地方自治可比。（三）西蒙自治运动之发生正当我国丧失东三省及东蒙之后，国人在此痛定思痛之际，难免风声鹤唳之忧。

因为有以上几种原因，所以内蒙自治问题特别惹人注意。在政府方面，现在已派内政部黄部长到当地去巡视，并预定了解决此事的几项原则。在人民方面，报纸上对于此事几乎天天都有重要的记载和评论。近日来，我们更发现许多对于此事的揣测和悲观乐观的论调。其实，这些都是不必要的。中国现遭遇着各种的内忧外患天灾人祸，多一种纠纷便增加国家一重困难，我们对于内蒙问题自不应轻易乐观。然而，中国之事终须中国人去解决。语云"多难兴邦"，"三户亡秦"，我们对于已失的"东四省"、外蒙、东蒙尚须志切恢复，对于内蒙自治问题则责任所在，又岂容悲观。职是，我觉得近来许多人一听见"内蒙自治有某国背景"或"某王态度强硬"，则蹙然以忧，一听见"内蒙问题日渐缩小"或"某王竭诚拥护中央"便欣然以喜，那都是无谓的举动。我觉得我们现在最要紧的是全国上下，政府和人民，大家都努力去寻求一个解决蒙事之最合理的方案，然后政府再本乎这个固定的方案去应付一切的变化和困难。我人对蒙事意见，有如下四点：

（一）解决蒙事合理的方案必须顾及国际形势。——自从"九一八"日人以武力占据我"东四省"，继之有国际军缩会议之失败及德国之退出国际联盟，国际间的形势一日紧张似一日，第二次世界大战之行将爆发，许多人认为已经是不可避免的结论，而我国国防上之必须有相当的准备，也是目前切迫的需要。内蒙界乎日本与苏俄的占领区之间，一旦有事，或将成为两国必争之地。同时他与甘、陕、宁、晋、冀各省，犬牙相错，又是我国东北之第一道门户。故自国际形势和国防策略上言，内蒙对于中国之地位均极重要，我们决不能任其脱离中国而独立。姑无论其自治程度高至若何限度，它的外交、军事和国防设备必须完全由中央处理。关于这点，蒙古王公似亦充分了解，所以有"军事、外交权仍属于中央"之拟议。然而，他们以为组织自治政府便能御侮而可免为东蒙、外蒙之续的观念，却是错误。因为御侮是力量的问题，不是组织的问题。如果以全中华民国的力量尚不足以御外侮，责之内蒙自治政府，自更难奏成效。要之，力量之为物，合之则强，分之则弱。现在我国自救之道，端赖"和衷共济"，而不在"各自为谋"。中央政府对于内蒙同胞之忧愤，固当表示同情，对于国防设备之空疏，尤当力图补救。但是无论如何，为内蒙和整个的中国之利益着想，国际形势决不许内蒙与中国分离，亦不许内蒙取任何方式对中国宣告事实上或法律上之独立。

（二）解决蒙事之合理方案必须适合时代潮流。——保护弱小民族和尊重少数利益，是现在的时代潮流，而压迫弱小民族和抹煞少数利益，却已成为人类过去的罪恶。是故近年各国有好些条约和宪法对于少数民族的保护扶持，都设有明文的规定。中山先生有鉴于此，所以在他手订的《建国大纲》第四条里便明白规定："国内各弱小民族，政府当扶植之，使之能自治自决。"中国国民党第三次全国代表大会复郑重决议："我人今后必力矫满清及军阀两时代愚弄蒙古、西藏之恶政，诚心扶植各民族经济、政治、教育之发展，务期同进于文明进步之域。"扶植弱小民族，既为时代潮流之要求，复为总理遗教及国民党党义所明示，政府对于内蒙目前之自治要求，在不破坏中国行政系统的限度以内，不但当尽量地接受，并应竭力地指导，使其能名实相符。所以黄部长这次的出巡内蒙，除负有视察自治真象的任务之外，更负有指导自治的使命。

（三）解决蒙事之合理的方案必须改善蒙汉关系。——改善蒙汉的关系可以分为两点讲：一是打破两族心理的隔阂，一是革新蒙古行政的系统。关于第一点，五族共和，蒙汉一家，在理论上汉蒙原不应互存歧视之心，然而在实际上，汉人却往往不免有轻鄙蒙人的心理。在满清的时候，凡服官蒙古的都称为"吃达子油"，经商外馆的则称为"蒙达子钱"。官厅对于蒙汉人民不予平等的保护，汉商更常借官厅的势力去欺凌蒙人。近年来，这种现象虽稍微好些，然尚无彻底之改进。反之，自"置省设县"和

"移民屯垦"之政策实行以后，蒙人更感忧惧惶恐，现在西蒙既成全蒙硕果仅存的部分，国人自当从速猛省，不但心理上不应鄙视蒙人，即一切的设施亦当以不伤犯蒙人感情或危害蒙人生计为前提。关于第二点（改革蒙古行政系统），政府现已拟有方案。在中央方面，将来拟设一边政专部，并尽量容纳有德望才能的蒙人。如此，一方面可使蒙人与中央发生直接的关系，政治上不致有所隔阂，它方面可使蒙古王公和青年多有在中央服官的机会，免有向隅或遗才之憾。至地方面，政府将来拟于各盟旗设立地方政务委员会，多以蒙人充任委员。如是，蒙人对于地方上应兴应革之事务，可有自决自主之权，中央和省政府不过处于监督和指导的地位而已。——以上两个方案，现虽仅经中央政治会议通过原则，但如蒙人没有过分的要求成轨外的行动，它们在最近的将来，必可见诸实行。实行之后，汉蒙的关系必可日臻亲密，而蒙人内向之心亦必更加强烈。

（四）解决蒙事之合理的方案必须注重蒙古民众的利益。——蒙古的经济生活现在仍然可说是在游牧时代。一般民众不但知识低下，而且生活亦极简陋，这是无庸讳言的事实。在物质上，他们几千年来几乎无进步之可言。他们的统治阶级有两种：一是宗教的僧侣（喇嘛活佛等），一是封建的王公。这两种人对于一般民众的利益和进步，向来是不甚关心的。因此，有人便怀疑到这次王公们所要求的自治真能达到自治的目的。我们对于这种怀疑之是否合理，姑且不问，但是中央指导内蒙自治必须充分地注重内蒙一般民众的利益。然所谓注重一般民众的利益，绝不是空喊几句"打倒王公"或"破除迷信"的口号，徒然引起无益的纷扰和冲突，而是要从实际方面真正地解除人民的痛苦，并增厚他们的力量。在这方面，政府可做的事情很多，但最重要的莫过于下列数端：（一）肃清匪患，以求社会生活之安定；（二）废除苛税，以求人民负担之减轻；（三）普及教育，以求民众程度之提高；
（四）援助生产，以求民众生计之进步。——以上数者之中，最后
一端尤为重要。现在蒙人的生计大部分仍靠畜牧，而其所使用的
畜牧方法，又是原始的畜牧方法，墨守成章，不知改良，因此他
们的经济生活遂永无进步之可言。要谋补救，政府必须于生产方
面尽力地帮助他们。一方面使他们能使用科学方法去改良畜牧，
一方面使他们一部分人从事垦种，以期渐进于农业经济。如是，
民众的经济生活自可逐渐进步。经济生活一能进步，再施以相当
的教育，他们的力量必可增大，而所谓"自治"、"自决"当易名
副其实，少数人即欲从中操纵垄断，恐亦不易奏效了。

　　内蒙自治问题喧腾国内将近两月，国人因为道途辽远，消息迟
滞，加之国难方殷，劫后心怯，故常不免有过分的揣测和疑虑，
从而引起许多漫无根据的乐观或悲观。诚然，在巡视大员没有发
表完全的报告之前，我们对于内蒙自治的运动的真象自难彻底明
了，尤不能说它绝对未受任何野心国或野心家之操纵愚弄。但是，
我们相信，如果真有这种情事，政府必定会采有效的方法去开导，
纠正，或制止。同时，政府对于蒙古同胞纯洁的合理的自治要求，
必须予以同情的考虑和适当的处置。我们要牢记着，内蒙界乎日
俄两大强国之间，是我国东北国防上的第一道门户，关系华北各
省之安危。她的地位既如是重要，她的问题自亦特别值得重视。
正惟如此，所以政府和人民对于这个问题不应意气用事，或过分
张惶，而应用镇静的态度，清醒的头脑，聚精会神地去寻求一个
合理的解决方案。我人所提出的四点，乃是这种方案所必具的四
个基本条件。中央处理内蒙问题的详细计划，现在虽尚未到具体
化的时期，然而政府近日所孳孳从事的仍不外乎欲从事实上先求
得一个最合理最妥善的方案。同时，政府极欢迎内蒙和全国人民
尽量地发表意见，以供采择。我们相信，将来具体方案一出，内

蒙同胞必能本"休戚相关"的信念与"同舟共济"的精神，去推诚接受。如是，不但内蒙自治问题能获一彻底之解决，即中央与内蒙之关系亦必日臻亲密。这非独内蒙之幸，实亦全国之幸。

《时代公论》（周刊）

南京时代公论社

1933 年 86 期

（李红权　整理）

蒙案折衷可望解决

作者不详

内蒙自治问题，讨论已久，现德王已放弃自治组织之原议，决根据十五日商谈结果，由双方研究一折衷办法，限期拟竣，再由黄、赵与各王公正式讨论，以便决定原则。兹将中央大员抵百灵庙后之各情形，略志如后。

黄、赵等到百灵庙后，帮同各盟旗长官代表，组织中央大员招待处，布置房舍，并由绥远雇来厨役十名，备办饮食，又组织警卫处，由云、德二盟长卫队及班禅大师卫队联合担任警卫事宜。黄、赵二大员，乃于十日偕徐军长庭瑶，及随从员兵百余人到庙，各长官代表等，设幕道左，郑重迎接。参加之军民、僧俗人等，排列数里，实为此间空前盛举。当晚云、德二盟长，设筵为大员洗尘，十一日备全羊、奶酒、祝词、蒙歌等，以蒙古最敬礼，表示欢迎，大员亦分别答拜。十二日选人三十二人，曾〔举〕行摔交（即角力），并由本庙喇嘛五百余众念经，为国祈福。十三日蒙古官长、士兵、妇孺等，分别赛马。本日起，拟由各长官代表，伴同大员围猎，蒙人欢迎之忱，可见一斑。所有自治问题，业经会谈数次，往返周旋，力求圆满。大员与各长官代表等，能开诚相见，最近几日内，可得相当结果。大员因须留此续谈自治问题，决派刘朴忱、池中宽等，前往锡盟各旗，孔庆宗、郑奇光等，前往乌盟各旗，代为巡视。近日天气特别和暖清朗，蒙人多谓系前途光明之预兆云。

行政院编印华蒙合璧文告，派专家送赴百灵庙，交黄、赵分发各盟旗张贴。原文云：本党以三民主义，为施政之圭臬，其民族主义，本含有两方面之意义，一则中华民族自求解放，一则中国境内各民族，一律平等。国府本此主旨，对国内各民族待遇，无不一视同仁，未尝稍有歧异。内蒙地处边要，国防所关，凡有利于吾民族同胞者，中央莫不尽力以图。徒以连年以来，外患凭陵，灾祸洊至，对于边疆行政设施，容有未当，此则政府所深用忧虑者也。现在吾内蒙人民，希望推行自治，中央政府不惟无靳而不许之意，且乐愿扶植辅导，俾底于成。惟自治之先决条件，为人民在政治上有相当之训练，在经济上有相当之余裕，预立计划，逐步前进，而后能达所期之结果。内蒙地方，教育、文化及经济生活，均亟待发展，政治训练，尤未有准备，若一旦实行高度之自治，亦将不过虚有其名，人民之不能行使权利如故，经济之不能适应需求如故，甚至功效未见，而纷扰徒增，此尤政府之所洞悉而深虑者也。唯政府于自治之进行，虽不欲躐〔躐〕等以立虚名，而切望努力以求实效，务使蒙古王公首领，及受有政府训练之青年，能得政治上相当之地位，俾各展才能，以造福于国家社会。至对于全体蒙人之文化生活、经济生活，亦当尽力扶植改进，充实其自卫御侮之力量，养成其实行自治之能力，以期于不远之将来，实现真正之地方自治，一如本党《建国大纲》之所规定，此种程序，不独于蒙古为然，即内地亦无二致也。惟蒙古人民风俗习惯、语言宗教，与内地略有不同，此为政府所特别考虑。倘于省行政区域，及省行政系统之下，特设蒙人掌理政治之机关，试行初步之自治，则不惟可免捍隔〔扞格〕之弊，亦可以辅助省政府之不及，而收合作之效，总须不违背国家一般之法令，不妨碍各省行政之制度，中央政府无不推诚相与，竭其全力，以图蒙古人之福利。兹因道途辽远，深恐意志阻隔，特派内政部黄部长，亲往巡视，并派蒙会赵副〈员〉委长，襄助一切，宣布中央德意，商榷自治方案。各该王公及盟旗长官，暨地方人士，如有嘉谋良猷，或兴革改良之意见，务向该部长等，条陈无隐，必能求得满意之办法，以副吾蒙族同胞之殷望。方今外患日深，吾五族一家之国民，凡有意见，均宜尽情宣露，开诚磋商，以祛除误会，敦睦感情，一致团结，精诚无间，吾国族之复兴，国民之光荣，实利赖焉。特此布告，咸使闻知。中华民国二十二年十一月日行政院长汪兆铭。

《每周评论》（周刊）

武汉中国国民党湖北省执行委员会

1933 年 92 期

（朱宪　整理）

察事圆满解决

作者不详

迁延两月余之察局，经各方之努力疏解，冯氏亦鉴于环境之困难，遂告圆满解决。宋哲元氏于本月五日衔使命由平赴沙城，与冯方代表商谈结果，决定七项办法。冯氏因于六日发出交还军政通电。现察省民、财两厅已由秦德纯、过之瀚接收完竣。其他军政机关，俟宋哲元等抵张垣晤冯后，即可完全接收。兹汇志各情如左。

宋哲元赴沙城经过

据八月五日北平通讯：迁延两月余之察哈尔政局，经各方努力疏解，和平解决，已有希望。察省主席宋哲元，五日晨七时三刻，偕熊斌、蒋伯诚、秦德纯等赴沙城，下午一时许可到。冯玉祥亦派佟麟阁同时到沙城晤宋，商洽解决办法。闻宋氏定六日返平。冯俟佟麟阁返张报告晤宋经过后，六日可通电取消抗日同盟军名义。至冯个人名义，早经表示不成问题，故通电后，只希居处自由，察省善后，由宋哲元办理。大致吉鸿昌、孙良诚、佟麟阁各军，均改编为师、为旅。各义勇军仍恢复其原有番号。方振武军仅有鲍刚、张人杰两部，鲍部已经军分会改编为四十五旅，张部亦将改编，故无甚问题。惟方氏个人要求予以察省边防督办，此间仍盼其离开军职，予以文官，此尚待一度磋商耳。

自邓哲熙氏携冯玉祥艳亥电于上月卅一日来平向当局报告后，察事已有转机。何应钦复于三日提出三项办法，电冯征询意见，冯得电后，除发冬电接受蒋、汪通电四项原则外，并于三日派刘治洲、王门青到沙城访晤庞炳勋，转致冯函，表示对何所提三项办法，可以接受。且于四日起停止军事活动，并欢迎宋主席回察，先行恢复平绥交通。庞氏当将经过情形电告何应钦，何因此于四日晨在居仁堂召见秦德纯、熊斌商谈一切，旋又邀宋哲元至，告以冯氏欢迎回任，请其为察事最后努力，赴沙城一行，以期有成。同时宋亦接得各方来电敦劝，谓察事果长久迁延，于国于己，均所不利，务期设法解决，宋乃允一行。何当颁令，命宋进驻沙城，秉承政府意旨，处理一切。宋辞出后，下午五时，复邀邓哲熙、秦德纯、熊斌等，有所商洽。同时冯适有电致宋欢迎，谓派佟麟阁到沙城会晤，希将起程时间见示云云。吉鸿昌、佟麟阁等，亦电宋欢迎，宋遂决定于五日晨赴沙城，并将专车一列、卫队一营，调至西直门车站备用。

行程决定后，何派熊斌、蒋伯诚代表随行，熊目疾尚未痊愈，因此亦勉力一行。五日晨六时许，宋、秦、邓等在宋宅一度谈话，旋即散去。七时许，蒋伯诚、熊斌、邓哲熙、陈希文、杨镇南等，陆续到西直门车站，最后宋偕秦德纯抵站，与欢送者门致中、何应钦代表徐英并刘实夫等略有周旋，即行登车，七时三刻，车乃开行。宋氏于离平前，在车站晤访者，略谓察局迁延两月有奇，中央始终抱定和平处理，何委员长亦本此旨进行。最近冯先生表示亦愿和平，盖枪弹为国家的，多放一颗，即多损失一颗。本人前因腰疾复发，未能尽力，实深惭愧。近因各方均愿和平，又奉军委会分会命令，遂决定前赴沙城。俟到达后，即电张垣，请冯先生派代表二人到沙城谈商一切。本人料经此次商洽后，察哈尔问题，即可解决云云。

冯玉祥交还察军政

（一）宋氏到沙城以后，据八月六日北平通讯：察事急转直下，冯派代表刘治洲到沙城访庞炳勋、关麟征，声明冯愿接受汪、蒋俭电四项原则，及何应钦所提三项办法，望宋哲元到沙城与冯代表见面，即可结束军事，交还察政。北平当局，接得庞、关电告，即邀宋等会商，决由宋先赴察相机办理。宋氏于五日偕同秦德纯、蒋伯诚、熊斌及冯代表邓哲熙、李炘等，于上午八时北上，下午一时抵沙城，与前方各将领庞炳勋、徐廷〔庭〕瑶等会见，略有谈商。冯闻宋氏赴察，派佟麟阁及其参谋长邱山宁，到下花园与宋见面。宋在沙城小憩，即偕秦德纯到下花园候佟等。下午十时许佟等抵下花园，宋氏当在车上与佟等谈商，旋即同至沙城，详谈一切。会商毕，佟等返张覆命。宋哲元、蒋伯诚六〈日〉晨有电到平，报告接洽圆满，和平有望。熊斌亦于六日下午五时返平，报告经过。宋哲元则暂留沙城，主持一切。宋部冯治安师两团，六日开往平绥线接防，六日下午一时冯已发出通电，交还察政。宋于日内返平接洽处理察局善后以后，即行到察回任。冯于通电发出后，闻将离去张垣，移居距张垣百二十五里之张北。在宋未回察之前，地方治安暂由佟麟阁以察省警备司令名义维持，宋部陆续开往接防。

（二）冯氏通电之一：又据中央社六日北平专电：冯玉祥六日午由张垣通电云：（衔略）钧鉴：此间本和平爱国之旨，曾于三十一日及五日两电一再申述。顷原任察省主席宋哲元，昨已抵察，兹自本日（六日）起，即将察省一切军政事宜，统交由宋主席负责办理矣，特电通告。冯玉祥叩。麻（六日）。印。等语。

（三）熊斌返平报告：另电：熊斌六日午四时由沙返平谒何，报告宋哲元与佟麟阁、孙良诚会晤情形，并有所请示，熊仍拟赴察一行。据熊语记者：察事已得和解办法，冯玉祥定六日通电，撤消名义，交还察政，已无问题。宋之手枪队二百余人，六日赴宣化接防，宋本人亦定六日进驻宣化，并调驻平之冯治安两团六日开张垣接防。冯治安部七日可到张垣，过渡中之治安由佟麟阁维持。驻张冯玉祥军，及沿铁道线驻军，均一律调离他处。冯个人已决定离张，地点未定。此间希冯南来。多伦尚未失，该处有吉鸿昌、张凌云两部驻守，伪军如进攻，仍决抵抗云。

（四）沙城会议结果：又中央社八日北平专电：庞炳勋电平，申述察事和解经过：一、七月三十一日冯玉祥来，谓接汪、蒋电述四事，为国家民族计，今既有此四事，当即日结束军事，察政等等请即派员接收，余请海门及刘厚伯面谈，并盼努力助成和平。二、三日冯函杨同志同海门、厚伯来张，得悉一切，兹为迅速收束军事计，仍请王、刘同杨回沙城面陈，并请努力为之。三、五日冯函从本日起将军事完全收束，军政交还中央处理，兄不问矣，勖请冯通电声明交还察政收束军事。四、佟、孙、宋、熊、伯诚及各军师长五日在沙城会议决定事项：（一）冯通电：（甲）大意宋已回察，军政负责有人，通电取消名义，此后一概不问；（乙）通电声明，如有假借名义，发表文电，概不负责。（二）冯居处以张家口以南为宜，俟冯离张后，宋即到张垣，俾免为人挟持利用，且释众疑。（三）宣化及宣化以南之军队，于鱼（六日）移开。（四）张家口附近军队，除彭团留驻外，其余悉数于阳（七日）离张垣。（五）宋部手枪队于鱼（六日）午后到达宣化车站。（六）即调宋部冯师前来，以便接防张垣。（七）自鱼（六日）起所有察省军政事宜，统暂由佟司令负责，邱参谋长协助。

（五）冯氏通电之二：又据九日《申报》载称：冯玉祥歌日发

出结束军事通电云：（衔略）前接汪精卫、蒋介石两先生俭电，当于世日通电，诚恳答覆。玉祥誓死抗日，原期对外牺牲，湔雪国耻，若因此反招致政府军之讨伐，酿成内战，则不惟玉祥所不愿见，抑亦国人所不忍闻。嗟夫！今日中国，危殆极矣！河山破碎，灾祸荐臻，正国人同舟风雨生死相依时也，岂容萁豆相煎，为渔人造机会，益陷民族于万劫不复乎？玉祥爱国，决不忍以救国者而反以误国。玉祥爱民，亦断不肯以爱民者反以殃民。今愿将曲直是非公诸万世，爰自即日起，忍痛收束军事，政权归诸政府，复土期诸国人。并请政府即令原任察省主席宋哲元，克日回察，接收一切，办理善后。玉祥举义迄今，凡七十日，报国之力已穷，复土之愿未遂，深愧无以慰举国同胞之热望。然抗日雪耻之念，愈挫愈坚，一息尚存，此志不渝，所可自信也。冯玉祥。歌。

（六）蒋、汪电冯入京：蒋、汪七日电冯玉祥文曰：焕章先生惠鉴：阅报知吾兄通电交还察省军政，并催促明轩兄回任主持，至纫公谊。惟明轩兄前次迭受平军分会、平政委会明令，敦促回防，迄未举行。其濡滞之苦心，人所共喻。今吾兄既有此廓然大公之表示，切盼克期离察入京，共商大计，俾明轩兄得以自由接收察省一切军政，并自由处理。现在察省军政庞杂，而日伪军攻多伦消息甚紧，当此千钧一发之际，非当机立断，必致偾事，吾兄明达，当不以为河汉也。掬诚奉达，伫候裁夺。蒋中正、汪兆铭叩。阳。印。等语。

交还政权后之察局

据八月八日北平通讯，察省事件，经沙城会议结果，议决七项初步办法，冯即发出麻电，声明宋哲元业已回察，即将察省一切军政事宜，统交宋氏负责办理。同时宋调所部冯治安师入察接防，宣、张一带冯方各部向后撤退。七日晚宋部前锋已达张垣。宋哲元本人，七日下午亦到宣化，八日晚前往张垣，初步和平，可告段落。惟察局并未完全解决，一切善后，亦多困难。据官场消息：冯之世电，异常强硬，不旋踵忽改变态度，原因有四：（一）冯之抗日同盟军，内部复杂，殊难取一致步调，如同盟军旗帜，定为红地异缘，含义当有所属。方振武则以党的立场，仍揭党旗。曾于某次会议席上，因此问题，方与冯之左右，言语冲突。又如邓文、李忠义、刘镇东各部，自邓文及李忠义之参谋长被杀以后，亦起变化。冯之干部力量薄弱，不足以应付此环境。（二）日伪军积极谋犯察东，形势日急。（三）同盟军揭竿以来，各军力事扩充，以地瘠民贫之察省，养如许军队，饷糈大感缺乏，无法支持。（四）平绥南段各军入察，形势紧张。加以平绥路中断，察省经济感受封锁，粮食、燃料来源断绝。冯因鉴于内外之交逼，乃有退一步表示。先谋内部之稳定，一俟难关渡过，再作计较。至于沙城会议，决定冯之通电，须声明取销名义，此后一概不问，如有假借名义，发表文电，或招摇撞骗及骚扰地方时，概不负责。乃冯之麻日通电，并未声明取销名义，而其所派驻在京、津、沪、粤各地代表，仍宣传冯系以抗日同盟军总司令名义，将察省军政交与宋哲元，总司令职权，并未消失。现当局对此，认冯仍无诚意，故已电令宋哲元，注意三事：（一）须冯即日明白声明取销民众抗日同盟军总司令名义，总部亦即撤销。（二）张垣、宣化一带杂军、土匪，须由冯下令暂时调驻张北、宝、康，听候编遣。（三）须冯即日离开张垣。且察省于事变以来，兵多如毛，民不聊生，当局对于军队之整理，主张冯部由宋哲元回任后，视察情形，予以编遣。冯部教导团，认为颇多"赤化"成分，须予解散或裁汰。吉鸿昌、孙良诚各部，在原则上亦难承认，必不得已，酌量改编。佟麟阁部，原为宋之彭团改编，则不成问题。至于其他各部，以经过军分会点验过者为标准，凡未经点验者，概不承认。如邓文、李忠义、刘镇东各部，均早经过点验，当不成问题。方振武之张人杰部，已定改编一旅，亦无问题。而于方所新招之杂军及刘桂堂等部，则恐难收编，一俟军队整理以后，始能谈到地方善后。由以上各种情形观察，察局前途，仍难乐观也。

　　八日上午，何应钦在居仁堂接见各报记者，对于察局善后，发表重要谈话，特志如下："中央及各方，对于察事，始终本和平之旨，谋求解决。冯玉祥本无实力，除其教导团及卫队以外，收编一部分匪军，枪枝不全，训练缺乏，悉系乌合之众。其余所谓同盟军，则更庞杂，与冯貌合神离，近因环境关系，纷纷派遣代表来平，表示服从中央，要求改编。方振武部鲍刚、张人杰各军，已与方脱离，鲍部改编为旅，现驻暖泉镇。张人杰亦经军分会给予名义，即将改编。方氏本人，仅有所收何遂部枪二三百枝，招编匪军千余人。邓文及李忠义之参谋长，因反冯在张垣被杀，邓、李各军及刘镇东之义勇军，均各离冯，归顺中央。冯以内部纷崩，环境压迫，态度转变，迭派代表表示接受汪院长及蒋委员长俭电四项原则及余所提三项办法。余因冯之表示恳切，乃令宋主席（哲元）回察。沙城会商结果，颇为圆满。冯已发出通电，交还察政。冯既无发号施令之名义，此后已不足为虑。惟目前察局仅系初步解决，一切善后，尚待熟筹。善后事宜，头绪纷繁：（一）冯之教导团中，闻有共党，若不急谋肃清，隐患无穷。（二）察变以来，境内兵匪如毛，须加改编与整理。前经军分会点验过之张人杰、邓文、李忠义、刘镇东各部，自可分别重加改编。其他匪军，将另设法整理。冯部佟麟阁军，原系宋主席之卫队改编，宋回察后，自不成问题。此外则视情形如何，以定去留。（三）察省地瘠民贫，兵匪骚扰，民不堪命，救灾、复兴，殊属困难。凡此诸端，均须有相当时间，始能竣事。热西日军，确已动员，大部集中围场一带，企图进攻多伦，察事已告一段落，日军是否因此而戢进犯之谋，尚不得知。孙殿英部，大部到达包头，中央亟盼早日开青。据孙来电报告，约于一月以后，可以西开。华北各军，殊为庞杂，颇感兵多，财政困难，达于极点，今后亟应整理，从事缩减，期于半年之内，整理完竣。余向主精兵主义，深望大家觉悟，勿再乱行招兵，以贻国家前途之忧。平、榆通车，困难颇多，一时恐难实现。榆关接收，亦颇棘手。关于此二事，现正在接洽之中。张学良返国之说，尚无所闻，惟张乃中国人，当然不能长住外国，回国或亦有之。"云云。

日伪军在围场、大阁一带集中，谋攻多、沽，宣传多日。及沙城会议以后，当局曾派有李择一到日使馆访日武官柴山，声明察事业已解决，望日军维持停战协定精神，停止对多、沽进犯之军事行动。柴山当允致电日关东军司令部转达此意。八日柴山忽向当局表示，多伦现为冯部吉鸿昌军驻守，"赤化"彩色极浓，日军不能漠视，决即加以进攻。据探报，日伪军反攻多伦，来势极猛，大批飞机，七日飞往沽源轰炸，死伤极众，多伦危在旦夕。由此以观，日军谋犯察东，野心未戢，前途仍极危险也。

《中央周报》
中国国民党中央执行委员会宣传部
1933 年 271 期
（朱岩　整理）

汪院长为内蒙自治问题召集蒙人征询

作者不详

内蒙各王公自发出通电要求中央允许设置自治政府后，中央当局鉴于此种举动，关系至巨，以故日来筹谋应付之方，颇见慎重。并已决定先派内政部长黄绍雄①、蒙藏委员会副委员长赵丕廉，前往内蒙各盟旗宣达中央意旨，而后再定辅助之道。行政院长汪兆铭，特于九日下午四时，假励志社邀请旅京各界蒙民，举行茶话会，宣示中央对于此事之态度，同时聆取旅京蒙人之意见，历三小时方始散会。兹将各情分志如次。

参加人员

昨日应邀参加茶话会之旅京蒙人，计有国府委员恩克巴图，监察委员白瑞，立法委员博和其亚，蒙藏委员白云梯、克兴额，蒙委会秘书陈效蕃、刘芬，书记却吉扎拉散，参事吴鹤龄，蒙古各旗盟驻京代表祁昌善、戴清廉、吴云鹤、官保加、何永信、阿福寿、卞文林、苏宰丰、张国玺、宾清文、戴仲元、希尔默，达百余人。

汪氏除请上列各界旅京蒙人参加外，并邀考试院长戴传贤、司

---

① 后文又作"黄绍竑"。——整理者注

法院法长居正、中央党部秘书长叶楚伧、中委张继、参谋本部次长黄慕松、内政部长黄绍雄、蒙藏副委员长赵丕廉作陪。自三时起已络续而来，由行政院秘书长褚民谊、蒙委会委员长石青阳、行政院参事陈锐等分任招待，备极殷情。至四时十五分，因人已到齐，即鱼贯入座。

汪氏致词

茶话会设于励志社会食堂，宾主共计一百四十九人，济济一堂，殊形热闹。坐甫定，先行唱名介绍式毕，汪即起立致词。首述政府对于自治之推进，向不忽视，不过目前华北局势严重，如果蒙古推行自治，当先将一切先决问题解决，万不致发生困难，故中央对此不得不考虑周详。次述华北形势紧张，中央对于内蒙真情，亟须明了，拟先简派黄绍竑、赵丕廉两中委前往宣导一切。末谓内蒙旅京人士之意见，中央极愿采纳，请各抒所见，以作政府参考，决定方针。继由黄绍竑、白云梯补充报告甚多。旅京蒙人，对于内蒙自治之意见，亦发挥尽致。蒙古蒙旗驻京办事处代表吴鹤龄，对最近内蒙真实情况，更报告綦详，并声明此次内蒙各王公之请求自治，并无若何背景，更非受人利用云云。直至七时方尽欢而散云。

赵丕廉谈

蒙藏委员会副委员长赵丕廉氏，于散会后，语记者云：今日汪院长对蒙古自治问题，特召集蒙藏旅京人员开谈话会，乃系中央为审慎周详，博采众议，期得一具体办法，以指导蒙民施行地方自治。今日汪院长于开会时，报告中央意旨后，蒙古旅京人员，均能充分发表意见，结果甚佳。至余与黄部长启程日期，尚未确定，一俟中央对一切应办事项，筹备就绪，即乘平浦车转往张垣。关于随行人员，除内政、蒙藏委员会各调三四职员外，并将由中央组织委员会增派善操蒙语二人，前往襄助。对蒙古各盟旗与察、绥省政府之关系，中央正从事研究，不日即可拟定云。

黄绍竑谈

大会散后，据内政部长黄绍竑语记者云：此次内蒙自治问题发生后，中央即派本人会同赵副委员长前往宣慰，自属义不容辞。汪院长为集思广益起见，故于今日召集旅京蒙人，及与蒙事接近人员，商讨意见，汇集后俾作为参考。现在赴蒙已不成问题，惟赴蒙前须确定军事、外交、内政诸方案，以资赴蒙后，有所根据。本人此去任务，秉承中央意旨，除前往宣慰、开导外，并须顺便考察蒙地情形，回京详具永久计划，作为治蒙基础，行期约在一周内，决可启程云。

（另讯）内政部长黄绍竑自五日因公去沪后，业于九日公毕回京。上午到部批阅公事，并分访各要人，磋商赴蒙宣导事宜。据可靠方面消息，黄拟于本月十五日左右，偕赵副委员长丕廉北上赴蒙宣导云。

张溥泉谈

记者旋又叩询中委张溥泉氏对于内蒙宣布自治之意见，有何表示。据张谓：（一）内蒙居吾国边圉，易受外界蛊惑，第一步须先调查内幕动机，以定方针。（二）中央现已决定派黄绍竑、赵丕廉二氏，赴蒙宣慰，然对于蒙人，须加以实惠，毋徒空言，俾服人心。（三）我国连年以来，外受强邻之迫，内遭兵燹之灾，致对于蒙事，鞭长莫及。以后对于蒙古一切建设，须特加重视，庶五族民众，有同蒙德泽之机会，俾免此项事件之再行发现云。

其他消息

（一）班禅代表发表谈话——班禅大师，此次特派来京报告宣化经过之代表罗桑坚赞、刘家驹，已于月初由蒙抵京。各报社、通讯社记者，纷纷探询班禅在蒙宣化及内蒙自治情况，刘、罗二氏特发表谈话如下：大师目睹热河失陷，内蒙危急，故本中央宣抚边民之旨，于五月二十五日率堪布、随员八十余人，到察属锡林果勒宣化。历时三月，走遍十旗，将中央对蒙民爱护关切之德意，恳切说明。又在各大小寺庙设坛说法，听经拜佛者郊为之满。大师在说法之余，即开导彼等五族团结、拥护中央之意。彼等以对大师之信仰，无不表示接受，并将个人之数万牛、羊、马匹，及现金分散各大寺院，作为茶经，命其按年率诵靖国宏法大经。各堪布等，亦以私人谈话，随时开导，蒙民僧俗感激饮泣，而大师露宿风餐，栉风沐雨，可谓备尝辛苦矣。现已由苏尼恃〔特〕往四子王府回百灵庙休息半月，再往伊盟宣化。此是大师宣化经过之简单报告。至内蒙自治问题，当大师正在察属之乌珠穆沁族〔旗〕宣化时，即闻内蒙各王公、札萨克等，有在绥属百灵庙开会之消息。大师嗣又至浩齐特、阿匹〔巴〕噶、东苏尼特等旗宣化，经时三月，始回德王府。即据德王谈及各王公，以外蒙被赤俄占去，东蒙被日本强夺，一时未能规复，加之蒙地辽阔，各自为政，组织散漫，危机实多，因此本孙中山先生五族平等、民族自决自治原则，推行地方自治，建立内蒙自治政府，以便巩固乌、伊、锡三盟，及阿拉善等旗，共御外侮等语。大师谆谆告以一切行动，务必遵守中央意旨，德王极以为然。并云：我为求生存而奋斗，绝对不含独立意味，自然不是违背中央，是要在中央领导之下组织一个强有力地方自治政府，保卫国土，免再沦陷，至军事、外交仍属中央办理，地方绝不干预。由此事证明，各王公均能深明大义。至报载日人用飞机接德王至长春开会，实无其事，中央如能相机开导，不但无甚问题，且可促两盟益臻巩固云。

（二）蒙古领袖请中央迅派大员——自内蒙自治问题发生，中央即内定内政部长黄绍竑、蒙藏委员会副委员长赵丕廉，赵蒙宣导。惟以尚未经明令发表，黄、赵二氏迄未定启程确期。但蒙古各盟旗领袖，顷已齐集贝勒庙，亦盼中央迅派大员前往领导，并有电到京，表示欢迎。其中有庚电一通，系由云盟长领衔，由贝勒庙借由班禅无线电台发出者。大意谓内蒙各盟旗代表共三十余人，顷已齐集贝勒庙，拟举行会议，盼中央派员前往指示一切，电中并有"拥护党国下求得自治权"之语，外传附逆及反抗中央之说，足征全非事实。

《中央周报》

中国国民党中央执行委员会宣传部

1933 年 280 期

（李红权　整理）

蒙古各盟旗要求自治之真相

作者不详

关于蒙古各盟旗要求自治之消息，已略志上周本报，兹再将本周所获各项消息，择要采录如后。

吴鹤龄招待新闻界报告

蒙古各盟旗联合驻京办事处，昨午在中央饭店招待首都新闻界。由吴鹤龄出席，报告蒙古要求自治之实际情形。其词略称：蒙古自治问题，在民十七北伐完成后，本党扶植弱小民族，使之能自决自治的政策，传到蒙古，那时各盟旗就有设立内蒙地方政府之要求，想在不妨碍国家统一的范围以内，实行自治。现在蒙古土地，在国家无办法的当中，已经丧失了大半，而仅存的锡、乌、伊各盟旗，亦成了釜中游鱼。他们感觉到非自己组织起来，不足以御侮图存，所以又向中央提出自治的要求。他们要求的高度自治，在愿电当中已经说明：军事、外交，惟中央是赖，五族互助共存，打成一体。这很可以证明：所谓高度自治者，并无脱离中国而独立的意味。现在有人说，蒙古要求高度自治，就是叛离中国，又把投日附逆有背景等罪名，加在蒙人头上。其实日人吞并朝鲜的惨剧，蒙人早就知道，现在日人对于伪国的压迫，蒙人是共见共闻。尤其是盟旗制度，是蒙人不愿意大变更的，但是日人既把卓、昭、哲三盟废除，改设兴安东、南、西、北四分省，又把各旗扎萨克改为旗长。还有各盟旗遇事连合办理，已成为近年蒙古政府上的新趋势，而日人偏〔遍〕处设法拆散各盟旗的团结。如对卓盟七旗及昭盟南部七旗，只诈其各旗自治，不许设立共同机关，都是蒙人所深恶痛恨。况且蒙古与中国有悠久历史的。

　　所以我们很希望政府要防范日人再把现存的蒙古抢去，不必疑虑蒙古背叛中央。换一句话说，就是要防范敌人，相信自家人，才可以谈得到团结御侮，巩固国防。锡、乌、伊各盟旗长官发出愿电以后，本定于九月二十八日在百灵庙集会，讨论进行办法。后来听说中央决派大员前往宣导，就一直延候到现在。中间开过两次会，一次在本月九日，结果共推二十四人起草自治方案，预备与大员接洽一次，在本月十五日通过自治案方案。百灵庙的地主乌盟云盟长一再电京表示，要在拥护党国下，求得自治。在这种会议进行中，日人也在多伦召集蒙旗会议，他们给各盟旗的通知书内，威迫利诱，非常严重。他们的意思，是在使百灵庙的会议开不成，但是各盟旗的长官及代表还是如约齐集百灵庙，并无一人出席多伦会议。现在到百灵庙的长官及代表，都急欲得到一个圆满结果。所以乌盟云盟长及锡盟德副盟长等，一再来电，欢迎大员前往，又一再电邀兄弟前往。而本处全体代表，也要兄弟去一趟。事关边局，义不容辞，打算在一二日内，就启程北上。兄弟对于蒙事向来有三个信条：第一是地方与中央合作，第二是盟旗与省县合作，第三是王公与平民合作。简言之，就是整个的精神团结。此次前往百灵庙，仍当本此信条，尽其绵薄，以期于各方圆融中实现内蒙自治。

正副盟长呈中央之电文

中央党部执行委员会，国民政府，行政院，军事委员会，蒙藏委员会，参谋本部钧鉴：年来吾国兵荒饥馑，纷扰鼎沸，边疆蹙削，外患日深。吾蒙古地近日俄，创痛尤烈。广漠之地，弱小民族，抵拒无力，固守地方，俎上之肉，宰割由人。十年以来，外蒙剥夺于苏俄，哲盟、呼伦贝尔沦亡于日本。近且昭、卓等盟，亦相继覆没，西蒙牵动，华北振撼，千钧一发，举国忧心。吾蒙积弱民族，坐受宰割，亦固其所。中央虽负有扶植救济之责，顾内阁〔乱〕频仍，事势分异，当局尚不明〔暇〕自救，吾蒙抑何忍以协助责望中央？况兵燹之余，不时劳遣专使，远方存问，足征休戚相关，患难与共，吾蒙深为拜嘉。边疆不靖，委蛇偷安，未为不可。迩来强邻西侵，刻不容缓，燕雀处幕，覆亡之祸已迫，因循偷安，已为事势所不许，煎急难耐，应付无方，倘不黾勉自决，一旦劲敌压境，所至为墟，风波所及，积弱之蒙疆，势必蚕食殆尽，深贻中央之忧。藩离破决，将以亡吾蒙古者，累及同胞。一肢摧折，全体牵动，关切至大，为罪滋深。《传》曰鹿死不择荫，凡我同胞，设身处地，试为蒙民三思，舍自决自治，复有何法？伏念我孙总理艰难定国，以人民自治为基础，以扶植弱小为职志，煌煌遗训，万世法守。中央军事鞅掌，既不惶忧及吾蒙，敢不投袂而起，遵奉总理懿训，自任自决，以自策励。盟长、扎萨克等，谨查二十年国民会议议决案，已有特许外蒙自治之先例，乃于今年七月二十六日，在乌盟百灵庙，召集内蒙全体长官会议。金曰采用高度自治，建设内蒙自治政府，急谋团结促进，以补中央所不及，凡事自决自治，庶几眉急可挽，国疆可守，民意淳淳〔谆谆〕，亦咸是以为请。于是毅然〈进〉行，气象为之一振。所有顺应民意，应付环境施行自治情形，除由盟长、扎萨克、王公等会衔联印，正式呈报中央鉴核外，爰将吾蒙推行自治真相〈谨〉先电达，谨陈自治真意。实因事急境迫，日暮途穷，志切自救救国，不得不急图自决，以补救危亡。至于军事、外交，关切国家体制，吾蒙能鲜力薄，平时尤仰仗中央多助，况当存亡关头，一切对外措施，更惟中央是赖。并望当局诸公，一本总理民胞物与之旨，天下为公之意，谅其苦衷，悯其衰弱，辅导箴勉，弥缝其阙，而教以所不及，策励其自决自治之精神，促成其发奋图强之苦心，革其固陋，兴其治化，上有以翊赞中央殷殷图治之心，下有以慰吾蒙喁喁望治之意。俾五族之民众，互助共存，打成一体，庶几危亡可挽，边疆可固，蒙民幸甚！国家幸甚！

召集百灵庙会议之真相

十七日北平通讯：内蒙共分东蒙、中蒙、西蒙三部。热河境内之昭乌达盟为东蒙。察哈尔境内之锡林格勒盟五部十旗，及察哈尔左翼四旗为中蒙。绥远之乌兰察布盟四部六旗，伊克昭盟一部七旗，士〔土〕默部左右翼二旗，及察哈尔部右翼四旗为西蒙。东蒙自热河失守后，联络业已隔绝。中蒙、西蒙，尚保持原有关系。近自中蒙锡林〈格〉勒盟副盟长德王，受人利用，鼓吹自治，遂成问题，而为各方所注意。蒙民知识幼稚，当封建时代，终年牧畜所得，悉供王公之挥霍。近年蒙古青年旅居内地者渐多，知识程序〔度〕较高者，咸思脱离王公制度之羁绊，而得真正之自由，自治运动，渐露萌芽。德王在一般王公中，资望虽淡〔浅〕，较为狡黠，近受某方利用，思握政权，一面笼络班禅，借资号召，一面高唱自治，谋博民众之欢心。但一般王公，深明大义，不为所愚，而知识较高之蒙民，亦以其所拟之自治条例，与蒙民所希望者适得其反，不啻为蒙民再加一重桎梏，群相咒詈。故德王以自治题目，第一次在百灵庙召集会议，到者殊少，未有结果。乃改于上月二十八日，再行开会，届时又因人数过少，未能举行，延至本月九日，始行集会，仍无结果而散。十三日又开会议，到王公六人，贝子、贝勒五十余人，各王公、贝子、贝勒之赴会，多因参拜班禅而来，真正应德王之召者，十无一二。德王于开会之前，拟就自治条例，并提议在适当地点，组织自治机关。卓王、索王、杨王等，以德王举动，颇有背景，表示反对。其余王公、贝勒，均默无一言，德王见会场空气不佳，声言凡不发言者，即系默认，顾仍无人发言，会议数小时，又无结果。惟会议后，德王竟假借名义，领衔发出宣言，谓内蒙各盟旗组织自治政府，实行高度自治。盖其野心未已，颇思积极进行也。现据各方观察，内蒙王公及一般民众，除德王外，多数极端拥护中央。对德王之受人唆使，亦颇不满。惟中央在目前复杂情况之下，若不能措施得宜，则外力之引诱，内心之煽动，亦足以促起变化。日关东军驻热河之特派机关长松室孝良，在德王召集会议之前，即到多伦，邀请内蒙王公谈话，有所鼓惑，现尚未离开多伦。处心积虑，殊可畏也。

班禅所谈蒙古自治原因

十四日绥远通讯：绥远垦务总办石华严，日前奉阎锡山电派，偕同班禅驻绥办公处处长丁汪夺吉，乘汽车至四子王旗晋谒班禅。现石等已于十三日下午返绥。据谈此行经过与内蒙自治情形，概略如次。石氏谈云："此次阎主任（锡山）、傅主席（作义）因班禅大师年来宣化西陲，寝席未遑，近闻大师由锡盟返驾四子王府，乃派余（石自称）前往问安。本月九日晨八时，偕班禅驻绥办公处处长丁汪夺吉由绥乘汽车出发，经武川县城、乌蓝花，下午五时达到四子王庙，讵班已于是日上午十一时移锡夏拉谟罗庙唪经宣化，该庙距王府西北九十余里。余等即继续前往，行至格子庙，天色已晚，遂住宿焉。此处距夏拉谟罗庙尚有二十余里，余等承该庙管事喇嘛聂尔巴殷勤招待。次晨七时再起程，十日达到夏拉谟罗庙，下午二时晋谒班禅致候。班之须发，较上次在绥时多苍白。比叩班到锡盟宣化经过及此次内蒙自治情形，班禅答云：余（班自称）到锡林郭勒盟共去过四次，一次系锡盟各旗请去传法，一次系锡盟各旗请去［金］唸《时轮金刚经》。本拟应该盟旗之请求，在贝子庙过冬，未到冬天，适逢海拉尔事变。张副司令汉卿派员请赴沈阳，勾留十七天，协助解决海拉尔问题。问题解决后，即由贵都统及索仑旗请去念经，又逢九一八事变，不得已由辽阳返回，即经过外蒙边界，路过锡盟一次。此次到锡盟系第四次，原系苏王（即锡盟正盟长）请去念经。正月间即派员来请，因为在西边各旗念经未完，迟至五月，方始前去，适逢自治问题发生。察其原因：（一）由该处与内地情意诸多隔阂；（二）受外蒙及东盟影响；（三）因察哈尔事变所致。蒙古王公曾对余说，以如此办理，可以增大自卫力量，巩固边防。余驻此尚久，观察一般情形，大多数王公及民众仍是倾向中央。希望黄部长、赵副委员长早日前来，共同商讨，俾速订妥善的具体办法云云。次日，在庙休息，见班禅各大堪布，及庙主活佛博勒灯丹比伽勒生，同时并见四子王，畅谈甚欢。第三日（十二日）上午，晋谒班禅辞行，下午三时动身，昨日（十三）下午四时乃回抵绥垣云云。"

《中央周报》

中国国民党中央执行委员会宣传部

1933 年 281 期

（李红权　整理）

黄绍竑氏巡视内蒙

作者不详

　　中央为明了内蒙自治运动真相，特派内长黄绍竑氏赴蒙巡视。黄氏于本月二十一日率随员十余人，离京北上赴平。抵平后，与各方交换意见，并接见旅平蒙古王公，征询一切。各事既已摒挡就绪，遂于二十七日起程赴张。预定在张勾留一二日，再往绥远，然后转赴百灵庙，宣达中央意旨。兹汇志各息如左。

黄氏在平与各方交换意见

　　一、与章嘉等交换意见据二十三日北平电：章嘉偕随员二十三日午后三时赴北京饭店访黄绍竑，对宣化内蒙各盟旗办法，叙述甚详。章嘉已拟有宣化草案，会谈结果，拟先赴百灵庙晤班禅及与德王会面，以便正式磋商一切。章嘉五时始辞出。何应钦七时在居仁堂宴黄绍竑及黄郛、章嘉、宋哲元、乐景涛等，徐永昌、于学忠作陪，席间交换对蒙意见，何拟二十四日晨再作正式会商。黄绍竑二十五或二十六即可出发。闻期为一月，先到张垣与察北各盟旗及卓王会见，再转绥远，与傅作义及巴文峻晤面。再至百灵庙，与班禅及德王等会谈。随行人员有参谋本部边务组刘朴忱、池中宽，蒙藏委会孔庆宗、郑奇元，军委会陶钧，内政部李松风、杨文昭等。又二十四日北平电：黄绍竑、赵丕廉接见各关系方面，交换蒙事意见，极忙碌。为接洽便利，在中央饭店，设立巡视内蒙专员办事处，规定上午会客，下午分配各随员工作。今晨旅平各蒙旗王公罕王等多人，均谒黄、赵，谈内蒙情况，及要求自治真相。章嘉今午访问何应钦、黄绍竑。章或不与黄同行，俟章前所派之二代表，将内蒙自治情形，调查清楚，覆电到平后，再定行止。

　　二、黄谈对蒙方策已定据二十四日北平电：黄绍竑谈，决二十六离平赴归化，先晤傅作义谈商，再定今后行止。是否入蒙巡视，俟到归化后方确定。个人希望入蒙，与各王公一谈，宣达中央意旨，中央对蒙方策已定，现尚不能发表。另电：黄绍竑、赵丕廉等抵平后，连日与关系各方面交换蒙事意见，及分配此后工作甚忙。兹为便利接洽起见，特在中央饭店设立巡视内蒙专员办事处，规定上午会客，下午办公。黄等一行决定二十六日启程。二十四日晨蒙古驻平各王公，先后谒黄，由赵丕廉、李松风代见。黄定二十五日晨九时亲自召见一次，以便垂询蒙情及自治真相。蒙古旅平同乡会暨救济会，拟联合蒙民开会欢迎黄、赵两专员，以示拥护入蒙巡视。章嘉二十四日午亦分访黄、赵及何应钦等，晤谈颇久，章嘉行程仍未定。据黄谈，余等一行现决二十六日晨首途，先到归化晤傅主席，然后再定行止，是否入蒙，必须到绥方能确定。但个人极欲赴蒙，与各王公一谈，俾得宣达中央意旨。目下行装一切均已备妥，决不延误行期。中央对蒙事方针，略有决定，因正在进行中，恕不奉告。又二十五日北平电：黄绍竑谈，关于中央处理蒙古问题意见，已详见说明书内。惟蒙古地方在昔满清时代，中央政府系施行积极愚民政策。迨辛亥革命后二十余年，一变而为消极的放任主义。现蒙古人既提出要求自治问题，中央政府自应予以注意。本人此去调查后，决由扶助蒙古使有健全之政治组织入手，使蒙人获自治真实效果，是即中央处理蒙事主旨。

本人拟明日前往，先至张垣，与关系各方交换意见，然后再赴绥远，与各王公会晤。现各盟旗王公多在绥远，德王已有电来欢迎，希望即日启程前往，恐稍缓天寒，各王公将急于归去。旅平各蒙旗王公，拟为本人开欢迎会，已谢辞。各王公如有意见，可随时来谈，章嘉是否同行，未谈及。两人所负任务各异，无同行必要。至日人松室孝良上月杪在多伦召集各王公会议未成各节，本人亦曾闻及，惟真况尚不明了。

三、旅平蒙人谒见黄氏据二十五日北平电：内外蒙旅平同乡会及蒙古救济委〈员〉会代表吉尔格朗、包维翰、赵福海等八人，今晨谒黄绍竑，陈述蒙民对自治问题意见五项：（一）欢迎黄赴蒙巡视，拟开欢迎会，俾便贡献意见。（二）征询中央对蒙事方针，及黄所负任务。（三）声明蒙古自治运动，系奉总理遗教，为全蒙民众要求，非少数人主张。（四）此次自治运动，必须注意打开蒙汉民间隔阂，实行省县盟旗联合。（五）反对章嘉等阻挠蒙古自治。黄对（一）因时间仓猝，已辞谢。对（二）至（五）答覆均圆满，以事关中央大计，不便发表。各代表认为满意，拟具之意见书，准备今日呈递。另电：蒙古旅平代表今访章嘉，对章嘉阻挠蒙古自治，提出警告，章拒绝接见。各代表即赴蒙古同乡会开会，议决即以书面警告章嘉：（一）不得再阻止蒙古自治运动。（二）拒绝章嘉入蒙宣化。二十六日北平电：黄绍竑二十六日午，接见旅平蒙古王公代表那彦图等八人。首由黄致词，对内蒙自治意见，一切以中央之意旨为意旨，蒙古要求自治，须求有真正的实效，本人奉派赴蒙宣慰，将依过去历史及目前状况，磋商一解决办法。民国成立后，国内多事，与蒙古各地关系不能臻于密切，到蒙后与各王公商洽，努力使内蒙地方自治实现，至自治办法，拟就现在之政治、经济加以改善，使蒙古日见进步，蒙民成中国之健全分子，达到此目的，中央与蒙古自然发生密切关系。本人此行决本以上各点进行云云。继各王公代表发言，陈述自治意见，并对蒙古近况摘要报告，至四时许散。另电：今晨蒙古留平同学会派代表亢仁、吴柏龄、鲍印玺等七人谒黄绍竑，提出两项意见：一、内蒙自治，须有整个计划，免为少数人利用，造成割裂局势。二、反对章嘉入蒙，利用其宗教愚弄民众，挑拨蒙汉感情，除已向其提出严重警告外，请即制止，令勿前往。黄对上两点均答覆，各代表认为满意而退。

四、全体王公电迎黄、赵二十七日北平电：北平军分会探转黄部长、赵副委员长勋鉴：云等来百灵庙匝月，静候二公早临，俾便指导一切。兹悉大驾离京北上，特由大会公派包悦卿、特穆尔博勒、都吉雅伦办鲁峻等为欢迎代表，前往迎候，借申望忱，谨先电闻。云端楚旺克、德穆楚克栋鲁普、巴保多尔济及出席百灵庙会议全体王公代表等同叩。有（二十五日）。印。

五、黄等一行离平赴张据北平二十七日电：黄绍竑、赵丕廉等，连日在平与各方接洽蒙事意见，已告竣事。二十七日下午专车赴蒙巡视，预定先到张垣再往绥远，然后转赴百灵庙。由平绥路局备妥专车一列，在站升火待发，随员均于午前登车候命。下午一时，黄、赵同车到站，公安局保安队乐队、中央宪兵第三团、平绥路警等，先时在站警备。军分会代表徐英、黄师岳，平绥局长沈昌，章嘉代表李健章，班禅代表罗桑楚臣，及蒙古各王公代表多人，均往送行。至一时二十五分，专车遂离平北开。随行人员，计有蒙古驻京办事处长吴鹤龄、总务处主任李松风、行辕秘书卓宏谋、军事组刘朴忱、政治组孔庆宗、经济组徐晓鳞等二十余人。军事组调查蒙古国防及地方警备事宜，政治组调查已往及现在旗县分治情形，经济组调查汉蒙经济状况。一行当晚可抵张垣，蒙古各王公已派代表包悦卿等在张恭迎，并电黄、赵二专员，欢迎入蒙宣慰，情词恳切。另电：黄绍竑至张垣与蒙王卓克栋图勒及各蒙旗总管见面后，即赴大同，在该地谋晤晋阎，商内蒙与蒙绥之安抚办法，将来绥省旗与县合作，亦须与阎恳谈。在同留一二日，赴绥晤傅作义，入蒙期当在下月初旬。又某君谈，内蒙设县后，蒙旗政治中心，已北移之察、绥、宁三省境之北部。大致尚未设县之盟旗，可交由内蒙自治政府管辖，其已设县者，能否划归自治政府，尚须与察、绥、宁各省当局洽商后，始可决定。另电：黄、赵拟在张垣勾留一二日，与张垣方面蒙旗代表交换意见，巡视内蒙。办事处共分三组，一军事组，任务在注意国防警卫。二政治组，在调查蒙古已往及现在情形，与旗县分治及蒙汉关系。三经济组，在调查蒙古之经济情况。

德王表示自治运动旨在图存

据二十四日北平通信：内蒙自治运动，主角为锡林格勒盟副盟长德穆楚克栋。德年在少壮，颇有野心，此次高唱自治后，对人辄道成吉斯汗之功绩不置，大有追绍先祖之意。幼年曾到东瀛，今春一度到平，转往汉口谒蒋，并到南京与中央各要人谋面。现仅有枪千余枝，士兵不满二千，实力极单薄，且资望较浅。内蒙各王公对其所倡导之自治，或持观望态度，故几度召集会议，参加者颇少。据曾亲与百灵庙会议之某君谈称，本月九日起，在百灵庙召集之会议，系德王一人所鼓动，共到各盟旗代表六十五人，中有二人，乃由热河前往参加。此二人为伪组织下之蒙民，极堪注目。其中之一，且为有地位之军人，尤值重视。会议席上，竭力主张实行自治，使此会议有政治作用，然盟旗各代表，则多意存观望，亦有主张与中央代表接洽后，再行定夺，故各项议案，均行保留，延期讨论。至于所致中央要求自治之文电，悉由德王在会外所拟就发出，并非多数公意。绥远主席傅作义，于百灵庙会议开幕之前，曾派代表劝阻绥远各盟旗王公前往参加，谓该会议有革命意味，绥远各盟旗王公，以为并无此意，终派代表前往。故从各方面观察，百灵庙会议，乃系久经分裂之内蒙各盟旗，重行整立其关系，而为一种非政治性之团结，初不能因德王之另有所属而转移一般蒙民之趋向也。德王曾对某君谈称，外蒙现已为苏俄吞并，东蒙又化为"满洲国"版图，蒙人鉴于情势之危迫，急谋自保，目前之要求，只为自存自治，决无不合理吁请，外交仍归中央办理，其他内部问题，则由蒙人自治，如中央能允许此种请求，当无异议。设或不然，则蒙人不难自寻另一方面之出路。惟蒙人决无意与政府构衅，不幸或有意外，启衅者亦决非蒙人也云云。依德王之谈话观察，德王当无绝对背弃中央之意，至其他各王公，更无论矣。又据二十五日北平电：吴鹤龄谈：蒙古要求自治，旨在御侮图存。其办法为：（一）地方与中央合作；（二）盟旗与省县合作；（三）王公与平民合作。纯就中央指导之下，施行地方自治。当九月二十八日百灵庙开会之前，日方为谋先声夺人计，于九月二十五日在多伦召开东蒙会议，热河日特务机关长松室孝良等均参加。同时并发通知，请西蒙各王公出席，结果均未前往，遂在百灵庙会议。此次会议主角，为百灵庙盟长云端旺楚克，德王尚在其次。另电：据参加百灵庙会议之代表谈，《内蒙自治政府组织大纲》全文三十六条，蒙人自称无背景。云、德两王将分〔任〕正副委员长。各厅、处组织，由青年与王公分任，王公制度依然保留。凡国际之军事、外交发生，即请中央政府主持。班禅现驻锡百灵庙，已设立办公处。

最近东蒙局势与蒙民生活

据二十一日北平通讯：东蒙方面，自九一八东北事变后，日本即派员赴东蒙煽动，冀完成田中内阁所主张之既定计划。当按地理之情状，将东蒙划为数省，兹调查分省及省长人选如下：（一）东分省，蒙旗布哈特〔特哈〕为该省之中心，且为黑龙江之要镇。日本为事实上顺利计，即派布特哈王鄂伦春为省长。（二）北分省，地当海拉尔，且为东北蒙古重埠，日本经派呼伦贝尔都统贵福之长子林陞为省长。（三）南分省，以哲里木盟之中部为该省之范围，并命图献图王延喜海顺负省长之责。但分省上边之节制机关，统归兴安总署，总长为哲里木盟齐盟长，次长系日人。自热河陷落后，更将锡拉木伦河以北地带（卓索图盟）划为中分省，并将卓盟盟长巴林王扎咯尔，邀掌省政。查内蒙西起青海，东达呼伦贝尔，绵延万里，旗辖百余，人口二百五十余万，全赖牧畜维持生活。但近来牧场破产，风雨飘摇，人民流离失所，每日渡惨苦之生活。据由内蒙来平之蒙民谈称，内蒙人民处此困苦艰难之生活中，最感觉而欲急待解决之事件，仅系三大问题：（一）生活问题；（二）治安问题；（三）边吏问题。就生活问题而论，自民国以来，国家终日实行开辟疆土，与移民实边政策，结果内蒙人民失去游牧生活，经济破产，生机断绝，流离颠沛，哀鸿遍野。就治安问题而论，凡经垦殖之地，因移民日多，各方人士麇集荟萃，良莠不齐，有业者固可安分守业，无业者啸聚抢掠，于是盗贼纷起，社会杌陧。就边吏问题而论，凡充任之中国边疆官吏者，均不能尽责，其能保持清廉风格者，实属凤毛麟角，余则多半贪污卑劣之流，故凡恣意剥削，强迫摊派，随便拘捕，严诘逼供，冤诬杀害之种种黑暗，屡见不鲜。此种现象，在辽、吉、黑、热、察、绥、青、新等沿边各省为最普通。在此种种惨苦情形中，使二百五十余万内蒙同胞，与中央政府表同情，生命尚不能保全，何能顾及他事？如欲内蒙为国家效力，整个之内蒙与国家立于共同战线，抵御日俄之侵略，最低限度，要求中央援助内蒙以下之事：（一）速筹救济内蒙人民之生活办法；（二）设法维持内蒙之治安，保障其生命财产；（三）放弃利用宗教之羁縻政策，树立内蒙实际之政权；（四）慎选边疆官吏；（五）介绍内蒙有志青年在各盟旗办理旗务。如能作到上项数事，抗日御侮，收复蒙古失地，或较为容易。黄部长将北来巡视内蒙，蒙民当然欢迎。并非欢迎黄部长入蒙宣慰，乃欢迎其考察内蒙实际情形，解除蒙民痛苦。至于德王所召集之王公会议，亦希望黄部长切实调查内幕云。

《中央周报》

中国国民党中央执行委员会宣传部

1933 年 282 期

（李红权　整理）

内蒙要求自治问题

作者不详

关于黄绍雄氏由平赴张经过已详上周本报。黄氏于上月二十七日抵张，翌日接见蒙方要人听取意见，是晚即由张赴绥。抵绥后，与傅作义等商讨蒙事，闻大致已有所决定。并已先派李松风等赴百灵庙视察接洽，俾作前往之准备云。兹汇志本周所获各项消息如次。

黄绍雄等由张赴绥

（一）在张接见蒙方要人——据十月二十八日北平电：黄绍雄、赵丕廉率随员等昨晚十时许抵张垣。张维藩、赵伯涛、过之瀚等，均派有代表到张。黄、赵在张垣下车，拟与察省府当局及蒙古王公交换意见，勾留一二日后，再赴大同、绥远，与晋绥当局有所接洽。吴鹤龄昨晚过张，直赴绥远，转往百灵庙，先事接洽，并准备黄、赵等入蒙车辆等问题。另电：张垣电：二十八日午卓王宴黄后，黄接见察右翼牧场总管兼第三模范牧畜坊坊长色楞那木济勒，代理总管旗达哩岗崖、牛羊群总管兼代军政部明安军牧场场长尼玛鄂特索尔，察省府咨议达密林扎普等察十二盟旗长官十余人。各长官陈述内蒙自治意见后，黄将中央意旨及本人巡视任务，详为解说。黄定二十九日或卅日离张过大同，晤阎与否未定，将径赴绥远晤傅作义，一切由傅转阎报告，月初乘汽车赴百灵庙。另电：张垣电：黄绍雄、赵丕廉定今晨九时召见卓特公札普亲王，询内蒙自治真相。十一时接见察哈尔北部及扎拉善旗十二旗总管特默布勒等①，详询内蒙地方情况。章嘉赴蒙代表李寿山等电平称，即可抵百灵庙。章嘉现受中央命令为宣化使，亦为政治官吏，当负政治责任。

（二）黄等由察赴绥经过——据十月二十九日北平电：张垣电：二十八晚过之瀚、杨镇南代表宋哲元在省府设筵为黄、赵饯行，邀各机关团体代表三十余人作陪。九时散会，黄、赵相偕赴站登车，专车十时离张西开。察省委携特巴扎普亲王，及云王、德王代表包悦卿等四名偕行。黄、赵临行前，分电中央及阎、何、宋报告，二十九午前可抵绥远。另电：归化电：吴鹤龄及蒙藏会驻张办公处长吴树滋、蒙民旅平同乡会代表贺永寿，二十八日下午同乘平包车由平到绥。吴鹤龄谈：黄、赵定二十九午离察来绥，三十晨可到。吴等俟黄、赵到后，即先往百灵庙接洽，赵亦拟先行。一切办法，须去百灵庙后决定。黄将在绥稍留，与傅作义晤商。吴树滋谈：系同去百灵庙参加会议，各王公现仍滞留该地。察省盟旗对此不便表示意见，察盟卓长官定二十九随黄由张来绥，绥远各界准备扩大欢迎，黄、赵行辕设绥远饭店。另电：黄绍雄、赵丕廉专车二十九日早九时抵绥，傅作义偕各厅长到站迎迓。在绥蒙旗要人阿王等亦莅站迎接，下车后寓绥远饭店。随员二十余人，携带赏赉品颇多，均住蜀珍饭店。黄谈：在绥有数日耽搁，以便与傅主席及蒙古人士详商一切，对蒙办法，须视察后始能决定。黄、赵过张垣时，下车到省府，与各厅长、委员及察哈尔盟旗各总管会谈甚久，夜间登车西来。德王由百灵庙派包悦卿、苏

---

① 原文如此。——整理者注

鲁岱、吉雅尔、特木尔博罗特等来迎。包到绥谒黄，呈德王电，请黄迅赴蒙。省府二十九日午邀外来及当地记者，商统一宣传方法，黄定三十日约记者谈话。

（三）黄等在绥会商蒙事——据十月三十日归化电：黄绍雄、赵丕廉、傅作义等三十日午后，对蒙事从长商讨。黄谈：赴百灵庙非为召集会议，行期尚未确定。对蒙事现听取意见，数日后即可发表。赵谈：本人仅接见窝王及蒙民代表谈话，赴百灵庙仍与黄同行。傅谈：内蒙自治有背景说，早成过去。现黄到绥，对蒙事当可商决，本人现无意见发表。李松风谈：黄此行将按中央既定方针，视察当地情形，谋一妥善办法，解决蒙事。另电：傅作义谈：内蒙自治，并不十分严重。黄到后，一切问题当可解决。百灵庙现仅德王及达王留该地，其他王公已分散，班禅现驻锡百灵庙。目前各王公、盟旗代表到百灵庙，主要目的在谒班禅。绥省伊克昭盟主参加自治会议，乌兰察布盟仅有数旗派代有前往参加。二十九午后，黄、赵回拜傅作义，旋在行辕接见伊盟阿王等，征询意见。午后四时半，黄、赵、傅到赛马场参观秋季锦标赛，五时半同返行辕。晚傅在绥远饭店设筵，为黄、赵等洗尘。又三十一日归化：黄绍雄抵绥后，已与傅商谈内蒙问题，意见融洽。在绥之蒙古王公，以及蒙民代表，亦已分别谈话。对蒙民要求自治问题，更进一步了解。相信可利于解决。黄谈：派李松风、孔宪宗、池中宽、贺杨灵、阮雨民、鄂奇光等十人，定三十一晨出发先赴百灵庙视察接洽，本人与赵随后同往。在绥省无长期耽搁。三十午伊盟阿王在王府宴请黄、赵、傅等。又同日北平电：内蒙自治问题，自黄绍雄、赵丕廉到绥，与傅作义及各蒙民代表商讨结果，大致已有决定。当局对蒙事意旨，决以在中央规定原则，不破坏系统，及整个组织下，当扶助其成功。否则即准备采取适当有效方法制止。蒙人对自治已下决心，使其成功。且要求以张垣以北绥远全部为其自治地理之范围，故内蒙问题如何开展，颇可注意，不能遽抱乐观。徐庭瑶应黄、郭〔赵〕召随同入蒙，即系视察一切。

（四）黄绍雄谈改革蒙政——据卅一日归化电：黄绍雄谈：此行奉令巡视察、绥，详实报告，供中央改革蒙政根据。外传将往百灵庙开一会议，本人前往参加说，非事实。内蒙自治问题初发生时，各处未明真伪，舆论过度宣扬。察、绥蒙民，不及卅万，量数等于内地一小县。因地处于边陲，适在国难严重期间，且含民族意义，故觉严重，中央亦深注意，报载百灵庙会议情形，以有组织自治政府，脱离中央趋势。本人由平过察来绥，与盟旗代表及王公谈话，知其会议目的，仅集思广益，将蒙人意见，供献中央参考，采取权仍在中央，并无极度要来自治之举。中央前讨论一改革蒙政方案，其中关于改革蒙古地方行政系统，以不破坏过去行政系统为原则，已设置省治、县治地方，其行政区域，应不变更。蒙古人民聚居地方，应由省方分别设置蒙古地方政委会，办理蒙政专管机关，以蒙人中王公与青年有德望及有政治学识经验者充任。中央所拟方案，尚系腹稿。顷与察、绥两省府及蒙旗接洽后，始能决定妥善办法，同时须与省府商量改革内蒙实际问题办法。如：（一）权衡农业与游牧之利害，分别提倡，（二）地域与人民之划分，（三）解除人民两重负担，（四）改进地方警政组织，（五）改善税捐制度。省府对此极同意，蒙古实际问题不解决前，实行自治，非中央所愿。中央绝不空话欺骗蒙民，欲空言允许成立自治政府，其遗害实大。本人此来，表现中央对蒙民真意，与省府商量后，意见密合。蒙民自治范围，原则上不脱离整个组织，中央必协助，否则为中央所不许可。中央、地方、蒙古三方面，关系密切，联络一致，否则非国家与蒙民之福。蒙民如以自治问题要挟国家，国家必制裁之。

关于自治运动之消息种种

（一）百灵庙曾开会议三次——据十月三十日张垣电：察十二旗代表特穆尔博罗特，前赴百灵庙参加自治会议，昨返张谈：十月九日内蒙自治会议，参加者为乌盟云盟长，巴副盟长，锡盟德副盟长，阿巴右旗卓王，苏旗郭王，乌、锡各旗扎萨吐〔克〕、旗代表，苏鲁察旗代表特穆尔及各旗协理台旗〔吉〕等五十余人。决议：在国府领导下成立内蒙自治政府，推定自治政府组织法起草委员二十余人，散会。十月十五开第二次大会，审查《内蒙自治政府组织法草案》，参加者同前。十月二十三开第三次会议，参加者同前，通过《组织法》，推定政府委员长等。决定委员额数为十一人，锡盟二，乌盟二，伊盟二，察哈尔二，吐默特二，阿拉善一。〈云王谈：〉本人主政以来，毫无建树，实深惭愧。惟值我蒙危急之际，若不谋自救救国，沉沦即在目前。兹为救内蒙于水火，拯国家于危亡，外间误会虽多，绝不因他人挑拨离间分化而中止。老命可不要，自治不能不实行。德王谈：中央将蒙事当作化外，蒙民生计剥夺殆尽，致蒙民经济凋敝，一切落伍。赤俄窥伺于北，暴日鹰邻〔瞵〕于东，为救蒙古、巩固国防计，必须实行自治。此种运动，均系根据总理遗教及中央法令，内蒙若不实行自治，将不能与世界各民族同时并进。又十一月二日归化电：班禅由百灵庙派来迎黄代表夏塔布慈仁，与班禅驻绥办公处长丁汪夺吉，一日午同谒黄、赵，表示欢迎，并复告百灵庙会议经过。据称：百灵庙会议已开过正式会议两次，通过各项案件，均属非定案，一切待中央取决。班禅对自治问题，极主张听命中央。各旗王公、代表等因天气严寒，已多数回籍。德王、达王，滞溜〔留〕该地，欢迎黄、赵入蒙，班禅在短期内，将来伊克昭盟诵经。

（二）德王代表包悦卿之谈话——据三十一日北平电：德王代表包悦卿来平谈：此次内蒙要求自治，原则分两项：（一）中央对蒙地移民，汉族及军队进入屯垦，使蒙民日渐无法生活，不能立足。（二）遵照总理遗教，决达到目的。云王年已七十二岁，赞助自治，决效新疆哈密王，打出蒙民出路，性命牺牲，亦所不惜。百灵庙自治筹备会初次会前，班禅力加劝止，百灵庙召集各盟旗王公、总管举行茶会二次，彼极力主张，须经呈请中央请示，勿入歧途。内蒙青年多激烈反班，经德王及云王等解释，始平息。各王公等因内蒙自元迄今，政教向来分制〔治〕，蒙人知识渐开，自治政府决定，政治、宗教不相混。本人在张垣业将百灵庙会议经过，向黄详陈。自治区域拟定绥远全部划入。黄问对范围区域能否让步，余答：须待大会解决。黄谓中央对内蒙自治，已允许，惟自治政府不能成立，盖内地各省县均有省县政府。余今下午谒何，在平勾留五六日即返绥覆命。又一日北平电：包悦卿谈：内蒙自治问题，日方因西蒙各王公不参加东蒙会议，深为不满，极力破坏。赤党因外蒙已被夺占，对内蒙更觊觎，故对内蒙倡议自治，亦所不容。中央如对内蒙自治不谅解，诚属可虑。班禅到百灵庙，曾向各王公劝告，班因中央电促，俟百灵庙会议结束后即晋京。中央设立边政部事，蒙人决不参加。因蒙古有人民，有土地，有政府，自治即可矣。王公亦不愿为部长。章嘉入蒙被阻，因其言行不当。蒙民知识分子多注重政治，无知识者则注重宗教。现蒙民系知识分子统治无知识分子，故仍须注重政治。章嘉回蒙殊无必要。李松风等赴百灵庙，确定留一周仍将回绥。本人因黄等在绥相候，俟谒何后，即往绥，随同赴百灵庙。

（三）自治问题系德王一人主动说——据十日〔月〕二十八日北平电：归化电，蒙古自治问题，此间观察，不若外间宣传之甚，主动者只德王一人。自恃为新进人物，能数国语言，故每以改造新蒙古自负。数年来中央未满所欲，乃利用日人侵占东蒙机会，倡导自治。顾蒙古之政治组织，向系自治性质。最高行政首领，亦即该盟旗之首长，历代相传，子袭父职。政府只居监督地位，不行干涉之权。前清尚于各盟会盟之期，派遣钦差，指导施政方针，其后又设将军、都统，□近监视，民国并此而无之，一任王公自治。故今日而言自治，只应由王公将所握治权，交还全体蒙民，使全体蒙民，享受自治利益。但此种办法，为任何王公所不乐为。则所谓自治，除谋个人权利，侵犯中央权力外，与自治之真诚，一无关系。蒙民生活简单，安于故常，毫无改革思想。尤以绥省乌、伊二盟，平日感于省政府之怀柔，生活安定，又数值丰年，其王公尤不愿作反抗政府之举措。德王虽移尊就教，招开会议于乌盟之百灵庙，该两盟王公，除达王因地主关系出席外，所到王公甚少，开会一无结果，现因黄、赵将到，正谋借此下台。又三十一日北平电：绥远来人谈：内蒙自治会议屡次开会，均以人数不足流会。近原定八月六日开会，仍以到者寥寥，不得已展至八月十六日草草开会，计到会者为德王等十九人，各盟旗除代表外，亲身参加者，不过五六人而已。伊盟无一人参加。首由德王发言，宣布开会宗旨，并提议在相当地点组织自治机关，均无人发言。继又提议，推举组织自治条例起草委员，亦无应者，德王遂自行担任起草，即外间所传布之三十九条。并内定达王为委员长，德王副之。现各代表因不明会务及自治办法，均觉无聊，不敢发言，致无结果，纷纷返籍。故百灵庙会议，仅德王一人之把持而已。

（四）自治政府有在筹备中说——据十月廿八日北平电：内蒙自治政府在办公地点建筑天帜一百二十座，由各盟、旗、部分送。

政府所在地，设天祠①。内蒙自治政府经费第一年预算为三十二万，由各盟、旗、部分担，先筹前半年十六万，后半年视政务繁简，由法制委员会议决增减。自治政府警卫，由各盟旗各选送旗兵千名，为政府警卫队。政府所在地天祠在归化北约五百里，为乌盟与锡盟以四子部落旗中心，风景甚佳。政府主要人员云王被选为委员长，索、阿两盟长为副委员长，德王为政务厅长，东大公王为法制委员会委员长，乌盟副盟长为考议厅长。内蒙自治如实行，每年税收可达八百万，绥财政将因此立感恐慌，故地方当局对内蒙自治，不能坐视，前途可虑。又据十一月二日归化电：各王公离百灵庙系奉云王、德王之命，前往距百灵庙百余里之天池，筹备自治政府，刻正准备并屯积粮食及食盐，俾最短期内组织完成。另电：黄绍雄自绥电平称：原定赴蒙日期，因事须待与晋、察、绥当局接洽，故展缓启行。内蒙问题，决不致扩大，已先派李松风前往百灵庙视察。秦德纯奉宋命，本定今离平，因某项要公，须与当局接洽，改三日离平。在百灵庙之蒙古王公，大半离去，前往天池，开始组织自治政府，各盟旗摊派之财物，陆续送往该地。

（五）传蒙人竟有唱谬说者——据十月廿八日北平通信：内蒙自治说，近经旅外蒙人之附和鼓动，范围渐形扩大。最初德王等之运动自治，有无背影，姑置不论，而其表面上所要求者，仅在获得自治权。乃至最近，则于自治之口号外，更高唱"蒙地还诸蒙人"口号，地域划分之困难大题，乃因之而起。查内蒙自热、察、绥改省以后，东部划入热河，中、西两部则并于察、绥，所有土地，除已改设县治外，其余亦成为各该省之一部分。内蒙二字，变为历史上之名词，在地理上，已无所谓内蒙矣。政治方面，

---

① 后文又作"天池"。——整理者注

已改县治地域之行政，直辖于省府，其余仍保存王公制度，而属自治性质。盟旗以内之行政，省府无权过问。最高行政首领，即为各该旗盟之首长，历代相传，子孙世袭，政府只居于监督地位，向未加以干涉。但察省除长城以内几县外，大部为蒙地，有已改设县治者，有仍隶于盟旗管辖者，绥远则更泰半为蒙旗属地，直辖县治，亦多由蒙地改设。是以如果蒙人要求蒙地还诸蒙人，则纠纷重重，而察、绥势亦难成为省，行政上必大起改革。在目前之形势上，实极危险。闻黄绍雄此次奉命巡视内蒙，一方固在考察蒙地实情与蒙人真意，一方则征询地方当局意见，商讨妥善办法。现在各方将〔对〕于地域问题，咸主已设县治者，则属之省，其未改县之蒙旗地域，则听其自治，以为折衷办法云云。

旅平蒙同乡及救济会呈黄绍雄之原文

内外蒙旅平同乡会及蒙古救济委员会，近上书内政部长黄绍雄及蒙藏委员会副委员长赵丕廉，声述对蒙古自治意见，其原文如次：

同乡会意见书　民国肇造，庶政革新，而蒙古以落后之民族，在过去二十二年中，一切兴革，莫不惟中央是赖。而中央因频年内争，不遑顾及蒙事，故二十余年来蒙古之政治未能革新，蒙古之教育未能发展，蒙古之文化未能提高，蒙古之生活未能改善。蒙古复从而自弃之，何以对地方？何以对民族？是以西盟官民，鉴于蒙政之腐败，外侮之侵凌，不谋自拔，无以图存，不有组织，无以御敌，故组织蒙古自治政府之酝酿，因而甚嚣尘上。国人不察，竟信边远省府及章嘉等之捏报，以为蒙古自治运动有某国背景操纵其间。为此言者，实欲颠倒是非，垄断蒙古耳。谨将本会所见，条陈于左：（一）蒙古要求自治，系在中央扶助之下，纯出于"民族自决"、"自救救国",及辅助中央鞭长莫及之虞之运动。中央应放弃"放任蒙古政策",诚意指导,使之自治臻于完善。(二)边陲省县官吏,压迫蒙民事件不时发生,以致全体蒙人,非常激愤。且既抱成见处理蒙事,对于自治消息,当然利用反宣传,阻碍蒙古自治。倘中央不察事实,不顾蒙古民意,听信一方谣言,则蒙汉感情,更当恶劣矣。(三)锡盟德王,系根据全蒙民意而要求自治,绝非其一人操纵把持,更无其他背景,倘该王果受外人利用,不特中央予以处分,即蒙民必将群起声讨。中央将蒙古自治与德王嫌疑作两事,勿以个人行动影响于全体民意,则处理蒙事,庶乎得当。(四)章嘉入蒙宣化,蒙古极端反对。而该氏复对于自治,加以阻碍,尤为蒙民所愤懑,倘其仍本以往主张,恐必激起意外事件。希望中央以福利蒙民为前提,勿听信谗言,不但蒙族幸甚,实亦党国幸甚。

　　救济会意见书　谨略呈者:溯自中国自有史以来,我蒙古民族,即占全世界之重要地位,人性诚朴,俗称剽悍。查太祖成吉思汗曾率数百万健儿纵横欧亚,开辟版图,盛大武功,光荣史册。缘自有清以来,信任式〔贰〕臣洪承畴之建议,禁读汉书,摈斥科试,崇拜喇嘛,灭其种族,实行愚民政策,于是日知诵经礼佛,数典忘祖,使我最大最光荣之民族一蹶不振,缅忆前尘,如痴如梦,政治、经济、教育、实业、交通无一不落人后。民国初建,百政维新,蒙古民族翊赞共和,希望中央一涤逊清之恶政,加以适当之指导,而有积极之建设。不意民元迄今,军阀割据,自相残杀,内政不修,漠视蒙众,因循泄沓,向未有一贯之政策,以奠边徼。如在蒙地开荒屯垦,驱逐蒙民,夺其地权,设置省县,蒙人之权利剥削无遗,蒙人之生计日就穷蹙,而吾民族更形衰微矣。迨北伐成功以后,党国旗帜飘扬朔漠,我总理以扶植弱小民族自治自决为前提,蒙古民族重见天日,共维党国,矢志弗渝,皆图同心同德，以期共存共荣。惟自十年以还，赤焰方张，嗾使外蒙脱离，东邻压境，囊括东蒙而去。藩篱尽撤，门户洞开，而硕果仅存之西蒙，位于赤白帝国之间，支撑无力，固守无方，幕燕鼎鱼，岌岌堪危，倘不亟思自救，救国之策，将何以图生存而挽危殆。故德王等及有志青年，惧为外蒙及东蒙之续，提倡自治，全蒙腾欢，风潮云涌，遐迩景从，端赖中央扶植，毫无背景。而政府诸公之不熟习蒙情者，不免沿袭前清故智，拉拢少数之特殊阶级，而欲取得大多数民众之信任。如对于章嘉、班禅等崇之以虚荣，享之以厚禄，借以安抚蒙民，并宣中央德意，使高唱入云之自治问题，无形消弭。岂知作此政治运动者，皆系头脑清晰之各盟盟长，及智识充分之青年，崇仰宗教之观念，早已破除，若辈僧徒，万难号召。政府如以此为得策，则势在为渊驱鱼，徒增纠纷而已。夙仰钧座党国元勋，此次翩然北来，赴蒙宣慰，蒙古民族之存亡，尽在巡查之结果，我公提挈培植之德，自有青史可照丹心，似无庸再絮絮多为赘述。利害切肤相关，断难再行缄默。职会忝属蒙古分子之一，愿作刍荛之献，以达葵向之倾，谨具管见五项，乞垂察焉，谨呈黄部长、赵副委员长：（一）蒙古民众鉴于外蒙既被赤俄侵略，东蒙复为倭寇盗据，且不堪再受省县之压迫，万不得已而出此自救救国而要求自治之举动。（二）蒙古全体民众，是遵奉总理遗教，根据民族主义之规定，"中国境内各民族一律平等"及"扶助〈弱小〉民族"与"民族自决"等主张，完全于中央指导之下而要求自治。（三）蒙古自治，是全体蒙古民众的要求，决非少数部分，把持操纵。外传仅德王一人包办各节，决非事实，更无其他背景。（四）蒙古民众意见向无发表机会，既有此民意机关，当能向中央供献复兴蒙族及巩固边防之方案。且中央速应扶助组织成立，易于统辖。（五）喇嘛之责任，只是唪经供佛，不应稍涉政治行动，且在蒙古民众中，本已失去信仰力。

而章嘉阻碍自治，尤为全体民众所愤懑。如其仍本过去之主张，必将激起意外事件。设中央听信其言论，实与蒙古民众意旨相反，错误更多。务请特别注意，体念整个蒙古民意，完成自治，国家幸甚！蒙古幸甚！蒙古救济委员会上。

某记者内蒙视察记

　　据十月三十一日天津《大公报》载该报特派记者内蒙视察记一篇，叙述内蒙情势，甚为详尽，爰采录如次：

　　所谓内蒙古，乃东四盟、西二盟之总称，由二十四部落五十三旗而成。自九一八事变后，在辽、热之哲〈里〉木、卓索图、昭乌达三盟之十四部二十六旗，即为日伪囊括而去。东四盟中，只余锡木郭勒一盟，统有五部十旗。该旗东北部处热河之北，与辽、热接壤，故日人觊觎心切，时往煽惑。该盟副盟长德木楚克栋王，遂有联合绥远境内之乌、伊二盟，组织自治政府之举。惟德王之声望，尚不足号召全部王公，故出席会议及赞成自治者甚少。缘蒙古之一般情形，乃最富于封建意味之民族，以爵位相尚，以年龄相崇。德王之位只郡王，年始三十三岁，职只为副盟长，对位尊年高之其他王公，自难望其就范。该盟盟长和硕车臣汗亲王，索诺木拉布坦，年过七旬，安于故常，对德王此举，虽不公然反对，亦不愿假以权力。故德王乃移尊就教于乌兰察布之达王，召会议于百灵庙，欲借绥远乌、伊二盟之赞助，促成此举，但结果仍未能如愿。其最大原因，系一般王公，数百年来，子袭父职，过惯安富尊荣之生活，习于祖宗流传之制度，不愿遽加更改。王公辈均拥有广大资财，养尊处优，奴使其民，视土地财源均为己有，以封□自娱，视天下之事，无一足以萦诸胸臆。经年不出府邸，不认识汉文。蒙文组织简陋，不足为介绍新文化之用。职是之故，均认为德王所倡议之自治，即系背叛政府，自顾能力非政府之敌，造反重罪，惟恐加诸己身，故避之犹恐不及，更何商议组织之足言？顾德王之毅然倡导此举，亦有足资凭借之点，自信能博得若干蒙人之同情与援助。事即不成，一鸣惊人之后，于其政治生命前途，亦有甚大作用。其所凭借之点：一为蒙古生计之日益艰难，非谋改造，将群趋沟壑，为蒙事前途计，即德王不有此种倡议，政府亦应代蒙人设法解决，以收蒙民内向之心。二为曾利用受教育之蒙籍青年，许以政治上之地位，此辈蒙籍青年，亦以察、绥为多，因接近内地，有求学机会，所学既成，饱载新思想而归。对于所处环境，当然不能满足，又感于政府之漠视蒙事，本身出路太少，对同胞之同情心大炽，改造环境之意识更为坚决。德王亦其中之一，曾受新教育，能作汉、日、英语文者。欲利用其地位，团结热心青年，为本身之助，此种抱负，如用之正当，社会当然予以同情援助也。三为利用中央漠视蒙务，引起各王公对中央之不满。在中央政治不宁之今日，蒙古自治自决之呼声，自易掀动若干王公。欲使王公同情自治，尤以此着较前二者更为有效。蒙古在逊清时代，二百余年，为不侵不叛之臣。入民国后，除外蒙因俄人煽动宣布自主外，内蒙迄甚恭顺。蒙人语言文字、风俗习惯、种族历史，既与汉人迥然不同，如此广大民族，而能俯首帖耳相安于另一民族之下数百年者，在近代史中甚为罕见。所以致此之故，则全因满清所用统驭蒙族之制度方法，能造成如此之高度效果。入民国后，鄙弃旧制，而外蒙独立。北伐成功，政府南迁，对蒙事愈为隔绝。打倒封建思想之口号，引起王公之自危，破除迷信之标语，造成喇嘛之不安，任意放垦，蒙民失其牧地，捐税重重，阻断蒙民之通商。若党务宣传侵入内蒙，若废喇嘛寺庙改为学校，在在均使蒙民生出无限反感，减少内向之心，此而不改，蒙民终非吾有矣。反观满清之治蒙也，尽收蒙民财智之士，养之育之，以绝倡乱之人。利用王公、喇嘛，崇□政教权，使归吾用。以皇帝之尊，春狩于热河，秋狝于多伦，檄所有王公，统众入卫，示以制度，加以约束，赏赉示恩，陈兵示威。边徼臣民，怀德畏威。故二百年间，永无乱事，上下协和，兵戎简练。长其内向之心，用为边圉之固。平日轮番调各旗王公入京拱卫，察其行动言论，示以小恩小惠，王公得之，除感激国恩外，又可借以夸耀同侪，傲视部众，以增长其部众之信心，巩固其地位，其妙用有如此者。制驭蒙古之方法，既如是其多，又嫌不足，更为各旗划定疆界，使互不侵犯，有违者王公罚俸，小民格杀勿论，以阻其彼此团结机会，化整为零，力量分散，自无造乱能力。合数旗成盟，虽设有盟长，而会盟之期，相距三年之远，会时又有钦差临监，赍政府所定施政方案，命之施行。所谓盟长，平日无命令各盟权力，自无运用全盟力量之可能。于察、绥两地，均设有都统。库伦、科布多等内外蒙要地，又常有位尊权重之大臣驻扎，监视一切。利用喇嘛教，使三分之二之有为青年，尽沉郁于青磬红鱼之生活，以修得来世幸福，解当前之烦闷。民国以来，于制蒙工具，放弃无余，致有今日之结果。黄绍雄、赵丕廉二氏之奉命宣慰，实为切要之图。居今日而言制蒙，对前清旧制固不便一一采用，但蒙古民族，虽有少数觉醒青年，反对旧制，求治甚亟，但大多数仍安于故常，迄在睡眼〔眠〕状态，遽予改革，徒生惊扰。对于旧制，自当相当保留。一面利用觉醒之青年，对其同胞作唤醒之工作，徐图改革，期效果于数十百年之后。以不郛郭，不宫室，穷〔穹〕帐寄而水草逐之老大民族，欲使之享受近代之生活，此种工作烦难艰巨，要为任何人所难反对。

百年树人，当今要务，即在树人耳。

《中央周报》

中国国民党中央执行委员会宣传部

1933 年 283 期

（李红权　整理）

黄、赵一行离绥赴庙

作者不详

内长黄绍雄氏在平、张、绥各地，迭与蒙古王公、学者及察、绥两省当局交换意见，结果已拟定改革蒙古行政系统方案，冀在中央扶助蒙人自治之方针下，准由蒙人组织蒙古地方政委会，以代替德王等要求组织之蒙古自治政府。黄等在绥诸事既已接洽就绪，乃于十日晨出发赴百灵庙。抵庙后，即将邀各王公及盟旗代表谈话，俾本中央意旨，力行安抚云。兹汇志各节如次。

李松风在庙接洽顺利

据四日北平转归化电：关系内蒙自治问题中之各种实际问题，俟秦德纯到绥后，即开始商讨一具体办法，不举行会议形式，秦德纯即前来，李松风赴百灵庙后连日与德王、云王等接洽，双方意见渐趋接近。黄、赵俟李等报告到绥后，即首途入蒙，预定在百灵庙不多勾留。云端旺楚克续派代表于三日到绥，即谒黄面陈会议经过，并速驾。又四日北平转绥远公电：报载黄绍雄召集各王公及各代表在绥开会，兹查并无召集正式开会之事，但各王公代表到绥者，随时皆可接谈。李松风在百灵庙转达中央对内蒙之期望，并征询各王公及代表意见，大致尚能相合。黄、赵此次来蒙巡视，均主张推诚相与。外传绥省府派员随同出发，绝非事实。

又四日北平电：某方讯，黄绍雄以内蒙各王公，多已离开百灵庙，拟中止前往，派李松风等与德王交换内蒙自治意见。黄对内蒙组织自治政府，颇不赞同，希望组织委员会，方可尽力扶持。惟以通盘问题，尚须与阎接洽，拟于必要时，或亲往河边村一行。黄前电秦德纯赴绥，征询宋对内蒙自治意见，宋表示完全遵从中央意旨，希望按照中央既定之整个原则进行。秦原定即日赴绥，因事羁身，已决定中止前往绥远，并电黄报告。至中央拟派白云梯赴蒙之议，白因前途困难甚多，拟不日北上。恩克巴图自京抵平后，连日询内蒙自治情形。恩向人谈称，蒙事听中央解决，个人不便发表意见，亦不赴蒙。另电：内蒙问题，□黄、赵、李分赴绥远及百灵庙后，其中商洽要点，为蒙古王公方面，坚持设立蒙古自治政府，及归还察、绥两省属之原有蒙地。除外交、军事仍由中央办理外，所有一切政治，以蒙人治蒙口号，不受中央管辖，宛如英政府之与爱尔兰然。中央方面，以蒙古自治虽甚赞同，但只限组设蒙古自治委员会，由蒙王公中择尤选任委员长，或在中央另设边政部，管辖一切，不允设自治政府，俾免形成分裂状况。因是双方正在往返熟商中。

德王等在庙恭候黄、赵

据三日归化电：黄、赵一日接百灵庙方面云端旺楚克联名来电欢迎。黄、赵二日覆电，谓已准备车辆，即行首途。黄、赵随员日内拟分别出发各盟旗，从事实际调查，途中应用物品，原定三日全数运往百灵庙，但因车辆修理未竣，故四日运往。又五日百灵庙电：德王、雄王、云王、班禅四人，拟派汽车八辆，蒙古马队百人，到绥远迎接黄、赵。黄、赵当即覆电称，赴百灵庙时将由傅作义派兵护送，勿庸派队迎接。德王为避免引起误会，将百灵庙军队扫数开往天池，该庙不留一兵一枪。蒙古武装青年七十余人，亦开天池。另电：某蒙古王公谈，蒙古此次要求自治，系政治上革命，希望傅派兵护送黄、赵时，勿过大清〔青〕山，因蒙人对汉兵素来印象不佳。又四日归化电：德王特派吴熙宪代表，由百灵庙来绥欢迎黄、赵前往指导。吴四日晨十时谒黄称，德王与李松风等见面极好，渴望早日莅临，以便请示。并述内蒙自治之拟议，其原因系由外侵日迫，须联合抵抗，故确非分裂运动可比。外间传有某方背景，绝对不确。黄答，我根本就没有重视背景二字，坦白的说，如果日本要侵夺内蒙，也无须联络内蒙王公，说有背景，就是利用，日本也决不会利用能够为国家造福利的蒙古王公们，不过抵抗外侵，系属力量问题，而非组织问题，须先分别清楚，望各代表能在实际问题去讨论，探求一个永久而调和的办法。在与中央政府及省政府不发生抵触范围之内，蒙人自治，中央很愿切实帮助，一切问题，请与李司长等先行从长计议，本人随后再来。

各方关于自治之意见

一、黄函德王劝遵中央领导　据七日归化电：德王代表吴熙宪，六日晨离绥返百灵庙，报告谒黄经过。黄有亲笔函交吴转德王，劝导各代表在中央及省府领导下，推行蒙人自治，就近与李松风计议一切。黄并派内政部科长杨文煦同行赴百灵庙，视察当地情形，定七日返。国府参事林竞中、中央军校教官王文育应黄邀由京抵绥，定日内往百灵庙，协同李松风等调查内蒙情形，并实地研究边疆问题。另电：黄绍雄、赵丕廉、徐庭瑶定二三日内赴百灵庙。黄谈，中央对处理蒙事方案，决无变动。此次因各王公来电欢迎，已请派汽车来绥，二三日即前往百灵庙，根据中央规定原则，与各王公商决蒙事初步办法。外传百灵庙开会议说不确。余在庙无多留，即返绥归京，不往晋省。改革蒙政实际问题，正搜集材料，决从研究入手，但此事非短期所可办到。林竞中、王文育七日晨赴百灵庙。又五日北平电：内蒙自治事，中央原定尽力扶助，但须组织自治委会，由各王公参加，至组织政府事无必要。闻此事经阿王调停后，各王公对不组织政府一层，已允服从中央意旨，但青年方面，尚未同意，现各王公均到天池方面，积极筹备一切。将来无论组织委员会与否，其自治机关，决设该地。德王代表包悦卿，定明日返绥，向德王覆命。恩克巴图北来，系办理政整会事务，与蒙事无关。又十日北平电：百灵庙讯：黄、赵在平、张、绥各地，迭与蒙古王公、总管、学者及察绥两省府当局交换意见，遵中央扶助蒙古自治方针，拟订改革蒙古行政系统方案，准由蒙古人组织蒙古地方政委会，代替德王等要求组织之蒙古自治政府。一方实现中央扶助蒙人自治，一方维持省县制度及权限。据当局者对方案解释，谓中国国家组织为二十八省区，蒙古已经划入省区以内，如脱离省区，而设自治政府，在内政上破坏国家最高组织，在国际上显示中国分裂现象，影响极大，故不能容许。蒙古之人力、财力，均未达到完全自治之地位，非中央予以扶助，徒骛名义，不生实效。内地各省，尚未达到自治地步，一切较内地落伍之蒙古，何能躐等要求。按照中央之方案，逐渐进行，自能为蒙古谋福利云。

二、蒙各王公意见纷歧不一 据六日北平转百灵庙五日电：李松风已将林、蒋、汪照片，及黄、赵致各王公礼品分送，并将黄所拟蒙古自治组织方案，交各王公传阅。德王等声称须集议后始能答覆。传闻彼等仍坚持各盟旗联合组织自治机关之议，对分设地方自治委会办法不满意。现只德王、达王、云王在此，其余乌盟各旗王公并未在庙，仅有伽格尔气或梅令在庙刺探消息。至伊盟各旗，并无驻庙代表。所谓青年只德王幕下十余人。又王公及代表等，意见极不一致，对于自治均无正确认识，似此黄、赵非来不可。又七日北平电：内蒙自治问题，自黄、赵赴绥后，日来正从事接洽中。闻现尚未解决者，为组织自治政府及自治区域两问题。中央已拟定一原则，由黄与各蒙古王公商洽，劝其就此原则内办理。但蒙古方面各王公，意见不同，大约可分为（一）积极派，主张积极从事。（二）缓和派，主张自治事项，可按步就班，逐渐办理。（三）消极派，对各事不愿多所过问。因各王公意见不一致，故尚未商得具体解决办法。现黄正与德王代表等接洽，如自治事能与中央原则相符，则黄日内即可赴百灵庙。又据十日北平电：现德王及领导下之青年所谓新派者，均高唱自治，旧派均不愿变更，对德王所号召之会议，均徘徊观望，不加可否。阿王则尤不愿变更制度。谓制度之变更，于蒙古之真实福利，并无关系，颇予德王以重大打击。但欲使两派融于一炉，恐亦不甚易。黄、赵对此两派，已有相当之认识，俟黄、赵抵庙后，集两派于一堂，当有一番雄辩云。

三、察、绥当局对蒙自治意见　据五日北平电：内蒙自治问题，因地方当局与内蒙盟旗各王公，意见不同，故黄、赵抵绥后，迟迟未赴百灵庙晤云王等。闻察、绥两省金以各该境内蒙民，不过占全省十分之一二，且兵力不充，力难御侮。对王公等提议自治，原则赞同。惟主张实行自治，以蒙旗为单位，仍隶属省府。晋方亦如此主张。但内蒙德王等各盟旗，合组自治政府之主张，迄无变更，两方意见，如何接近，诚属问题。李松风等奉派先到百灵庙访各王公，除传达中央意旨外，对此点亦有所谈，在此点未解决前，黄、赵尚难启行。

四、绥民众团体提出意见书　内蒙自治问题发生后，绥盟人民唇齿攸关。黄、赵莅绥后，各团体均派代表面陈一切，并向中央及黄、赵等，提出《内蒙自治问题意见书》，陈述民众意见，及蒙旗实际情形。关于绥省两盟十三旗调查，各盟旗放垦情形，绥省垦区，绥省十八县局沿革、面积暨户口调查，均分列表格，内容极重要，对于内蒙自治分析颇清楚。谓自治运动，表面虽为蒙古王公及青年民众一致要求，实则各有目标及主张。所谓王公方面，纯由德王鼓动，欲假名扩大威权，别有企图。青年亦仅有少数学生，感蒙旗政治腐败，目标在打破王公世权。民众既无受教育机会，当无参政能力，亦不知自治为何物。绥远民众，对内蒙自治意见，略举数点：（一）政府如许内蒙自治，应先确以旗为自治单位，直属当地政府，不得假名联合，另有组织。（二）内蒙政治、经济、人口及蒙民智识，各方面均不足地方自治之条件，骤允其自治，势必演成暴民专制，自治前应先经过相当时期之训练，及缜密筹备。（三）蒙旗一切行政，均由各旗王公、长官自由主持，地方政府概不过问，职权之大，超过国府地方自治之范围，蒙民慑于王公积威下，困苦万状，政府应本五族一家主义，将十五万久在王公压迫下之蒙民，扶植起来，实行地方自治。

德王两电声明无背景

参谋本部边务组委员桂永清，为内蒙自治事，连日致电内蒙溠江副盟长德穆楚克栋鲁普，探询真象，双方曾有两度电文往返。德王对内蒙自治实情颇多申述。兹将原电探录如下。

德王来电　（衔略）台端热心蒙事，素所钦许。此次我蒙迫于环境之险恶，公决组织内蒙自治政府，自救救国，责无旁贷，并已电呈中央矣。刻大致筹备就绪，西蒙弧〔各〕盟旗盟长、扎萨克、王公、总管、代表等，俱已到齐，现正在商讨成立方案中，不久当可实现。我兄身参边政，言重九鼎，务祈竭力玉成，国家蒙边，俾得两受其利。至外传谓已〔似〕有背景，我兄深知弟之为人，谅必不直彼无知自私之辈，徒为外人造机会之宣传也。尚希时赐教益为祷！弟德穆楚克栋鲁普。

桂氏覆电　（衔略）蒸（十日）电奉悉。当内蒙自治消悉〔息〕传来，反兄者顿形得意，弟曾在边务组力陈，台端决不至于降日。中央鞭长莫及，内蒙力谋自救，亦稍近情理。弟当尽力之所能，以成兄志。务祈努力团结各区盟，以为收复失土之急先锋，成民族复兴史上第一流人物，则幸甚矣。尊意当转陈蒋委员长、汪院长。弟桂永清。

桂电德王　（衔略）顷闻日人介绍开鲁蒙匪胡玉峰，投效阁下，已向滂江西进，并闻自治主张统系台端个人意见。果尔则虽暂有利，终必覆亡，中国虽弱，终必复兴。蒋公曾以北门锁钥许兄，倘无上项事实，蒋公已电弟转达，当殊遇台端也。谨盼电覆！弟桂永清。

德王覆电　（衔略）皓电敬悉。查蒙匪投效，实无其事，且胡玉峰者，弟更不知其人。谣传飞来，可发一噱！至兄言暂虽有利，终必覆亡，中国虽弱，终必复兴，高见甚是，实惬下怀。即以此次自治事件证之，倘谓有背景，何不倡言独立，而必以要求自治出之，概可明同人及弟之衷曲矣。强邻逼近，宰割堪忧，如不力矫各自为政之弊，难免不被利诱威胁！当此存亡关头，舍自治团结，更有何法？兄其为吾蒙三思之！蒋公夙以复兴中国、扶植弱小民族自任，毅力卓行，钦仰无既！普虽不敏，既谬蒙垂睐，知遇情深，当必有以图报也。我兄有暇，尤希来蒙视察，俾资指导一切为荷！特覆。弟德穆楚克栋鲁普。

王〔黄〕、赵一行已离绥赴庙

据九日归化电：黄、赵定十日晨七时出发百灵庙，徐庭瑶同行。其特务队一排六十余人，乘汽车四辆，九日晚由平抵绥，十日护行绥地之武川县，沿途由驻在地骑兵担任警戒。黄随员全部，定于十日、十一日分两批启行，留一人驻绥接洽。李松风带黄、赵赠各王公礼物，及应用品三车，九日早先往百灵庙布置。绥省府装甲车四辆，卫队一排出发，警卫百灵庙。黄、赵礼品除绸缎、茶叶外，并题赠照片。又十日北平电：归化电：黄、赵偕徐庭瑶、防疫处长陈宗资暨卓宏谋、杨文昭等四十余人，于晨六时出发赴庙。省府派装甲车四辆，沿途保护，晚可到达。班禅、德王、云王准备盛大欢迎。黄行前谈话，预定在庙留五日，返绥后，在绥召开蒙汉联欢大会，邀各盟旗王公等，前来参加云。另电：归化十日晨二时电：黄绍雄、赵丕廉决十日晨八时离绥赴百灵庙，抵该地后，即邀各王公及盟旗代表谈话，本中央意旨，力行安抚。在庙日期未确定。如时间许可，拟往各蒙旗实地巡视。黄、赵九日有长时商洽，黄并有电向中央报告行前经过。众料德王等感于环境转变，及内部意见不一致，对中央所提方案，有接受可能。传黄、赵与阎电商蒙事，已得要领。黄决不赴晋，阎即派徐永昌赴绥。又九日京讯：黄绍雄、赵丕廉接德王、云王之敦请，拟十日由归化前往贝勒庙指导。闻黄有电到京，谓各王公在一周前，尚坚持成见。近以德王容纳中央之劝告，允打消自治政府高度组织。观察今后情形，各王公对中央主张，以各旗为自治单位之扶助蒙民发展经济、改进畜牧等循序完成蒙古自治之方案，当无多大还价。

《中央周报》

中国国民党中央执行委员会宣传部

1933 年 284 期

（李红权　整理）

蒙事前途乐观

作者不详

内政部长黄绍雄等一行于本月十日晨由绥赴百灵庙，当晚抵庙。在庙各王公表示热烈欢迎，礼仪极隆重。经黄、赵与各王公数度商洽后，意见已极接近。闻德王已愿放弃内蒙自治原议案，与黄等另议新方案。俟原则决定后，黄、赵即返绥，征求两省府意见，然后返京，再行决定整个办法。兹汇志各节如左。

黄、赵一行抵庙以后

（一）由绥赴庙途中景况——据本月十日绥远通讯：内政部长黄绍雄、蒙委会副委员长赵丕廉、十七军军长徐庭瑶等，于十日早八时二十分由绥启节径赴百灵庙。是晨七时许，省府主席傅作义、七十师师长王靖国、民政厅长袁庆曾及阿王等，先后到绥远饭店为黄等送行。黄、赵卫队，原由傅部薄团拨充，先于九日由李松风带往百灵庙。十日黄等出发，乃由徐庭瑶之卫队沿途警卫。载重大汽车两辆，士兵皆持枪，车头陈有机关枪，开行后，紧随黄车之后。公安局警察自行车队一队，早间亦开至绥远饭店，一面警卫，一面表示欢迎。当八时二十分，黄、赵登车启行后，沿街岗警，吹笛警戒，至为严肃。黄临行前，表示不愿发表意见，到百灵庙小住三数日即返绥，态度极为沉默。黄、赵共乘傅作义之新车，徐庭瑶另乘一车，其余随员皆乘较大之长途汽车。蒙藏委员会宣慰专员巴文骏等共搭一车，共计百余人。班禅驻绥办公处主任丁旺夺吉与内政部科长杨文焴，因车拥挤未得同行，嗣于午间借用阿王汽车前往。黄、赵等过武川时，小作休息，由武川县政府招待一切。

据百灵庙归客谈：百灵庙此时颇沉寂，李松风之接洽，阿王之调解，虽无具体结果，德王等接受黄、赵所提方案意见，大致已接近。黄、赵等到后，似亦不至过费周章。此一问题既已不甚严重，一切自可迎刃而解。黄之随员中，有谭惕吾女士一人，专管搜集内蒙材料事宜，十日随行。本省女子师范教员蒋恩钿女士与谭作伴，同赴百灵庙。二女士皆衣反毛皮衣，共乘一车。

（二）内蒙王公热烈欢迎——据百灵庙十日电：李松风青（九日）晚由绥返百，在百王公，以云王为中心，设宴招待，沙贝勒负招待全责。由各旗征集牛羊数百头，供黄及随员、卫队食用。恐黄等不懂蒙式饮食，特由绥雇厨师，携菜蔬来百供用，每席价三十元。招待方式，仿清季款待钦差之礼，并拟用蒙古最贵重之全羊席款宴一次。黄到时各王公将出接。德王调本旗卫兵及干部、学生八十名来百充警卫，均带自来德手枪，服装与内地一律。学兵均说汉语。黄、赵行馆，在庙之西北部，为大喇嘛夏季居室，颇宏敞。日前即开始打扫，设炉火，当地皆烧羊粪，特由绥购木炭备用。一切侍应，均极隆重。又百灵庙十一日电：黄、赵十日晚六时抵庙，班禅、德王、云王等代表欢迎三十里外。各王公各盟旗长官代表百余人，着青服，在庙外恭迓如仪。德王等当晚即分赴行营谒黄、赵，对蒙事略有谈商。十一日午，黄、赵回访班禅、德王、云王等。十一日晚，各王公设宴，为黄、赵洗尘。黄、赵定十二日回宴各王公，席间将举行谈话会。又百灵庙十一日电：黄绍雄、徐庭瑶、赵丕廉，十日午后五时到贝勒庙。欢迎人员及千，花领、伽裟、西装、长衫交杂，诚古今中外合璧，极一时之盛。

（三）黄、赵邀蒙王公谈话——据十二日归化电：黄绍雄、赵丕廉、徐庭瑶等一行，十日晚抵百灵庙后，在庙各蒙旗王公欢迎甚盛，与德王等晤谈颇欢洽。十一日起，邀各王公分别会晤，交换蒙事意见。黄、赵俟商有结果，三五日内即返绥，届时各王公或同来，详商一切。中央预定方案，以形势推测，有实施可能。绥省府拟俟各王公到绥后，举行大规模汉蒙联欢大会，刻正饬属筹备中。又十三日北平电：归化电：黄绍雄、赵丕廉，莅百灵庙后，情况好转。自治会议议决案，德王等已面陈。十二日双方有非正式意见交换，日内可具体商讨。十二晚黄、赵在行辕分批邀宴班禅及各王公、各代表，礼物十二午已分发，班禅定十三午宴黄、赵等。十二午后班与德王卫队表演摔角，十三日演赛马。又十四日百灵庙电：黄、赵〈十〉三日午一时，在行辕约王公及青年谈话，不取会议方式。具体问题，行将开展。王公、青年所持观念，似甚深刻，望在中央指导下，蒙民有整个组织。黄谈：二三日返绥，行辕人员，十三日有七八人返绥。又十五日京讯：黄绍雄、赵丕廉，在百灵庙与各王公会晤。据褚民谊谈：黄等入蒙，迭有电报来京。但在具体办法尚未确定以前，不能对外发表。又闻黄等返绥后，与察、绥、晋三省当局，缜密研究整个治蒙方针，呈报中央，应无意外阻障，约再逗留一周，即行起程回京。至政府所示之限度，以不侵犯绥察行政组织，及予蒙人以设立盟旗自治委员会两点，甚望各王公之同意。

（四）王公、青年竭诚内向——据十二日北平电：某机关昨接绥远电称：闻各王公对设立自治政府，已不坚持，中央意旨，有接受可能。内蒙自治原则，将在百灵庙决定。其详细办法，黄、赵等拟邀各王公到绥，再作缜密讨论。又十四日北平电：据悉蒙情者谈：内蒙自治问题，虽有相当人数望其实现，因各有目标，遂呈矛盾。复经班禅向各方开导其利弊，多数王公、青年已表心折，惟德王略有异议，嗣黄、赵入庙，推诚与商后，各王公、青年内向信念益坚，德王亦感中央轸念疆陲之至意，故百灵庙方面情形，近渐启曙光。黄、赵俟大体与德王将各项问题商有头绪，即行返绥，邀集察、绥、晋三省负责代表，协商一切，拟定草案，俾携中央核定。班禅最近亦拟晋京一行，面陈斡旋经过。

（五）黄对记者发表谈话——据十三日北平电：百灵庙十二日电：黄绍雄对记者谈：此次到内蒙各处巡视后，可以知道政治、军事、经济之实在情形，加以研究，作为中央政府此后各种进行之参考材料。巡视地点，固不仅限于百灵庙，尤不是来此开一会议，解决某一种问题。关于内蒙自治问题，报端所载，有不尽实在之处，我希望舆论界能得到真实消息公布世界。现我可以见告数点，以便参考：蒙古人口，现在察、绥两省者，不过三十万，比之两省总共人口四百万，仅十三分之一，可谓极少数。而且来此集会之人又为少数，蒙人中之极少数者，不过本着他们的意志，发表一种意见，要求中央政府对于政治、经济加以改革。本来地方各种事业之改革，中央及各方皆甚注意，因必须采纳最多数人民之意见，以为根据。至对少数人之意见，亦很留心采纳，以供参考，绝不忽视。外传谣言，余决不轻信与重视。因中央对某种问题，有权力有方法以处置之，绝不放弃其主张与责任。

（六）黄与王公另议新案——百灵庙十五日电：黄绍雄、赵丕廉与德王等经数度商洽，意见渐趋接近。黄、赵拟定十六日晨返绥。据黄十四日谈，双方意见虽稍有出入，但不致扩大。绥垣拟开汉蒙联欢大会，尚未确定。内蒙要求自治意颇诚恳，确无背景。又十七日北平电：百灵庙电：德王已放弃内蒙自治原议案，另提新方案。黄绍雄十七日午后与德王再商新提案，俟原则决定，黄、赵即返绥远，征求察、绥两省府意见，黄、赵即回京，再决定整个办法。至于中央改革蒙古地方行政系统案，不变更察、绥两省设置县治地方行政，双方商洽无问题。另电：百灵庙十六日电：十六日无讨论，十五日午讨论结果，由自治会议方面，派代表根据连日商讨经过，另行讨论折中方案，黄绍雄派员协助，限十七日脱稿。黄与各王公定十七日午后正式就该案讨论，再决定原则，呈中央核定，黄、赵至迟二十日可回绥，视察锡、乌两盟人员定十六日出发。

内蒙急务在改进生计

（百灵庙通信）关于德王领导下蒙古青年倡议之自治，记者业于前函报告大略。中央采折衷办法，于不破坏现有行政系统之下，制定改革蒙古行政系统方案，准各旗设地方行政委员会。黄绍雄氏于昨日抵百后，对此方案已势在必行。中央并愿从实际上扶助各旗，促其进步，从经济作成汉蒙联锁，提高蒙民生计。昔日之虚伪牢笼手段，乃满清遗毒，此后将一扫而去。从此划一新时代，作成共存共荣之汉蒙结合，于逐步改革之下，实现蒙人之自治，以满足青年派之希望，并调和新旧两派之隔膜。吾人于此新时代开端之初，愿将连〔连〕日观察所得，加以检讨，证明内蒙在现在制度及人力、财力社会环境之下，不能急遽改革之原因，以现在之种种阻力，均为改革之对象，必认识此对象，始能着手于改革工作之推进也。任何改革工作，必须认清其环境阻力，及事实昭示之因果源流，专从理论上高谈雄辩，不从实际上找问题，研究问题，定不能得到解决问题之切合方法。蒙古需要改革，需要近代化，此为任何人所同情。舆论界对蒙人之要求改革，尤抱深切同情。但一事之成，要以不种恶因，不留弊害，不遇甚高之阻力，始能收到预期之效果。内蒙种种事实之昭示，均未能达到青年派主张设立政府之程度，故殊途同归之各旗自治，在中央及地方政府扶助之下，实现青年派之理想，实为适于现在需要之方案。试研讨各盟旗现在制度，亦惟有利用现握行政实权之王公，始能收到推进新制之效果。考各王公之取得今日之地位，由来已久。自元太祖成吉思汗起于漠北，自称蒙古，建都和林以后，扫灭回纥、室韦诸族，势渐强大，侵略漠南，统一中国，扩版图至西欧，使欧洲各国不忘黄祸之名词。蒙古种族亦因乃祖文事武功，震铄古今，乃能维持至今，不为外族所同化。内外蒙古四部落六盟一百三十三旗，亦继此精神，永为元太祖裔孙之统治地。满清之降服蒙古，亦不过加封原有王公，使之效顺，初非另有更动，故王公制度之弊害，亦不能责之清代帝王。即蒙古青年集矢之喇嘛教，其侵入蒙古时，亦系元太祖十七世孙阿巴岱亲谒达赖喇嘛请来，部众因此奉以汗号，遂名土谢图汗，清代随其俗而利用之，初非清帝助喇嘛侵入蒙古也。自喇嘛教入，蒙人之尚武嗜杀精神，一变而为佞佛诵经，修积来世之颓衰思想。教义禁娶妻，致人口日益减少，不事生产者日多，生计日益堕下，浸成今日之境。阿巴岱汗实为蒙古罪人，不能遽以愚民政策，实之外人也。

　　蒙古之历千百年来，未受世界进化之影响，仍保持其原始社会生活者，亦固政治组织、精神思想、社会环境，历千百年来一成不变不〔之〕故。蒙民之优秀分子，不皈依于王公帐下谋政治之活动，即皈依于喇嘛教下求来生幸福。推进社会必需一社会中之优秀分子，今优秀分子既无不满足之冲动，自无人注意改造环境。直至最近，始有德王领导下之青年派出现，但凭借过于薄弱，只能博得具有近代思想人物之同情，仍不能唤起多数蒙人之觉醒。以中原人口之多，人才之众，二十余年犹未收获改革之实效，以此例彼，愈证明中央方案之有益实际。当局某君之谈话云："以少数不顾事实之人物，托以重大权力，势必流于暴民专制之途，外蒙已深感此苦。王公被杀殆尽，民财全被共产，除少数红党青年，达到享乐目的外，一般蒙人已不知人生之兴味何在。内蒙古王公引此自惧，故咸愿在中央及省府扶助之下，徐图改革。"旧派王公曾云："吾们的力量，总是跟人家抬轿子。与其给不相干的野心家抬轿子，不如给中央及省政府抬轿子。抬的好，吾们也可以跟着往前走几步，吾们更犯不上找一个婆婆来侍候。"青年派之自治主张，系着各旗王公将所握政权，交还自治政府，故有高度自治之名词。王公之权将被夺，故有找婆婆之牢骚语。婆婆之地位非强制他人所能获得，谋婆婆地位之人，殆可以醒欤？

　　内蒙之急遽改革，既为环境所不许，此后惟有仍利用各旗之王公，使之各自组织地方政务委员会，由中央、地方予以人力、财力之扶助，以一旗为单位，谋政治、经济之改进。锡、乌、伊三盟延袤数千重〔里〕，而人口不过三十万，经济尤感困难。若干王公已以出卖王府用具维持生活。自治政府定每年经费十八万元，尚系限于办公费，即此数亦非各旗所能常久负担，有机关而无事业改进费，根本既不能收改革之效。如各旗自治，由中央、地方予以扶助，利用王公原有人力、财力，费省而效大，先由改革经济着手，使蒙人生计日趋向上，经济上收有效果，则风气日开，对新时代一切设施，始有接受可能，然后始能创办工业，发展教育。在今日之情形下，一般蒙人求食不得，绝不能舍其唯一财产之牲畜，不去放牧，而去学校听讲。凡不需放牧者，仍属王公贵族子弟及资产家子弟，此辈本属特权阶级，若言革命，应在打倒之列。故一般熟知蒙情者，不主张用大量金钱为蒙古特权阶级办教育，而主将办教育之经费，移用于多数有益之生计之改进。生计有办法再办教育，一般蒙人始有受教育之机会。凡事应以多数人为对象，现在多数蒙人之切身痛苦为生计艰难，而非政治欲望之不满足，亦惟有予以经济上之帮助，始能得蒙人内向之心耳。
（十一月十一日发）

绥各法团提建议书

绥远各民众团体，近发表关于蒙古自治问题建议书云：为建议事，查内蒙要求自治，轰动一时，国府对此问题，十分注意，乃特派大员，赴蒙宣慰，并考查真实情形，用为根据，以期该问题得到适当之解决。代表等生长绥远，与蒙人相处年久，对内蒙各种情形，见闻较确，谨将管见所及，分述于左，以供参阅：

蒙旗现状

（一）土地与人口：查绥省所属十八县局，乌、伊两盟，土默特旗及绥东之镶红、镶蓝、正红、正黄四〈旗〉疆域面积，共计一百一十二万三千余方里。现在已设县治者，约占五十三万七千方里。留于各盟旗牧畜者，五十八万七千方里。此就已设县治及未设县治疆域之面积而言（参阅《绥远省乌伊两盟十三旗调查表》及《十八县局调查表》）。且十八县局内之土地，并非完全垦放，内中除沙漠、碱滩、山谷、河泊外，并留有蒙人之牧场及随缺地，实际上已垦土地，不过二十九万六千余顷（参阅《各盟旗垦放情形一览表》）。在绥远境内，蒙人占居之土地，确在全省面积半数以上。又绥远人口二百一十一万五千余人，内有汉人一百九十六万五千余，蒙人一十五万，蒙人仅当汉人十三分之一，而占半数以上之土地。对于蒙人生计方面，牧畜事业，毫无困难，此种事实，亟应彻底明了。

（二）蒙民之生计：全绥蒙民，除土默特旗，及绥东红、黄等旗之蒙人亦如汉人务农外，所有乌、伊两盟之蒙民，多以游牧为生，逐水草而居。近年天气每多亢旱，水草不丰，生殖欠繁。又内地各省，迭遭奇灾，农村破产，购买力锐减，以致蒙民赖以生活之牛、马、羊等，既不能多量产生，又不能以高价出售。加以盟旗文化低落，政治黑暗，使蒙民生计，益感困穷。

（三）盟旗之组织：查盟旗组织，系一种封建制度，世袭职位。旗有旗王，盟有盟长，以旗为统辖单位。旗王为最高长官，盟长之设，原为各王公共举之首领，用以对外，遇事便于招集，但在盟旗政治上，无甚益处。逊清末叶，盟长之威权已失，现在各旗均视为无足轻重之职位，各旗军政大权，悉操于王公之手，自由行使，任作威福，专制已满十二分，腐败达于最高点。一般蒙民，迄今仍过奴隶生活，虽身受压迫剥削之痛苦，亦是敢怒而不敢言。

（四）盟旗之兵力：查达尔罕旗有游击队五百名，杂色枪一百枝。四子王旗有游击队二百名，杂色枪一百五十枝。茂明安旗有兵四十名，杂色枪四十枝。乌拉特后旗有兵一百五十名，杂色枪一百枝。乌拉特中旗有兵三百名，杂色枪二百枝。乌拉特前旗有兵二百名，杂色枪一百枝。准格尔旗有骑兵九百六十名，步兵一百名，杂色枪三百余枝。达拉特旗有兵六百名，杂色枪三百枝。郡王旗有兵一百五十名，杂色枪一百枝。乌审旗有兵三百名，杂色枪二百九十枝。杭锦旗有兵四百八十名，杂色枪一百九十枝。鄂托克旗有兵六百名，杂〈色〉枪一百八十枝。扎萨克旗有兵一百八十名，杂色枪一百二十枝。绥东镶红、镶蓝、正黄、正红四旗有兵二百余名，枪一百五十余枝。全绥盟旗合计共有兵五千一百余名，枪二千四百余枝。而且枪械混杂不一，其中来复枪居多（参阅《绥远省两盟十三旗调查表》）。惟善于乘骑，用以御防土匪，维持各该旗之治安，尚有相当之力量。若以此对外御侮，巩固边防，势必遗螳臂当车之羞。

（五）盟旗之治安：由前节观之，各盟旗兵力，至为单薄，枪械又极陈腐。惟蒙人乘马，是其特长，剿除盗匪，甚属相宜。因而一二百人之股匪，多在各县局境内抢掠，而不敢入旗境骚扰。故绥省近年来，汉人频遭匪患，而蒙人无与也。旗下户口稀少，财物不丰，土匪窝藏，常感困难，此亦各旗较少匪患之一因。同时汉人前往盟旗经营农商者，有十七万人之多，亦以其能维持治安，免受匪患故也。

（六）蒙民之负担：在乌、伊两盟之蒙民，多为游牧生活，各由旗王统辖。至在土默特旗及在镶红、镶蓝、正红、正黄四旗之蒙民，均务农商。虽与汉人杂处，仍归总管统辖。故在乡村种地者，既不纳村差，又不缴田赋。对县政府、区公所、村公所，毫无负担。所负担者，该管旗及王公之兵役与该旗摊款耳。

（七）蒙民之教育：蒙古王公，以固守旧习，不求革新，为稳固自己地位之妙诀方法。对于唤醒蒙民，提倡教育，极端反对。或直接防止青年求学，或间接阻碍学校成立。即对于由平、津、京、沪各学校毕业之蒙古青年，每视如仇敌。准格尔旗协理奇子俊家中，父子循还惨杀，兄弟继续报复，即系新旧思想冲突之真相，亦即蒙古王公不愿革新政治，唤醒蒙民之实例也。

（八）蒙汉感情：绥省旗县重叠，汉蒙杂处。如绥东之镶红、镶蓝、正红、正黄四旗之蒙人，绥中土默特旗之蒙人，均已从事农业，皆与汉人比邻相处，感情融洽。婚嫁不分种族，庆吊如同一族。其他生活状况，风俗习惯，以及国家观念，民族思想，与汉人无甚差别。即乌、伊两盟之蒙人，为数不过十余万口，而在该两盟从事农商之汉人，反有十七万之多，婚嫁亦无界线，生活尤能互助，是以相安无事，而各旗汉人日见加多。

优待蒙人

不明绥省情形者，每以为绥远蒙民除担负盟旗摊款外，尚须担负省县政府之税捐，疑蒙人似有两重负担。其实绥远民众有两重负担者，是汉人而非蒙民。查绥省蒙人，不但没有两重负担，且有享受优待之权利，汉人不能也。兹将绥省优待蒙人事项，分述如左：

（一）运货免税：汉人运货，过关纳税，过卡征捐，丝毫不能减免。蒙人运货，如系自用者，省府即通令沿途税关，免税放行，并同时令饬沿途驻军及各县局保卫团严加保护。如四子王旗，每年至少来省购运货物一次。

（二）征收岁租：种地缴粮，为农民应尽之义务。但绥远汉人种地，除缴纳政府粮赋外，每顷地尚须缴纳蒙旗二元至五角之岁租。此项岁租，由当地政府负责代征，由蒙旗首领按章领取，丝毫不得短少，其重视与正式粮赋相等。

（三）不纳村差：近年兵荒马乱，各乡村支出浩繁，一切款项，均由村中所有地亩摊收。惟蒙民散处乡村种地者，概不担负该村斯项摊款，省政府亦有允许之明令。

（四）征收炭捐：按矿章开矿者，只有向政府缴纳矿税之义务。但汉人在绥远大青山一带开采煤炭，除缴建设厅矿税外，并须缴纳各盟旗之煤炭捐。

（五）征收水草费：查各县内之草滩河岸，本为国家土地，因其硗瘠，无人垦殖。汉人用作公共牧场，而当地蒙人，往往向汉人征收水草费。而当地汉人，亦善意与之，不加拒绝，省府对此，亦以明令规定，准其征收。

（六）无代价发给自卫子弹：十八县局为自卫向省府领用子弹，必须备价购买。但蒙旗为自卫领用子弹时，有时省府则不取代价发给之。由上述各节观之，则绥远汉人，确有双重负担之痛苦，而蒙人反能享受优待权利，概可知矣。

放垦经过

蒙人固守旧习，不认识垦殖利益，常怀反对放垦之成见。近阅报载"蒙古人以游牧为生，自从民国放垦，将盟旗疆域尽变成汉人的耕地，以致蒙古民众无法游牧以为生活"等语，大肆宣传，危言耸听。在不明内蒙真实情形者，骤听斯语，亦多起绥远办理垦务，具有妨碍蒙民生计之怀疑。其实绥远已垦土地，十分之九，由逊清时代丈放，而非民国以来丈放。查阅绥省各县设治之沿革，自能彻底明了。兹将经过情形，分述于左：

（一）逊清末叶放垦之沿革：绥远垦务，自逊清光绪二十八年开始。由岑春煊条议扩充蒙边，清政府遂委贻谷为督办蒙旗垦务大臣。当时蒙古人不明垦务利益，乃屡次抗垦，迭起风潮。如杭锦旗始终与乌盟六旗联合抗垦，经过许多波折，始得就绪。其中〔因〕困难者，因庚子变乱，清政府已将蒙旗土地，赔偿教款。后经贻大臣和天主教士商妥赎地，又苦无法筹款，乃奏准设立官商合办公司，由公司垫付赎地款项，地归公司转放。自此以后，各旗始肯报垦，大开汉〔漠〕土，垦务大兴。至光绪三十四年，贻大臣因事罢职，绥远垦务很受影响。继任督办，不过调查垦款，催收旧欠而已，对于垦务，毫无进展。绥远各县局现有耕地，十分之九，均为贻大臣之政绩，绥人至今思之，尤追念不已。

（二）民国以来之垦务：民国四年，北京政府内、财、农商三部筹划改组绥、察垦务机关，委任聂树屏来绥成立垦务总局，但以匪患屡兴，收入毫无，聂到差三月，竟积忧成疾而终。嗣后迭遭匪患、兵燹、水旱风霜各灾，致使垦务益难进展。除丈放夹荒、余荒外，新辟蒙荒，为数实属无几。所谓余荒者，逊清末叶初放地时，垦务分局每以多给余地，诱导农民垦殖，如农民押荒三顷，而实际种地有多至八九顷者。民国以来之垦务，不过对此已垦之余地，复经勘丈，催逼农民升科缴价而已。所谓夹荒者，即从前放垦遗而未放之荒地，夹于熟地之中。如四面俱成熟地，当中夹有荒地一块，又不能充作牧场之用，政府为救利弃于地之弊，乃复行垦放。民国以来，垦务丈放之新荒，多属此种夹荒。

（三）现政府放垦办法：现政府垦放蒙荒，系劝导的，商协的，而非强迫的，箍逼的。其办法由各王公自行报垦，订定条约，按土地腴瘠，规定岁租，每顷地由农民与蒙旗年纳二元至五角之租洋。此外复以官收荒价总额之三成五，拨归蒙旗。自民国以来垦放之蒙荒，均旗王情愿报垦者。

（四）已垦土地所占之面积：绥远边域有一百一十二万方里之大，内中已垦土地，不过二十九万六千余顷，约合五万五千方里，仅占总面积二十分之一（参阅《绥远省各盟旗放垦情形一览表》）。其余二十分之十九，多系野荒草地，开垦无人，牧畜事业亦甚少也。

（五）未垦蒙荒，并非不毛之地：由绥远垦区全图观之，则见已垦之土地，偏于东南，未垦之蒙荒，偏于西北。其趋势系由晋、秦边界，渐次开辟而来，并非东边未放，先去西边垦放，南边未垦，乃越数百里到北面垦放者也。且已垦之地，接连不断，未放之地，亦复茫然一片（参阅《绥远省垦区全图》）。已垦地内，尚有礁石不毛者存在，而未垦蒙荒中，岂能无膏腴之土地乎？有人谓蒙旗土地，凡膏腴者，完全垦放，所留者均系不毛石田之语，确系别有作用，故意造谣，实无听信之必要，其荒谬不攻自破矣。

要求自治

此次内蒙自治运动，就表面观之，似乎蒙古王公、蒙古青年及蒙古民众，有一致之要求，其实骨子里，各有各的目标，各有各的主张。王公与青年之要求，不但不相同，而且相反。兹就三方面分析言之：

（一）王公方面：此次内蒙要求自治之发生，纯由德王鼓动，欲假借美名，扩大威权，别有企图，故有高度自治之要求，其主张不但与蒙古青年之主张不合，即其他王公亦多数不表同情也。

（二）青年方面：有少数蒙古青年学子，因知觉稍开，感觉到蒙旗政治腐败，王公专横已极，实行地方自治，普及蒙民教育，革新政治，刻不容缓。其要求自治之目标，首在打破王公世职，解除蒙民疾苦耳。

（三）民众方面：一般蒙古民众，既无受教育之机会，当无参政之能力，不识不知，俯首帖耳，以度从顺之奴隶生活，不但未参加自治运动，且不知自治为何物也。

（一）允许内蒙自治，应先确定自治单位：查地方自治，以县为单位，国府早有明令规定。而内蒙要求自治，究以何者为单位，实有详加考虑之必要。按盟旗组织，以旗为统制机关之单位。苟允许内蒙自治，最大限度，仅可允许地方自治，以旗为单位，直属于当地省政府，不得假名联合，另有组织，以免私人操纵，发生蒙汉争执，致酿外患，有害边防，危及国家。

（二）允许内蒙自治应经过训练程序：查内蒙政治方面，经济方面，人才方面，及蒙民之知识方面，均不足地方自治之条件，如骤然允许其自治，势必演出暴民专制，或盗窃民意之事件，不但于蒙古民众无益，且有陷于灭亡之危险。国府如允许内蒙地方自治，应先经过相当时期之训练，及缜密之筹备，然后准其实行地方自治，始可有利而无患。

（三）政府亟应扶植蒙古民众自治：查各蒙旗一切行政，均由各旗王公、长官自由主持，生杀予夺，亦由各旗王公自由处决，地方政府，概不过问。其职权之大，已超越国府规定地方自治之范围矣。所苦者，蒙古民众耳。查蒙古民众处于王公积威之下，经济任其剥削，人权任其蹂躏，游牧生活，濒于破产。且一经破产，永无恢复之希望，困苦万状，言难尽述。政府应本五族一家之义，存同胞物与之心，将十五万久在王公压迫下之蒙古民众，扶植诱掖，实行地方自治，共享平等自由之幸福。以上所述各节，与内蒙自治问题均有密切关系，敝会等忝为民众代表，聊贡一得之愚，恭请鉴核，俯予注意，不胜感盼之至。

《中央周报》

中国国民党中央执行委员会宣传部

1933 年 285 期

（李红权　整理）

蒙事圆满解决

作者不详

蒙事经黄、赵在百灵庙①与蒙各王公商洽结果，已获圆满解决。德王、云王等均已表示愿接受中央意见，放弃设立自治政府原议，另定新方案。闻新方案亦经决定，专候呈中央核议施行。黄等一行于十九日由庙返绥，已定二十七、八日在绥举行汉蒙联欢大会，黄等将于月底初过平返京。兹汇志各节如次。

蒙事解决经过——据十八日归化电：德王、云王放弃组织自治政府主张，均愿照中央所定方案办理。现各王公即将在天池设立内蒙自治讨论会，从事筹备一切。又十九日归化电：内蒙三盟合组自治政府之要求，当黄、赵抵百灵庙之初，德王等仍坚持原议。其自治范围除三盟外，并包含察、绥、宁省区特别旗。并要求废除察、绥两省，将治权交自治政府，土地由蒙人耕种。如果实现，不但破坏国家组织，且影响两省汉人生活及民族感情。十二日黄与云王首次谈话，说明中央德意，劝其接受方案，当日无结果。次日更请考虑，结果仍持原议。黄将方案略增删，交其考量。十五日再议实际问题。十六日各王公等提出具体方案一纸，第一项仍主张原议，黄拒而不纳，至此顿成危局。十七日黄将彼方呈文退还，定十八日晨返绥，态度极严厉，云王遂软化，乞班禅代挽

---

① 后文又作"贝勒庙"。——整理者注

留，黄答非用书面承认接受中央方案不再回，云王首示承认。夜午，云王、德王承认之函送来，十八日遂商纲目，均满意。十九日黄、赵返绥，另派随员至乌、伊二盟考察。另电：黄、赵十七日午后与德王等商讨，结果圆满，大纲已决定。在未设县治之盟旗区域，将设一类似特别区之机关，促进蒙人自治。黄、赵等准十九日晨返绥。蒙汉联欢会，绥省府在积极筹备中。会期俟黄、赵归后商订，至迟月底举行，各盟旗长官均将参加。年事已高之王公，亦拟派代表到会。又二十一日北平电：内蒙自治问题方案决定，黄、赵正与绥省当局讨论省县与自治区政府两方一切实施细则，准备本月底在归绥城举行蒙汉联欢大会，省府现正积极筹备，决定扩大组织。省府已分请蒙古各盟旗王公、长官及察、绥地方机关、团体、民众参加，并拟设游艺助兴。蒙古各王公将派代表参加，土默〈特〉独立旗参加者众。

　　黄等返绥经过——据廿日归化电：黄绍雄、赵丕廉、徐庭瑶一行，因内蒙自治问题已告解决，十九日晨由贝勒庙返绥。德王等恭送至郊外二十里，四子王旗扎萨克，云王代表沙贝子，德王代表堪人等多人，随黄、赵同来，参加蒙汉联欢大会。下午四时，黄等到绥，傅作义、王靖国、巴文竣〔峻〕各要人，均在北郊候迎，沿街军警戒备森严，观众塞途，在绥为空前之盛举。黄、赵等入城，仍驻节绥远饭店。黄谈：余等到庙后，将中央意旨，向各王公逐一转达，并作数度商讨，旋决定在绥、察分设第一、第二两区自治组织，但须经中央与立法院核议后，方能决定。县治问题无变更。防地问题，经研讨后，以不妨害蒙人利益为宗旨。牧畜事业，已派员赴各盟旗调查。中央拟设国营牧场，与私人牧场共谋改进，增加国家收入，仍应归蒙旗经征，税收将划分清楚。自治组织政府，经费由中央拨给。德王等已有通电发出，表示不违背中央处理蒙事原则。赵谈：余等到庙后，分与各王公作三四次商讨，交换意见，十五日正式谈判。比因德王等要求与中央意旨出入，故未接受，即拟返绥。嗣经班禅从中斡旋，迨十七日晚，情势转好。云王等再以书面交换意见：第一组织自治委员会，第二设区自治政府。余等以第二尚与中央意旨吻合，遂接受，结果圆满。徐谈：蒙古地广人稀，在边防上极重要，余曾到贝勒庙近郊，察看地形尚好。余并对蒙籍黄埔军校及中央政治学校学生一度谈话，有所勖勉。现因离防日久，决二十日返北平防次。又同日北平电：黄绍雄昨由百灵庙抵绥远，德王预定今由百灵庙发出通电。今日下午三时，军分会无线电台向百灵庙电台询问。据回电称，德王刻尚无通电拍出。白云梯今接黄绍雄自绥来电报告，约留绥两周，事毕过平返京。白拟暂留平，候与黄晤谈后再首途赴蒙。傅作义以汉蒙联欢大会即将举行，特派郭厅长及副官周成敏来平，约富连成戏班赴绥演剧，该戏班定二十四日启程。

新方案之内容——据十八日北平电：白云梯谈：昨接黄电，谓在百灵庙与德王、云王等会商圆满，德王已接受中央方案，放弃内蒙自治政府原议案，另行提出新方案讨论。其新议案内容，约分两项：（一）内蒙自治名义问题，内蒙各盟旗代表前在百灵庙会议决议，另采自治政府系统，直辖中央，与绥、察省府为平行机关。绥省当局主张，归由省府管辖。（二）自治区域范围问题，将以察哈尔北部锡盟，大青山以北乌盟，河套内之伊盟西土默特旗等地划为自治区域。黄、赵俟上项问题商讨解决后，即返绥，〈与〉绥、察当局交换意见〈后〉返京，决定整个办法。黄返绥后，拟开汉蒙联欢大会，惟内蒙各王公是否来绥参加，尚难臆断。章嘉已电覆德王等，因事留平，暂不赴蒙，对内蒙自治表示赞同，本人在平候谒黄部长后，始赴蒙。又廿一日北平电：自百灵庙归平代表赵那萨图等六人，详述百灵庙会议经过：绥、察两省旧有蒙地，实行设立自治区政府，名称为蒙古第一自治区政府、第二自治区政府，与绥、察两省并不发生冲突，其余类推。蒙古第一区为乌盟、伊盟、〈土〉默特独立旗，第二区为锡盟、察哈尔部，本各自治区政府，直隶中央政府行政院。遇有关涉省县事件，与省府互相处理。蒙古各自治区政府管理本区内各盟、部、旗一切政务。各自治区设主席一，副主席二，专任委员二人至四人，各旗长官为当然委员，按照实际情形，设立厅、处，分别职掌自治区政府，设立联席会议，各自治区各旗得派代表一人组织之，商决各自治区共同进行事务。自治区政府经费，由中央直接拨发，其详细章则须待行政院提出详细讨论，经过立法院审核。呈请立院审核事项：一、第一、第二自治区主席、副主席、专任委员人选。二、自治区内部组织细则。三、自治区政府经费数目。四、绥、察设县蒙地蒙汉民之管理法。蒙地设县者，多系蒙汉民众杂处，蒙民原有生计地、税务问题，以及尚未圈县地方，讨论决定，蒙地多为蒙民游牧生产地，各地尚未圈改县者停止圈划，专为牧畜场。绥、察已设县蒙地税收问题，由绥、察省府其〔及〕第一、二自治区政府派员共同管理税收，采用均分政策。第一、第二自治区政府预定政策：一、农事，实行垦地造林。二、游牧，以科学方法改进游牧事业。三、工业，开采矿产、制造皮革毛类等项。四、交通，各盟旗实行修筑汽车公司〔路〕交通联络火车，铁路因事实上及经济关系，暂不设立。五、邮政与交通部商洽实行各地通邮。六、教育采取两项：甲、军事教育，乙、实业教育。又廿二日北平电：蒙古自治区第一、二两区政府方案商定。其他蒙地，准备仿照办理。共划为七区，第一自治区锡林格勒盟，察哈尔部。第二自治区乌兰察布盟，伊立〔克〕昭盟，土默特独立旗，额尔〔济〕纳旗，阿拉善旗。第三自治区青海各部。第四自治区新疆各部。第五自治区外蒙古各部。第六自治区卓索特〔图〕盟，昭乌达盟。第七自治区呼伦贝尔部。另电：参加百灵庙会议之某王公代表来平谈：十九夜黄、赵与各王会谈时，曾有五项决定：（一）谋立自治区政府。（二）盟旗地区，已被省府开垦者，可继续开垦，其未经省府垦殖者，由中央明令归自治区管辖。（三）即日免除蒙民对省府与盟旗之二重负担。（四）地方税收，由自治区政府与省府平均。（五）自治经费，由中央负担一切办法。决定后，各盟旗代表遂分别各返原地，德王亦回锡盟，云王仍留百灵庙，办理善后。另讯：蒙藏某委员云：蒙古各盟旗王公，原拟集合察、绥两省蒙民，组织蒙古自治政府，与察、绥两省府，完全脱离关系。嗣经黄、赵亲往百灵庙，竭诚劝导，晓以大义，各王公已明了中央苦心，不再持成见，决打销自治政府，遵照既定原则，稍予变通。拟在察省锡林郭勒盟，及绥省乌兰察布、伊克昭盟，各设一盟旗自治机关，与察、绥两省府处平行地位，仍受中央政府之监督指导，以完成蒙古地方自治，改进蒙民经济生活。大纲虽经黄、赵与各王公议定，抵绥后，更作详妥之磋商，但最后决定，须待黄、赵返京，提交中央政治会议。关于机关名称、委员名额、机关职权，亦须取决于中政会。

《中央周报》

中国国民党中央执行委员会宣传部

1933 年 286 期

（李红权　整理）

内蒙自治问题解决经过详纪

作者不详

据上月廿三日《大公报》载该报特派员百灵庙之通讯：内蒙自治之酝酿，纯出于少数人之理想，以权利观念抹煞事实，虽高唱入云，究以派别复杂，基本条件太弱，故难实现。黄绍雄、赵丕廉二氏于十日由绥亲往百灵庙监察真象，向在百王公宣布中央意旨，使之接受中央所定扶助内蒙自治方案，以便在中央扶助之下，逐渐实现为蒙人谋福利之种种改革。最初德王仍据青年派之立场，从理论上坚持蒙人必须有高度自治之自治政府，其管辖范围，并拟扩充至久经汉人开垦设有县治之地，并要求将察、绥两省政府及县治一概取消，恢复清初原状，即察省者归察哈尔八旗，绥省者归土默特旗，此种不顾事实理想主张，任何当局无贸然允许之权力。察、绥两省之得有今日之繁荣，实出于数百万不避艰险不辞劳苦之汉人，手足胼胝血汗经营而成。原有土地，虽属于蒙人，但于转移至汉人手中时，均得有应得之代价，初非用征伐、兼并、抢掠而来。但凭片面理想，而欲数百万汉人拱手让出产权，恐为千古奇谈，任何时代之改革运动所无有。中央所定方案，第一条即为已设县治地方，其行政区域应不变更。第二条，允许在有蒙古人民聚居地方之省份，应分别设蒙古地方政务委会，为各设省区内办理地方行政之专管机关，各设委员若干人，并推选委员长、副委员长办理地方行政建设事业，其经费中央将酌予补助。

省府、各县办理普通行政，有涉及蒙古行政范围者，应随时与地方委员会会商决定。如发生纠纷时，由省府与地委会会议解决，或呈中央解决。中央之方案，大体如此。一面顾及事实及现有行政制度，一面扶助蒙人实现其自治要求，在内蒙现状之下，实比较易于收效。其自治上所享受之权利，且为内地各省人民犹未享有者，故经历较多之老年王公如云王、阿王等，对此方案咸欣然接受。惟青年派领袖欲、权利欲甚奢，对此方案，因未允其联合各盟、旗、部、群组织其理想之联邦自治政府，与中央政府处于联邦自治地位也，故对中央方案不愿接受，几使黄氏愤然而去。中经黄氏及其随员李松风等从新旧各派单独试探其意见，证明德王之主张，亦出之于少数青年之怂恿挟持，非有坚持之信念，及实现之步骤，而旧派王公对青年多怀疑忌之心，认为不奉中央命令，即不啻背叛中央，故不敢随德王到底。在百蒙人显分三派：〈一〉即德王及其幕下少数人，以改造新蒙古之英雄自命，自治政府成立，即握到无上之大权，不问将来收获如何，亦可一偿其领袖欲、支配欲之愿。二为云王等，阅世已深，反躬自问，于实现德王计划后，与本人无若何利益，咸主亲近中央，维持现状。三为若干活动奔走之蒙古政客，为谋个人出路，趁此机会脱颖而出，不问德王或中央，只要对蒙古有改革设施，均有活动余地，以无可无不可态度，周旋于两方，最为易与。黄氏窥明三派态度，应付自易。德王因拥护者日少，终于云王、班禅劝说之下，将黄氏增删后之中央方案，全部接受。酝酿四五个月之自治案，至此始得到最终收获。记者于前由百返绥，于十四日在绥闻双方陷于僵持之中，为视察真象起见，于十五日再度至百，经探询结果，备闻黄氏到百八日来之经过。兹逐日记之，用觇近展结果：

　　黄、赵于十日由绥动身，十七军军长徐庭瑶氏偕往，视察国防问题。省府派团长薄鑫率兵一连，铁甲车三辆，随同警卫，徐氏亦带卫队一排随行，连黄、赵随员、各方代表等共约二百余人。同行之士，对西北问题多有研究，对自治问题之解决，裨益良多。军容振奋，武器坚利，尤非蒙人所习见。清静岑寂之漠南古刹，顿成逞才奋威之场所。是日上午八时许，由绥开车，下午五时半抵百。王公、青年列队迎于河干，仍衣翎顶辉煌之亡清制服。彼等蒙古之王公贵族，对此虚荣犹不肯摈而去之，守旧思想之深，于此可见。经此二十余年，仍不惜为亡清保留遗制，致使一般蒙人犹只知有大清皇帝，不知有国府主席，憧憬胜清威德，蔑视共和制度，减少国家观念。在历史上，于国体既更之时，无不改正朔，易服色，以新民众之观念，欲唤起蒙民重视民国，改正服制，亦切要问题也。

黄、赵抵百之日，天色将暮，当日除周旋外，未谈公事。十一日着各王公准备意见，先用书面送来，约于十三日正式会商。十二日正午由德王、云王率各王公，公宴黄、赵、徐三氏及全体随员于行辕，为纯粹蒙古式筵席，用整个蒸羊，所谓全羊席者是。由主人着礼服，切羊肉以献，并奏蒙古乐，唱蒙古歌，并表演角力助兴。是日各王公将意见书送来。十三日上午黄氏请班禅活佛为主席，率领百灵庙全体喇嘛在正殿讽平安经，此为前清钦差每到有活佛之处，照例举行之故事，一则推崇活佛，一则表示信仰黄氏。各王公等均往听经，凡在场之喇嘛，均得经资若干。喇嘛在寺梵修，均自备食用，以代人念经为其收入，与内地和尚依赖寺院不同。黄氏念经之用意，盖欲对喇嘛有所施予也。十三日上午由云王、德王至黄氏处正式谈话，历时甚久，当日仍无结果，约翌日再谈。十四日继续谈话，下午由各王公赛马，邀黄等往观，德王并亲自乘骑，使随行之电影技使〔师〕拍入电影。是日晚由黄氏根据两次谈话结果，将中央原定方案略加增删，容纳德王等之若干意见。十五日班禅邀全体人员宴会，为绥远厨师之南式酒席。下午再约各王谈话，讨论实际问题，将修正之方案，交与德、云二王。黄表示此为中央所能容纳之原则，过此即不能允许，德王称俟与各王商酌后，于翌日由双方各派代表再详细讨论。十六日由德王约黄氏派代表与各王代表会议于根王蒙古包内。黄派李松风、贺扬霖等六人，德王方面代表出席八人。李询彼方对新方案意见，彼方代表开口即称，仍希望部长容纳组织自治政府要求，并出各王呈请中央准许自治政府之呈文，请黄氏代为转呈。李答称，既坚持组织政府之意，即不便再谈，可即散会，彼等坚留，改作普通谈话。约谈二小时各散，李将此情向黄报告后，黄甚不满，决定十八日返绥，另谋应付之方。于十七日令随员准备起行，令薄团长率铁甲车及兵士驻百候令。于是日上午着李松风将德王等送请转呈中央核准之自治政府备案呈文及筹备自治政府之会议录、意见书等全部送还云王，表示拒绝接受之意。云王之主张自始即与德王不同，至此颇为失措，坚请李向黄说项。谓本人对中央方案早欲接受，请部长再住一二日，本人当劝德王亦接受。李称：部长已决定明晨返绥，君等如不全部接受中央方案，即无话可说。李归后，云王急找德王谈话，称君如不接受中央方案，余将单独接受，德王称班禅佛已允代留部长略住，并代疏通，请部长容纳吾等意见，二人遂往谒班禅。会商后，由班禅派重要随员三人，于下午三时往谒黄氏，称班希望部长再留一日，彼愿使各王接受中央意见。黄氏称修改后之方案为中央所能允许之最大限度，彼等如愿全部接受，可用书面告余，否则余决定明晨返绥，亦无再谈必要。三代表向班覆命，德王至此颇以云王为卖己，并悔被青年利用，归帐邀本盟数王研究办法，均一筹莫展，询之青年，亦无良策供献，颇为踌躇。同时各旗代表纷至黄处表示不信任德王。至夜一时，云王将向黄表示接受中央方案之公函草就，着德王署名，德王至是颇有四大皆空之感，觉悟连日强硬主张徒被他人利用，遂亦欣然署名，送达黄处。十八日上午各王晤黄，讨论实施方案之细则问题，下午由黄氏随员与青年讨论细则问题。各青年一变其论调，力示好感。德王向人发牢骚，谓我被大家公推，故不能不打官话。现在大家拉腿，弄的我对不住朋友等语。德王青年气盛，经事尚少，经受此打击，已觉悟欲团结向无团结之各盟旗为极不易，决心放弃其联合各盟组织政府之意图。惟德王在内蒙王公中，实不愧为一好学深思抱负远大之人物。中央方案既各王公已接受，黄氏为调和三派意见计，对诸人均有所安慰，诸人至此地步，感觉黄氏能代表中央，以诚恳态度处理此事，将来定有满意之结果，故已毫无芥蒂于胸中。十八日在百王公、青年及班禅共在寺内拍照电影，用留纪念，冠裳齐楚，顶戴辉煌，欢欣鼓舞，较数日前彼此猜忌之神情，大有不同。晚间设宴欢送，并互馈礼品，德、云二王合赠黄氏名马四匹，赵、徐各二匹，黄氏对来百王公、青年代表等，各惠川资若干，并函约各王来绥参加汉蒙联欢大会。十九日上午八时，黄、赵、徐及全体卫队动身返绥。另派杨君励、孔庆宗等八人分为二组乘汽车出发，一组赴锡林果勒盟各旗，一组赴乌兰察布各旗，考察一切经济社会情形，用作中央扶助各盟旗建设之参考。黄、赵起行，各王公率随员、卫兵送出里许，殷殷惜别。下午五时返抵绥远，在此俟联欢大会开毕，即行返京，报告经过。内蒙古第一、二区自治政府组织法俟行政院会议通过，经立法院决定，再正式公布之。

《中央周报》
中国国民党中央执行委员会宣传部
1933 年 287 期
（李红权　整理）

绥联欢会开幕志盛

作者不详

　　国闻社绥远廿六日公电：汉蒙联欢会于二十八日午十二时在绥远小教场开始，先举行阅兵典礼。计到会有乌兰察布盟、伊克昭盟各旗扎萨克康边〔达〕多尔济、汉〔潘〕〈德〉恭札布等，及东西协理、重要长官各代表等百十余人（蒙人译名太繁琐，兹不列举），又有察哈尔十二旗群孟总管、勤总管等十余人，班禅代表丁汪夺吉，章嘉代表宫书士，并乌、伊掌教活佛及各王公福晋等，共到二百五十余人，均欢跃参加。黄部长绍雄，傅主席作义，赵副委员长丕廉，王师长靖国，李师长慕颜，赵骑兵司令承绥及绥省各机关、各法团及在野名流，中小学校男学生亦按时参加，约二万余人，一时冠盖云集，车水马龙，颇极一时之盛。尤以各蒙旗王公、活佛均着红黄裘褂，貂帽数珠，跻跻跄跄，更为大会生色不少。是日秩序，各王公、活佛及黄、赵、傅等，在阅兵台上，其余蒙旗事官代表等因太拥挤，特在台旁安设桌椅，分坐两列，各军队、学校分布四周。十二时二十分阅兵开始，内计步、骑、炮、机关枪、迫击炮、钢甲车队、骑兵连及其他特种兵，共二千人，均步伐整齐，精神饱满。而枪炮精利，骡马肥壮，颇为各王公及黄部长赞赏不置。二时十分阅兵完竣，国术、刺枪、摔跤等技术开始。至三时十分完毕，于是余兴马戏开演，亦颇有可观，直至四时余始全部完竣。傅等即邀至绥远饭店公宴。记者参加，共设座将近二百十余位，无一缺席者。席散后，即开映电影。明日上午仍系公宴，系由黄部长、赵副委员长作东，下午看富连成旧剧后，傅军长及王师长等公宴，大会节目始可告终云。闻伊盟副盟长阿勒坦齐尔，乌盟副盟长石宝多尔济等已离旗，如汽车无障碍，明日仍可参加。又闻达尔罕妙格栋札布亦与石副盟长同行到召，或明日亦可到绥云。大会办事人员因蒙人来绥者太夥，为数十年所鲜见，故连日颇感忙迫不堪云。又阅兵典礼完竣后，各王公携手散步，参观技术及余兴，同时有万国新闻记者收〔拍〕摄活动电影等。四子王潘〈德〉恭札布几被一飞骑撞倒，若非蒙人娴于马术，恐将跌伤，事后黄、傅等分致慰问。潘王答谓此等小险，为蒙人恒有之事，无可置意，亦大会上一佳话也。

又同社归化二十九日专电：汉蒙联欢会二十九日系第二日。晨十时黄绍雄、赵丕廉设宴招待，下午富连成班在大观园首次出台演戏，剧园经修理一新，正面悬大会赠富连成"联欢北海，乐奏南薰"之红缎横额。黄绍雄、赵丕廉、傅作义、潘德恭察〔札〕布及康济民等皆往观。蒙古王公福晋及黄、赵皆在前排另设雅座，其余楼上下来宾约二千人，戏目为《群英会》等，说明书蒙汉文并列。剧后由傅作义、王靖国等设宴招待。二十九日右〔各〕旗王公尚有续到者，大会设备招待俱甚妥善。二十九日晚大会闭幕，三十日、下月一日两日，仍演戏，映电影，但系售票，不招待。

《中央周报》

中国国民党中央执行委员会宣传部

1933 年 287 期

（刘哲　整理）

黄绍竑氏返抵北平

作者不详

关于内蒙自治问题圆满解决之经过，已迭详本报前数期，黄氏因任务已毕，三日离绥赴并晤阎，至八日已由并返抵北平，兹汇志各息如左。

黄等离绥赴晋经过

据二日北平通讯：闽变发生后，中央曾电促黄绍竑即日返京，计议应付办法。黄近已将对闽意见，电呈中央，并定于三日，离绥赴大同，转并晤阎锡山，傅作义将同行。云王派代表四人赴京，促内蒙自治区政府从速实现，其代表已抵绥。闻黄绍竑离绥前，拟与傅作义会议一次，详商内蒙区政府组织问题。察、绥两省府，完全遵照中央意旨，对区政府组织原则，一致赞同。李松风前随黄绍竑赴内蒙巡视，现已竣事，一日偕黄随员多名，由绥专车来平。据李谈称：黄部长（绍竑）、赵副委员长（丕廉）此次到蒙巡视，与各王公迭次晤面，对内蒙要求自治事，会商结果，极为圆满。此外并得效果三项：（一）蒙人此后绝不致再受任何外人之引诱。（二）蒙人对中央观念，素极薄弱，经黄、赵二大员前往，宣达中央德意后，不仅蒙人对中央之感情转佳，即中央对蒙，亦有极深刻之印象。（三）此次随黄、赵同往者，有各种专门人才，对蒙地之军事、政治、经济、游牧等项，调查极为详尽，即将呈报中央，将来中央亦可借此作为整理蒙政之标准。在百灵庙各王公，曾要求在地方自治区政府未成立前，拟先设一筹备委员会，黄部长对此，已予拒绝，并促其从速将地方自治区政府及早组织成立，各王公对此，亦表赞同。黄部长定今明日离绥远后，即过大同赴晋，与阎先生晤面，日内由并赴石家庄，转平汉路南下赴京。本人因负警政事宜，拟在平对警政视察一过，二三日后，即乘平浦车返京云。又四日北平电：归化电：黄、赵、傅三日晨由绥垣起程，同赴大同转并晤阎，各界欢送甚盛。黄预定到并不久留，晤阎商蒙事及其他问题后，即经平汉路转赣谒蒋报告。届时或赴平晤何，接洽一切。又四日太原电：黄、赵、傅等一行十余人，四日下午由同抵并。阎派总参赞孔繁蔚暨各要人，至站欢迎。阎定晚八时在绥署宴黄等洗尘。

内蒙分区自治方案

据六日北平电：内蒙自治解决最后办法，经黄绍竑与德王签字，名称定为《内蒙自治解决大纲》。全文分六项：（一）名称，定名为蒙古第一自治区政府、蒙古第二自治区政府，以下类推。（二）区域，乌、伊两盟及土默特、阿拉善、额济纳各盟旗，编为蒙古第一自治区。锡盟、察北各旗，其他蒙〔盟〕、部、旗，均照此例编区。（三）隶属，蒙古自治区政府，直隶行政院，遇有关涉省之事件，与省府会商办理。（四）权限，蒙古各自治区政府，管理各本区各盟、部、旗一切政务。（五）经费，蒙古各自治区经费，由中央按月拨给。（六）联络，各自治区政府间，设一联席会议，商决各自治区间共同事宜。此大纲须经中央决定。又一日京讯：由内蒙归之吴鹤龄云：蒙古自治问题，经黄、赵与蒙古各盟旗王公，竭诚洽商，结果甚好。惟此次所决定之蒙古自治方案，系参照中央既定原则，及蒙古王公意见而得一折中办法。中央所规定者，系以旗为自治单位者，各王公所要求者，系联合各盟旗，组织整个自治政府。现所决定者，则为分区自治方案。内容计十一条：（一）组织锡林郭勒盟与察哈尔部为第一区自治机关，乌、伊两盟及土默特、阿拉善、额济纳三旗，为第二区自治机关。将东蒙收回后，再组织第三、第四等自治机关。（二）现在尚未垦放之蒙古土地，嗣后不得再行开垦，仍保存为牧场，至已垦放之地，仍继续发展农业。（三）蒙古自治区域内之地方税收，完全划归蒙古地方自治机关，以办理盟旗地方事业。至汉蒙杂居县旗共管区域内之税收，则由察、绥省府与蒙古自治机关，平均分配。德王、云王等，以此次感激中央之优待，决派代表随黄、赵来京，答谢政府当局之盛意。

黄绍竑氏返抵北平

据八日北平电：黄绍竑今日下午二时抵平。据谈蒙古自治区政府之组织，晋、察、绥三省当局原则上已同意。须本人回京报告后，由中央拟定办法，待立法院将组织条例通过后，方能着手成立自治区政府。现自治会主席团仍在百灵庙，外传在滂江开会议说，无所闻。外传日方在多伦组织之自治区真相，尚不明了。现多伦为伪军占据，须俟政府以外交方式将多伦收复后，方能谈到其他问题。本人三二日内赴京，云王代表等亦即赴京，协商自治区政府组织事。傅、赵仍在并。此次赴蒙之报告书，仍在起草中。到京后是否赴赣未定。传蒋请余赴西南一行，并无此项电报。此次在并晤阎，仅谈蒙事，未言时局。本人因远处偏僻之区，对时局亦不明了。黄定今晚分晤何、黄，有所商谈。

《中央周报》

中国国民党中央执行委员会宣传部

1933 年 288 期

（李红权　整理）

外蒙古最近情况

作者不详

（外论社云）《密勒氏评论报》海拉尔特讯云，关于外蒙现状，各报所载，颇不一致，故欲确断苏俄控制下之外蒙已进至何种情势，甚感困难。近顷哈尔滨白俄各报竞载蒙人不满于苏俄"顾问"危险之长期统治，已起而反抗，冀逐出俄人于外蒙境外，此讯传来，外蒙之真实现状，益感不明。

近有蒙人某君率族人若干由俄边境潜逃来此，故记者对外蒙现状始悉一二。蒙人某君尚有戚属仍留居外蒙，外蒙当局或将以某君潜越，而对某君戚属施以报复，故某君姓名此处不能宣布。某君在俄国革命前曾受俄国教育，且阅报历久不倦，是以知识益丰。某君予他人之印象颇佳，故其述外蒙现状，亦必为读者所〈乐〉闻也，某君谓："吾邦精神上与行政上领袖达赖喇嘛逝世后，距今已九载，而半苏维埃式之外蒙政府成立以后，亦无显著之进步可见。"至于现在外蒙之行政制度，某君则谓全抄苏俄老样，盖俄国全由共产党统治，故外蒙亦然，外蒙之人民革命党掌外蒙之全权，虽然在法律上外蒙人民革命党尚属私人组织，但事实上已为外蒙之迪克推多，五年前，有人拟另组他党，然均告失败。

人民革命党之权力由外蒙国会性质之"上赫罗廷"（Great Huruldan）执行之，国会议员皆属人民革命党党员，人民大选每年举行一次，竭尽可笑之能事，盖外蒙既无其他政党，人民对于选

举亦漠不相关，故"赫罗廷"中议员均由革命党党员当选。查外
蒙宪法，大赫罗廷于每年十一月一日召集之，其议员人数自一百
三十名至一百五十名，讨论议案历两三周后，即行解散，即授权
"下赫罗廷"（Junior Huruldan）与内阁执行其决议案。

　　上赫罗廷中之主要讨论即任命"内阁"，故毋须长时讨论，盖
内阁任命在上赫罗廷召集前，早经人民革命党领袖讨论而决定之
矣，因此实际上政府人员绝无更动。宗教阶级以外之知识阶级人
数不多，喇嘛阶级占外蒙男性人口中约百分之三十，概无被选为
政府人员之资格。外蒙近代知识阶级由蒙古青年构成，大多数甫
离苏俄学校，或库伦之新式学校。近顷与外蒙农业社会化并施者，
为外蒙全境之反宗教运动，此种反宗教热狂仅在俄国本部可见，
故喇嘛阶级与新兴知识阶级间之关系异常紧张，几有迫害喇嘛
之势。

　　满洲伪国之实权，由关东军及日本驻伪大使掌握，而外蒙之情
形亦然，外蒙之实权操在库伦第三国际代表及苏俄大使手中，其
对于人者，故伪国政府与外蒙政府正同一情形。数年来第三国际
驻库伦特派代表为阿玛格发墨格（M. S. Amagaeffamuga），阿氏为
玻利人（按系贝加尔湖附近半化于俄国之蒙古人），系自西伯利亚
伊尔库茨克省派来，阿氏近已由另一玻利人名利克洛夫（Reeku-
loff）者继任，故利氏复为外蒙暗中之迪克推多，与史达林之在苏
俄初无二致。

　　上述种种系即蒙古之政治生活。至于经济方面生活亦无足一
道，世人久知蒙古为一游牧之地，但蒙古将来恐亦不致有所更变，
盖革命后大规模农业之试验均无预料结果，外蒙政府虽供给农民
廉价种子及俄借农业专家之顾问等，竭力培植农业，但蒙人实生
而为游牧民族者，欲其弃帐幕与骆驼之游牧生活，殊感踌躇也。
闻科布多附近若干处，农业较盛，盖该处土性较他处适宜于农业

故也。

牧牛为蒙人主要事业，外蒙政府竭力设法改进牧牛，因此特成立中央兽医畜牧行政署，全由俄人掌理，兽医畜牧行政署之主要工作即在扫除传染病，其最盛行者为牛疫，但即此点亦无若何成绩，牧畜传染病之流行一如革命之前。外蒙幅域辽阔，又无良好道路，复以人民迟钝，故为畜牧上进步之大障碍。行政署有兽医三十七人，如有传染病发生，实不足应付，若干年前在库伦设立之兽医助手学校，亦未造成若干良好兽医，此等兽医忙于医药工作，故其他工作不能兼顾，为以杂交方法改良蒙牛品质等，绝不顾及。

外蒙财政亦由俄员掌理，外蒙人民经济委员会及蒙古中央银行中要职，均由俄人担任，国币亦换仿苏俄，脱列克（Tuhrik）十枚等于邱房尼滋（Chervonetz）一枚。五年前，外币〔蒙〕新币制实行后，脱列克银币均由莫斯科造币厂铸造，流通颇广，但自下因通货膨胀后，俄蒙一般生活程度之降低，此等银币已绝迹于市面矣，故外蒙人民现用纸币，亦在苏俄印刷，因此外蒙与满洲伪国间在币制又完全相同矣。

（外论社云）《密勒氏评论报》海拉尔特讯云，外蒙不准私人贸易，与苏俄相同，贸易特权操在两机关手中，其一为斯托蒙格公司（Stormong），即苏维埃国家贸易公司，其二为蒙彩戈泼公司（Mocnencop），即蒙古合作社协会，斯托蒙格公司专营俄货输入及蒙货输俄，而蒙格〔彩〕戈泼公司则专营察哈尔、绥远输蒙货物，及蒙货输入察、绥两省贸易。对于境内贸易，则上述两机关竞争颇烈，尤以斯托蒙格公司有强大之经济基础，得占上风。

外蒙新政权成立后之国营工业有足述者，即伊罗河畔之木材厂、库伦之羊毛厂、砖窑、啤酒酿造厂、肥皂厂、糖果厂等，阿尔吞布拉喀（Alton-Bulak）有制革厂一所，乌哩河（Hori）上则有面粉厂、葡萄酒酿造厂合〔各〕一所，外蒙工业尽在此矣。

近传蒙古军队集中于蒙满边境，曾至谓蒙军时而擅越边界，肆行抢劫，故伪国境冲动一时，此种消息传来，使吾人不禁以为，蒙军如向满洲边境卫军此等挑战行为，实觉可怕，记者遂以此讯询之潜逃来此之蒙人某君，某君谓外蒙军队，人数甚少，仅训练不良之士兵七千人而已，虽然外蒙军队由若干赤俄统领，且有野炮数尊，然究不足以称军队，所谓军队，其界说尚须严格也。

哈尔滨白俄报纸，近载惊人消息，外蒙人民推翻现政府后将加入满洲伪国，且近有若干蒙人来海拉尔，自称为外蒙一部分人民之代表，并诣当地日军事当局，并以代表一部分蒙人之资格，请求解放蒙民，铲除苏俄势力。记者又向〔问〕某君此讯是否确实，蒙人是否有此种意志，某君否认之，并谓蒙人在政治上落伍不堪，故不甚注意于此种计划，盖蒙人并无民族主义，即使有所谓民族心，亦必囿于蒙古知识阶级青年，因曾受现代教育之外蒙青年久已参与外蒙苏维埃政府，故本人不能置信外蒙青年愿将外蒙及外蒙人民受控制于日帝国主义，盖外蒙青年深知满洲伪国之真相，当然不愿使外蒙成伪国第二。但彼等亦不愿继续联合苏俄，彼等所至〔致〕力者，厥为建立一真正独立国家，故坏〔怀〕抱极大希望，在亚陆一战，俾外蒙复得其独立国家之主权也。

日本对于外蒙之计划，以及日本是否愿将外蒙并入伪国，均属有趣问题，而为吾人所亟欲一询者也。关于此点，日本负责方面，虽无确切宣布，但吾人则有若干理由，得断定外蒙确在日本亚洲计划范围以内。吾人能最先记忆者，即日本曾在海拉尔设立一短期蒙人军事学校，第一批毕业生十名，已赴东京继续求学，此等内蒙人民，〔但〕与外蒙同文字语言，同文化，同民族，〔但〕足为日本完成其外蒙计划中之有用工具，尤以战时为然，但目下外蒙尚在苏俄之紧握中，日俄战争，甚嚣尘上，假使北方日俄发生战事，则外蒙必为双方最先冲突之战场也。

《外论通信稿》（日刊）

上海外论编译社

1933 年 591、592 期

（朱宪　整理）

内蒙自治论

蒋君章　撰

内蒙的名称，已经好久不占中国刊物的篇幅了，最近因为德王云王等创议自治，又复喧腾报章，这可说是内蒙复活的开始，结果如何，还待下回分解，然而中国前途的险恶，于此一览无余。我们身为中华民国的国民，又复生逢斯世，目赌〔睹〕边陲沦失，国运垂危，而烽烟四起，离乱分崩的局面，还是有进无已，真是伤心惨目之至。

内蒙就是现在的热河、察哈尔、绥远、宁夏等四省。原来蒙古分为二部，就是漠南蒙古和漠北蒙古，漠北蒙古即外蒙古，汉南蒙古即内蒙古。内蒙古又有东蒙和西蒙之分，东蒙即热河，早被日本认为狭义的满蒙政策之对象，已在日本人的铁蹄之下，渡它们的奴隶生活了；西蒙即察、绥、宁三省，察、绥二省就是这次自治运动的发动地。所以这次的运动，可说是西蒙和汉人的政治上的冲突。

西蒙和汉人的冲突，在历史上真是司空见惯的事情，因为西蒙之南，便是河北、山西、陕西等省。古代汉人的政治势力，以黄河流域为中心，所以唐虞、夏、商、周以及秦、汉的首都，总不出山西、陕西、河南三省。所以西蒙是中国的邻国。住在那里的民族，都是游牧民族，"南下牧马"，是他们寻常习见的事情；因此在历史上，汉人总是被侵略者，而住在西蒙的民族，总是侵略者，结果这些侵略者总是或被汉人所制，或竟被汉人所同化，也是数见不鲜之事。住在那里的人历史上很多变迁，大约最先的是突厥族，匈奴人便是突厥族最先的有力者，在秦汉的时候，匈奴继续不断的南下，以秦始皇这样的雄才大略，也只好发兵三十万，去修筑长城来防止他们。汉兴，匈奴南下益亟，幸而出了个汉武帝，把他们打败，远迁至欧，中国的北方，才算得了安枕。不过不久以后，又起了乌桓、鲜卑等游牧民族。乌桓、鲜卑都是东胡族，他们侵略中国，比匈奴更是变本加厉，深入中国，把统治中国的汉人——晋朝——驱逐到长江以南，形成偏安的局势。鲜卑族的拓拔魏氏，竟由平城——即大同——迁都洛阳，俨然中国之主了。然而天下之事，能以马上得之，不能以马上治之，所以拓拔魏至孝文帝时，厉行汉化，后世子孙，竟成了中国民族的一分子。到了唐朝初年，西蒙地方，突厥再起，为患中国，被唐太宗所败而西迁。此后内蒙地方，相继为辽、金所据，以侵中国。迨蒙古起于漠北，兼并其地，竟灭中国。明太祖起兵灭元，未能将蒙古人逐至蒙〔漠〕北，于是蒙古人就在漠南住了下来。明清相攻，漠南蒙人，本助明室，东蒙科尔沁等部曾联兵攻清，反为清灭，察哈尔方面的蒙酋林丹汗出兵攻清，又为清太宗所败而死，从此内蒙入了满清版图，终清之世，未有叛乱。这是内蒙古为患中国，以及归附中国的大概情形。

民国成立，外蒙古乘中国内乱的机会，受了俄人的嗾使，宣布独立。内蒙与外蒙，在民族上为同一种族，在地理上有唇齿相依之势，而北方诸省，又以内蒙为屏蔽，失此将不得安枕。为防患未然计，政府将内蒙各地，改为热河、察哈尔、绥远三特别区，特设都统一人，统制军事，于西套蒙古，设宁夏镇守使一人，统制军事，民事则归宁夏道尹掌理，称之为宁夏镇守使辖地，这是民国二年的事情。这种偏重于军事的设置，其用意当然是防制内蒙的响应外蒙。很侥幸的，内蒙人出〔民〕，颇知利害，并无举动，所以尚能相安。不过在各方面的进步是很少的，这是军人政治的当然结果。国民政府统一全国，对于国内的政治组织，亟思有以改善之，内蒙各部的特别区，当然有改善的必要；于是于民国十七年七月，由内政部长薛笃弼向国民政府提议改热河特别区为热河省，察哈尔特别区为朔宁省（取朔方安宁之意），绥远特别区为绥远省，于同年八月五日，复经中央政治会议通过，这样三特别区就正式改为三个行省了。十七年十月十七日的中央政治会议，又通过宁夏镇守使辖地改为宁夏省，这是由于甘边民众的要求——甘边民众派代表定养吾到京请以甘肃宁夏道属与阿拉善、额济纳等旗地设宁夏省。所以内蒙各部，一变而为特别区，再变而为行省，在中国政治区域上不见内蒙的名称者，到现在已经有二十年了。内蒙民众的自治运动，不发生于政制初改的时候，而发生于改为特别区后得〔的〕第二十年，改行省之后的第五年，可见内蒙民众初无离乱之意，所以致此之由，还要中国政治家负很大的责任的。

　　原来内蒙各部，虽已由特别区而行省，在表面上看来与内地无异，但在实际上地盘广而设县不多，盟旗、县治，并行不废，王公贝勒，俨然存在，所异者不过汉官汉吏大多特多耳。试看下表。

省名	面积（方公里）	人口	辖县	设治局	旗地
热河	一七三，九六〇	五，四五〇，一〇九	一等三县，二等八县，三等五县	（四）	卓索图盟二部五旗附牧一旗，昭乌达盟八部十一旗
察哈尔	二五八，八一五	二，〇一四，八五八	一等四县，二等二县，三等十县		锡林郭勒盟五部十旗

续表

省名	面积（方公里）	人口	辖县	设治局	旗地
绥远	三〇四，〇五八	二，一六二，一〇〇	一等四县，二等四县，三等八县	（二）	乌兰察布盟四部六旗，伊克昭盟一部七旗，土默特部左右翼二旗
宁夏	三〇二，四五一	七〇四，八八四	九县	（三）	阿拉善额鲁特旗，额济纳土尔扈特旗

根据右表，有下列诸事实：

1. **地广人稀**　内蒙四省人口密度，至为稀薄，平均每方公里热河为三一·三二，绥远七·一一，察哈尔七·七八，宁夏二·三三。热、察南邻之河北的人口密度，每方公里为二二二·三二，察、绥南邻之山西的人口密度，每方公里为七六·〇六，陕西为五九·八九，至甘肃人口密度，每方公里，亦在十五人以上。相差之远如此，则以满清对蒙，一向利用他们的愚昧无智，使他们悠悠自得。对于汉人的移殖，起初绝对禁止，为的是防恐煽惑他们谋为不轨。后来汉人为饥寒所驱，挺而走险，慢慢地使禁令等于具文，这已是道、咸以后的事了。至于正式开放，还在光绪二十七八年，所以直到现在，人口还是不多，不过我们假使把各省的蒙古人计算起来，那末热河约八九十万，绥远不过占十分之三，宁夏省为数更少，察哈尔虽少多，亦不如汉人之盛，所以内蒙实为蒙汉杂居区域，谓为汉人的内蒙，亦无不可。

2. **县治稀少**　我国省制，沿自元代，多有区域太广，行政不便的弊端。时至现在，虽时有增益，然而辖县之数，在一百以上，还是不少。不过像内蒙四省，热河仅有十六县，察哈尔、绥远亦仅有十六县，宁夏则仅九县。内蒙地方尚有设治局制度；设治局者，筹设县治之局也，塞外地方，尚为蒙人所住的地方，但有改设县治的必要之地，往往设立设治局，作为设县的准备，所以设治局可以说是准县治，我们不妨以县看待。惟四省中，热河省有鲁北、天山、大宁、凌南等四设治局，绥远有安北、沃野二设治局，宁夏则有陶乐、紫湖、居延等三设治局，所以四省之中，县与设治局，则以热河最多，但亦不过二十而已。各省县治虽少，而省境仍宽，所以于行政上依旧是不便的，而且比内地还要困难。我们更进一步来看这些县治的成立，更可以见到他们进步的一斑：

　　承德　即明初的兴州卫，清初改为热河厅，乾隆时改为承德府，民国改县。

　　朝阳　即明初的营州卫，清初改为朝阳县，属承德府。

　　赤峰　乾隆时为赤峰县，光绪时升为直隶州，民国仍称县。

　　滦平　乾隆时为滦平县，属承德府。

　　平泉　雍正时称八沟厅，乾隆时改称平泉州，民国改县。

　　凌源　即乾隆时的塔子沟厅，后改建昌县，民国后改称今名。

　　阜新　本为土默特左翼旗地，光绪时设阜新县，属朝阳府。

　　开鲁　本为阿鲁科尔沁二部〔旗〕地，光绪时设开鲁县，属赤峰州。

　　林西　本为昭乌达盟地，光绪时设林西县，属赤峰州。

　　经棚　本为翁牛特旗地，民国初年置设治局，旋改县。

　　隆化　清光绪三十年设县。

　　围场　围场为哨鹿之所，清圣祖秋巡热河，诸旗献牧场，遂开猎囿。同治以后围猎之制废，遂于光绪二年设围场厅，民二改县。

　　绥东　本为喀尔喀左翼旗地，光绪三十四年设县。

　　丰宁　乾隆设四旗厅，后改县。

　　林东　民国二十年八月二十日设县。

　　右十六县①都是属于热河省的，他们的建置，大都在清朝，光

---

　　①　所列为十五县，缺建平县。——整理者注

绪一代设县尤多，很显然的这是因为治蒙政策改变的关系，其在民国以后成立者仅经棚、林东二县，这可以证明热河在制度上虽然由蒙旗改为特别区，由特别区改为行省，然而内部的改革，还没有清代的那样快。其他三省的情形，也同热河一样——察哈尔虽辖十六县，但多划自河北、山西，绥远之县亦多自山西划来，宁夏现辖九县，其中八县旧属甘肃宁夏道，建置最少。

3. 盟旗甚多在上面的表里，我们可以看到四省中都有盟旗的组织。盟者各旗会盟之意，蒙人都是逐水草迁徙的游牧民族，这些人各有统辖，数旗联合起来成为部，各部旗常有会盟之事，大概一年一次，旗有长，称为札萨克，王之意也。四省蒙人地域内，都是这种组织，合计五盟二十部四十四旗，郡王、贝勒、子、召〔台〕吉等部酋，不下数十人，他们的地盘，比县治的辖地，要大得多，真所谓洋洋大观。

我们看了上面盟旗之多，县治建设进行之缓，可以知道内蒙四省不过名称上的改革，实际上还是同从前一样，改革的不彻底，便伏了这次内蒙自治运动的根。从前法国第三共和国成立后，就把全国土地划为八十七省，树立永久的民治精神，内蒙的改行省，原可与之相提并论，不过事实上没有办到，终究闹出乱子来，这是很可惜，也是很痛心的事。

内蒙各省，虽然有二十年充分改革的时间，而卒不免于发生问题，现在问题既已发生，我们只说过去的不好，还不足以应付目前的困难，怎样可以应付目前的困难，那非明白他们的背景和目的不可。让我们先把这两层叙述一下：

这回倡导内蒙自治的领袖是锡林郭勒盟（属察省）副盟长德牧楚克揀〔栋〕——所谓德王便是。这是个青年，曾经留学过日本，到过长江流域，在蒙古王公中头脑比较清楚的。据他表示倡导自治的原因说："蒙古王公在前清时有封地、俸银，蒙古王公只受清帝命令，民国成立初，尚照付俸银，其后竟中断，不但俸银不给，对其所辖旗盟各地，又逐渐实行划归省界，设立县治，故蒙人今日之要求，只为自存自治，决无不合理要求，外交依然归中央办理，其他内部问题，则要求蒙人自治。"在德王的谈话中可以知道蒙人要求自治之原因为了停给俸银，土地不但没有继续封赏，并且还要划下来，所以他们自治的动机在乎"自存"，他们的目的，在乎"内政的自治"，在为了达到这种目的起见，就有组织自治政府的计划。据说自治政府的辖地，暂以绥远省为范围，事情的实行，须与中央商定，但没有得到中央的允许，已把自治政府组织了。

从上面的情形看来，蒙人的主张，除以绥远省为自治政府的辖地一项外，觉合理，事情不难解决。但在实际上很不如此，德王为留日学生，多少有一点亲日思想，这次的运动，正好开始于日本人攻取热河，占据多伦，并在多伦召集东蒙王公会议之后，又当德王等在百灵庙会议之时，伪满籍蒙人二来会列席，其所主张之自治，称为高度自治，又别创"蒙地还诸蒙人"的口号，那末究竟有无背景，蛛丝马迹，不言可喻了，所以这个问题，并不是十分单纯的。

德王的主张如此，其他王公不尽赞同的，所以第一次、第二次的百灵庙会议，竟至召集不起，后来还是借了班禅喇嘛的讲经的事情，总算召集成功了。蒙古王公对于自治的主张，大概可分二派：一派是积极的，那就是德王和其他有智识的青年，他们眼见外蒙已经组织了共和国，东三省也有了日人卵翼的伪满洲国，不觉眼热起来；另一派是温和派，他们对于自治本无主张，不过民国以后停了他们的俸金，划了他们的土地，不免有一点宿怨，所以也就附和起来。至于大多数的蒙人，却不知自治为何物，自治以后对他们有益处，还是有害处，也完全莫明其妙的！不过内蒙自军事组织，一变而为行省组织，属县不多，居民亦少，负担方面自然要增加起来，所以要向他们宣传，易于成功，所以这个问题，很容易扩大的。

问题的严重既然如此，那末中央用什么方法来对付，使运动不致扩大，问题即可解决，这是值得注意的。大概中央对蒙政策的最大原则便是须在中央与省政府指导之下，实行地方自治，其具体办法，尚须俟内政部长黄绍雄、蒙藏委员会〈副〉委员长赵丕廉巡视归来之后，始能决定。现在黄、赵两人，已赴绥远，尚未赴百灵庙与各王公会见。百灵庙在归绥西北三百里，康熙时发国帑所建，为一伟大的喇嘛庙，喇嘛千余，寺周四里，梵宫宝塔，魁杰巍峨，远望如十里洋场，庙前流水一湾，形势天然。民国二年，外蒙内犯，几经围攻，始得攻下，在军事、宗教上，皆有重要地位。此次自治运动之领袖，一为德王，一为云王（云端旺楚克），云王就是百灵庙的盟长。自从运动发生后，百灵庙已成政治中心，所谓高度的自治政府即设于此，蒙古的王公与青年，齐集于此，从事工作。黄、赵等以该处驻有蒙古青年兵，不敢贸然前进，商洽云云，结果如何，尚在不知之数耳。

事实上蒙古人的居处行政，绥、察省府向不顾问，也是无法顾问，实际上早已自治了，现在所差者，就是蒙古人要以绥远为范围，施行高度自治，中央所允许者，在原有蒙旗施行自治，在省政府中，设相当机关，司管理指导之事。这是双方坚决的主张，假使不得妥协，那末黄、赵未必赴百灵庙，即去也未必有什么结果，所以内蒙自治运动，除非蒙人牺牲成见，用缓和的方法使自治逐渐进步，可能的恶的结果是很多的。

第一中央不能放弃绥远省，而且绥远很多的县从山西划来，很多的地方，早已成为汉人世界，所以蒙人以绥远省为自治范围的要求，实在没有什么理由，而且事实上办不到的，问题到了无法妥协的时候，会引起冲突来的，冲突的双方，无用说是蒙古人和绥远省政府了。这是第一步可能的恶果。

第二蒙古人和绥远省政府的冲突，最容易引起外蒙的内犯。蒙古虽分内外，但在种族上和生活上是一致的，而且外蒙古自从组织了共产政府以后，所最不放心的，便是中国政府的恢复外蒙的企图。外蒙古在民国二年曾经内犯过，不幸而失败，现在只是怀着疑忌的心，从事于准备的工作，所以内外蒙交界处，已经添了许多军事设备。这次自治运动中，已经有很多热心改革、思想激烈的青年参加其中，假使发生冲突，外蒙古正好名正言顺的南下援助，这样足使现在的王公置身无地的。

第三件可能的恶果，那是更可怕的，便是日本人的乘机活动。察哈尔与绥远是日本人欲得而甘心的地方，因为这两省得到了以后，便可以阻断中国在大陆方面的出路，一面可以向外蒙进兵，以拊西伯利亚之背，与日俄军事上，甚为有益。日本人对于察、绥两省的取得方法是采用分化的手段，就是利用蒙汉种族上的不同，使蒙人脱离中国，这是它对付朝鲜和东北的故智，在多伦所开的东蒙会议，便是这种手段的实施。假使绥远方面一旦发生冲突，日人一定要设法加入的。

我的推论，并不是神经过敏，而是事理上所可能的。到那时，内蒙地方造成了中、日、俄——是外蒙古的后台老板——三国竞争之场，内蒙人好像磨盘中的米谷，就是不致粉碎，也必做了第二重的奴隶，自治云乎哉！

问题还似乎有转圜的余地，只要蒙人能够认清利害，用诚恳的态度来商洽，中央能宽大为怀，本汉蒙一家的宗旨，用最大限度的可能来容纳蒙人的要求，事情是容易妥协的。我的建议如下：

一、准许蒙人自治，以原有之蒙旗王公为自治官员，概由政府任命，并予俸给，以示优待与鼓励，另一方面厘订普通蒙人的权利与义务的界限，以轻蒙人的负担。

二、在绥察两省政府下设蒙旗厅，以年高德劭确有自治智识和经验之蒙人任厅长，厅长之产生，暂由政府任命。厅长之下设评议会，由各盟旗选派代表组织而成，蒙旗厅长，承受中央政府和省政府之意旨，执行蒙旗评议会之决议案。

三、组织内蒙拓殖公司，由官民合股而成，委托热心于蒙旗改革之蒙古青年及汉人任经营之责，经营事业，以农工与教育为限。在农业方面，专就旗地设立农场，供给蒙人农具、种子，并教以耕种之法，以期渐渐的改变蒙人的生活。

四、商购蒙旗地方，组织模范区，使蒙汉热心青年，试验改良蒙旗的种种方法。

五、改组蒙藏委员会为蒙古部与康藏部，使于蒙古与康藏方面，各负专责，以熟悉古情形的专家担任部长——不限蒙汉——而以众望所归的蒙人担任次长责，专司促进蒙古的一切。

这样册封了原有的蒙古王公，予以俸给，使王公中以停封、停俸的不满而加入自治运动者，得到了满意；以选举方法组织评议会，使有识蒙人，得到膺选的机会，在评议会中发展他们整理蒙古的才能；其热心青年，资望未敷，不能膺选者，则任以模范区的干事，使他们得用武之地；而以现在运动自治最热心之领袖，任以厅长或次长的职位，位高足以满足他们的希望，权重足以实行他们的主张；而根本安抚人心的方法在乎减轻他们的负担，所以厘订赋税，政府当断然行之，可以坚蒙人内向之心，无待乎他方面之请求也。这算顾全各方的治标办法，其治本办法在实际上还是要靠内蒙拓殖公司的努力策动，公司实在负移民实边和同化蒙人的重大责任。过去的政策，只是增设县治，招垦荒地，设〔没〕有把蒙古人的生活改变过来，也没有把蒙古人的思想同化起来，对于开发内蒙的工作，可以说只做到一半。现在这另一半的工作，就要公司负担起来，进行上较为方便。如果公司资本充足，人员干练，则三五年之后，蒙汉畛域，要分也是无从分了。至于现在的察、绥省府，名称不妨依旧，组织力求简单。最好恢复军事性质，俟将来财政充足时，再行扩充可也。

蒙藏委员会是应该负有重大的责任，但在过去，只是一个空洞的机关，委员都是闲散人员，虽时有会议，总是无甚结果，所谓"会而不议，议而不决，决而不行"，恰好是蒙藏委员会的写真。所以蒙藏委员〈会〉，非加以改组不可。最近中央政府有改为边政部之设〔议〕，也是应时势所需，不过边政部之名称太笼统，事情也太复杂，将来成效，一定靠不住的，所以不如改为蒙古部，和其他部的简当。内蒙地方可以说中国的生命线，在军事上、移民上，皆有重大贡献，行政院中特设蒙古部，正像英内阁中特设印度部一样。蒙古部可视为内蒙诸事之主管部，代表国家施行政策的权力机关，有直接指导察、绥等省的军事与政治的特权，这样效率方面可以增进些。

这是我的建议，不过为了内蒙问题的严重，写出来引起国人注意讨论的兴趣，借供当局的采纳罢了。古来兴于内蒙的民族，不是被汉人所逐，定是被汉人同化，只有现在留住内蒙的民族，用以清代的愚民政策和民国以来政局的不安定，致隶属于中国者虽逾三百年，还没有达到同化的程度，引起了死灰的复燃，问题适起于中国内忧外患百孔千疮的时代，真是国家的不幸，也是五族共和的不幸。五族如何可以真的共和起来？大家在这上边做工夫，方是正当的办法。

日本稻叶君山著《清朝全史》，根据金灭辽，元灭金，清灭内蒙林丹汗等史实，论满洲与内蒙古之关系曰："满洲与内蒙古不并立……内蒙古有优秀民族起，往往东并满洲，南犯朝鲜半岛；反之满洲强盛，亦往往并略内蒙古，盖两者之间，无天然障壁之遮蔽，惟因江河贯流两地，东西交通，与以至大之便利。"又根据满清灭取内蒙环攻北方之史实，论内蒙与北方之关系曰："满洲欲取中国本部，先当略有内蒙古一带，就女真人——即满清人——夺西喇木伦河（源出热河围场县西北，为辽河上源之一），即所以击中国北方之死命，从明朝一方面观之，在成祖放弃大宁以界〔畀〕兀良哈三卫之日，固已早蓄祸胎矣。不能包有承德府之疆域，而欲北京之久安，岂不难哉。"稻叶氏之言，对于满洲、内蒙以及中国北方之形势，简要精锐，恰当无比。今日本已得东北，方欲袭满清故智，囊括内蒙，以袭取中国北方，这是蒙汉的大祸，所以在现在的时候，是蒙汉人团结御祸的时候，大敌当前，还要发生种族上的歧视，这是自入圈套了，这是汉蒙人都应当明了的。

《大道》（月刊）

南京大道月刊社

1933 年 1 卷 2 期

（李红权　整理）

黄、赵内蒙巡视之收获

作者不详

黄、赵赴绥经过

黄绍雄、赵丕廉二氏，奉命巡视内蒙后，于十月廿一、廿三日，由京转平赴绥，对于蒙事及改革蒙政，曾与察、绥当局交换意见多次，并接见绥远人民团体代表，曾提出关于内蒙自治问题意见书，呈交黄氏参考。该项意见书陈述民众意见，及蒙旗实际情形，关于绥省两盟十三旗，调查各盟旗放垦情形，绥省垦区，绥省十八县局沿革，面积暨户口调查，均分列表图，内容极重要，诚为解决内蒙自治问题之蓝本。其对于内蒙自洽〔治〕分析颇清。未〔末〕谓自治运动之表面，虽为蒙古王公及青年民众有一致之要求，实际则不然，盖各有目标，各有主张。所谓王公方面，纯由德王主动，欲假借美名，扩大威权，别有企图，故有高度自治之要求，为其他王公不表同情。青年方面，仅有少数青年学子，感觉蒙旗政治腐败，其目标在打破王公世权、解除蒙民痛苦。民众方面，既无受教育机会，当无参政能力，既未参加自治〔治〕运动，亦不知自治为何物。绥远民众对内蒙自治意见，举有数点：（一）政府如允许内蒙自治，应先确以旗为自治单位，直属当地省政府，不得假名联合，另有组织；（二）内蒙政治、经济、人口，及蒙民智识各方面，均不足为地方自治之条件，骤然允其自治，势必演成暴民专制，地方自治以前，应先经过相当时期之训练及缜密之筹备；（三）蒙旗一切行政，均由各旗王公、长官自由主持，地方政府概不顾问，其职权之大，超越国府地方自治之范围，蒙民处于王公积威之下，困苦万状，政府应本五族一家之义，对同胞物与之心，将十五万久在王公压迫下之蒙民，扶植起来，实行地方自治云云。黄、赵二氏对于注意〔意见〕书，颇为重视，认为解决蒙汉问题之重要参考资料。黄、赵留绥虽有十日之久，甚少发表谈话，多持静观态度，除先期派出李松风等前往百灵庙从事调查工作外，黄、赵留绥，大概亦系调查蒙汉间之情形，为解决内蒙问题之张本。

黄、赵二氏于十一月十日由绥抵百灵庙，极受当地蒙古王公、民众热烈之欢迎。黄、赵抵百后，除亲自巡视真象外，并向在百王公宣布中央德意使之接受中央所定扶助内蒙自治之方案以便在中央扶助之下，逐渐实现为蒙人谋福利之种种改革。最初德王仍以青年派之立场，从理论上坚持蒙人必须有高度之自治政府，其管辖范围，要求取消察、绥两省府及县治，恢复清初原状，而与中央〈原〉定方案（第一条即为已设县治地方，其行政区域应不变更；第二条，允许在有蒙古人民聚居地方之省份，应分别设蒙古地方政务委会，为各设〔该〕省区内办理地方行政之专管机关，各设委员若干人，并推选委员长、副委员长办理地方行政建设事业，其经费中央将酌予补助，省府、各县办理普通行政，有涉及蒙古行政范围者，应随时与地方委会会商决定，如发生纠纷时，由省府与地委会会议解决，或呈中央解决）完全不符。查该方案，一面顾及事实及现有行政制度，一面扶助蒙人实现自治要求，故如〔为〕经历较多之王公如云王、阿王所接受，但青年派如德王等，对该方案未见接受，几使黄氏愤然而去，中经云王、班禅劝说之下，将黄氏删增后之方案，提示德王，始见全部接受。酝酿四五个月之内蒙自治问题，至此始得最终解决，不可谓非黄、赵二氏内蒙巡视之收获矣。兹录黄、赵与各王公增删后中央方案全文于后。

甲　变更蒙藏委员会组织法方案

（一）中央特设一边务部（或蒙藏部），直隶于行政院，为处理蒙藏行政之中央最高机关，设部长一人，次长二人，主持部务。（二）边务部设各司、处，分掌事务，并设各委员会，分任讨论进行之责。（三）边务部应酌定时期，分别召集各边区负有行政责任之首领，及有德望之人士，来京举行会议。（四）边务部与其他各部会办理国家行政，有互相关连者，应随时会商，决定办理。

乙　改革蒙古地方行政系统方案

（一）已设省治、县治地方，其行政区域，应不变更，蒙古原有各盟、旗、郡〔部〕之组织及制度仍应保存。（二）内蒙古人民聚居地方之省份，应分别设置内蒙古区自治政府，为各该省区内办理地方行政之专管机关，各设委员若干人，并推选委员长、副委员长各一人，均以蒙古人之有德望及有政治学识经验者充之，前项区自治政府之经费，由中央酌量补助之。（三）已设置上项区自治政府之省份，除关于军事、外交及其他国家行政，仍由中央政府或由中央政府授权于当地省政府办理外，其余属于内蒙古人民聚居区域之地方行政，统由内蒙古区自治政府负责办理，并受中央边务部之指挥监督。（四）内蒙古区自治政府得斟酌情形，分科或分处办理各种行政事务。（五）内蒙区自治政府办理地方各种建设事业，于必要时得按各该地方需要情形，由中央拨款补助之。（六）内蒙古区自治政府于不抵触国家法令范围内，得制定地方单行法规，并发布命令。（七）关于蒙古全体事项及各区自治政府有互相关联之事务，每二年得开联席会议，或由该会议召集全体蒙民代表会议讨论之（全体蒙民代表会议之组织与权限另定之）。（八）省政府所属各厅、县办理普通地方行政，涉及蒙古行政范围者，应随时与区自治政府会商决定，发生纠纷时，应由省政府委员与区自治政府会议解决，或呈谓中央解决之。（九）内蒙古区自治政府委员长、副委员长，得列席当地省政府委员会议。（十）内蒙古区自治政府成立后，各省政府应即停止设县或设自治局。

丙　蒙古行政之用人标准

（一）中央或地方之蒙古行政，应尽量容纳蒙古人。（二）中央政府应就适宜地点，设立中央军事政治学校分校，由熟悉蒙古情形者担任教练，培植蒙古民族各种专门人才，并设法任用之。

黄、赵、傅、秦会谈蒙事【归化二十二日下午九时发专电】二十一日夜，黄绍雄、赵丕廉、傅作仪〔义〕、秦德纯作一度非正式会议。黄令秦书面答呈对蒙意见，秦二十二日呈意见书后，即行返平。绥各法团对蒙事，亦向黄、赵申述意见，联欢会取消蒙汉字样，统名绥远联欢会。二十二日开筹备会，袁庆曾为筹备委员长，设招待处。游艺方面，迎富连成班专车二十二日可到平，王公已到有伊盟准格尔、郡王两旗，乌盟抄公、达尔罕、四子王三旗。

《侨务月报》

南京侨务委员会侨务月报社

1933 年 1 卷 2 期

（李红权　整理）

绥远省区之瞻望

起生　撰

一　小引

训政时期之当要工作，首在完成地方自治，指导人民运用四权，建立宪政之始基。溯自北伐完成，训政开始以来，吾绥地方自治，至今尚未能依照《建国大纲》，克期完成，其中困难情形，因属甚多，然既宰斯民，要当竭尽全力，以求地方自治之早日实现，而期民主政治之提前施行，方不负党国之重托，民众之殷望也。不图事与愿违，地方自治之基础工作——区自治，自昔至今，常〔尚〕在筹备期间，并未着手进行，而当局者在此筹备期间，所拟之整理方案，又多歉〔欠〕妥之点。作者不揣蒭陋，愿将鄙见陈述于后，就教于当世明达。

二　关于区行政方面

中央内政部早已明令规定，因各省人民程度之高低不齐，限于民国十九年起至二十一年止，分别定期先后完成区自治，吾绥因文化落后关系，限于二十一年底完成。当十九年初，民政厅前任陈厅长任内，先行办理区长训练所，以为进行区自治之基础，办法系由各县保送考取学员，六个月期满，毕业后，分发委任各县，担任区长，进行筹备自治，限于二年后完成区自治，即由民选区长，以符内政部之规定。不意所委任之区长，因训练时间太短，未能充分了解筹备自治之原则，是以殊鲜成积〔绩〕可言，仅区自治之名词，在绥县花一现而已，不久陈氏亦辞职矣。

待至袁厅长接任后，施政之第一声，即将现任区长，大批先后撤换，另委非区长训练所毕业者充之，此辈多系退伍军人，于区自治之原则，是否了解，良为疑问，成绩俱在，尽人皆知，吾人亦无须浪费笔墨矣。迄后袁氏似亦自知所换之区长，不能胜任；复以地方人民程度幼稚为词，不准人民按期依法改选区长，而重行办理第二期区长训练所，亦未发表政令，规定何日完成区自治，前途茫茫，谁知何日始可达到民主政治之光明大道耶？吾绥过去之区政，俱如上述，瞻望前途，不胜惊惧，谨将愚见所及，略述于后，是否合宜，望当局研究采纳施行，对完成区自治，或可补助于万一耳。

第一，区长之地位，甚为重要，上达于县府，下通于民众；一人之良窳，影响甚大，在区长未民选以前，委任区长务要慎重人选标准。愚意当以第一、二期区长训练所毕业之学员为基本，其第一期毕业曾经充任区长，考查无劣迹者，以及二期毕业学员确有作事能力者，皆可稍加训练，分别任用，如此费力既小，收效较易，亦不失设立区长训练之原意，及地方人士培养之苦心。

第二，不应回避本籍，使各回原县各区担任区长，因其熟习当地情形，易于着手筹备自治，兼以皆怀桑梓关〔观〕念，对于财政不致发生私吞情事；因其当地即有家庭，惟恐依法处罚，家庭财产受其连带关系之害也。即以自治而论，将来民选区长，当然属诸本区人，故各委原籍，亦即自治初步之实现也。于法于理，均无不合，较之回避本籍之办法，实属利多而弊少。

第三，可依各县人民程度之差别，限期先后于本年底完成区自治，计分三期：第一期限于七月至八月底，以文化较高之县实行。第二期限于九月至七〔十〕月底，以文化中级之县实行。第三期限于十一月至十二月底，以文化较低之县实行。同时应积极筹办乡自治，以作施行区自治之根基。尤有进者，中央议决于七月一日招开临时全国代表大会，解决应否提前招集国民大会还政于民，假使提前招开，则地方自治，更应从速进行，尤以区政为最甚，因其接近民众，直接发生关系也。

三　关于区保卫团方面

民国初年，吾绥人民备受土匪之蹂躏，因不堪其扰，遂筹款呈请官厅，购置枪弹，分发各县，组织各区保卫团，以资防御，始将土匪肃清，收效甚大。向例均由人民选举团总，行之已久，皆称妥善，尤以武川十大区之名，土匪闻风潜逃，不敢入境，是时之安居乐业，诚可谓之幸福矣。不意于民十五年国军退却，晋军接防，迄后晋军复退，至奉军都统郭希鹏任内，为扩充私人实力起见，始而借收土匪之名，而委派大批失意军人，赴各县鼓动保卫团哗变，许团总以团长之职，图将民众之武力收归私有。意志薄〔薄〕弱者，受其利用，一时地方骤成不安状态。待汲金纯来绥，治理有方，手段较为高明，亦本扩充私人势力之原则，拟定变更保卫团之组织，分为保安各队部，即省为总队部，县为大队部，区为中队部，此种制度，行之未久，混乱之状态，已表现无遗。故于李主席接任后，鉴于各县人民告发各队部队长之劣迹甚多，遂了然此制之不适民情，毅然决然本提倡民权之宗旨，通令废止保安队部制度，颁定《暂行整理保卫团办法》，此法行之已久，未见有何弊病，人民无不称赞也。

待至傅主席任职后，鉴于保卫团之缺乏训练，故有各县训练员之实施。查训练员系军队改编后之剩余下级军官，因学识简陋，嗜好多端，每在一区，并未真正实施长期训练，仅内〔仅〕应付而已。似此虚设训练员，加重人民负担，实不应当也。

民政厅袁厅长，认为傅主席仅委训练员之办法，不能彻底统率人民之保卫团，故提议《修正整理各县保卫团方案》，已于省府会议通过施行。此方案在人民保卫团方面，按实际情形，颇有不妥之处，希望加以修正，一意以充实人民自卫之武力为前题，勿徒步郭希鹏之覆辙也。兹将该方案及其实施方面歉〔欠〕妥之处，条举如下：

第一，在整理方案原则方面，有减少人民负担一项，按内容规定，完全与事实不符。已往无教练员以及副团长、团部之设，当可节省多数经费，现在既行添设，势必加重人民之负担，何得谓之减轻耶？进而言之，各县保卫团之团丁，向来纯尽义务，每月仅发生活费洋二三元，行之久远，亦无显著障碍发生。而该方案改定每月饷洋六七元暨马干三元五角，岂非更加重负担耶！教练员之虚设，已如前述，兹为补救起见，可将区公所与保卫团之职权划分，使其易于着手教练。所有教练责任，由各区武助员兼分队长施行，不另支薪。总副团长及团部，无须另行设立，由县长兼任总团长，团部附设于县政府。因各区团丁为数无几，不必另设队部，仅有直属分队即可。至于团丁之饷项可按当地之经济状况自行决定。如此办理，既可减少人民之负担，复不碍教练之原则，诚一举二得之盛事也。

第二，在整理方案步骤方面，主张化零为整，使有横的组织，随时换驻本县各区。此种办法，用意原非不善，惟实施之际，流弊亦属不鲜。因保卫团之组织，与正式军队不同，当然驻防亦异。所有团丁，皆系各该区人民，对当地地理情形，当然熟习，固定驻防，易于防匪，加以乡土观念，尽人皆有，本区人驻防本区，剿匪即可保护其本人之家庭财产，势非尽心竭力供职不可。苟以之移驻他区，其努力之程度实有考虑之余地也。

第三，在整理方案第二项第十则中内有"副团长由总团长保荐富于军事学识，且须回避本藉〔籍〕者"一节，是实违背训政时期扶植民权之原则。保卫团既为民众之武力，按理应由民众自行办理，政府仅可居于指导地位。愚意各队长应照惯例由民众自行选举，然后呈请上峰委任，其余重要职员，一律由县政府保举地方人士充任，甚或全由民众依法选出，以期早日真正实现民主政治。至于回避本籍之不当，前已约略言之，兹不赘述。

第四，该方案中，对于扩充各乡保卫团一节，并无规定。当此国难时期，亟应扶植人民自卫能力，过去人民虽有少数枪械，实不足用以自卫，非增加枪械不为功。须知民众武力，即国家武力，虽不足以之摧坚陷阵，苟责以维持后防治安之责，为效亦颇宏大。愚意应由人民自行筹款，呈请政府代购枪械，扩充组织乡保卫团，以图充实民众自卫力量，而减战时后顾之忧，辛〔幸〕当局者留意焉！

四　结语

总之，当此国难期间，吾人须知救亡图存，须要外交、军事、财政具有办法，始可收效。然而外交之力量，取决于军事之力量，设无军事之力量，仅恃口头外交，软弱即可以亡国，强硬亦可以亡国。而军事之力量，取决于财政方面，又于人民自卫能力，有莫大之关系。吾人对于拥兵自私剥民自肥之割据军人，固然深恶痛绝，但对于执干戈以卫社稷之军人，不能使其毫无后方接济，作孤注之一掷，理宜迅速巩固民众自卫能力，以便维持后方。并须纳政治于正轨，俾后方民众可安居敬业，始得源源接济卫国之健儿，而不致使与军事有密切关系之财政发生恐慌。欲纳政治于正轨，地方自治即其基础工作也，故地方自治与人民自卫，实为应付目前国难之根本要图，同时亦为建国之百年大计。吾人虽因过去之不努力，与目前环境之恶劣，于此未能有相当之成绩。今后务须认定目标，加倍努力，以期总理遗教之实现，《建国大纲》程序之完成。望绥远政府当局，于最短期间内，努力区自治之实现，以树地方自治之始基，而开未来之光明大道，吾人诚不胜馨香祈祷之至也。

一九三三，四，十于中大

《塞魂》（不定期）

绥远省立第五小学精一学社

1933 年 1 卷 3 期

（李红权　整理）

绥远的社会

隐夫　撰

从去岁东北三省失陷后，国人的视线一转，现在也都注意到西北的绥远了！然而，绥远的内幕究竟怎样，这恐怕是国人们不大明白的。

一　绥省的经济地理

绥省现约有二百二十余万人。疆域之大，可与辽宁省比；土地之肥，可与黑龙江比；物产之富，可与吉林省比。最肥的地方是河套一带，最富的物产，是煤炭一项。全省辖十七县一个设治局与乌、伊、土、察四部十九旗。汉、满、蒙、回四族杂居。汉族散居在省属各部，蒙族集居于省属西北一带，满、回二族则多杂居于省城中。汉族多耕植农业，蒙族多从事畜牧，而满、回二族则多以工商业为其谋生的出路。地境是西、北方面靠近外蒙与宁夏，东、南方面则紧接山西与察哈尔。因为其地广人稀，所以今后很有发展的余地，因为其物产丰富，所以今后在国内实业上一定要占一重要的位置。因为其地接外蒙，所以今后在国防上当成为险要的门户。总而言之，因为绥远拥有农业与畜牧两种自然条件，所以她今后在中国甚而在世界的文化上总可有相当的贡献。

二　绥省的政治建设

谁是绥省政治的最高统治者？人人都知道就是山西籍的政治当局，谁是绥省建设的督促者？无疑意〔义〕的就是绥省的知识分子，尤其是受过高等教育的留学生与大学生。从绥省政治当局更迭的历史上看，从绥省知识分子的职责来讲，上边的答案是对的。然而，"山西人善经商"，因之，在绥的政治当局者大概也是抱的种"经商主义"，打的种"算盘政策"。如何开发绥省的实业，如何培植绥省的文化，如何建设一个新的绥远，或者这是当局者不大注意的，他们所计划者，恐怕大部是为个人着想而很少为整个的绥远打算而已！政治的统治者的心理与手段是如此，至于负督促之责的地方上的知识分子又如何呢？固然，洁身自爱为地方为绥民奋斗者大有人在，但行为腐化，人格扫地，投机取巧，甘自坠〔堕〕落而为当局者作一喇叭狗，为达其个人升官发财之目的者实为数不少！因之，他们认为出卖地方，出卖绥民那不算甚么，惟为绥民对当道说句公道话乃才是个严重的问题。绥民的痛苦，他们是知道而不管，地方的团结，他们是高喊而不作，"笑骂奈我何，狗官我自作"，这只成了他们求生处世的哲学。翻开绥省近廿年来的政治史看，满目所见者竟是这种"当局者在求发财与致富，地方人在求升官与作吏"的实迹！

三　绥省的现状一般

每年全省收入为一百四十余万元，支出竟有一百七十余万元。每月由省库中给太原绥靖公署提缴二十六万元军费，这是按时遵办不能稍缓的一件公事。支出多，而收入少，于是不得不提高榨取的程度，中央通令取消厘金杂税，而地方政府却要抽取甚么边关税；中央严令禁种鸦片，而地方当局却公卖大烟重征烟款。类似这种苛捐杂税在绥省实不胜枚举！因为财政收支不能平衡，所以对于提倡教育，兴办实业，以及一切应兴应革的事业都早已致诸脑外了！就教育一项言，若〔偌〕大的个绥省，仅定有东西洋留学名额五名，内中有数位尚因领不到款至今株守于绥垣。留学费的多寡，也不按各国生活程度去定，只凭当局者喜怒哀乐之变化而增减耳！现在留学西洋者每名年给二千四百元，留学东洋者每名年给二千元。设立大学，扩充中学，增加小学，更是谈不到的事。省内中学毕业者要想深造，只有拿着三四百元现洋到外省去。旅外大学生虽然每年可以领得政府百元津贴，但这也仅限于住〔往〕所谓国立或指定的几个私立大学而已！全省教育经费，每年仅有十三四万余元，"巧妇难做无米粥"，教育当局虽然有心作点事，奈因经济所限，亦只好徒呼负负！省立中学与师范共有七个，但大都是因陋就简，满目荒凉，大有难能维持之势！就实业论，荒地累累，政府不能奖励人民去开辟；煤炭层层，政府不能帮助人民去采掘；毛质纷纷，政府不能扶导人民去试办。当局者整天高喊"造产救国，屯垦西北"，但这于老百姓的现状有何补益？不造产，老百姓还可暂时生活；不屯垦，老百姓尚可苟安一时，今造产、屯垦的结果，竟因当局者乱〔滥〕发纸币与大肆拉夫而一般人却感到了较大的恐慌与不安！政府当局为弥补财政的不足，违心背理竟实现了下列两大政策：

第一，勒种鸦片；

第二，滥发纸币。

种鸦片为榨取烟款，发纸币为流通金融，殊不知愈种鸦片而人民愈穷，愈发纸币而金融亦愈乱，其为害绥远，实莫胜于此！现在的绥远就是政府用尽方法压迫于上，而人民呕至悲惨哀哭于下。

换句话说，而今的绥远已变成"苛政猛于虎"而人民大有"活不得也哥哥"之势了！农民有粮而得不到饭吃，工商有钱而没有衣穿，政府当局者却兴高彩烈正举办甚么"产马比赛会"以及开甚么"财政整理会"呀，这还不是种掩耳盗铃欺骗民众的手段吗？

四 绥省今后的出路

今后的绥省有无向上的可能？我认为是有的。要而言之，约有三途：

第一，西北政治当局者应诚心领导着绥民去建设绥远。当局者要认清绥远与山西的关系，并不是如同帝国主义对中国压迫与被压迫的关系，是习惯、地域、政治一切的历史的关系。看穿这一点，当局者就应抱定为培植绥远而开发绥远，不是要抱为山西致富与当局者发财而建设绥远。立在这个前题下面，当局者现急应：

（A）接受绥民大众的意旨，不要分化绥民大众的意旨。

（B）扶植绥民团结，共谋地方事业，不要破坏绥民的团结，摧残地方事业。

（C）财政公开，庶政接纳民意，不要财政黑暗，遇事独裁独断。

（D）提高教育经费，培养绥省文化，不要恐惧知识分子，实行愚民政策。

（E）确定建设地方计划，分期逐步推行，不要一味敷衍，只知剥削绥远民众。

类似这种要点很多，当局者如能本此原则进行，我想十年之后，不惟绥远有办法，而山西亦有办法；不惟当局者少数人有出路，而晋绥全体人民亦都有出路了！能否如此，这全在当局者念头一转，以及对绥省情形较熟的傅宜生与王治安二公，能否在前面倡导与实行罢了！

　　第二，绥省的知识分子团结起来，督促着西北政治当局去建设绥远。"绥省有办法，个人才有办法；绥省整个的痛苦，就是个人的痛苦。"地方知识分子应抱定这种决心，牺牲了各个的成见，坐在一处平心静气找一个救济绥远的办法。找到办法后，就共同请求或督促当局者照着走。当局者如不走，就取一不合作的态度，宁可到省外作个叫化子，也不留在省内做当局者的工具，一致辞去地方的职务，让当局者自由宰割绥民去！如当局者能接受绥民的意旨，那末，知识分子们就竭尽其力去协同地方政府推行一切建设的工作。这种态度，当局者不能自动的善意去建设绥远固可行，即当局者能自动的善意去建设绥远亦可行。究竟能否达到这个目的，这只有看地方知识分子能否下这个决心而已！

　　第三，绥省革命分子组织起来去建设新的绥远。这是一条最苦的路子，最有意义的路子，也是在事实上不得不走的一条路子。一般革命分子，对当局者是失望了，对地方知识分子同样也是失望了，到最后只有忍着痛为救济绥远，来走这一条迂曲的小道！他们抱的是种牺牲主义，走的是种曲折的路子，换句话说，只要能够铲除了绥远的敌人，只要能够解除了绥民的痛苦，那末，他们个人牺牲到甚么程度是毫不顾虑，采取任何种手段也在所不惜。绥远革命的前辈王平章先生就是他们动作的模范，能够在绥远植下革命的种子，培养出革命的新芽，就是他们最后的最大的期望了！负这部分工作者，固然是绥省的革命分子，但中心的推动者，是绥省的革命青年！

　　绥远的现状，就是这样的个现状，绥远的出路，就是这样的个出路，总而言之，绥远的社会就是这样的个社会！虽然，日帝国主义者快到察哈尔了，西北的"蒙古国"恐怕不久要组织起来了，然而，绥省的统治者以及绥省革命的青年是有其现阶段的任务！

西北的政治当局者跑到哪里去？

绥远的革命青年们跑到哪里去？

二二，四，一五，草旧稿

《塞魂》（不定期）

绥远省立第五小学精一学社

1933 年 1 卷 3 期

（朱宪　整理）

从病态心理谈到察局

特莱 撰

自东北四省先后失守，华北濒危的紧张局势形成后，一般民众于悲痛愤恨之余，无不引领期望民族英雄之崛起，以负担"保卫国土［待］收复失地"的重任。这种"倚赖"、"等待"的病态心理的充分表现，不仅没有达到御侮救亡的目的之可能，且适足为召侮速亡之导线。

关于这一论断的事实证明，在"九一八"以后的外交周旋，与军事抵抗之失败经过，无一而不是这些可耻的心理所反映的结果。

当然，《塘沽停战协定》，是不能使一般人抑悲平愤的。这并不是说，《塘沽停战协定》的本身，含着什么丧权辱国的意味，而是说这究非"民族英雄的表现"。不管当局者的实际环境如何，为什么要这样做，总之，这是使许多站在旁观地位的主人翁失望了！他们仍得悲痛！愤恨！

悲痛、愤恨的戟刺，是否能使他们的麻木神经恢复弹性作用，而振臂急起，拔足直追呢？事实告诉我们：他们愤恨、悲痛的结果，仍是倚赖、等待——倚赖着那空虚的幻想，等待着渺茫的将来。于是"经济绝交"的闸口，因为等待着将来铁的堤防的建筑，不妨暂时开放，加紧国民军训的准备，因为尚不到决战的时期，不妨请愿求免。……凡此一切的一切，似乎都可暂时放下，等待未来的民族英雄来担当。这是多么可耻的现象啊！

这种可耻的现象的存在，其给予民族前途的影响，除掉削弱独立精神，障碍复兴前途外，别无可取的地方。可是一般惯于利用时势的野心家，却认为不可稍纵的机会。例如在"一二八"事变中，胡立夫利用上海一部分买办阶级及流氓地痞的苟安和投机心理，崛起为地方维持会会长。在平、津危急的时候，张敬尧、石友三辈，也企图利用一般道地奴才，和遗老遗少们的乞怜，复辟的心理，以赓续历史上张邦昌、李完用的卖国事业。这些野心家的出处，真所谓古今中外，如出一辙。

此次冯玉祥之崛起张垣，自称抗日同盟军总司令（？），正当华北当局进行《塘沽停战协定》的时期，在他个人的职责本分，和救国救民的需要上，是否应有此着？与及他的通电中所揭橥的主张，和避免误解的声明，是否与事实吻合？这在博平君《察局之观察》一文中（见本刊第三期）曾详为论别〔列〕，姑不再赘。现谨依个人对此问题的感想，略陈如左：

我承认：冯玉祥之作此举措，固然与其本人的个性有很大的关系，但假使没有"倚赖"、"等待"等可耻的现象的普遍流行，决不会酿成今日的局面。这里，我可找出一些事实来证明。当冯玉祥蛰居张垣，方振武开入察境之初，沪方的买办阶级和自命为学者、名流的落伍的政客，甚至西南的衮衮者流，公然利用政治上与社会上的地位，不惜再三鼓励和劝进，俾造成与中央政府对立的局面，以售其政治上的捣乱阴谋，此为促成冯氏窃据野心的原因之一。

其次，依冯氏复华北当局的电报，谓于多伦克复后，即可取销名义听命中央，在前几天多伦已经克复（用什么方式克复且不姑〔姑且不〕管），自应实践前言，可是连日以来，冯氏所领导的察省抵抗局面，在日方威吓之下，已一变而为遣使求和，已克复之多伦，又轻易的自动退出，但对中央的命令，和华北当局的劝告，竟置罔闻，抗政府而和仇敌，此岂自命抗日救国者所应出此。然而一般煽动祸乱以逞私图者，仍然未稍缓其劝进鼓励的工作，居心所在，尤为明显。

据廿四〈日〉路透社电讯："……冯曾告其所派代表：渠被吉鸿昌、方振武所包围，故对于平方谈判进行，不能完全负责……"由此可见冯氏既做了一般"倚赖"、"等待"病心理病者的偶像于前，又做了一般企图割据捣乱者的傀儡于后，苟非自甘入瓮，其苦可知，即令有意作为，亦无自主余地。在此情形之下，政府为伸张威信，巩固边陲计，即退一步说为成全冯氏计，均不应听任察局之长此混沌，无论用军事〈手〉段也好，政治手段也好，必须在最短期间求得迅速而有效之解决，同时对于一般长恶助乱者，予以相当制裁，否则乱机之延续，决又因察局之解决而终止。

尤有进者，一般民众的"倚赖"、"等待"心理，实为一般奸乱者所假借为崛起之幌子，舆论界之偏重情感冲动，忽视理智的批判，尤为引导旁泄现象展开之先河。望有识之士力予纠正，毋令中华民族的自救前路，随此滔滔者而胥沦！

《汗血周刊》

上海汗血书店

1933 年 1 卷 4 期

（聂慧英　整理）

关于绥远造林运动

及之　撰

　　我国当民国四年，北京政府农商部规定每年清明日为植树节。嗣至国民政府成立，于民国十八年改定总理逝世纪念日为植树节，通令全国于是日一致举行造林运动，俾得宣传造林，以尽地利，而裕民生。

　　溯念我国自有植树节之规定，已十数年矣。其他各省，成绩如何，吾人固难深悉。至于吾绥之情形，每逢斯节，不过省垣及各县行政长官通令各界，举行刻板式之典礼，不免成为一种官样文章，致使一般民众未能认识造林运动之根本意义，以为与己无关，并不注意实行。历年虽久，不特毫无成绩，反招来一般民众之轻视，展望前途，不禁悲从中来也。

　　"……自本年起每人每年务必栽一株，使其成活，借达绥远林业发展之目的。更有注意者，对于植树之法有三：（一）挖的深。（二）踏的实。（三）浇的勤……"此系冯建厅长绥远植树宣言中最精采之一段，概即绥远今日造林之南针也。综以全省人口二百万计之，除无产之若干人外，其余百余万，每人仅在其农田或庭园中栽一株，而又仅以冯厅长新教之"挖的深，踏的实，浇的勤"三法行之，每年得以成活者，实非多数。由此提倡绥远之林业，虽经亿万年，亦属决无希望。

　　造林一事，多以经济为目的。于大好农田中造林，实属欠妥，因林木之收入多半慢于农作物之收入也。故造林宜在荒山行之。荒山之土质，概不若农田肥沃，故以针叶树提倡造林，较为相宜。如此方不违造林之价值。冯厅长不重树种之选择，保护与提倡山林之设施，仅劝人民每人植一株杨柳树在其田园中，即欲发展林业恐难如愿以偿也。如此造林，不但林业不得盛兴，恐更有重大之危险发生。绥远童山连绵，举目皆是。年年月月，一任风吹雨打，荒山表土尽被洗刷，遂成不毛之域。更有重者，荒山新存之岩石沙砾，随风雨之力，逐渐向平原输送，遂致附近良田，终成荒芜之区。复次，蒙古沙漠，逐年向内地扩张，华北颇有沙漠化之危险。昔美国一位学者，旅行山西北部，亦曾以此种情形警告国人，若不迅速造林，不独山表被风雨之剥蚀，影响将来之林业，附近良田皆有荒芜之虞。且华北大平原，难免重蹈北非洲之覆辙（非洲北部演成今日荒凉之现象者，其说虽不一致，第据多数科学家及探险家之肯定，实为阿拉伯人摧残森林所致），望当轴于此着意焉！

今后补救之策，尚在当政者之努力。作者念"天下兴亡，匹夫有责"，既属绥远之一分子，愿尽此一分子之责任。考吾绥林业所以不振之故，概以当政者，视造林之事太易，徒尚泛论，仅知皮毛，真正科学造林之知识与方法，反而置之脑后也。处兹积重难返之局，欲图挽救，首须确定办法。兹就鄙见所及，陈述于后：

（一）林政机关应负之职责及其设施

Ⅰ. 省林政机关　省林政机关之职责如下：

a. 确定林业行政系统。

b. 培养林业专门人材。

c. 筹办林业试验场。

d. 制定各项林业条例。

e. 测绘并调查全省林地。

f. 提倡林业合作社。

此外省林政机关应有指导及监督全省林业之责任，最低限度对于各县之气候、土质、树种及林产利用与需要上之一切研究试验之设备，应当准备（各县亦能完全更佳）、并聘请适宜之专门人材，谋全省林业上种种困难问题之解决。凡各县无力举办之大面积林业，或两县以上有关之林业，即随情形而收为省有之保安林、经济林、风景林等等，由省林政机关办理之。但省林政机关亦不应从事各县应办或能办之林业行政，以免省与县之冲突。

II. 县林政机关　县林政机关乃为实施造林之机关，其最大职责如下：

a. 指导及奖励人民植树造林。

b. 改进林木利用，振兴全县林木工业。

c. 广育适宜及健全之果，以资分送人民。

d. 建造模范林。

e. 提倡村有林及林业合作社。

（二）林业经费之筹划

百业盛兴，非有充足之经费不为功。而林业一项，尤须巨大之投资。此项经费，应由地方收入项下筹拨。在训政时期，至少应占全省经费收入百分之五。遇必要时，可以省或县有林作担保，筹募地方森林公债，分期筹还。此种办法，如有困难，可实行林造林法，即凡经济林之纯收入，只准作为造林经费，不得移作别项开支。然最初之经济林，绥远现在一无所有，惟望当政者先将应有之林业经费或特种之收入（如烟款等项）从事建造大面积之经济林，而为发展林业之基础。

以上所举种种，乃就目前确实需要者略加陈述。果能按步实行，则绥远林业之发展可期矣。同时希望一般民众，须真正认识造林之意义，吾人要知造林是将无用之荒山，造成森林，俾得尽其地利，而使无业之人民，变为生产阶级，甚至可将衰落之民族，拯救起来；贫弱之国家，振兴起来。造林之利益既属如此广大，甚望当局者及民众于此致力也！

《塞魂》（不定期）

绥远省立第五小学精一学社

1933 年 1 卷 4 期

（李红权　整理）

抗日声中绥远宣传工作之检讨

力干　撰

自九一八之难作，国人恨倭寇之横暴，痛国亡之无日，群起以谋惩彼暴日，挽救危亡。挽救之道多端，而其首即在唤起民众，共图反抗，于是宣传尚焉。吾绥虽属地处边陲，文化晚开，而有识之士，亦于宣传一事，提倡不遗余力。自事变发生，迄今一年有余，大规模之化装讲演，即已举行二次，懿欤！盛哉！

惟此种化装讲演举行之地域，皆在铁道沿线之各大城市，而前后二次均系同一区域。吾人于此，有不可解者数事：其一，除交通便利之铁道沿线外，穷乡僻壤中尚有大量之民众存在，此辈岂均不值唤起耶？其二，同一区域之内，重复举行性质相类、用费较巨之一种宣传工作，究有何种特殊意义？兹二事者，吾人思之至再，终难得合理之解答。私心度之，其所以仅知在铁道沿线宣传者，概以铁道线以外之穷乡僻壤，虽即涉足，亦难即时收得宏效也；其所以在同一区域重复举行一种用费较巨之宣传工作者，概不如此不足以显扬抗日之精神也。嗟乎！救国工作中所表现者，亦仅"畏难偷安"、"铺张炫耀"而已。噫！尚何言哉！

吾人以为，唤起民众者，须将大部之民众唤起，始能有裨于救国工作。是以对于仅唤城市民众之举，认为不当。且也城市因交通便利，消息灵通，民众之见闻较广，殊无举行虚靡巨费之宣传工作之必要。反之，穷乡僻壤之中，民众见闻寡陋，对于国家大事，多系漠不经心，实有确实宣传之必要。谓宜乘春季乡村演唱秧歌之便，由各县随机派员前往，或作化装讲演，或作本装讲演，以使抗日空气弥漫于四乡，而不仅集中于城市也。

至宣传之内容，就鄙见所及，约有数端，条举如下：

一、对日经济绝交　此点之利益，尽人皆知，无待赘述。

二、与政府军队合作　灌输民众以"天下兴亡，匹夫有责"之义，并使其领略"覆巢无完卵"之旨。平时对于粮秣之征收，军费之募集，应就力之所及，踊跃输将。设将来绥远变为战地，对于给养之输送，伤亡之扶持，敌情之侦察，亦当尽力而为。苟能得到如是之效果，对于救亡抗日之工作，始可稍有补助。

三、进行自卫组织　晓以国亡无日，急应振作，速行准备一切，积极完成各乡自卫组织，平时可肃盗匪而安阎间，战时可助国军以削敌势，对于抗日工作，实属大有裨益者也。

凡此种者，在绥主持宣传工作者，当早在洞见之中。吾人念"匹夫兴亡"之义，愿致善意之忠告焉。

一九三三，四，二四，北平

《塞魂》（不定期）

绥远省立第五小学精一学社

1933 年 1 卷 4 期

（李红权　整理）

对于内蒙自治的意见

（高三） 安庆澜　撰

内蒙的自治运动，已经在十月十五日百灵庙会议之下具体化了。自治政府的组织法，规定了除国际军事及外交等项由中央处理外，内蒙一切行政，俱依自治政府法律、命令行之。在东四省沦亡之后，新变未已之前，内蒙古又发生了这样的变动，是应该如何注意呀？

中央对于内蒙自治的态度，似乎是主张协助的，假若属实，这一点，我们认为中央是比较有眼光有毅力的。理由是：

第一，蒙人的语言风俗、生活习惯，与汉人截然不同。用汉人去统治他们，处处要发生隔阂的。何况今日的中国官吏，无论大小，有谁能够奉公守法，廉洁自持？谁不是在尽力的剥削民众，欺骗民众？一般汉人对于汉官，自然是无可如何，然而异族人，谁甘于被压迫呢？新疆缠回之打倒金树仁，不是个绝好的例证吗？所以蒙人治蒙下的蒙民，对于国家，对于中央，当然有更好的观念。

第二，自从外蒙"赤化"以后，内蒙的地位，已经大堪注意。现在东四省又失陷，而内蒙的一部，已经被攫在暴日的铁蹄下。察哈尔又与日本势力相接，在日本的分化中国的政策之下，内蒙之成为伪国第二，是很容易的事情，到那时，再说甚么"不承认"，恐怕也没有效果了。现在既然内蒙王公，自己倡议组织政府，并且宣称为自救而出此，则政府不必管其动机有无国际背景，正好借此机缘，对于内蒙的政治组织，大加改善，使成为健全的，代表民意的自治政府。这样在中央辅导之下而完成的自治政府，不但可以使内蒙免除外人的煽惑和利用，而且确乎是华北各省的一大屏壁。

事实的开展，我们在深刻的注意着。我们切望着，我政府能够有充分的勇气，打开一切的困难，尽力辅导内蒙的自治。因循敷衍，适为敌人造机会而已！

《西北》（月刊）

北平西北公学

1933 年 1 卷 4 期

（朱宪　整理）

内蒙自治与治蒙

苏鸿宾 撰

一 内蒙之政治组织

蒙古本系部落之名，自成吉斯汗出，蒙古之名乃大著，遂以蒙古称其部属所蕃衍之地，简称曰"蒙"。其所治分内外蒙古者，以有大沙漠横隔其间也。相沿大沙漠以南为内蒙古，漠以北为外蒙古。至民国三年，为求行政上、统治上之便利起见，又将内蒙古划分为热河、察哈尔、绥远三特别区域，十七年复将此三特别区域改建为省，于是舆地上不复有内蒙古之名称。蒙民所在地之行政组织，与一般地方行政制度略有不同，其行政首领为盟长，盟以下统治若干旗，旗有旗长，旗以下分设事务、杂务等等，其系统如下：

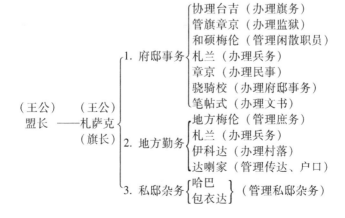

（王公）（王公）
盟长 —— 札萨克
（旗长）

1. 府邸事务
协理台吉（办理旗务）
管旗章京（办理监狱）
和硕梅伦（管理闲散职员）
札兰（办理兵务）
章京（办理民事）
骁骑校（办理府邸事务）
笔帖式（办理文书）

2. 地方勤务
地方梅伦（管理庶务）
札兰（办理兵务）
伊科达（办理村落）
达喇家（管理传达、户口）

3. 私邸杂务
哈巴
包衣达
（管理私邸杂务）

盟长系由各旗互选，由中央政府任命之，盟长无固定之办事机关，其所司职责，惟在于每年有〔召〕集各旗旗长，共同会议，解决两旗以上人民之争执，统筹全盟行政上、经济上之各种事项而已。旗长为蒙古世袭之酋长，称为札萨克，管理旗务。清代具封爵，同于宗室，有王公、贝勒、台吉之分。举凡旗内一切官吏之任免，在清代悉由理藩院任命之。民国成立以后，改理藩院为蒙藏院，其权限仍因袭清之理藩院，而未有变易。国民政府奠都南京，乃设蒙藏委员会，直隶于国民政府，掌理关于蒙藏行政事项，及计划蒙藏之各种兴革事项。其组织分秘书、蒙事、藏事三处，蒙事处即专掌蒙古之事务也。

二　内蒙各盟旗之分布状况

当内蒙古未划分特区以前，其所指疆区〔域〕，北以沙漠与外蒙古为界，东接辽、密〔黑〕二省，南界陕西、山西、河北三省，西接宁夏。全境分六盟二十四部四十九旗，其附于内蒙古者，有内属蒙古二部十旗，自改建特区以后，即编入三特别区内，即今之热河、察哈尔、绥远三省是也。今为明了计，仍将内蒙古之蒙〔盟〕旗列表如左：

盟名	部名	旗数	编入之省份
哲里木盟	利〔科〕尔沁	六	辽宁省
	札赍特	一	黑龙江省
	杜尔伯特	一	同上
	郭尔鲁斯	二	黑龙江
卓索图盟	喀喇沁	二	热河省
	土默特（附特一旗）	二	同上

盟名	部名	旗数	编入之省份
昭乌达盟	奈曼	一	热河省
	巴林	二	同上
	札鲁特	二	同上
	阿鲁科尔沁	一	同上
	翁牛特	一	同上
	克什克腾	一	同上
	喀尔喀什〔左〕翼	一	同上
	敖汉	一	同上
锡林郭勒盟	乌珠穆沁	二	察哈尔省
	浩齐特	二	同上
	苏尼特	二	同上
	阿巴噶	二	同上
	阿巴哈纳尔	二	同上
乌兰察布盟	回〔四〕子部落	一	绥远省
	茂明安	一	同上
	乌喇特	三	同上
	喀尔喀右翼	一	同上
伊克昭盟	鄂尔多斯	七	绥远省
内属蒙古	察哈尔	八	察哈尔省
	归化城土默特	二	绥远省

三 内蒙之国际背景

内蒙古之环境，自地理上言之，国际地位上言之，则侵略之者，当不外赤俄与暴日二国。兹先言俄国。

俄国版图辽阔，惟系一闭塞之大陆国家，海口之需要，固无时无刻不在计划之中。自彼得大帝以迄十九世纪，俄罗斯之君主，均努力在近东方面攫取海口，惟以英、法、奥诸国之阻止，终难偿所愿。至十九世纪，俄国乃转变其方针，而积极以事于远东之侵略，拟越西伯利亚吞满洲以出中国海。但自日俄战后，俄知日本势力之不可侮，满洲、朝鲜之不可图，乃退而从事侵略蒙古、新疆，以期分割东亚大陆之势力。据历史之昭示，初则借口通商，与中国订立《恰克图条约》，继到乘拳匪乱后，与日本狼狈为奸，订立密约，约定以内蒙古、南满为日本之势力，以北满、外蒙古为其势力范围。自是以后，俄国在蒙古之侵略，益放胆无忌。在宣统三年正月十八日，于是命驻京公使可斯德罗威克，向外务部提出六项之要求。终则劝诱蒙古独立，与之订立《俄蒙协约》，议定下列各条：

（1）俄国政府扶助蒙古保守现已成立之自治秩序，及蒙古编练国民军，不准中国军队入蒙境，及以华人移殖蒙地之各权利。

（2）藏〔蒙〕古王及蒙政府，准俄国属下之人，及俄国商务，照旧在蒙古领土内享用此约所附专条内各权利，及特种权利，其他外人，自不能在蒙古得享权利加多于俄国人在彼得享之权利。

（3）如蒙古政府以为须与中国或外国立约时，无论如何，其所订之新约，不经俄国政府允许，不能违背或变更此约及专条内各条件。

（4）此友谊协约，自签押之日实行。

右为《俄蒙协约》正文，协约之外，尚有第二条中规定之商务专条，其内容亦无非攫取在蒙古之利益耳。

自《俄蒙协约》订立后，我国政府迭向俄国提出抗议，交涉结果，于一九一三年五月十三日与俄订立《中俄协约》，依此协约，则我国之所得，不过在蒙古之宗主权而已。迄民国三年中、俄、蒙代表开会于恰克图，始将蒙古取消独立，然俄国之政治与经济之势力，已深入内部矣。

一九一九年，谢米诺夫利用蒙人之归附，招集布里雅特及内蒙古等处之蒙古代表，开会于替达，日铃井少佐亦参与其事，会议结果，决定合全蒙民族，建设一"大蒙古国"。一九二一年二月三日举兵陷库伦，遂于三月二十一日，宣告第二次外蒙古独立。

综观蒙古迭次之政变，莫不受苏俄之唆使与援助，其所取之政策，除以经济侵略外，更继之煽惑喇嘛活佛以及青年，作脱离中国之运动。目下苏俄在外蒙古之势力固已长成，即在内蒙之势力，亦日盛一日，此次内蒙要求高度自治，不无受苏俄之影响，可断言也。

日本侵略满蒙之企图，在完成其大陆政策，自战胜俄国以后，其野心，益形伦〔显〕露，且与苏俄狼狈为奸，于民国元年（一九一二年）七月，日本派桂太郎渡圣彼得堡，与俄政府订立密约，划长春以南之满洲及内蒙古之一部（自开原之北依长城至宽子城〔城子〕间东蒙古地域）为日本势力范围。迨至民国四年，乘欧洲大战之际，向我国提出二十一条之要求，其中关于内外蒙古者有数条，兹摘录如下：

　　第二号第二款　日本国臣尼〔民〕在南满洲及东部内蒙古，为盖造商工业应用之房厂，或为工作，可得其须要土地之租借权或所有权。

　　第二号第三款　日本臣尼〔民〕得在南满洲及东部内蒙古，任便居住来往，并经营工业等项生意。

　　第二号第四款　中国政府允将南满洲及东部内蒙古各矿开采权，许与日本臣民。至拟开各矿，另行商订。

第二号第五款　中国政府，应允左开各项，先强〔经〕日本政府同意，然后办理。

（甲）在南满洲及东部内蒙古允准他国人建造铁路，向他国借款之时。

（乙）将南满洲及东部内蒙古各项税课作抵，向他国借款之时。

第二号第六款　中国政府在南满洲及东部内蒙古聘用政治、财政、军事各顾问、教习，必先向日本政府商议。

于此可见日本侵略内蒙野心之一班〔斑〕。故九一八沈阳事变之起，决非构成于一朝一夕。今盘踞我东北四省，将哲里木、卓索图、昭乌达三盟并入伪国后，犹认为未足，更密派信使奔走于王公、喇嘛之门，勾引各部旗王公脱离中国，招〔松〕室孝良于百灵〈庙〉会议前三日，赶至多伦，其作用不言可知。今内蒙高唱自治，幕后之作祟，日本其一也。

四　自治运动经过情形

内蒙之国际背景，既如上述，政治之组织、民情之状况，又与一般不同，自治之酝酿，自非由于单纯之原因。然其事之起，当亦有近因，缘内蒙古自九一八事变后，在辽、热之哲里木、卓索图、昭乌达三盟被迫并入伪国后，东四盟中仅余锡林郭勒一盟未并入。该盟处热河之北，与辽、热接壤，故日人觊觎心切，时往煽惑，该盟副盟长德木楚克栋王，遂有联合绥远境内之乌、伊二盟组织自治政府之举。其所凭借之点：

一为蒙民生计日益艰难，非谋改造，将不能生存。二为利用中央漠视蒙务，引起多〔各〕王公对中央不满。三为利用曾受教育之蒙籍青年，许以政治上之地位。此辈蒙籍青年，以察、绥为多，因接近内地，有求学之机会，所学既成，饱载新思想而归，对于所处环境，当然不能满意，又感于政府之漠视蒙事，本身出路太少，对同胞之同情心大炽，改造环境之意识乃更坚。同时德王亦系一青年，利用其地位，笼络青年，为本身之助，故倡自治之说，一方收青年之心，一方作一鸣惊人之举，以固其政治地位。惟德王年仅三十有三，声望不足以号召全部王公，故联合乌兰察布、伊克回〔昭〕二盟，发起组织自治政府。当于九月中旬发出举行自治会议之文告。其大意谓："现蒙古北有赤祸嚣张，东有暴日侵扰，加以中央政府因我远处边陲，其政力之保护极难达到，本盟长等为谋地方、种族之维护与生存，用特决定于九月二十八日，在乌兰察布盟达尔罕王镇〔旗〕贝勒庙地方成立正式大会，除通知全内蒙各盟旗外，特邀请旅外王公札萨克族众贤达，务必一律亲自前往参加，将我濒于危亡之蒙古民族，共图挽救，以尽蒙人之责，不胜祈祷之至。"

百灵〈庙〉会议结果，决定着手组织自治政府，并致电中央要求自治，其电文如下：

（衔略）年来吾国兵荒饥馑纷扰鼎沸，边疆日蹙，外患日深，吾蒙古接近日国，创痛又烈。广漠之地，弱小民族，抵拒无力，固守无方，俎上之肉，宰割由人。十年以来，外蒙剥夺于苏俄，吾盟呼伦贝尔沦亡于日本，近并卓、昭等盟，亦相继覆没，西蒙牵动，华北振撼，千钧一发，举国忧心。吾蒙老弱民族，坐受宰割，亦固其所。中央虽负有扶植救济之责，顾内乱频仍，事势分异，当局尚不暇自救，吾蒙古何忍以协助责望中央，况兵燹之余，不时劳遣专使，远方存问，足证休戚相关，患难与共，吾蒙深为拜嘉。边疆有警，委蛇偷安，未为不可。迩来强邻俱侵，刻不容缓，燕雀处幕，覆亡之祸已迫，因循偷安，已为事势所不许。煎急虽甚，应付无方，倘不黾勉自决，一旦劲敌压境，所至为墟，风波所及，积弱之蒙疆，势必蚕食殆尽，深贻中央之忧，藩篱破决，将以亡命蒙古，累及同胞，一联摧折，全体牵乱，关切至大，为罪兹深。《传》时〔曰〕鹿死不择荫，凡我同胞，设身处地，试为蒙民三思，舍自决自治，复有何法？伏念我孙总理，艰难定国，以人民自治为基础，以扶植弱小为职志，竞竞遗训，万世法守。中央军事鞅掌既不遑忧远，吾蒙敢不投袂而起，遵奉总理懿训，自任自决，以自策励。盟长、札萨克等谨查二十年国民会议议决案，已有特许外蒙自治之先例，乃于今年七月二十六日，在乌盟百灵庙，招集内蒙全体长官会议，佥曰采用高度自治，设立内蒙自治政府，急谋团结促进，以表中央所不及，凡事自决自治，庶几眉急可挽，国疆可守。民意淳淳〔谆谆〕，亦咸以是为请，于是毅然进行，气象为之一振，所有顺应民意，应付环境，施行自治情形，除由盟长、扎萨克王公等，会衔联印，正式呈报中央鉴核外，爰将吾蒙推行自治真相，谨先电达，其自治真意，实因事急境迫，日暮途穷，志切自救救国，不得不亟图自决，以补救危亡。至于军事，外交，关切国家体制，吾蒙能鲜力薄，平时犹仰仗中央扶助，矧当存亡关头，一切对外措施，更惟中央是赖。并望当局诸公，一本总理民胞物与之旨，天下为公之意，谅其苦衷，悯〔悯〕其衰弱，辅导箴勉，弥缝其阙，而教以所不及，策励其自决自治之精神，促成其发奋图强之苦心，革命固陋，新其治化，上自以翊赞〔赞〕中央殷殷图治之心，下有以慰吾蒙喁喁渴望之意，俾五族之民众，互助共存，打成一体，庶几危亡可挽，边疆可固，蒙民幸甚，国家幸甚。锡林果勒盟长、乌珠穆沁古〔右〕旗札萨克亲王索讷木磅〔拉〕布担，副盟长、亲王德穆楚克楞鲁普等数十人连署。

此外，各盟旗尚有一呈文致中央，大意与上电相同，兹因篇幅关系，从略。

十月九日，又在百灵庙开内蒙自治会议。参加者为乌盟云盟长及巴副盟长、锡盟德副盟长、阿巴右旗卓王、苏旗郭王、乌、锡各旗札萨克、吐旗代表苏鲁、察旗代表特穆尔及各旗协理台旗〔吉〕等五十余人。决议在国府领导下，成立内蒙自治政府。推定自治政府组织法起草委员二十三人。散会。

十月十五日开第二次大会，审查《内蒙自治政府组织法》草案，参加者同前。兹录其《自治政府组织大纲》之前文及第一章如左：

内蒙各盟、部、旗长官，应内蒙现实之需要，援国民政府《建国大纲》国内各民族自治自决之规定，由内蒙各盟、部、旗长官召开全体会议，在国民政府领导之下，成立内蒙自治政府，制定《内蒙自治政府组织法》，颁布如左：第一章，自治政府；第一条，内蒙自治政府总揽内蒙各盟、部、旗之治权。第二条，内蒙自治政府以原有之内蒙各盟、部、旗之领域为统辖范围。第三条，内蒙自治政府除国际军事及外交事项，由中央处理外，内蒙一切行政，俱依本自治政府法律命令行之。第四条，内蒙自治政府以政务厅、法制委员会、参议厅组织之，但遇实事之需要，自治政府及各厅得设各种机关。第五条，自治政府设委员长一人，副委员长二人，委员九人至十五人。第六条，自治政府正副委员长暨委员由各盟、部、旗长日〔官〕共选之，各厅长及各会委员长由政府委员兼任之，各厅副厅长及各会副委员长，由正厅长及正委员长提请自治政府任命之。第七条，自治政府委员长遇事不能执行职务时，由副委员长或政务厅长代理之。第八条，自治政府以政府委员会处理一切政务。政府委员会，由政府委员组织之，委员长为政府委员会之主席。第九条，公布法律发布命令，经政府会议议决，由自治政府正副委员长及该关系之主管机关长官署名行之。第十条，各厅、会间不能解决之事项，由政府会议议决之。第十一条，各厅、会于不抵触自治政府法令范围内，得发布厅令及会令。第十二〈条〉，自治政府内置左列两处：（一）秘书处；（二）总务处。第十三条，秘书处掌理左列事项：（一）关于文书收发、编制及保管事项；（二）关于文书分配事项；（三）关于文件之撰拟、翻译事项；（四）关于典守信印事项；（五）关于编制政府公报及议事日程、会议记录事项；（六）关于登记政府内职员任免事项；（七）关于发布命令事项。第十四条，总务处掌理左列事项：（一）关于编制、统计及报告事项；（二）关于会计、庶务事项；（三）关于不属于秘书处事项。（见于十月二十六日《大公报》）

十月二十三日开第三次会议，参加者同前。通过《组织法》，推定政府委员长，决定委员额数百〔为〕十一人，锡盟二、乌盟二、伊盟二、察哈尔二、土默特二、阿拉善一。至此，自治政府大体乃定。

综观内蒙自治运动，要不外"赤祸"与日寇里表为患，交相煎迫为图谋生存自卫而出此。果此事之内幕，诚如是纯洁，则吾人固表同情，并愿中央所派之黄、赵等委员，切实领导，以扶持其成功，第恐无如是简单耳。

五　中央应付之方策

自内蒙要求自治之电文到达中央后，中央对于蒙事，如霹雳一声，大梦初醒，渐知抛弃以前因循泄沓之方，而别谋应付之策，于是国府派黄绍雄、赵丕廉等赴蒙宣慰。十月十七日行政院院长汪精卫氏，在一百三十次行政会议提出《变更蒙藏委员会组织方案》，及《改革蒙古行政系统暨蒙古之行政用人标准案》，当经通过。复于十月十八日提出中央政治会议讨论，其原则当经通过。兹将改革行政系统一案，录之如下，亦足以觇知中央对内蒙之最新方针也：

谨按总理《建国大纲》第四条规定，国内各弱小民族，政府当扶植之，使能自决自治，并经总理郑重声明，承认中国以内各民族之自决权，[对]于反对帝国主义及军阀之革命获得胜利以后，组织自由统一之中华民国。而第三次全国代表大会，复有"吾人今后必力矫满清、军阀两时代愚弄蒙古、西藏之恶政，诚心扶植各民族经济、政治、教育之发展，务期同进于文明进步之域"之决议。本党主张扶值〔植〕国内各民族之自决自治，久已昭示中外，中央为免除边民误会，增进边民利益起见，无论中央与地方一切蒙藏行政制度，自应本此自决自治之精神，以收扶植发展之实效。兹以蒙古而论，过去中央组织与蒙古地方组织之联系，失之松懈，而蒙古人民习俗各异，在省区域内，因无专管机关，对于省行政极易发生误会，遂予觊觎者以挑拨离间之机会。一方对于负有一族〔旗〕重望之王公首领，以及曾受自治训练之蒙古青年人士，复未能代谋政治出路，每使其失望而去。此次内蒙自治之发动，原因虽甚复杂，而其重要结〔者〕，要在乎制度与政治不能尽满足蒙藏民众之要求也。根据以上理由，爰拟定改革蒙古地方行政系统具体方案，其要点略加说明如下：第一，改革蒙古地方制度。对于已设省治、县治地方，以不破坏其原有行政区域，及其行政系统为原则。边区设省，系沿袭特别区而来，原有行政区域，早经明白划定，某省某县之名词，公私文书，沿用已非一日。中国二十八行省，尤为中外人士所习闻，倘一旦冒然加以割裂，关系良非浅鲜，故本案主张对察、绥等省行政区域，不因蒙人主张自治而有所变更。至于地方行政组织，则不妨略加补充，以适合实际之需要。第二，蒙古人民聚居地方，虽已设有省治，惟以风俗、习惯、语言、宗教各异之故，过去之地方政府，对于蒙古人民内情之研究，改革之方案，每易忽略，因而发生种种隔阂，此固无可讳言。今为补偏救弊起见，拟于省行政区域及省行政系统之下，增设一地方政务委员会，受边务部之指挥监督，专管蒙古地方行政，可补助省政府之不及，而收分治之效。如此办理，既使蒙古行政责有专属，复可使中央与边疆之关系更臻密切。第三，中央政府为增进边民实际利益起见，所有物质上、精神上之各种建设事业，均须积极筹划，次第进行。惟此等地方，公私经济本形竭蹶，于必要时，自应由边务部斟酌各该地方需要情形，拟定建设计划及其预算，呈请中央筹拨巨款补助，以期绥辑边民，巩固边防。第四，各种民族杂处地方，公私纠纷之事，层见叠出，省政府主持全省政务，原设有蒙古委员名额，遇有各厅县及地方政治委员会与人民间之纠纷，自可由省政府委员会负责解决，至必要时，再请命中央办理，以资便利。

黄绍雄、赵丕廉等抵绥后，即与绥主席傅作义磋商应付办法，同时，先遣李松风赴百灵庙探刺诸王公意见。据十一月五日北平电："李松风抵百灵后，遍晤诸王公，现德、云两王及所率青年，仍力主团结各旗，组自治政府，余人无主见。伊盟陈副盟长偕李到百，现极力幹〔斡〕旋，劝德王等接受黄绍雄、赵丕廉交李携来之方案。"

九日黄绍雄、赵丕廉接德王、云王之敦请，十日由归化前往贝勒庙，商自治问题。闻黄有电到京谓："各王〈公〉在一周前尚坚持成见，近以德王容纳中央之劝告，允打消自治政府高度组织。

观察今后情形，各王公对中央主张，以各旗为自治单位，扶助农民发达经济，改进畜牧等，循序完成蒙古自治之方案，当无多大还价。"是否如是解决，姑拭目以待之。

六　今后治蒙应注意之事项

一、改善行政

窃意宣慰内蒙，首当改革行政组织。查蒙藏委员会对于各盟旗毫无行政上之联络，几等虚设，而主事者对于蒙事，又多隔阂，欲求蒙人之信仰，自不可得。今中央政府既悟过去行政上错误，应立即改革，务使中央与盟旗联成一气，同时，盟旗与省县合作，王公与平民合作，在中央政府领导之下，从事改革蒙事。在蒙民方面，固不必斤斤于自治之名义，在中央政府领导之下，尽可施行地方自治之实。而在中央政府方面，倘内蒙自治之组织而不抵触中央政府之行政，则中央政府，尽可扶助其自治。以此晓谕蒙民，以此改善行政，或可挽回汉蒙之联系，此其一。

二、增进安〔宗〕教信仰

政治之外，宗教亦关重要。缘蒙古民族，多信奉佛教，相沿迄今，迷信已深，自不能遽行打破。在昔满清治蒙，半恃宗教，数百年相安无事。日今提倡宗教固不可，但亦不能蔑视宗教。宜并筹兼顾，一方面借宗教之势力，以维系人心，一方面普及教育，令其开化，使之认识教义，认识时代。知识既开，则生活自臻于光明之途，此其二。

三、改善汉蒙民族感情

自来汉人对于蒙民之观感，大率带有轻视与憎恶之心，而服官蒙古者，往往傀儡王公，欺骗利用。经营商业者，则剥削榨取。边塞汉人，又好以小智而愚弄蒙民，因此，蒙民对于汉族多存恐惧怀疑之心，而不愿受制于汉人。故今后治蒙，应先使汉人除去心理上之歧视，严禁汉人愚弄蒙民，以平等之待遇，相扶提携，共济危难，此其三。

四、改善蒙民生活

缘蒙古人民，向以游牧为生，衣食住行，犹属中世纪之方式，迄未改善。对于饲养畜牧，又一任自然，而不知改良，每至严冬，仍无避寒之所，家畜时有冻死者。所用饲料，仅赖旷野之牧草，一切毫无设备，是以每年增加之牲畜，为数极微。同时地下之富源，亦未能加以开采，故蒙民穷困如旧。果能于设施政治时，注意提倡畜牧，开发矿山，便利交通，则更若干年后，当不难成一经济富裕之区也。凡此种种，深望当局注意及之。

《大学杂志》（月刊）

上海大学杂志社

1933 年 1 卷 5 期

（朱宪　整理）

积极解决察事

霭之 撰

在观点上：为国家，须于此事求得整个抗日力量之集中；为个人，宜以强力制裁，保存其已往对革命之功誉。

在方法上：军事之部，国家应承认其克复失地之胜绩，而国军亦应即速推进，巩固察东；政治之部，应容纳其对察省团防组织之一切有效的建议，并以相当力量，促其实现。

自察事紧张以来，朝野人士，爱憎各异其趋，解决之呼声虽久嚣尘上，而进行之成绩，则甚迁缓。是盖国人对察事之观念，未能正确，致解决之途径无所采舍，解决之方法难符实际。以言军事，则国难当前，应避内争之嫌。以言政治，则应变之力量有限，要求距程甚远。往复迁延，岁月曷几，危害曷极！

吾人试放过前因，体察后果，倘不积极为之，则来日大难，吾人可预测者，有下列数端：

（一）国民之意识，因爱憎有所不同，形成互相排挤之局势，此种局势，直接破坏抗日力量，间接危害"剿匪"事功。

（二）察当事者，利用国民之爱国心理，广作虚伪宣传，予敌人以借口机会。固然，敌人犯境，并不以有否借口为转移。惟察当事者实力欠缺，一旦战事发生，即难以抵御。而国军方面，又隔于时势，无法援助，则察地旦夕即非我有。何况以前次作战经验，即国军之防御力，亦有许多弱点耶？

（三）敌纵不仓卒临我，而察地军事上之扩充，亦将予人民以死亡破产之危害。人民多一分怨毒，敌人即多一分恩惠，生活所迫，行见遍地汉奸，至不可救药。而反观国军之驻察者，在其任务，皆属虚耗国帑。

（四）至中央政局无力进行，抗日计划无从推进，尤其余事。

综上四端，则察事之应积极解决，无待赘言。然解决之方安在？曰先确定解决之观念。对事，国家于忍辱含愤之余，人民对政府表示不满，而出其幼稚纷扰之行动，乃属应有之事实。盖无此种行动，则民族朝气已尽，岂有复兴之望？故就事论事，则姑无论察事主持人是否另有所图，政府亦须以前述观念视之，不必更计其背影。对人，冯氏已往参加革命之功绩，虽每以英雄主义自误，然动机方面，尚多可记，政府亦宜站在爱护之立场以资应付。于是或以善意褒之，或以强力制裁之，要皆足以昭恩惠于大众。至于人民，更宜洞明时势，除现政府外，实无有能领导整个抗日力量之来者。而在整个抗日力量筹施进程中，实不容使内部力量分散，成为等于自杀之多方面进取形势。诚能以这种观念协政府，则前途解决过半矣。

观念既定，吾人更进求解决之道。据吾人所见：

（一）承认察局当事者收复察东之战绩。换言〈之〉，即承认参加察东战役官长及部队之存在，按其资历、内容，编为正式国军。

（二）在不抵触的行军状态下，国军积极推进，巩固察东国防，保存察东已得之胜利。

（三）容纳彼等对察省国防组织之政治的有效建议。换言之，即为政府采用其政治主张，表现抵日计划之端倪。

若是则对事的方面，察当事已无借口可能，纵有借口，亦不过暴露本身之英雄主义而已，此时政府履行责任内之行动，明证其失而以强大力量制裁之，社会自有舆论附和，而谓察事难解决，其孰信之？

《汗血周刊》

上海汗血书店

1933 年 1 卷 5 期

（李红权　整理）

热河及兴安两地实况

作者不详

热河一瞥

△一切政务操之日人

△军事、交通及其他方面之侵略日亟

承德来人谈，热河现状，甚形繁复，兹就所见，略述于次：

（一）政治——张逆海鹏名虽省长，实为日人之傀儡，一切政务，均操于自治指导部委员会及总务厅。按指导委员会均由日人组成，总务厅亦为日人中野琥逸主持。省指导委员会而外，又设县指导委员会，置指导委员二人，监督全县之行政。近又每一乡或五乡设指导委员会，谓之乡指导委员会，监督乡民之一切行动，人民稍有怨言，即遭监禁或暗杀。

（二）军事——驻热日军第六师团现已开拔回国，第八师团散驻热河各地。伪军张海鹏部所辖四混成旅，分驻承德、赤峰、朝阳、围场等处，李守信部仍在多伦。在热境之日伪军队，多散居于商号及民宅，喜则玩弄妇女，怒则持枪行凶，人民逃避远扬，日渐其多云。

（三）交通——日人对热河交通，极为注意，闻于最短期间将完成热河铁路系统，以为控制蒙古及苏俄之用。北票至朝阳之铁路，现已完成，朝阳至平泉之线在修筑中，平泉至承德之线在计划中。汽车路分两干线，一由朝阳经建平达赤峰，一由朝阳循凌源、平泉而达承德；现由伪奉山路代备汽车百余辆，来往运送云。

（四）其他——关于教育方面，热河原有学校八百七十八处，现在开学者不过十数处小学而已。历史、地理、党义等科，早已废除，日语则各校必须学习。关于金融方面，该省市面充斥伪中央银行票及朝鲜金票。关于社会方面，种鸦片及吃白面者，日见其多。日人向人民搜索枪械，日见严厉。

兴安概况

△面积三十八万三千余方里

△人口九十五万六千余人

△划为东、南、西、北四分省

暴日夺我东北制造傀儡组织后，即以东蒙为中心划一所谓兴安省，设兴安总署管辖之。据伪兴安总署发表之兴安省概况撮举如次。

一　位置、面积及人口

兴安省位于黑龙江、辽宁、热河、锡林郭尔〔勒〕各蒙古及苏联一部之间，包括宽大地域，而形成伪国西北一大屏藩。在地形上，因该省北部有兴安岭斜行其间，故成小山岳地带。由此发源之河川，东入嫩江，西注入阿鲁古那河，南则深入"满洲"平野，锡喇木伦河则形成该省与热河省之境界而东流。行政上分全省为东西南北四分省。总面积达三十八万三千四百余平方粁，而总人口则不过九十五万六千余人。

二　行政区域

兴安总署置总务、政务、劝业三处，〈指〉挥监督东西南北四分省及各旗，掌管省内一切行政事项。各分省行政管辖区域，东分省五旗，南分省七旗，西分省六旗二县，北分省六旗一市。各分省及旗、县、市公署所在地如次：

兴安东分省 札兰屯		兴安西分省 开鲁		兴安南分省 达尔罕王府		兴安北分省 海拉尔	
旗县市别	公署 所在地	旗县市别	公署 所在地	旗县市别	公署 所在地	旗县市别	公署 所在地
喜札嘎 尔旗	索伦	札鲁特 左翼旗	鲁北	科尔沁左 翼前旗	西札哈齐	索伦旗	南屯
布特哈旗	札兰屯	札鲁特 右翼旗	桃儿山	科尔沁左 翼〔金旗〕 后旗	吉尔嘎朗 图塔拉	新巴尔虎 左翼旗	阿穆古朗
阿荣旗	黄花岭子	〈阿〉尔科 尔沁旗	昆都	科尔沁左 翼中旗	巴彦塔拉	新巴尔虎 右翼旗	阿尔坦 敏喇
莫利达 瓦旗	布西	巴林 左翼旗	林东	科尔沁右 翼中旗	察尔森	陈巴尔 虎旗	乌珠尔 和硕
巴彦旗	和礼屯	巴林 右翼旗	大坂上	科尔沁右 翼前旗	乌兰哈达	额尔克纳 左翼旗	奈勒穆图
		克什克 腾旗	经棚	科尔沁右 翼后旗	代钦达拉	额尔克纳 右翼旗	吉勒穆图
		开鲁县	开鲁	札赉特旗	巴彦哈喇	海拉尔市	海拉尔
		林西县	林西				

三　行政警察

兴安总署之政务处内设警务科，管理省内之警察行政，各分省设兴安警察局，掌理分省内警察事务。各旗设警务科，指挥旗内保卫团，处理旗内警察、卫生事项。原来计划，系就各地实际情形施行适当警察行政；第因组织不备并地域广大，乃未能圆满运行。该省管辖区域内之治安，仍多赖当地驻军协力维持。

《黑白》（半月刊）

上海黑白半月刊社

1933 年 1 卷 5 期

（李宣莹　整理）

内蒙自治问题的面面观

雨华　撰

《塘沽协定》签字以后，接连发生三大问题，震撼着华北粗安的政局：首先是以冯玉祥为中心的察哈尔问题，自五月二十六日迄于八月四日，两月有余，所谓"抗日"的结果，不外第一，巩固了日人在察东的势力，陷整个察哈尔于支离破碎之境地；第二，阻滞战地的接收，分散中央政府的力量，使之不能迫使日人遵守《塘沽协定》撤兵的规定；第三，使李济春辈扬眉吐气于滦东。幸而冯玉祥知难而退，得免大规模内战的爆发。其次，就是方、吉问题。方振武、吉鸿昌因察哈尔事件之失败，怨气未消，不惜公开勾结日帝国主义者与滦东群寇，认父称雄，窜扰冀北。于是，第一，老耗子之流，啸聚滦东，进占抚宁，使半年来糜烂不堪的战区，益发不可收拾；第二，日本借端生事，飞机自由轰炸我战区居民，自由起落于南苑飞机场，要挟攫取北宁通车、滦河驻兵等特权。现在，方、吉问题，已告结束，但是，政局犹如戏剧一样，以后所继续表演的，就是关于内蒙自治问题的一幕了。

这一次内蒙问题的经过，在表面上似乎仅是几个王公和青年的把戏，但我们忧虑它在实际上含有较几个人的把戏远为严重的意义！只要我们一看《塘沽协定》以后的整个华北问题，自冯玉祥以至方、吉，无论其主观怎样，在客观上无一不是加紧了敌人侵略，替敌人充当了前卫兵。华北，如全中国一样，愈是分裂，愈利于敌人的进袭，这已由事实昭示给我们了。而内蒙这次所发动的"高度自治"，首先就是对内蒙现存制度之推翻，自然毫无疑义地预示着更大的更悲惨的危机。

自十月九日至二十四日的百灵庙的会议，已决定成立一自治政府，通过了这自治政府第一年的预算——三十二万元——及《自治政府组织法》，推选了云王为委员长，索、阿两王为副委员长，德王为政务厅厅长，东大公王为制法委员会委员长，并确定了政府的所在地——天池。这一急转直下的形势，已经露示出严重的姿态，这姿态，在表面上虽不似察哈尔与方、吉事件那样粗暴，但它的庞大与沉重，则有迫使我们在下列几方面加以探讨的必要，即：（一）经济方面，（二）政治方面，（三）国际关系方面，（四）民族问题方面。以下我们就从这几方面一一加以研究。

在经济方面，内蒙古的主要经济形式仍是牲畜的，虽然近八十几年来内蒙古的经济已被商业资本所摇撼，但商业资本始终未能改变牲畜经济在内蒙经济中占统治地位这一事实，正如商业资本始终没有改变农业经济占中国内地经济之统治地位的这一事实一样。

牲畜经济的一个基本条件是广袤的原野与少数的人口。据最近调查，内蒙古人口的密度不过一平方里有二人而已，与十八省的人口密度的相较仅占七八分之一，与江苏、浙江两省的人口密度相较仅占二十分之一。这就是内蒙古牧畜经济尚能支持的一个最主要的原因。但是，当内蒙古人民仍在继续其逐水草的生活时，成千累万的过剩人口却自华北各省潮水般注入内蒙古境内。到最近为止，汉人的人口已超过蒙人两三倍，在绥远一省内甚至超过八九倍！这个大规模的移民运动最近二十年来是日渐以加大的速度进行着的。

跟着这些汉人的足迹的普遍，就是开垦面积的展开。直到最近，察哈尔已开垦之地已超过三十万顷，绥远也有二十九万多顷。据最近王谟氏的演说（在北平大学商学院），"现在汉人移入，渐渐开辟成耕地，已占一百六十余万顷"。垦地面积的扩大，就是牧畜地域的缩小，这是很明显的事实。而且因汉民的日渐增多，经济范围日渐趋向农业化，蒙人的生计自然日渐穷蹇，以至人口的减少。日本新闻记者籐冈启氏于《满蒙经济大观》一书里面，谈到内兴安岭每年有五十万汉人的移殖，从而预测，照这样下去，"不出十年蒙人可绝迹"。这话虽然有些夸张和挑拨汉蒙民族感情的性质，但是汉人移民的增多影响蒙人的减少，这是毫无疑义的事实。

　　不消说，华北过剩人口倾注内蒙这一个自由发展，影响了蒙人的生计，且给了现在一般闹着"高度自治"的王公们一种有力的口实。但是，是否蒙人应当长久立于原始的、孤立的、牧畜经济的状态，而不借与汉人的合作走向较高的经济发展阶段——农业经济——呢？这却是值得研究的问题。蒙古王公既已认清"因循偷安，已为事势所不许"（见《北平晨报》十月二十一日《内蒙各盟旗长官上中央呈文》），而所谓蒙古青年又在附合着这样的高调，那么，他们更应该知道：除非积极地打开他们现在所存立的原始的、孤立的、停滞的经济状态，一切所谓自治，都不外加速他们灭亡的过程而已。当然，在表面上看来，似乎汉人移民的增加，乃是汉人对于蒙人的压迫，其实，这里完全是牧畜经济过渡于农业经济之必然的历史的阶段。这种过程虽然对于一部分保守的顽固的蒙民确有不利的地方，但是，解决的办法绝不是要阻碍这种转变，绝不是要假借自治的名义使着汉民与蒙民的生活完全隔离，以使蒙民永远沉滞于牧畜经济的阶段。相反的，中央政府及内蒙的领导者，正应当以各种方法引诱蒙民进入于更进化的经济阶段，这不是需要与汉人经济方式的隔离，而正是要以这种经济方式促进内蒙的发展。自然，在过去的时候，无论中央政府以及内蒙当政者，对于汉人移民所给与蒙民的侵害，没有设法给与以圆满的保障，没有注意使广大蒙民同时与汉人享受相等的利益，这当然是当政者应当十分注意的问题，但这绝不是内蒙自治与否的问题。

其次，在政治方面，我们当然应该毫不讳饰的承认，因为民国以来始终没有一个有力的集中的中央政府，内蒙人民是一向听受地方官吏的劫夺，尽管《国民政府建国大纲》中规定："国内各弱小民族，政府当扶植之，使之能自决自治。"尽管孙中山先生一再郑重声明："承认中国以内各民族的自决权，对于反对帝国主义及军阀之革命获得胜利以后，组织自由统一之中华民国。"并且尽管第三次全国国民党代表大会决议："吾人今后必力矫满清、军阀两时代愚弄蒙古、西藏之要政，诚心扶植各民族经济、政治、教育之发展，务期同进于文明进步之域。"然而，始终因为整个中国政治现状未入轨道，因为中央与地方行政组织之松懈，以使地方官吏之"愚弄"也如故，劫夺也如故，而蒙人内向之心当然是日减〔渐〕减底〔低〕了。

不必讳言的，几年来内蒙地方官吏对蒙民生计问题所抱的政策完全是与军阀制度对于内地人民的剥削一般无二。就我们所知道的，多伦地方蒙人卖羊须纳五种捐税：一，国税——塞北关收；二，地方税——察省统捐局收；三，教育捐——多伦教育局收；四，军事附加税——多伦商会收；五，各行会税——由各行收。在归化城，一个蒙人若想卖出一匹马或一头牛至少须纳捐税五元，一头骆驼只〔至〕少须纳九元，一只羊至少须纳九角。这样地方上的苛政给蒙民的打击当然是非常严重的。由下表中我们可以看出乌兰察布与伊克卓两盟牲畜出口之激减（见《大公报》民国二十一年十二月二十三日）：

种类	马	牛	骆驼	羊
民国元年	六万匹	一万头	二万头	三十万只
民国十年	二万匹	五千头	八千头	二十万只
民国廿年	一万匹	二千头	一千头	十万只

此外，因政治上的不安，汉民土匪驱走蒙人羊群的事，是司空见惯的。在绥远和察哈尔这样包容几十万蒙民的省份中，省政府的省委蒙人只有两个，且不兼厅长。这一切事实当然足引起蒙民的愤懑，然而这种愤怨〔懑〕，毫无疑意是由于地方官吏的跋扈，没有在巩固中央的统一政策下解决这一民族问题，根本上背弃着孙中山及中国国民党之一切政纲与决议。今后内蒙古问题的解决，必需中央政府以最大的努力纠正地方政府的这些错误。

但是，内蒙古问题若是没有复杂国际背景，绝对不会这样顽强地发展下来，这是不待智者而能判断的。爽快些说，若没有日本占领满洲与热河的事实，内蒙到底不会引起像现在这样大的纠纷。

早在民国四年日本在二十一条中已列出它所要求的内蒙的特权。一九二七年田中奏议中对侵占内蒙的准备已赤裸裸地表示出来。到一九二九年为止日本除四洮和洮昂两铁路外，对内蒙的私人投资已达十万万日金。九一八前后日本到内蒙的考古队、参观团、密探等等人物，多如过江之鲫。九一八以后，日本飞机曾借德王幕下日人顾问之介绍将德王等七人运至长春开会，曾决议：（一）西蒙宣布独立，（二）东蒙各盟由"满洲国"划归德王，（三）"满洲国"充分接济西蒙独立运动。在去年春季，就传说日本由黑龙江运给德王步枪一千余只，机枪、迫击炮若干。如果长春的决议不是错的，这传说是不能否认的。等到本年九月间各王公发出召集九月二十八日自治会议的请帖时，承德的日本特务队长松室孝良已于九月二十五在多伦召集了德王等开了一个首脑会议，同时绥远主席傅作义因派兵归化阻挠百灵庙会议，所以王公等先在洮江开预备会，这时候松室孝良已派了开鲁蒙人胡玉峰携兵二千八百余人到洮江保卫。

并且，在十月十五日百灵庙第一次正式会议上所通过的《内蒙古自治政府组织法》中所规定的第二条是值得我们特殊注意的："内蒙自治政府以原有之内蒙各盟、部、旗之领域为统辖范围。"这与长春会议的第二项决议前后呼应。

我们早已很明白地看出内蒙自治运动的背景以及其主动的那一面了。也许有人怀疑，日本既要伸入西蒙，干脆把兵冲进去，再建起一个傀儡国"蒙古国"不好吗？何必如此巧费心机呢？这就是因为现在西蒙与九一八前夜的满洲比较起来，存有三个〔个〕重大的不同处：第一，西蒙方面有几十万与汉人完全不同种族的人民，而旧时的满洲并没有多少满人，大都是关内移去的汉人；第二，这些蒙人现在在经济上和在政治上，如我们在上边文字中所看到，与汉人之地方官厅，以及中国高级官宪间，有很大的隔膜，很尖锐的矛盾；第三，现在的西蒙是沿袭着蒙古盟旗的旧制，与汉人的官厅正形成着"两重政权"的并行。有这三个不同处，乖巧的日本人自然不需自己来动手。这就是广田外相所谓"不战争而胜利"吧。

危机是摆在我们的面前了！我们应当认清：内蒙的危机同时也就是中国的危机！为挽救这个危机，我们应当唤起一切蒙人与我们立在共同战线上，在共同的敌人面前团结起来。少数的王公代表在根本上就不能代表蒙古大多数民众的利益。本年夏季绥远阿拉善旗的"督贵"运动曾暴露了王公们凶残的面孔。

此次少数王公以有所恃之故，企图肆意操纵"自治"运动，割裂中国的统一，便利于帝国主义者的吞并。即使退一步说，他们当时没有受帝国主义的玩弄，以内蒙经济之落后，拒绝向较高经济阶段发展，也是一种落伍的最不正确的企图。

现在关于内蒙自治问题在表面似乎已经暂时的告一相当段落，这一方面由于中央政府对于蒙古王公的企图没有完全放任，而另一方面由于整个中日外交形势的缓和，暂时的减轻了内蒙问题的困难。但是，这一解决当然是非常暂时的，当局绝不要以〔府〕这种暂时的缓和而放松了关于整个内蒙之根本的久远的大计。从这一次事变后中央〈政〉府必需认清内蒙问题之两个要点：第一，内蒙问题含有重大的民族意义，中央政府应注意根本改善蒙民生活，引导蒙民经济、文化的发展，并且特别在自上至下之一切政治实际中实现蒙民所应有的政治平等与自由。第二，内蒙已经成为中国的边防要地，这里时时受着敌人的诱惑与威胁，一切内部的裂痕都必然成为敌人挑拨离间之最便利的资料。内蒙自治问题提醒了中国上下对于内蒙问题的注意，可是，很显然的，这只不过是内蒙问题之第一声而已。随着远东问题及中、日、俄三国外交形式〔势〕的紧张，内蒙今后将要成为中国外交以及远东外交问题的重地之一，自治问不题〔题不〕过只是其最初的一幕罢了！

《重心旬刊》

北平重心旬刊社

1933 年 1 卷 6、7 期合刊

（丁冉　整理）

内蒙古自治和独立运动

海　撰

内蒙古自治的酝酿，决不是一天的事，而其爆发则已成为煊〔喧〕腾人口的事实。事实的主脑德王在去年冬曾在南京组织蒙古王公驻京办事处，且图谋活动蒙藏委员会，结果失败。德王遂乘日本军用飞机，率王公七人往长春参加日人在长春、大连之屡次会议，结果遂有十月九日在绥远百灵庙召集之"内蒙自治会议"，组织自治机关，起草自治条例，发出自治宣言，要求高度自治。

"独立"运动未发生时，德王为乌滂警备司令，有兵仅一千名，连班禅卫队，内蒙共有兵力六千人，但据十月十二日华联社东京电："日军根据现任关东军最高顾问川岛浪速之建言，极力收编蒙古青年，特别训练蒙古骑兵对付俄之柯撒克骑兵，据满洲国兴安总署调查，收编蒙兵达五万，日军更积极拉拢内蒙各旗，拟组织二十万人之内蒙古军队以为日军之友军。"

由上述，很显然地内蒙古现在已完全在日本控制之下，以施行其一贯的内蒙政策。百灵庙会议的高度自治宣言说"中国政府极力剥削蒙人自治权，将内蒙分为若干省区，由华方统治之……地方自治由专横之县长剥削殆尽"等等，并公开宣称，"如对吾人采不合之态度，则吾人毫不迟疑乞求外援"，其背景之明显真是无以复加了。

所以，我们知道一切的政治运动，如果是离了广大的下层民众，必然要走入歧途的。我们欢迎内蒙人民真正的自决自治运动，却极端地反对这王公大人、上层官僚政客受帝国主义支配利用欺骗民众的自治运动，因此我们希望内蒙的人民积极地起来，同中国的人民站在一起，反对日本帝国主义，反对这些受帝国主义利用的王公大人，同时更希望政府不对于运动稍有妥协，而积极地扶植内蒙人民的真正自决自治运动。

《回族青年》（月刊）
北平伊斯兰学友会
1933 年 1 卷 10 期
（李红权　整理）

内蒙拒绝章嘉活佛

溪　撰

中央又要假借宗教的力量去宣化内蒙，所以请章嘉活佛辛苦一趟。但而〔内〕蒙通电反对了。国恩深重的班禅大师，也困坐百灵庙没有办法。要知道内蒙作的题目是"自治"，在党国领导之下，并不是件稀奇事，用不着大慈大悲之旨，加以宣化。再说内蒙之"自治"，表面上虽说是一些王公大人干的把戏，但骨子里仍是蒙古青年推动一切。这种情形，他们是为谋共同利益起见，不得已之矛盾的结合。有一种新的力量在里面，自应以新的方法来应付，中央不明乎此，硬要以活佛大师，行使其羁縻软化政策，岂不是个大错。所以中央不必说蒙民自治，为期尚早，或是顾虑到有什么背景。我们只要凭着先总理的民族主义，树立一种妥当的民族政策，庶乎有济。"养兵千日，用在一时。"宗教力量，有时而尽。可惜中央的心力和金钱！

《回族青年》（月刊）

北平伊斯兰学友会

1933 年 1 卷 10 期

（丁冉　整理）

所谓《内蒙自治解决大纲》

溪　撰

酝酿已久之内蒙自治问题，日趋于缓和，并已有解决之具体办法，即黄绍雄氏所提出之《内蒙自治解决大纲》也。定出甲、乙两项办法：（甲）（一）名称；（二）区域；（三）隶属：蒙古各自治区政府直隶于行政院，遇有关涉省之事件，与省政府会商办理；（四）权限：蒙古各自治区政府管理各本区内各盟、部、旗一切政务；（五）经费：蒙古各自治区政府经费由中央按月拨给；（六）联络。（乙）设置蒙古统一最高自治机关，定名为蒙古自治委员会，直隶于行政院，管理各盟旗一切政务。其经费由中央按月拨给。此两种办法，由德王召集会议选择之。结果采取（甲）种办法。在两种办法中其同点有三：（A）承认蒙古之自治；（B）均直接隶属于行政院；（C）经费均由政府拨给。其不同点在：（甲）种则为地方分权的自治政府，（乙）种则为集权的自治政府；二者之中，吾人评之，若为整个之蒙古民众利益计，当以（甲）种为是。盖分权尚有与民众接近之机会，若集权，最易使王公大人借整个力量，以剥夺蒙古民众之利益也。故蒙人之探取（甲）种办法为是。此项大纲，既能满足蒙人部分之要求，又不害乎国家行政指导之下，吾不禁为国家贺！然观其解决之情形，司其事者为一般蒙王，未有蒙古民众之代表也。从中为说项者，乃班禅大师，固一权高之僧侣阶级也。嗟呼！拍卖者是王公大人，介绍人是僧侣阶级，我政府仍未能与全蒙古民众发生关系也！是之谓蒙古自治乎？抑为完成王公大人之剥夺蒙民利益乎？展望前途，仍非乐境。

《回族青年》（月刊）

北平伊斯兰学友会

1933 年 1 卷 11、12 期合刊

（李红权　整理）

东北失陷后的蒙古问题

赵勤 撰

一 蒙古问题的严重性

自前年暴日以武力劫持我东三省并制造伪满洲国以后，蒙古问题即日臻于新的严重的境地。以满蒙关系的密切，蒙古问题原不能离满洲而独为论列。满洲的争夺，实可说是蒙古争夺的序幕。自日人占领满洲后，识者固早知其必取内蒙之热河。因热河重山险阻，屏蔽冀、察，控制辽西；自我国国防言，热河为我华北与整个蒙古的要〔门〕户；自伪满洲国方面言，不得热河，则无以固其防守。所以热河的争夺战，实为不可避免的事。然而我国当局，对于国防上如此重要的地方，事前竟不知严为布防，至今年春间，此世称天险的热河，遂以失陷闻！热河既失，华北震动，察、绥垂危。果然，不旋踵间，察哈尔之重镇多伦，又告陷落！沽源又告紧急！蒙古问题之严重，实为从来所未有！本文即在介绍蒙古最近的政治情势，以促起国人的注意。

二 蒙古的一般情形

欲明白蒙古最近的政治情势，须先明白蒙古的一般情形。

（一）蒙古的划分

蒙古为一大高原，在长城以北，新疆以东，辽宁、黑龙江两省以西，俄属西伯利亚以南。蒙古地域广大，因戈壁大沙漠横亘在中央，分为内外二部：即漠北为外蒙古，漠南为内蒙古。内蒙古因民国以来，汉人移至农垦者日多，汉蒙杂居范围，日益扩大，政府乃依照行省之制，将它改设为热河、察哈尔和绥远三行省，又将西套蒙古一部分，划归新设的宁夏省管辖。所以实际上内蒙古的名称，已不复存在。

（二）蒙古的面积与人口

蒙古地广人稀，其面积与人口，向乏可信的统计。据最近美人Owen Lattimore 在《蒙古问题的重要性》一文上说："外蒙古的面积约百万平方哩，人口约蒙古人百万，约中国人百万乃至一百五十万。此外在内蒙的蒙古人约百万，热河省的蒙古人约五十万。合计蒙古人总数为三百五十万乃至四百万，这数字表示在极广大的土地上，只住着极少数的人民。"（注一）据吴龢先生说："外蒙古面积一百六十七万平方哩，人口约二百六十万，其人口密度，每平方哩不过一二人；即除一望千里，寸草不生的大沙漠而计算之，其密度至多亦不过每平方哩十三人。"（注二）再看最近申报馆所出版的《申报年鉴》的统计：

省名	面积（单位平方哩）	人口
外蒙古	六二二,七四七	六,一六〇,一〇六
热河	六七,一六六	六,五九三,四四〇
察哈尔	九九,九二八	一,九九七,二三四
绥远	一一七,三九六	二,一二三,九一五

依此计算，外蒙古的人口密度为每平方哩约十人；内蒙古为每

平方哩约三十七人，内外蒙古合计的人口密度，为每平方哩约十九人，人口密度最高的热河，每平方哩约为九十八人。以此与内部十八省的人口密度（如据竺可桢先生《论江浙二省人口之密度统计》，江苏人口密度为每平方哩七百三十二人，浙江人口为每平方哩六百零三人）相较，相差甚大。所以上述关于蒙古的面积与人口的统计，虽有不甚确实之处，然其土地广大，人口稀少的情形，亦可想而知了。

（三）蒙古的农垦与牧场

国人对于如此广大的蒙古地理，多不明了，所以常有蒙地多荒凉的误会。实则蒙古荒凉，仅限于中贯之沙漠一带，除沙漠而外，俱是可耕可牧之地。如内蒙各省，阴山所在，黄河所流，四望平旷，尽是绿色草场，地学家称为塞外草原。清代康、乾以后，汉人出塞移殖，络绎于道，初则半耕半牧，行居莫定，后则在大河南北，筑室开垦，渐有富庶景象。自平绥铁路告成后，移民益便，草莱日辟。据近年统计，内蒙耕地约居十分之五，农牧之地约居十分之三，牧畜之地约居十分之二。足见塞外农业，已有长足之进步。绥远一省，尤宜提倡农垦。因其地土质为冲积层，最宜农耕，又当河套，河套有八大干渠和无数支渠，引渠灌田，甚称便利，所以渠列之处，农民咸集，溪渠纵横，村落相望。故从来即有"黄河百害，惟富一套"之谚。后以当地垦务局员舞弊，将耕地改为包租，后复有军阀杨某，承办官渠，蹂躏农民，渐致各渠尽行淤塞，农民不堪重租频催，多弃地他逃。于是沃壤变为石田（注三）。年来国人高唱开发西北，移民实边，而乃已垦之地，复成荒芜之区，说来实属痛心！

外蒙的沙漠以北，草地渐盛，甚有开发的希望。如色楞〔楞〕格河、克鲁伦河等流域，土壤均极肥沃。唐努乌梁海及科布多一带，更可从事农业。

蒙古，是一最大最适宜的天然牧场。专以牧畜为业的，多为蒙古人。可惜蒙人牧畜，但知墨守旧法，一任其自然，而不知改进。冬季无避寒之所，家畜每不免于冻死，所用饲料，仅赖旷野之牧草，至若干秣，则毫无设备，每年增加之牲畜为数甚微（注四）。然如能提倡新法牧畜，则蒙古未尝不可为世界产畜最多之地。所以孙中山先生曾说："阿根廷为供给世界肉类之最大出产地，而蒙古牧场，尚未开发，以运输之不便利也。阿根廷既可代美国而以肉类供给世界，如蒙古地方能得铁路便利，又能以科学之方法，改良畜牧，将来必可取阿根廷之地位而代之。"（注五）

（四）蒙古的出产

蒙古人为游牧民族，牧畜为其唯一职业，所以蒙古出产最多的当然为牲畜与畜产。据俄人统计，内外蒙古共有牲畜一千五百余万头，列表于下（注六）（单位：千头）：

	（以千头为单位）
马	一，八五〇
骆驼	三七〇
牛（附犁牛）	一，七二五
绵羊、山羊	一一，五〇〇
共计	一五，四四五

内外蒙古的畜产总额，亦据俄人所统计的，列表于左（注七）①：

（1）牛羊肉：

	每年屠宰头数	每头重量	共计磅数	共计担数
牛肉	一六二，五〇〇	二八八	四六，八〇〇，〇〇〇	三二五，〇〇〇
羊肉	一，五〇〇，〇〇〇	四五	七〇，二〇〇，〇〇〇	五三〇，〇〇〇

---

① 以下牛羊肉、毛、皮、乳各表数字计算有误，均照录原表。——整理者注

牛羊肉合计：八八二，〇〇〇担

其中：本地食量：二八〇，〇〇〇担

　　　出口量：六〇〇，〇〇〇担

（2）毛：

羊毛：共计：一一，五〇〇，八〇〇头

　　　每头每年剪毛二磅

　　　每年共有：二三，〇〇〇，〇〇〇磅（二八〇，〇〇〇担）

　　　除蒙人自用：六〇，〇〇〇担外

　　　出口额尚有：一二〇，〇〇〇担

骆驼毛：共计：三六五，八二四头

　　　　每年每头剪毛六磅

　　　　每年共有：二，二〇〇，〇〇〇磅（一六，五〇〇担）

　　　　除蒙人自用：三，〇〇〇担外

　　　　出口额尚有：一三，五〇〇担

马尾毛：每年共有：一，八〇〇，〇〇〇磅（一四，三〇〇担）

　　　　除蒙人自用：三，〇〇〇担外

　　　　出口额尚有：一一，三〇〇担

（3）皮：

绵羊皮、山羊皮：每年产额：一，七〇〇，〇〇〇张

　　　　　　　　本地消费：一，二〇〇，〇〇〇张

　　　　　　　　出口：五〇〇，〇〇〇张

羔皮：每年产额：一，五〇〇，〇〇〇张

　　　内地消费：八，〇〇〇，〇〇〇张

　　　出口：七，〇〇〇，〇〇〇张

羊皮共计：三，二〇〇，〇〇〇张

牛皮每年产额：四五五，〇〇〇张

自用与输出约各居半数

马皮每年产额：四二〇,〇〇〇张

自用与输出约各居半数

骆驼皮无输出者

（4）乳：

	每年产额（单位百万桶）		每年产额（单位百万桶）
牛乳	三一	绵羊乳	一九
犁牛乳	一八	山羊乳	一三
牝马乳	三四	骆驼乳	六
共计	一一一（每桶等于二七〇磅）		

其次，蒙古的农产，豆、麦、高粱、油菜俱富，其所产之胡麻，用途甚广。按：胡麻与内地芝麻为同类，但粒大而油多（每百斤可得油三四十斤），油性易干，可作油漆、墨胶等物，而为外国工业上所必需，故其价值在油类中为最高。蒙古又多盐湖，出盐甚多，盐质亦佳，常运销于东三省与华北各省。此外外蒙产金亦多。

（五）蒙古的贸易

蒙古与内地各省通商，历史甚久。汉人在蒙古设商店营商业者尤多。蒙古的出口货，以牲畜、毛皮为大宗，进口货以砖茶、布匹、面粉、烟草为大宗。兹将俄人统计内外蒙古主要进出口货，列表于下（注八）：

（1）出口量：

牛羊肉	六〇〇,〇〇〇担	羔皮	七〇〇,〇〇〇张
羊毛	一二〇,〇〇〇担	牛皮	八四,〇〇〇张
骆驼毛	一三,〇〇〇担	马皮	七〇,〇〇〇张
马尾毛	一一,〇〇〇担	乳类	一,三二三（百万磅）
羊皮	五〇〇,〇〇〇张	毛皮	一二（百万元）

（2）进口量：

砖茶	二四〇,〇〇〇箱	布匹	一三,六〇〇,〇〇〇码
面粉	六三,〇〇〇,〇〇〇磅	绸缎	七二五,〇〇〇码
小米与麦	五四七,二〇〇,〇〇〇磅	呢绒	三四五,〇〇〇码
烟草	二,五九二,〇〇〇磅	杂货	三〇〇,〇〇〇元
糖	四六〇,〇〇〇磅	家具	一,二〇〇,〇〇〇元
酒	二,一七七,〇〇〇磅	寺院用具	七五〇,〇〇〇元

由上述（四）的统计看来，蒙古的牛羊肉乳以及羊驼毛和兽皮等产额之多，在世界市场上已大有位置。由（五）的统计看来，蒙古所输出的多为原料品，输入的则多为工业品。

（六）蒙古的交通

蒙古交通，极不发达。除平绥铁路、张库长途汽车路（库伦至恰克图现亦有汽车通行）外，余则运输均靠牛、马、骆驼。所以虽有丰富的牲畜和畜产，亦不能尽量输出。中央社旅行记者在《赴绥印象记》（注九）中有这样的话："绥远出产丰饶……时见平绥线上，沿途均有粮食堆积如山，尤以平地泉一带，更有大量的集中，然而……由于交通梗塞，有物运不出，故在这方面闹饥荒，在别方面，又在闹谷贱伤农的恐慌。"所以要开发蒙古，首先需要大量资金来开发交通。

三　内蒙与日人的满蒙政策

如上所述，蒙古实为一个出产原料很多的地方，一个可以销售大量商品的市场，也是一个尚未开发，可以殖民可以投资的地方。这就够使帝国主义者的垂涎了。这里我们首先遇到的，便是日人二十年来积极进行着的满蒙政策。日人为便于侵略起见，既分东三省为南满和北满，又分蒙古为东蒙古和西蒙古。他们所谓的满蒙，即是指满洲与东蒙而言。我们知道，满洲与西伯利亚的界限很是明白，但是他们所指的满洲与蒙古的境界却非常混沌，东蒙古的境界，更是暧昧不清。这无非只为便于侵略者得寸进寸的侵略而已。日帝国主义者，实则为实现其帝国主义的侵略，名则借口人口的过剩与食粮的恐慌，以满蒙为其生命线，鼓动其国民来侵略满蒙。自其占领满洲后，即欲倡立满蒙王国，卒因蒙人反对而未曾实现。然而我们应指出的，是现在的伪满洲国，实包含着很多蒙古人民。据内蒙各盟旗驻京代表白瑞等谈：“内蒙共有五十七旗，人口总数约五百余万。自九一八沈变后，东北沦亡，于是在辽、吉、黑各旗，即入于日人势力之下，至今年热河失陷，卓、昭两盟又在敌骑之下，今则仅存察哈尔、绥远两省境内之锡、乌、依三盟及察哈尔特别部暨土默特独立旗而已。”（注一〇）据此，内蒙盟旗，已失半数。考内蒙各省，原是汉蒙杂居。大抵设县治之区，为汉人区域，盟旗（注一一）之地，大都黄沙白草，穹庐簇簇，尚保持纯粹的蒙古游牧民族之风。世人尝称此等地方为“蒙古岛”。蒙人民族意识甚强，现在伪国下之蒙人，不过暂时屈服于日人暴力之下，他们实很易联我军队而起反日战争。且在满洲，无论从人口说，从经济说，其中最重要的分子，又都为汉人！日本币原外相曾说，日人并吞满洲，无异吞下一个炸弹。实则他们并吞东蒙亦然！

四　外蒙与俄国

（一）外蒙与帝俄

外蒙因有大沙漠的阻隔，和我国关系，向来不甚亲密，但与西比〔伯〕利亚则联成一片。住在西伯利亚的一种布里雅特的俄人，又同与蒙人信奉喇嘛教，这就给予俄人侵略外蒙以种种便利。帝俄在一八九九年与英国缔结《英俄协定》，规定长江流域为英人势力范围，长江以北，即满洲与蒙古为俄人的势力范围。至日俄战争，俄人败于日人之后，又有《日俄密约》，约定内蒙、南满为日人势力范围；外蒙、北满为俄人势力范围。此后，俄人即积极侵略外蒙，煽动外蒙独立；而中国对于外蒙的传统政策，向来有轻视藩属的观念，历任驻蒙大吏，又是用人不当，滥使威权，引起蒙人反感。于是当我国辛亥革命时期，外蒙即在帝俄卵翼之下，第一次宣告脱离中国而独立。至一九一九年俄国发生国内革命的时期，外蒙又一度为中国所征服。但又因我国国内军阀连年战争不已，所以在旧俄白党侵入外蒙时，外蒙又有第二次的独立。

（二）苏维埃的外蒙共和国

当白党占领外蒙时，左倾派的蒙古人，每遁至西伯利亚。苏联政府即帮助这些蒙古的亡命客，组织蒙古国民党，驱逐白俄，组织蒙古国民政府，掌握外蒙的政权，这是外蒙的政府成立初年的情形。"蒙古国民党最初是由贵族和喇嘛来主持的。……但因这般人思想很旧，不能把党的进行向前去，容易发生反动，于是不久，一般〔班〕逃往俄国的很左的青年集合拢来，组成干部，这就是后来握有外蒙政治上实权的蒙古青年团。"（注一二）"蒙古青年团的组织与苏联共产党青年团相同。青年团不受蒙古国民党的指挥，而反立于蒙古政府与蒙古国民党之后，处于监视与指导的地位，以防止蒙古政府与国民党为旧思想所拘束而有反俄之倾向。"（注一三）青年团员，最初以下级吏员之子弟占多数，后来由平民出身的青年，渐次加多。据一九二四年之调查，团员中由游牧出身者占百分之九〇（注一四）。外蒙政权现在即握在青年团员手中。青年团员中很多〈是〉苏联留学生。此等青年蒙古人的理想，一切均以苏联为榜样。他们发见旧时代的蒙古人、贵族和喇嘛等的反对现政府，于是极力反对宗教，攻击贵族政治，将既成的宗教、贵族的政治特权、大寺院的特权等完全推翻了。下面摘录几条外蒙共和国的宪法，以看他们施政的一般〔斑〕（注一五）：

第二条　蒙古共和国的目的，在于根本铲除封建的神权制度，巩固民主共和政体的基础。

第三条　蒙古共和国内的土地、矿产、山林、湖川及其类似的一切天然财产，均为公共之所有，严禁此等物产的私有权。

第四条　蒙古共和政府对于一九二一年革命以前与外国缔结的国际条约及义务条约，并被强制的外倾关系，均认为妨害主权，一律宣告废弃。

第十一条　蒙古共和国不问民族、宗教和姓〔性〕的区别，凡住在蒙古境内的人民，均承认其有平等权利。

第十二条　旧日之王公、贵族等之阶级称号，一律宣告取消，同时又废除活佛等的所有权。

只要看这几条宪法，也就可知道外蒙的政治和苏联的苏维埃，几乎完全没有两样。所以在名义上，外蒙还是属于我国的版图，但实际上无异是一个苏联的联邦。

五　蒙古的将来

（一）　日本的政策

日人所倡议的满蒙王国，虽未实现，但是他们应用煽惑朝鲜独立，煽动满洲独立的故技，来煽动蒙人脱离中国而独立的传统政策，并没有放弃。他们以为建立了以满洲皇帝执政的"满洲国"，这对于蒙古王公们不能不说是一种大的刺激；然而一般的蒙人不会如此容易上当吧。他们明白，现在的伪满洲国，不过是朝鲜第二吧〔罢〕了。即使他们对于朝鲜的情形不十分清楚，然而他们确曾看见许多的朝鲜人，受不过日人的压迫，一批一批的逃到满洲来，逃到蒙古来。他们直觉地感到鲜人受到日人压迫的痛苦，也曾预感到自身前途的命运吧！所以暂时屈服在伪满洲国下面的几百万蒙古人，将永是日人和平的威胁吧。

（二）日俄的缓冲地带

现在的伪满洲国，是日俄的缓冲地带。日人极力想把苏联的势力从北满驱出，同时他又把帝国主义的魔手伸入至蒙古各地，将日俄的缓冲地带延长开去。日俄势力的消长，影响于蒙古的前途关系至大。

（三）蒙古的统一问题

蒙古人在自身之间，分裂为外蒙和内蒙，一方面是左倾的急进的青年们执政，一方面是帝政派、王公、活佛等保守主义者当权。但是在蒙古人之间，都有强烈的民族意识和同胞情感。民族和语言，在他们看来，实为神圣的东西。他们不管在怎样困难的情境之下，总是强固地保持着蒙古民族是应该统一起来的观念。在他们之间所争持的只是如何达到统一的方法而已。

外蒙的政治、经济、文化都与日俱进，而有新国家的气象〔（注一六）〕。外蒙青年团不仅在外蒙有很强固的势力，即在内蒙亦有相当的影响。一般蒙古人现正处于帝国主义的宰割之下，如王公、贵族以及活佛、高僧等，不能以贤明的保守主义来渡过这个难关，那末，有力的蒙古青年运动，势必至于更快的蔓延开来。

（四）我国的政策

我国过去对于蒙古的政策，不能不说是错误。如清代对于蒙古，一味以消极的征服为政策：如（1）在蒙境，广设寺院，奖励喇嘛教，使蒙人习梵经，戒杀生，而英武之风，消磨殆尽。（2）利用王公贵族，予以特权，以统制蒙民。蒙古平民对于王公，自称奴才，奴才宜世世服役于王公。所以蒙古平民对于清代，向无好感。（3）隔绝汉蒙接触，不准汉蒙通婚，不准蒙人习汉文，至今蒙人文化落后，以及汉蒙两民族隔阂甚深，都是这种愚民政策的遗毒。民国以来，虽云五族共和，然国内军阀横行，对于蒙古仍不脱以藩属的眼光来看待。蒙民对于民国，不但没有受到好处，而且时受当时军阀的迫害。及至近年，政府鉴于过去对于蒙古的失策，知用武力压迫，固非其道，即专与蒙古王公们接洽，用羁縻政策，亦复无济于事。现在政府设立蒙藏委员会于首都。政府对蒙设施，以详细考察蒙古的情形并与蒙民结成亲密的关系为急务，以开发蒙古交通、实业与移民殖边为政策。这种政策的转变，实是可喜的现象。蒙古受近代"民族自决"的影响很大，他们常思脱离别国而谋独立。孙中山先生说："我们对于弱小民族要扶持他。""我们要先决定一种政策，济弱扶倾，才是我们的民族的天职。"（注一七〔一六〕）周佛海先生亦说："从民族主义的观点说，蒙古……要求独立，我们也是要承认的，同时，受人援助的民族，也不应因此牺牲了自己民族的自决。"（注一八〔一七〕）可见蒙人的要求，与我政府的政策，实是相同的。可惜我国历年来，内外忧患，纷至沓来，无力将此"扶助弱小民族"的政策，一一见诸实行。蒙人郭道甫尝说："蒙古与祖国（即中国）之历史、地理种种之关系最深亦最密切，故时时盼望祖国早有巩固的政府。"（注一八）而目下国际风云紧张，汉族且与蒙古等民族，同茌于帝国主义者瓜分的危机！我中华各民族共同奋起，以民族自卫战争，求民族的出路，实为各民族共同的急务！

注一　见 Owen Lattimore：The Unknown Frontien of Manchuria. Foreign Affairs，1993.

注二　见吴龢：《西北铁道系统与殖边》。

注三　见马鹤天：《开发西北之步骤与方法》。

注四　见王勤堉：《蒙古问题》一〇四页。

注五　见孙中山：《实业计划》。

注六、七、八　见张其昀：《高级中学本国地理》（下册）。

注九　见四月十一日《中央日报》。

注一〇　见三月二十日《申报》。

注一一　据三月二十日《申报》，内蒙各盟旗驻京代表谈话："盟旗组织，本为军事组织。基本组织为佐，佐领统壮丁五百人。四佐为甲，设参领，每旗包括甲数自六七甲至十余甲不等。盟为各旗每年会操之名。每盟所辖旗数亦不等。"

注一二　见杨幼炯：《苏俄与外蒙》，《中央半月刊》第十八期。

注一三　见王堉勤〔王勤堉〕：《蒙古问题》七三页。

注一四　见何健民：《蒙古概观》三〇七页。

注一五　见三月二十日《申报》，《内蒙代表谈话》。

注一六　见《民族主义》（第六讲）。

注一七　见周佛海：《民族主义之科学的说明》。

注一八　王勤堉：《蒙古问题》一〇二页。

《新中华》（半月刊）
上海新中华杂志社
1933 年 1 卷 11 期
（付艳云　整理）

评内蒙自治运动

心　撰

值此外寇日深，内患猖獗之期，内蒙组织自治政府，实行高度自治，要求中央废除察、绥两省省制，废省政权归还蒙古自治政府，以宅〔完〕成内蒙原有领土。发案以后，耸动中外观听，中枢赶派要人，北上宣抚，几经周折，终于承认绥、察两省分别组织内蒙自治政府，开汉蒙联欢大会于绥远，和平之福音，始降临于国人之眼前。至于此次事变之远因近由，言者纷纭，莫衷一是，要言之，不外下列数端：

A 有知识、思想之蒙古青年在内地无正当出路；

B 有实力之蒙古部酋与中央素无密切关系，隔膜渐深；

C 蒙民目睹中国内乱频仍，岁无宁日，以为中国已成将倾之大厦；回顾外蒙建设一日千里，羡慕之心，油然而生；

D 苏俄指挥下之外蒙时时以同种之口号，勾引蒙民脱离中国，共组共产主义之大蒙古共和国；

E 日本强占东北四省后，派人分赴各地煽惑蒙人背叛中国，另组大蒙古帝国。

因此，蒙古有志之士，奋起图存，以打破此种危难，而得免将来之覆亡，并鉴于中央鞭长莫及，乃有此次高度自治之要求。直言之：前三者为内动之离心作用，后二者为外来之分化作用，内外交互作用，演出今日之事态。然"木必先腐而后虫食之"、"国必自伐而后人伐之"，内蒙问题之日趋严重，归根结底，不能不认为政府"平时不烧香，临时抱佛脚"之必然反响。盖离心作用不发于内，分化作用断不能生效于外也。今之中国如不依恋祖宗领土之完整，建立五族共和之国家则已，否则，苟不彻底打破"华夏"、"蛮夷"之观念，改变以往怀柔、羁縻〔縻〕之愚笼政策，于"国内各民族一律平等"之原则下，实行下列四点，不足以善其后：

（一）中央政府应与有实力之蒙古王公发生密切关系，排除尸位素餐、无关重要之内地人士把持蒙藏要津；

（二）积极培植蒙古优秀青年，造成新的势力，为将来代替封建势力之准备；

（三）在察、绥、宁夏、青海各省，由中央财力设立蒙藏学校，任用现有蒙古优秀青年，厉行普及教育，提高知职〔识〕程度；

（四）在内蒙各地，由中央财力，创办畜田〔牧〕改良场，改进牧业，满足蒙民物质生活。

如此，则精神建设与物质建设，兼筹并进，构成汉蒙共存共荣之文化基础，以塞外人可乘之机，内蒙问题，始可根本解决。不然，则变相之羁縻〔縻〕政策——宣抚，联欢，与有名无实之自治政府，终无济于蒙民离心局面。

《新青海》（月刊）

南京新青海社

1933 年 1 卷 12 期

（朱宪　整理）

民众必须反对察事用武力解决

铁汉　撰

从不抵抗主义到《塘沽协定》已是中华民族的奇耻大辱，给世界有为的民族当笑话去讲！不曾想中国内部又要混乱一气：四川的军阀——国民的公敌——是不断的彼攻我伐，新疆也有政权夺取的骚动；最近中央更要维持威信，而要与打着抗日旗帜的冯玉祥军开仗。

四川的盗贼军阀的互相夺掠，蹂躏百姓的恶剧，我们先别提，单论论察哈尔的纠纷。

冯玉祥不管是何居心，他总算是向日本进攻了，这有收复的失地如多伦等地作一例证。中央政府为甚么偏要在冯玉祥抗日的期中维持政府的威信！假如中央是真想维持自己的威信，那么四川的内乱当平定，西南的实际割据当削平！最后日本的进占华北当死抗！我们民众是深深知道，中央所谓威信又是欺人之谈。

我们民众不是偏向他们哪一方的领袖，我们是以事论事！我们反对一切内乱，我们反对军阀互相厮杀，蹂躏国民！我们要以群众的头颅鲜血争回黑水白山，我们不能把这无数的头颅供给军阀的私争儿戏！也就是站在此处我们反对军阀的内战，也就是根据此种理由反对政府对察事用兵。

我们以为这样的内战不但是对外损失中华民族的脸面，对内是使无数穷民苦兵遭难，我们这群中国人为甚么在丑敌压境时容许国内军阀斗争，我们为甚么不把自己斗争的力量打到丑敌的身上。我们是必要反对军阀的战乱，我们又是必要鼓着勇气，长期的向外来的侵略者拼个你死我活。

不管察事如何复杂，也不管中央与冯方各持的意见如何，民众要彻底的反对平绥路上锋〔烽〕烟紧张！民众只希望解决察事最好用政治方法。

如果用政治方法，冯玉祥不肯接受时，那时我们再看他的行动而下判决。如果他是枪杆对外彻底抗日，作民族斗争的工作，而不肯像政府一样向日本低头，民众那时自然有个判决。如果冯玉祥是假名对外，而阴为对内，在他枪杆对内时，民众也自然有个判决。我们现在所要向政府伸述的是容些时日看冯氏的工作而采取行动！

中国近几十年的历史告诉我们，所有内乱战争，除是蹂躏人民，增高军阀、官僚的富贵以外，对整个的中国是最大的损失，以致有年来的奇耻大辱。这个世界是弱肉强食的世界，中华民族已经被挤到绝路了，帝国主义者的侵略已经不叫我们当人了，我们只有从死斗中求得生活，在这环境恶劣万分，民族生死的关头，更在政府向日本低头的时候，我们这群民众能够容许中央以维持威信号招而对察事用兵吗？假如冯玉祥是阳行抗日，而阴行对内，我们能忍受他们的欺骗行为吗？若提抗日，我们不顾一切的（不管政府的政策如何），都得涌到抗日的战线上；若是对内用兵（尤其是在国难中），我们是绝对反对。民众的口号是："打倒军阀的内乱；实行对侵略者誓死斗争。"

自家的事情纵有难解之处（尤其是军阀的私斗），也不必牺牲劳苦大众的生命、幸福，作为交换的条件！那么劳苦大众也不必给军阀、官僚当私斗的工具。

在察事恶化而要有军事行动时，民众在反对内战之余，在吐弃此辈军阀互相私争之余，我们希望摆在前方的军队觉晤〔悟〕起来，不为军阀送死，我们转过头来把枪杆转向侵略我们，压迫我们的敌人，我们要夺回东北，我们须同东北的三千万受难的民众一齐涌到抗日的战线上！

寄语统治阶级的军阀、宣〔官〕僚，以及被统治的全国民众，如果我们尚可自称是"人"，是"国民"，我们在国耻民辱的时候，对内的战乱应当一概捐弃，恢复"人性"，而向我们不可共天的侵略者作大规模的厮杀。表现个人的英雄主义与民族不可侮辱的精神，不是在国内如臭蛆在泥里似的乱拱，而是表现在追杀丑敌（侵略者）的疆场上！

《自救》（周刊）

北平东北民众自救会

1933 年 1 卷 14 期

（李红菊　整理）

察事演变中所得之感想

张厉生　撰

当冯玉祥、方振武等在察哈尔标榜抗日以后，除少数有识者，知其假借名义，志存叛乱外，浅见者流，无不为所摇惑，群认冯等为爱国志士，为真正抗日，对中央派兵入察，无不指摘痛恨，几疑中央为压迫抗日，为甘心亡国者，众口铄金，浸成舆论，余于是时曾发表《整饬纪纲与内战》一文，申述叛逆之应当讨伐，期有以矫正国人之观听，而言者谆谆，听者藐藐，其不至反唇相稽者，固已大幸，而欲挽回狂澜，明辨是非，则固非一二人之力所可转移也。曾几何时，而方振武、吉鸿昌等以勾结日伪，窜扰怀柔、顺义闻矣！夫祸之未发也，智者窥其隐，慎其微，愚者乐其蔽，忽其远，中庸者又复苟安旦夕，无所短长。若有人焉，以大智大勇，不顾一切，毅然行之，则星星之火，固易扑灭也。无如国家将亡，人多豫怯，察事既以和平而解决矣，方、吉之流，以地盘未得，军权未遂，不惜内引共党，外假寇援，以蹂躏中土，且并其当日拥戴之首领如冯玉祥者，亦因其顺从中央，通电下野，不惜遍贴标语，诋毁备至，则其所谓抗日，固属妄诞已极，而一时利害之结合，亦终于暴其无信义，无诚心，所谓抗日同盟军者，果何说乎？国人应有以知其欺诳矣！

夫卖国之术，非一端也。有投降敌人，为虎作伥，以残害本国者，汉奸是也。有勾通敌国，威胁政府，以遂其攘夺政权之私者，今之所谓政客是也。更有假借相反之名称，以投日为抗日，而实行引狼入室者，方振武等是也。其手段虽不同，其卖国之目的则一，今以方振武、吉鸿昌等之行为，有异于郝鹏、李际春、石友三者乎？则谓之盲目可也。今以勾结敌人，挟以自重之政客，有异于赵欣伯、熙洽之流乎？则谓之谰言亦可也。彼卖国者，其居心只知有个人，不知有国家。苟利于己，则认贼作父，媚外求荣，无所不用其极。国既卖矣，个人之富贵，果能保乎？则吴三桂与东学党之前例俱在也。不旋踵间，而覆败随之，吾不知今之卖国者作何感想也。盖人有秉彝，可以判别善恶，小人之诈伪，可以欺一时，不可以欺永久，可以欺愚暗，不可以欺智者。方振武等如果随冯玉祥下野，则国人至今犹怨詈中央，恨其阻碍抗日，自撤藩篱，即方等仅流为匪，不与日伪勾结，则国人犹将谓中央逼迫太甚，至使救国英雄，挺而走险。倘方等因逃窜而死，则其事迹将宣付国史馆立传，国人必有为其咏“出师未捷身先死，长使英雄泪满襟”之句者。所恨方等羊质虎廓，终于败露，遂使抗日史上，又增一段丑剧；而一般怪声叫好，为方、吉捧场者，亦不禁哑然失笑，默尔而息。即随声附和，反对中央派兵入察者，坐见方、吉等之投日，与李守信、汤玉麟、刘桂堂等，合扮傀儡登场，手执讨贼救国旗号，而阴受日人之指挥者，亦将恨其不争气，不要人格，并捧场者之颜面而净扫之，为不可恕也。夫方、吉等之非抗日，宁待今日知之，方部初集邯郸一带，奸淫掳掠，无所不为，当事者固已请剿办矣，而一再姑息，纵容入察，粪潦合流，遂成沟涸，毒气所及，民怨沸腾，仅宣化一县，索饷至百余万，逃亡不暇，遑云抗日。此种惨状，固非关内人所得知也，然犹曰：中央派兵入察，即可解民于倒悬矣！而举棋不定，迟疑不发，遂使狼奔豕突，为患未来，此不可谓非优容养奸也。方等徘徊独石口一带，与日伪往还，并与中央为市，彼时如以重兵堵其东窜，剿抚兼施，则不难早日戡定也，何至阑入怀柔、顺义，以暴日为护符，而使我军投鼠忌器哉！君子之谋国也，见机而作，不俟终日，只期有利于国，不惜排众议而为之，虽不得人之谅解可也。至于左顾右盼，进退失据，惟知群言之足恤，不知国家之大体，虽得相安于一时，亦为民众贻无穷之患，虽〔况〕又未必能安耶！当冯玉祥、方振武等之初起也，固少数兵力所能镇服，及调解未成，中央派重兵入察，亦一击所可底定，而固必周旋中规，折旋中矩，忍于一人，不忍于千万人，煦煦为仁，孑孑为义，惟恐内战之复起也，殊不知陈炯明叛乱，总理被迫出走，犹且举兵讨贼，曾不惧人之讥其枪口对内者，设当时对陈逆加以姑息，则本党必被北洋军阀之销灭矣！今之为政者，务反总理之所为，而轻徇叛逆之要求，察事以姑息始，以用兵终，其演变犹如此；设以姑息始，以姑息终，则其祸更不知纪极。幸而方、吉等投日尚早，民犹可烛其奸，怨讟入于政府尚浅；不幸而察事迁延不决，外托抗日之名，而内行"赤化"之实，或进一步组织脱离中央之政府，与西南政客相呼应，则一般不得志于中央或另有企图者，咸以是为归宿，捏造黑白，淆惑观听，民且以中央为卖国，以吉、方等为爱国矣！大氐善人为邦，初则为人所诋，终则为人所誉；小人举事，则初得浅见者之附和，而终于为人所唾弃，诗所谓"周公恐惧流言日，王莽谦恭下士时，假使当年身便死，一生真伪有谁知"，殆不吝〔啻〕为方、吉等写照也。

　　吾于此重有感焉，曰中国民族道德之衰落，其结果必至于灭亡。中国之积弱，非仅生产落后与武器不如人也，而孝弟忠信、礼义廉耻诸美德，丧失无余，实为国家不振之最大原因。晚近以来，人竞袭欧美功利主义之皮毛，以为一切旧道德，均可捐弃，于是贪欲无厌，诈伪成风，上以此化下，下以此风上，举国荡然，不复知礼义廉耻为何物。而觍颜事仇，以攫取利禄者，人且艳羡之。汉奸之多，为任何国家所无，方之宋明之末世，有过之而无不及。其彰彰以卖国为生活者，固无论矣，而假名抗日，反与日伪勾结，则尤生面别开，创千古之奇例。盖有奉命御敌，而倒戈相向者矣！未有自举义旗，而反为敌人前驱者。方、吉等勾结日伪之事实，载在报章，无庸讳饰，中外讥评，亦孔之丑。要而言之，则民族道德之坠落为之也。我国有成仁取义之哲学，有断头折齿、割舌吞炭之不屈精神，有岳武穆、文天祥、陆秀夫、史可法诸先烈之为国牺牲，故虽两度亡国，卒能恢复，不意陵夷至今，竟为汉奸之制造场，抚今思昔，能不慨然！间尝推原其故，则知数十年以来，国民震于外力之伟大，由轻视而转于畏惧，由畏惧而转于服从，由服从而进于献媚勾结，以求个人之生存，既无民族独立之自信力，复鲜爱护国家之观念，此普遍之现象也。至于军人、政客，则习于倾轧欺骗，投机取巧，首鼠两端，但求有利可图，不惜以国家民族全部出卖，此习相沿至今，则有以抗日而投日者矣，以募款接济义勇军而自肥者矣，以责备中央不能抗日，而私派代表向东京输诚者矣！怪象百出，不可究诘，国家民族，两受其污，此后国民如再不将浮躁虚伪之习，涤除净尽，则是非不明，奸宄丛生，继方振武等而起者，必大有人在；中枢既无应付内乱之能力，则敌人以华制华，其策愈得，其乱愈甚，政府倾覆，汉奸亦不能幸免。满清灭中国，谓得之于李自成，非取之于明室者，盖受汉奸之赐也。然至今潢池弄兵，手毒君亲者，独有血食者乎？汉族为奴隶几三百年，仁人志士所与椎心痛恨者，非李自成、吴三桂而谁？方、吉等清夜以思，求其所以联伪之故，则知必为攘取权利而来，然引狼入室，宁有幸理，充其量不过假寇援而夺得平、津，另组类似伪国之政府，以与中央抗衡，不知是否有利国家？有荣于本身？况华北有重兵驻扎，防堵周密，挟乌合以来攻，固如青蛾扑火，焦头烂额，若以寇兵为后继，则自甘于虎伥，不但残害同胞，抑且前后受敌，自取灭亡，苟非丧心病狂，胡忍出此！闻方等此次运动军队，收编土匪，縻〔靡〕款甚巨，凡此所积，固系历年聚敛而成，在方等之心目中，原期一本万利，故忍痛取出，以饵士兵，广场之中，出红绿相间之钞票，叠积盈尺，举以示人，垂涎而道，已非一日。然此皆不过克扣军饷、勒索民众而来，愈形其用之多，斯愈见其搜括之多，悖入悖出，理有固然，取之兵民，还之兵匪，正合天理循环之道，与人何尤？与国家何尤？而必欲失之东隅，收之桑榆，遗散于匪徒，取偿于中央，抑何愚妄之甚？且中央宽大为怀，苟非索价过昂，宁有不如欲以偿？必欲倍屣于所失，又欲握有兵权，以为再度造乱之资，则中央虽软弱，宁能全置纪纲于不顾？今以所求不遂，遽借寇援以进窥平、津，欲取偿于国人，其居心之狠毒，实不堪问，设能就此解决，则诚为华北之福，否则，无论溃窜何方，皆贻人民以无穷之患。而敌军借口驱逐方部，蹂躏我国主权，侮辱我国官民，损失之大，尤不可以数计；然则此种抗日者，果于国家有益乎？有损乎？吾谓暴日，中国之世仇也，稍有良心，无不切齿痛恨，誓有以报复。而报复之资，非纠集乌合，揭竿而起，或发通电、散传单所可奏效。必也发挥国力、民力，充分准备，以与敌决死战于疆场之上，期之十年二十年，不达收复失地不止。而全国上下，一致输其精力、财力，以听命于中央，成为整个的活动，尤为不可少者。盖任何国家，不能以破碎支离的对外作战，而可以侥幸成功。至于各怀异志，朝秦暮楚，不过自速灭亡，为敌所快。方振武等之抗日是矣。

　　以吾所闻，中国民族性之丧矣〔失〕，及中央姑息之弊，既非变革不可矣！则此后希望于全民者，厥为民族精神之恢复，孝弟忠信、礼义廉耻之确立，宁穷饿而死，不作汉奸以求荣；宁断头剖腹，不屈膝投降；以张睢阳、颜常山为师法，而以石敬瑭、张邦昌、秦桧、吴三桂为耻，则中国虽亡，数十年后必有能复之者，况以中国之大，人民之多，物产之富，卧薪尝胆，生聚教训，一转移间，即可步入坦途，同谋恢复，而必欲躁切以求，侥幸以逞，则自取灭亡而已矣！九一八以来，地方官吏，未闻有为国死节者，道德沦亡，固已可悲，而中央对于失地丧师，不能明置典刑，德纪荡然，尤为可痛。今后除民族精神应极力恢复外，中央亦宜整饬内部，与民更始，努力建设以裕民生。而信赏必罚，实事求是，尤为切要之图。至于野心孔炽，专以借题发挥为能事者，更不可稍事姑息，致长内乱，方振武等之前车可鉴，国民当再无受其蛊惑者矣！机声轧轧，是否为汉奸勾引而来？

九月二十七日于北平

《人民评论》（旬刊）

北平人民评论社

1933 年 1 卷 19 期

（李红权　整理）

内蒙现状及其自治问题

冷亮　撰

　　内蒙自治运动，近来甚嚣尘上，吾人对于国内各民族之真正的自治运动，固然极表同情，但对受人操纵之傀儡的自治运动，则所反对。现承南京蒙藏委员会冷亮先生以《内蒙现状及其自治问题》见寄，亟为批〔披〕露，以飨读者。——编者

一　事实的开展

　　今日中国之边疆，正是多事之秋，当此康藏纠纷稍定，新疆事件扩大之际，内蒙又以自治闻矣，此骇人听闻之惊耗，自是值得政府与人民之严重注意，作者抽暇草成此篇，以供国人之参考。

　　察哈尔省境内锡林果勒盟副盟长德穆楚克栋鲁普（简称德王），联络乌兰察布、伊克昭三盟，倡言自治。德王年三十余岁，颇具新智识，英武果敢，精通汉语，素具野心，尝以成吉思汗自居。其左右有蒙古青年党领袖郭道甫，交好班禅，为班禅建大刹，训练骑兵卫队，以为自治之号召。留日学生喀尔沁旗人韩凤林为办外交，士官学生土默特旗人永静生为练军队，又有布英达赖等为之四处奔走，联络各王公。锡林果勒盟十旗，原有蒙兵约二三千人，枪约二千余支，去年春军政部派员赴蒙调查，曾给德王数百支枪。据闻去岁日本曾由黑龙江省运送德王步枪千余支，

机枪、迫击炮若干，德王在其某旗内某寺，设有小规模兵工厂，每日可造机枪一支，步枪三四支之说。自德王任乌滂警备司令后，训练基本骑兵五六百人，并请准中央，在滂江设中央军校内蒙分校筹备处，收容之青年及各盟遣送子弟，达七十余人，目下将班禅卫队、乌滂警备队及军校合并训练，令各盟旗准备全蒙皆兵，有枪者均须服从德王指挥。据蒙籍中委白云梯谓：内蒙各盟共有兵力约三万人。本来蒙古军制，蒙民在十五岁即须入伍，各旗常备兵，多者数百名，少者亦在百名以上，遇有战事，男丁皆兵，妇女担任后方输送，人民仍沿成吉思汗之风，异常强悍。去冬，德王、卓王等来南京，原意拟整理蒙古王公代表团驻京办事处，并有自任处长兼蒙藏委员会委员长之意，因不邀中央之许可，计画失败，即拂袖离京，此盖为德王此次倡言自治之动机。先是德王曾于今年七月二十六日，在乌兰察布盟之百灵庙（此处距绥远省城约三百里），召集全体内蒙王公会议，咸主采用高度自治，并决定九月二十八日召集大会，用锡、伊、乌三盟名义，致函蒙古旅平、京全体人士，请其参加。兹将该函抄录于下：

> 蒙古旅平、京全体王公扎萨克、委员、名人贤士等：为一体通知事。现在我蒙古北有赤祸嚣张，东有日本窥伺，加以中央政府，因我远处边陲，其政力之保护，极难达到。本盟长等，为谋地方、种族之维护与生存，开会决定，成立内蒙自治政府，并定于阳历九月二十八日，在乌兰察布盟达尔罕王旗（即喀尔喀右翼旗）百灵庙地方，成立正式大会。除通知全内蒙各盟外，特此邀请旅平王公扎萨克、旅京蒙古贤达等，务必一体亲自前往参加，将我濒于危亡之蒙古民族，共图挽救，以尽蒙人之责，不胜祈祷之至。

后因该日参加人数，寥寥无几，乃行延会，改于十月九日再行集会。十月九日到锡、伊、乌各王公一百零六人，京、平参加代表分三系，一为鲍〔包〕悦卿系代表六人，一为吴鹤龄系代表六人，一为青年系代表五人，决议推二十三人，草拟《自治政府组织法》，十月十五日全体大会通过自治政府组织法案（注一）。大致除军事、外交归中央办理外，内蒙行政均由自治政府处理。最高机关为自治政府委员会，下设政务厅、参议厅及法制委员会。政务厅包括总务、秘书、教育、警备、实业、交通、交际、建设等八处，人选由各盟旗王公、青年分任。自治政府所在地，将就百灵庙、四子部落旗（属乌兰察布盟）、德王府三处择一。

至作者执笔草此文时止，内蒙高度自治运动之演进，略如上述。中央政府已派内政部长黄绍雄氏、蒙藏委员会副委员长赵丕廉，北上宣慰与调查真相，而内蒙王公亦电中央表示欢迎扶助其自治之进行。据连日各报载，各王公对于自治问题，意见颇不一致，惟以作者之观察，事态当甚严重，意义亦殊深远。兹为读者明了真相起见，对内蒙地理、盟旗组织与内蒙在整个中国内之价值，略述如左。

二　内蒙地理与盟旗分布

国人素缺乏地理常识，对辽阔之边疆，尤模糊不明。内蒙之界限与范围如何？盟旗分布如何？此次自治运动之范围，抑整个之内蒙乎？此皆须明了之问题。蒙古依地理上通常之划分，以其中央之大沙漠，分蒙古为漠南、漠北，漠北为外蒙古，漠南为内蒙古。内蒙东界辽宁、黑龙江二省，西界甘肃、新疆，南界河北、山西、陕西三省，北界外蒙古。内蒙古分六盟，在东为东四盟，曰哲里木盟（在辽宁省）、曰卓索图盟、曰昭乌达盟（上二盟在热

河省内）、曰锡林果勒盟（在察哈尔省）。在西为西二盟，曰乌兰
察布盟、曰伊克昭盟（上二盟在绥远境内），尚有阿拉善额鲁特与
额济纳土尔扈特二旗，在河套以西，亦称西套蒙古（在宁夏省）。
察哈尔部八旗四群，呼伦贝尔八旗（在黑龙江省），伊克明安旗
（注二），青海二十九旗，玉林二十五旗（在青海）。兹附录内蒙盟
部旗系统表及内蒙区域图于左：

内蒙盟部旗系统表（注三）

呼伦贝尔部八旗

　　索伦左翼旗

　　索伦右翼旗

　　新巴尔虎右翼旗

　　新巴尔虎左翼旗

　　陈巴尔虎旗

　　额鲁特旗

　　布里雅特旗

　　鄂伦春旗

哲里木盟十旗

　　杜尔伯特旗

　　札赉特旗

　　郭尔罗斯后旗

　　郭尔罗斯前旗

　　科尔沁右翼前旗（俗称札萨克图旗）

　　科尔沁右翼中旗（图什业图旗）

　　科尔沁右翼后旗（镇国公旗）

　　科尔沁左翼前旗（宾图旗）

　　科尔沁左翼中旗（达尔汗旗）

　　科尔沁左翼后旗（博王旗）

卓索图盟七旗

　　喀喇沁右翼旗（王旗）

　　喀喇沁中旗（马公旗）

喀喇沁左翼旗（南公旗）

土默特右翼旗

土默特左翼旗（蒙古真旗）

唐古特喀尔喀旗

锡埒图库伦旗

昭乌达盟十三旗

巴林右翼旗

巴林左翼旗

克什克腾旗

翁牛特右翼旗

翁牛特左翼旗

敖汉右翼旗

敖汉左翼旗

敖汉南旗

奈曼旗

喀尔喀左翼旗

札鲁特左翼旗

札鲁特右翼旗

阿鲁科尔沁旗

锡林果勒盟十旗

乌珠穆沁右翼旗

乌珠穆沁左翼旗

浩齐特左翼旗

浩齐特右翼旗

阿巴噶左翼旗

阿巴噶右翼旗

阿巴哈那尔左翼旗

阿巴哈那尔右翼旗

苏尼特左翼旗

苏尼特右翼旗

察哈尔部十二旗群

商都牧群

牛羊群

左翼牧群

右翼牧群

察哈尔左翼正蓝旗

察哈尔左翼镶白旗

察哈尔左翼正白旗

察哈尔左翼镶黄旗

察哈尔右翼正黄旗

察哈尔右翼正红旗

察哈尔右翼镶红旗

察哈尔右翼镶蓝旗

乌兰察布盟六旗

四子部落旗

喀尔喀右翼旗（俗称达尔罕贝勒旗）

茂明安旗

乌拉特后旗（东公旗）

乌拉特中旗（中公旗）

乌拉特前旗（西公旗）

伊克昭盟七旗

鄂尔多斯左翼前旗（准噶尔旗）

鄂尔多斯左翼中旗（郡王旗）

鄂尔多斯左翼后旗（达拉特旗）

鄂尔多斯右翼后旗（杭锦旗）

鄂尔多斯右翼中旗（鄂托克旗）

鄂尔多斯右翼前旗（乌审旗）

鄂尔多斯右翼前末旗（札萨克旗）

归化土默特旗

阿拉善额鲁特旗

额济纳旧土尔扈特旗

内蒙区域图（注四）

自九一八后，东北沦亡，于是黑龙江境内之呼伦贝尔部八旗，辽宁省境内之哲里木盟十旗，即入于日本势力之下，日本于占领黑龙江后，即在长春伪政府下成立兴安总署，以齐默特色木丕勒为总长，次长则以日人菊竹实藏任之，总署处长、科长亦全用日人。总署下分设四省：

（一）兴安东分省，以布里雅特旗为该省之中心，且为黑龙江之要镇，日本为事实上便利计，即派布里雅特王鄂伦春为省长。

（二）兴安南分省，以哲里木盟之中部为该省之范围，派图谢图王延喜海顺为省长。

（三）兴安北分省，地当海拉尔，为东北蒙古重埠，日人派呼伦贝尔都统贵福之长子林陞为省长。

（四）兴安中分省，自今年热河陷落后，卓索图盟十三旗，又在敌人铁蹄之下，日本即将该盟（锡拉木伦河以北）划为兴安中分省，并以卓盟盟长巴林王札略尔为省长。

各分省统归兴安总署节制。以上所述为内蒙地理范围，盟旗分布现状，与九一八事变后日本对于内蒙之统治方策。查今日之所谓内蒙，则仅存察哈尔、绥远两省境内之锡林果勒盟、乌兰察布盟、伊克昭盟、察哈尔十二旗群、土默特二独立旗及青海之二十九旗而已。

三 内蒙之价值

内蒙在整个中国中，其价值究如何？曰国防的价值，曰经济的价值，兹分述之。

一、国防上之价值 自民国十年三月二十一日，外蒙宣布独立，成立外蒙古共和政府后，中国北方之边疆，乃缩短至漠南之内蒙、甘肃。自九一八事变后，东三省、热河沦亡，东北之边疆，乃缩短至察哈尔、河北省。故言中国今日之陆地边疆，实为新疆、甘肃、内蒙古、河北等省，而不复东三省、外蒙古矣。噫！数千万里之锦绣河山，均在敌人铁蹄之下，藩篱尽撤，中原动摇，唇亡齿寒，能不寒心。考之历史，无有北方边疆之尽失，而中原能保全独存者，宋之亡于元，明之亡于清，可为前车之鉴，因在地理上，已遭敌人包围也。清哲左宗棠云：“新疆不固，蒙古不安，匪特陕、甘、山西各边，时虞侵轶，防不胜防，即直北关山，亦将无晏眠之日。”此真至理名言也。内蒙若一旦有事，察哈尔固不保，即山西、河北亦失凭依，且内蒙介于日、俄两大野心国之间，而尤以日本帝国主义居心叵测。此次内蒙自治运动之暴发，其意义之深远，事态之严重，明眼人自能见之，故内蒙在国防上殊为重要。又内蒙地广人稀，而中原人口过剩，人民无衣无食，饥寒交迫，以致挺而走险，流而为匪，酿成今日中原之大乱。宣泄内部人口，充实空虚国防，乃今日中国唯一之国策，欲施行此国策，内蒙乃其目的地，此又为内蒙在移民上之价值。

二、经济上之价值　政府为顾及唇亡齿寒，固有移民充实内蒙国防之必要，而蒙古民族为中华民族之一部，五族共和、民族平等，吾人以人道主义为立场，亦应有助其发展之责任。且内蒙在整个中国之经济上，亦具有其特殊性质，有人谓："欧美人士，六十岁尚大有为，国人则六十为龙钟之年矣。"此无他，西人之主要食料，为牛乳、牛肉，其次则面包、蔬菜，宜其容颜润泽，精神健康，国人之主要食料为米麦，而以牛乳、牛肉为高尚补品。若能沟通边陲与腹地之隔膜，调协两地人民之生活，则游牧者渐沾濡于布帛粟黍之化，生活逐渐改进，而中原人民有皮革可用，有酪肉可食，体格日趋健康，讵非两得其益。内蒙之主要物产，可分农产物、畜牧、食盐、矿产等。

农产物　有小麦、胡麻。小麦粒细，磨粉蒸为馒头，其性最耐饥，蒙古劳动之人，皆以此为饱。胡麻与内地之芝麻为同类，粒大而油多，油为工业国所必需，盖其性易干，可作油漆、墨胶之物，用途至广。此外包头黄河涯之药材，如甘草、黄耆，堆积如山，又如蘑菇，产量亦丰。

畜牧　畜牧为蒙古人第二生命，蒙人之财产与希望，尽在于此。内蒙古畜牧，可分三项，即马、牛、羊是。我国全国马匹，以蒙古种为多，所有牧场，咸在察省，多伦为著名马市。蒙古牛比山东牛，体躯稍大，出乳颇多，每头每日可产乳十斤。牧羊之场，盖在绥远，每年四五月剪毛，每头可产斤余。畜产品中以羊毛为大宗，西北一带，毛庄特多，察哈尔以张家口为中心，绥远以包头为中心，各地之毛汇集一处，或由国内工厂定购，或由洋商收买，运往天津，输出海外。西北食粮以肉类为主，北平羊肉商人，每年在绥远收买羊只，可销羊十万头。毛织物为西北最重要之工业，尤以地毯为最驰名，织工之细，花纹之精，颜色之艳，均足令人生爱。毛布亦为绥远特产，价廉耐用，惟不若洋货之精致耳。各洋商以低价购买羊毛、皮张，出口制成洋货，复以高价入口，中国吃亏甚巨。

盐碱　兴安岭西北一带，盐湖星布，所产食盐及天然碱，为察哈尔大宗产物。盐池著名者有二：一为乌珠穆沁盐池，在察哈尔乌珠穆沁旗地方，周围五十里许，凝结成块，随采随结，出产甚富，运销东三省、平、津一带，谓之"蒙盐"。一为吉兰泰盐池，在贺兰山（即阿拉善山）之西，周围百余里，池畔凝盐自二尺至六尺，远望之，白如积雪，甚易采取，无晒煮之劳，盐质洁白坚好，号曰"吉盐"，输入甘、陕，颇为畅旺。

矿产　大青山一带，煤矿丰富，惟现时开采者，限于资本，用土法开采，获利甚微。固阳、东胜产纬炭，据矿师云，为世界所罕见，火柴燃之即着，火力强于木炭，毋庸开采，俯拾皆是，价值低廉，徒以交通未便，运输困难，至包头每吨值十八元。

四　日本之侵蒙政策

今日内蒙高度自治呼声，高唱入云，形势殊甚严重，究其背景如何？为自卫而自治乎？为蒙民生计而自治乎？为德王及其少数王公造地位而自治乎？为日本利用与唆使而为傀儡运动乎？抑内蒙是否有自治之需要乎？内蒙人民是否有自治之能力乎？此种疑问，不得不予以探讨。据内蒙要求自治之愿电云："十年以来，外蒙剿夺于苏俄，哲盟、呼伦贝尔亡于日本，近且卓、昭等盟，亦相继覆没……一旦强敌压境，所至为墟，试为蒙民三思，舍自决自治外，复有何法？"噫！蒙民自决自治后，便有抵抗"劲敌压境"之能力与方策乎？其理由之不足，何待烦论。更进言之，锡盟军队仅六千人，白云梯谓所有内蒙之兵力，至多三万人，以不经训练之少数军队，对日本自卫乎？对苏俄自卫乎？抑对中央自卫乎？慨乎言之，内蒙与中原分离，则两败俱衰，合作则共存共荣，故内蒙与中央乃相依为命。退一步言，即此次之自治运动，即无日人之唆使，而自治政府之成立，亦适为野心国造机会。为蒙民生计而自治乎？内蒙系游牧社会，所有者为畜牧毛皮，蒙民之衣食住及日常用品，全赖汉民之供给，若汉人不与交易，内蒙人民之生活，立即发生极度恐慌，故就经济观点言，内蒙自治为不可能。且中央政府对内蒙王公人民，素向自由放任，并无若何拘束或限制，蒙古原有盟旗之组织，向系自治。故就政治观点言，复无自治之需要，又况内蒙文化低落，人民智识幼稚，不知自治为何物，何能参加自治？所谓"高度自治"，乃是独立之变名，是少数王公之"割地自雄"，换言之，即分离运动。

尤有进者，吾人研究内蒙自治问题，自不能忘却日本之阴谋。夫日本之侵略蒙古，处心积虑，已非一日，不仅有矢野博士之所唱蒙古非中国领土之说，而田中义一之对满蒙积极政策，尤发挥鲸吞蒙古之野心。田中奏章中有云："兹所谓满蒙者，依历史非支那之领土，亦非支那特殊区域，我矢野博士，尽力研究支那历史，无不以满蒙非支那领土。"又云："内外蒙既王公旧制为治，其主权明明在王公手中，我如欲进出内外蒙，可以与蒙古王公为对手，而缔结权利，便可有绰绰机会，而增我国力于内外蒙古也。"复云："到处安殖我国退伍军人，以便操纵其旧王公……因乘其领土权未甚明了之时，且支那及赤俄尚未注意及此之候，我国预先密扶势力于其地，如其内外蒙古之土地，多数被我买有之时，则蒙古为蒙古人之蒙古欤，抑或日本人之蒙古欤？"总之，日本之侵蒙政策：

（一）以蒙古非中国领土之说，淆惑世界听闻。

（二）对蒙古交涉，以王公为对象，实行其所谓"地方外交"。

（三）殖民蒙古，收买土地，施行其"无事取天下"之方策。

今田中虽死，然其国人方秉彼策而有事于满蒙，自九一八事变迄今，无一非为田中精神之表现。最近日本一面拟筑自多伦横贯锡林果勒盟直达滂江、百灵庙之铁路，以作经济之侵略，一面唱所谓民族自决之口号，煽动蒙古王公，脱离中国，附庸日本，实现政治之分化。更挑拨汉蒙感情，施行以华制华之毒计，故侵略蒙古为日本原有之政策，用亡朝鲜之故技，亡我内蒙。今日内蒙之自治，乃其第一步骤，今为明了真象起见，录数条关于日本对内蒙之行动如下：

（一）去年春间，德王以日本顾问之介绍，率卓王等七人乘日军飞机，飞往长春，谒见溥仪。会议内容有三点：其一西蒙宣布独立；其二东蒙（即热河北部）各盟划归德王；其三伪国以友邦关系，充分接济。德王相信内蒙如有政治变动，某国必能帮忙。（十月九日《大公报》）

（二）某机关某方来电报告，内蒙王公组织自治机关各节，现经调查，此次会议未举行以先，德王却与日人往返甚密……闻日人为进一步煽惑起见，拟于本月二十五日，在多伦召各王公两度会议，全蒙情形日趋严重。（十月四日《申报》）

（三）日军驻热河特务机关长松宝孝良，在德王召集会议前，到多伦召集各王公举行东蒙会议，迄今仍未离开多伦云。

（四）日人对内蒙各部煽动甚力，开鲁蒙人胡玉峰，有兵二千八百余，经日方介绍投德王，向滂江前进。（十月十二日《上海晨报》）

（五）德王之宣言曰："蒙人自治，如中央能允许此种请求，当无异议，设或不然，则蒙人不难自寻另一方面之出路，惟蒙人决无意与政府构衅，不幸或有意外，启衅者亦决非蒙人也。"

观以上日本之侵蒙政策与事实之表现，可得一结论，曰内蒙高度自治，乃日本侵蒙之结果，当然为傀儡运动。否则，日人用飞机将德王载往长春何为？日人松宝孝良在多伦召集各盟旗会议又何为？且德王已明白〈表〉示："不幸或有意外，启衅者决非蒙人也。"故内蒙自治，非为自卫而自治，乃系分离运动，傀儡运动。

五　内蒙问题与政府对策

内蒙自治，既是分离运动，傀儡运动，自为吾人所不敢苟同，然内蒙究有何种问题，政府究应采取何种方策，解决此种问题，兹不得不述之。

（一）土地问题　自民国以来，中央实行开辟疆土，移民实边政策，垦区纯为汉人耕种，复不予以地价，于是汉人之垦地愈广，而蒙民之牧地愈狭，蒙民牧地遂被压迫，结果经济破产，生计断绝。

（二）土匪问题　凡经垦殖之地，因移民日多，良莠不齐，有业者固可安分守业，无业者啸聚抢掠，于是盗匪纷起，社会不安。凡毗连内蒙之官厅或驻军，每日总接到王公或札萨克赶走羊、马、牛群、打劫车辆、家室之报告。

（三）官吏问题　凡充任中国边疆官吏者，均不能尽责，其能保持清廉风格者，实属凤毛麟角，余则多半贪污卑劣之流。故恣意剥削，随意拘捕，严诘逼供，诬杀冤害，种种黑暗，屡见不鲜。

（四）行政问题　内蒙之行政，省有主席，县有县长，盟有盟长，旗有旗长，行政不分，民无所从，发生司法事件时，往往管辖不明。且汉蒙杂居，难免有情感用事，省、盟、旗、县之文书往返商榷，需时旷日，行政效力迟缓，常致事情发生意外变故。

（五）税收问题　内蒙之税收，本蒙民纳旗税，汉人纳县税，惟事实上却非是，有县强旗弱，有旗强县弱，相互强迫摊派。因此蒙民既须纳旗之税，复须纳县之税，在两重压迫之下，负担过重，于是各怀异心。

（六）失业问题　蒙古王公子弟及富有青年，多有留学黄埔军校、中央军校、日本士官及平、京各蒙民学校者，毕业后十九投闲遣散，青年身遭排斥，无有出路，乃各生野心。

以上问题，自与此次内蒙自治运动，不无关系，如何移民筹边而不压迫蒙民生计？如何维持治安而保全蒙民之生命财产？如何慎选官吏，扶助蒙民改进生产方式？如何解除"两重"行政之赘瘤，而不发生反感？如何消灭两重税收，而减轻蒙民负担？如何安插内蒙有为青年，使得其所？今后政府，自当筹谋善后，负责进行。虽然，此皆消极的治标办法，政府除应设法解决以上问题外，尤须厘定对蒙之积极的治本方策。

欲厘定今后之对蒙政策，当有一检清代统治蒙古方法之必要。按清代统治蒙古之方法为：（一）奖励蒙民信奉喇嘛，建造大刹，册封活佛，禁止杀生，使英武之风泯灭。（二）对蒙古王公优遇礼待，汉〔满〕蒙贵族通婚，用和亲政策，以羁縻之。（三）禁止蒙民学习汉文、英〔汉〕语，禁止汉蒙通商，以隔离汉蒙之关系。总之，有清一代，统治蒙古是愚民与羁縻，其动机与目的，在保持清代之天下。此种政策，在闭关自守，海禁未开之时代，固可相安于一时，今时代已非，门户洞开，交通发达，一日千里，此种愚民怀柔政策，当然无效。今日政府之褒奖班禅，黄绍雄氏之宣慰内蒙，固可为一时之治标，但绝非根本方策。然则根本方策如何？曰：

（一）根据孙中山先生五族平等之原则，汉蒙人民互不得仇视或轻视，而使关系益臻亲善。

（二）在内蒙各地设立学校，普及教育，提高蒙族文化，使蒙民知道汉蒙历史之关系，认识谁是敌人。

（三）信教自由，汉人不得鄙视蒙民之信奉喇嘛教，对蒙人之不良风俗习惯，用文化力量改善之。

（四）蒙民得自由学习汉文汉语，汉人亦得自由学习蒙文蒙语，增进人民接触之机会，而减少彼此之隔膜。

（五）游牧社会，需极广阔之土地，不合经济之原则，惟蒙民守旧，应用教育力量，善意劝导蒙民改进生产方式，充实蒙民生计。

（六）移民实边，应有计画、有步骤，应教育家、实业家、政治家、军事家总动员，矫正过去为放逐监犯、乞丐之地及零星之移民。

（七）利用蒙古之产马，民风之剽悍，训练蒙古骑兵，以为国防自卫之用。

（八）设立内蒙邮政电讯，以通汉蒙之消息。

欲谋以上方策之实现，当以建设铁道为第一要义。今日中国之陆地边疆，所以形成严重危机者，莫不因交通不便，消息隔阂，边疆地处偏僻，中央鞭长莫及所致。夫铁道之于国家，犹骨骼之于人身，无论在国防上、政治上、经济上，莫不具有绝对之利益与功用，调和游牧社会与农业社会之经济，统治边地政治，充实国防能力，皆非铁道不为功。历史家谓：美国所以发生南北战争者，乃是南北交通不灵，俄国所以能统治西伯利亚，全赖西伯利亚铁路之贯通，日本之侵略我东三省，以南满铁路为大本营，英国得称霸世界，亦以握有海上航路，故交通政策为国之基本政策。前日报载：陕、甘、新、青四省党部电请中央，请拨棉麦借款一万万元完成陇海铁路之举，我甚冀此事能见诸事实。

（注一）十月二十一日《上海晨报》百灵庙通讯。

（注二）伊克明安旗，系额鲁特人，为元臣札巴甘墨尔根后裔，牧地在黑龙江境内。

（注三）采自蒙古各王公代表驻京办事处刊物之一。

（注四）采自蒙藏委员会出版之《蒙藏半月刊》。

又本文采取关震华先生演讲之处甚多，特此志谢！

二二，十月三十一日，于南京

《新中华》（半月刊）

上海新中华杂志社

1933 年 1 卷 22 期

（朱宪　整理）

论内蒙王公要求自治

伯玄　撰

前清以蒙古为屏藩，实行羁縻政策，顾一方出以怀柔，一方则断绝其交往，故表面抚绥备至，而实时存畏忌，防范綦严。惟自民国成立，揭櫫五族共和，旧时畛域，早经化除，改建行省，托以心腹，在法律、政治上，曾无丝毫轩轾。且励行地方自治，载于《建国大纲》，中央既未视蒙族为化外，自治又为全国一致之要求，前此中央颁布各项自治法规，原系通饬各省一例办理，施行容有先后，汉蒙初无二致。然自治之完成，决非仓卒可期，而扫除自治之障碍，尤必赖中央之援助与指导。今蒙古王公要求果出诚意，自宜于不妨害国家行政统一之原则下，依据现行法令，逐次推行，上下融成一体，庶期事半功倍。设或操之过急，则不仅自暴弱点，且值兹疑云满布之秋，将末由见谅于国人矣。

蒙古与中国本部，在历史上，则有元代一百年之荣誉，在经济上，则有茶马数百年之贸易，而平沙大漠，绝无藩篱，在地理上尤觉合则两利，分则两伤。日本既夺我东北，复图并吞蒙古，我汉蒙人民亟应本民族平等合作互助之精神，以共御暴日之侵略，万不能再事离析，予敌以可乘之机。若竟别有会〔居〕心，无异引狼入室，则日之于朝鲜，法之于安南，英之于印度、缅甸，其始未尝不甘言蜜饵，而卒不免于覆亡之祸，稽之往史，历历可数。即如最近为日本傀儡之伪国各地同胞，痛苦呻吟，吁天抢地，盖尝有丝毫生人之乐？纵少数叛徒，犹能优游自得，而大多数民众，亦徒供彼辈牺牲。蒙古王公，今兹会否受个人利禄所驱使，吾人虽不欲妄为揣测，惟自治随时可行，而今日则强邻压境，御侮为先，与其谋托庇于帝国主义，曷若振奋其先代之雄风，共济民族之艰危，徐图政制之改革乎？

抑犹有不能已于言者：蒙古牧地，向被锁闭，近数十年来，始多汉人前往垦殖，其土地之所有权，率为蒙人所操，坐享租金，生活优裕，其一部因受汉人之惯习，渐有弃游牧而从事耕种者，此种自然的演进，实为改革内蒙经济上必要之步骤。然大多数之蒙民，或仍游牧为生。汪院长之言曰："今日世界最紧要之经济原则，在以较小之土地，养较多之人口，而游牧民族适得其反。"从可知内蒙生产方式，若不亟谋改变，则自治之前途阻碍良多。当察哈尔建省时曾划河北涿鹿等数县归其管辖，现综其全省收入，犹不敷政费支出，则一旦自治实行，财政必益形竭蹶，此不得不加以考虑者也。彼以蒙民牧地尽量垦殖，恐为汉人占领为念者，则只须于放垦时严定管理章则，固不患无救济之方，自治云云，尚非所急。

总之，吾人对于内蒙王公要求自治，固极端愿予赞助，惟如吾人前所主张，必在中央指导之下，行之以渐，尤须借中央之助力，扫除一切进行上之障碍，庶得乐观厥成。若徒袭自治之名，甚或资敌人之利用，是其影响所及，不仅蒙民本身利益反损，整个国族前途，将有不堪设想之惧。此吾人于论本问题之余，所以系其殷切之期望于内政部长黄绍雄氏来日察、绥之行也（请参阅本刊第二十号《蒙古、新疆、西藏》一文）。

《人民评论》（旬刊）

北平人民评论社

1933 年 1 卷 23 期

（李红权　整理）

内蒙自治运动的感想

杨惠普　撰

热河被占，东蒙已同时陷于日军铁蹄之下，事实上早非我国的领土了。至中蒙锡林果勒盟及察哈尔部，因邻近热边，受日军的威逼利诱，加以当局既无整个抗日的方针，对于蒙民的威信早已失坠，蒙民自观东北的沦亡，为自身生存计，乃不得不自谋出路。这是最近内蒙"自治"酝酿的最大原因。何况有德王等别具野心，甘为虎伥，从中加以诱惑，于是蒙民改善生计的纯洁动机，便有被少数人利用的危险，而二百余年来平静无事的内蒙，也发生绝大的问题了。

内蒙问题的现状及政府应付的方策，我们姑且不论，现在所感觉到的，就是东北沦亡之后，国家已呈瓦解之象，这种危机已深印于每个国人的脑中，不过当局者尚懵然罔觉罢了。挽救危亡的办法，自然只有一方面从速开放政权，一方面努力收复东北失地，不幸这两个救国的根本大计都被当局者漠视无睹。这样，只有等待国家的崩溃，民族的灭亡而已！政权不开放，决不能团结全国的力量，决不会产生强固的中央政府，更不要谈什么建设了。此次内蒙"自治"的通电，不先不后，恰紧跟着五全大会延期之后，国民大会虽决定不延期，但谁又能保证届时能真实现呢。由这一点，可知蒙人的望治心切，而等得不耐烦了，不如干脆自由行动罢！若政府不自食诺言，开诚布公的做去，那么，蒙民或不致发生操切的举动。所以内蒙自治的通电，可以说是由当局促成的。我们还可以放开眼光一看，假如政权再不开放，自动起来实行自治的，恐怕不止是蒙民呢？西藏、新疆甚而至于内地省区，也有同样的可能。至于东北问题，更是关系其他边区的向背。东北失地能收复，可以镇定政治投机者的野心，可以提高中央的威信，可以坚固人民的团结，质言之，可以巩固国家的根本。东北不收复，则先例一开，后果将不堪问闻。如果像华南九岛样，因为要顾虑对法帝国主义者的情面，慨然不问，这与对东北问题的态度，正是先后辉映。国家的领土可以做交朋结友的礼物，这样的国家，还不曾听见过。这更是可以促成瓦解的危机。

《远东月报》

上海远东月报社

1933 年 2 卷 1 期

（李红菊　整理）

绥西蒙民"督贵"潮追记

——河套通信

记者 撰

蒙民愚朴自守，性虽强悍，而谨愿负重，恪守规约，向无反抗官厅事件发生。今秋达拉特旗竟酿革命性之风潮（蒙音呼为"督贵"），事态扩大，引起五原县长及五临卫戍司令之注意，特派韩参谋暨县绅刘子英，赴西商地调查，并作私人调解。按蒙民"督贵"，译意为请愿革命，彼辈之愚忠愚信思想极深，闻"督贵"之名而怯走，如吾人之闻聚众叛变然，故此种事之发生，系历史上之纪载，而甚罕觏者也。考"督贵"于前数十年前，东公旗曾发生一次，在东公旗事之前，则仅一种传闻而莫知年所矣。实因此种事件，非有特殊情形，不易发生，但事变一生，则如火燎原，势难遏止。记者为明了真象计，爰作调查。

此事起自绥西之达拉特旗。该旗蒙民，住居于临河县属之祥太魁地方，即今屯垦军所建之百川堡。缘该地蒙旗，于民十四报垦时，曾留有若干善占〔召〕地，允许〈按〉蒙民人数，每人给地两顷，讵该旗王爷每事迁延，推诿不发，蒙民生活艰难，几经请求，未能如愿。近年该旗王爷，且更横征暴敛，蒙民所有牲畜，十征其一，蒙民仍始终隐忍。盖王爷在该辈意念中，不啻神圣，且权威特甚，有以使之也。近自屯垦实施以来，祥太魁已垦、未垦各地，多被屯军垦种，对蒙民颇肆压迫，蒙民感于谋生乏术，致挺而走险，百年罕觏之"督贵"潮，突告发生矣。

先是，农民以土地允而未得，请求王爷，王爷谓老者将死，少者未成，壮者谋生有力，不允其请。近以屯军无故侮一蒙妇，遂由祥太魁附近农民，首倡"督贵"，扶老携幼，渐向东行，聚众日多，竟达七八百名，行抵五原。彼辈之聚众方法，饶有兴趣。"督贵"初起，为数人或数十人，女子手持砖石，男子手持兔子棒（打兔子之棒，红柳眉〔质〕，长二三尺，一端箍铁箍三道），扶老携幼以行，沿途无暴动行为，只问讯何处居有蒙民，即群趋其幕（即蒙民住居之毡包），初不问其为何人，围圈跪坐，由众乱喊"督贵"，屡喊屡向前移，被围者若顺从同行，则相偕他适，再向第二家如法泡〔炮〕作，若不允从，则口喊"督贵"，围于垓心，以手拧其身，至周身青紫亦不止，被拧者唯唯是是，弗敢怒，众坐食其家，非至彼服从，偕走不可。盖亦软性之强迫性质。今秋事变，酝酿数月，初由临河祥太魁起事，有蒙众三四十人，蒙民游击队，间亦有被胁从者，但无枪枝，后行抵拉僧庙（河套最大吕〔召〕庙），盘桓三数日，增众三百余人，又向东行，经各蒙地面抵五原之西商地时，已增至七八百人。五临卫戍司令田绣章及五原县长赵瑶鸣，闻及此事，乃派员赴西商地调查。比与蒙民接谈，因人多嘴杂，难得头绪，参加之人，均竞先开口，向之要求代表，几费周折，始由刘子英以私人情谊，请得十数人，后以十数人亦同声发言，乃专向团内〔蒙〕之三喇嘛接洽。三喇嘛系游击队伍长，汉语极熟，且与刘素稔。

据该事之起因，系民十四放垦时，王爷与蒙众每人留有善占〔召〕地两顷，后既把持不给，近又转卖他人，屡经交涉无效，今更变本加厉，如抽什一牲畜赋，且屯垦军之军官队又复横行，处此双重压迫之下，为求生存权利，不得不起此"督贵"。刘氏谓此蒙旗事，何以涉及县境，致扰秩序，一旦发生误会，将何以善其后？本县政当局及驻军，为治安及蒙汉情感计，不得不加善意调处，谓〔请〕问最低限度之要求如何，以便转请贵王爷以求解决了事，如要求过奢，亦难达到目的也。三喇嘛答以要求发还每人之善占〔召〕地两顷及屯军之不压迫已足，但不达目的势不休止。刘氏又谓，若无效将如何也？三喇嘛答以计画联合本境蒙民，作有效请求。拟赴绥呼吁，请乌、伊两盟联合办事处长阿王，如再弗允，则赴京吁请蒙藏委员会解决。刘又谓，转程万里，徒步馁腹，何日可达？则答以中华五族共和，国境所修铁路，彼辈亦曾花钱，能不让白坐坐火车，以享点权利乎？刘氏最后要求彼等暂停行动，散居各处，并回〔向〕西商蒙富户王太太借米五石，暂作食料，候代交涉。

该辈蒙人，皆饥色菜黄，系赤贫阶级，其中之富户，亦皆被坐吃，贫困而后相从，三喇嘛因非领袖，周身亦有被拧之青疙疸，但其言，众多听从。此事解决方法，经县府及卫戍部分别转呈达拉旗及屯垦督办署，但此事恐难得彻底解决，盖别处亦有同样"督贵"酝酿响应。内蒙民情复杂，最近更有要求自治之举，诚不能漠然视之者也。

《华安》（月刊）

上海华安出版社

1933 年 2 卷 2 期

（马语谦　整理）

内蒙与中央之关切

作者不详

内蒙古向分为东四盟、西二盟，计四十八旗，二十五部。自东北四省沦陷于敌，而辽宁省之哲里木盟，热河省之昭乌达盟、卓索图盟亦陷入敌人势力范围，现在东四盟中，惟察哈尔之锡林果勒盟，尚为国家所有。日人志在利用蒙人，另建一傀儡国久矣，观其于全占黑龙江之后，即于海拉尔设置北兴安省，编练蒙军，统以日人，而待遇则较伪军稍优，同时教以日文，竭力鼓吹日、鲜、"满"、蒙合作，足征志不在小。

内蒙王公，自有清开国以来，世受封爵，每旗政事，皆以王公之兼札萨克者掌之，清廷从未遥制，其有自治权，已三百年。自入民国，国体虽改共和，而王公封爵，自理旗务，一如前清旧制，是蒙古人民，在其盟旗以内，虽无参政之权，与近代自治制度不同，而蒙古王公，在其盟旗以内实有广泛之行政权限，俨与近代国家所谓自治领无异。今日之事，譬诸一家，其父兄虽因他故，致为豪强侵凌，财产见夺，为子弟者，惟有与父兄同心协力，以冀恢复故业，若因此欲分析财产，自立门户，势孤力弱，适足以启豪强之觊觎，欲不为豪强所兼并，不可得也。内蒙虽有广漠之面积，人口则极为寥落，虽有宜于耕牧之土壤，地利则并未开发，虽有勇敢之民族，而近代之训练则尚付阙如。救亡图存之策，惟共谋所以开发利源，捍卫边圉，不然，则外蒙受制俄人之前车，即为内蒙今日之殷鉴也。

《蒙藏半月刊》
南京蒙藏委员会
1933 年 2 卷 3 期
（朱宪　整理）

日本对蒙之野心

作者不详

日人对于蒙古之侵略，处心积虑，已非一日，其间不仅有所谓矢野博士倡蒙古非我领土之谬论，而田中义一之对满蒙积极政策，尤充分发挥其鲸吞蒙古之野心，彼云："以得寸进尺方法而进入内外蒙，以新其大陆，且内外蒙既沿王公旧制，其权明明在王公手中，我如欲进出内外蒙，可以与蒙古王公为对手，则缔结利权，便可有裕绰机会，而可增我国力于内外蒙古也。"且续谓："待时期一到，则内外蒙古，均为我有，因乘其支那政府及赤俄尚未注意及此之候，我国预先密伏势力于其地，如其内外蒙古之土地，多数被成〔我〕买有之时，斯时也，是蒙古人之蒙古欤？"

《蒙藏半月刊》
南京蒙藏委员会
1933 年 2 卷 3 期
（朱宪　整理）

察哈尔问题

胡汉民　撰

在"庐山会议"以后，喧扰经月的所谓察哈尔问题，算已有了解决了。甚么是察哈尔问题？简言之，所谓察哈尔问题，只是冯方诸将领之抗日与南京政府之降日的问题。冯焕章、方叔平诸将领，在察东集合抗日义师，规复失地，南京政府却不要抗日，只求降日，这两者间之不相容，便产生了所谓察哈尔问题。现在察哈尔问题，算已解决，降日者得了胜利，抗日前途，自然更不堪问了。

察哈尔民众抗日同盟军，成立于五月二十六日，至八月十三日同盟军总司令冯焕章先生离察入鲁为止，历时八旬，在这八旬中，抗日诸将领之艰苦支撑，自不待言。所表显的抗日成绩，在事实方面，为克宝昌，复沽源，收多伦；在精神方面，则继十九路军，马、苏、王、李诸义军领袖，与孙殿英、宋明轩诸抗日将领的抗日伟绩之后，重又振起了中国民族的抗日精神，使中国人民知道日伪之不足畏，中国对日之非不能抵抗，中国领土之丧失，是丧失于不抵抗。领土主权，在对日作战的信念下，有十二分收复的可能性。同时，更反证了降日者之丧心病狂，甘心陷中国民族于万劫不复。这些事实，从南京政府的所谓察哈尔问题中，都明白的显示出来。

可以注意的，是南京政府之解决察哈尔问题，其主要原因，在民众抗日同盟军之能收复多伦。自民众抗日同盟军收复多伦以后，解决察哈尔问题，才一时急进起来。一方面，南京政府要求解决察哈尔问题，一方面，日本帝国主义也要求解决察哈尔问题。南京政府进逼张家口，日本帝国主义便再犯多伦。这两方面声应气求，南北夹攻，务使民众抗日同盟军不能存在。在七月二十日前后，察哈尔形势严重，大有"山雨欲来"之势！我们为明了南京政府所谓抗日的"整个计划"起见，对于这些事实，觉得有叙述之必要。

据七月二十日路透北平电讯，谓：

> 政府军现已向张家口移动。据外国军事观察员称，张家口冯军现已增至六万人左右。……此间日当局，已征〔证〕实日"满"军现正准备逐走多伦冯军之说。大约彼等将在沽源之南进攻，俾迫多伦之军退走。

又同日北平电讯：

> 察事和平绝望，中央军与冯军，现夹平绥路相持中，庞炳勋驻下花园、涿鹿，孙良诚驻宣化，相距仅三十里，有一触即发之势。关麟征部在新保安，冯钦哉驻延庆，尚有中央军铁甲车两列，亦在下花园待机中，在张家口有三面包围形势。

> 中央军共十一师开察，其先头部队，十八日晨已抵下花园，距张家口仅百十一里。

同时，日本帝国主义，也急进解决察哈尔问题。据如上同日天津电讯，谓：

> 日军大部，向围城一带集中，并令伪军任先锋，行动积极。

又张垣电讯，据吉鸿昌表示：

> 日伪军确谋反攻多伦，日茂木骑兵一部，已由热边开动，但我军工事已竣，防务无虞，日如来犯，决与一拼。

从上面的电讯中，可以看出南京政府与日本帝国主义协以谋察的紧张状态。我们不必说南京政府对于所谓察哈尔问题，是在某种协议的方式之下，要求日本帝国主义与南京政府取同一的步骤。不过于南京政府的行动，我们至少可以得到两点认识：

（一）南京政府可以承认察哈尔为日有，但断不能为抗日的民众抗日同盟军所有，资为规复失地的依据。这是奉行满清的亡国政策："宁赠友邦，不与家奴。"

（二）南京政府甘心在日本帝国主义的威胁统制之下，保存其局部的偏安局面。畏敌如虎，便不辞国亡，决心率中华民族做日本帝国主义的顺民。二年以来，所谓"长期抵抗"，所谓"整个计划"，其内容与作用，由所谓察哈尔问题而益大白于世。

最奇妙的，是一月以来汪精卫先生的"察哈尔问题论"。他说明南京政府所以必须解决察哈尔问题的理由是：

> 数旬以来，冯焕章兄在察哈尔一切布置，其心固可念，而其事则至危。盖守边而不秉命于中央，则其结果，必为丧失领土，前例俱在，无俟赘陈。

又说：

> 日前多伦之失，并非由于战败，乃因热河溃兵猬集，多伦食尽烧光，不得不退。伪军刘桂堂部，乃得从容进入，殷鉴俱在，实为张家口危之。今者多伦已告收复矣，惟非取之日本军队之手，乃取之伪军之手。此等傀儡，何足一击。

汪精卫先生言伪而辩，数年以来，凡领教过他的言论而又明了他的行事的，人人都会感觉到他的言行相背，时时在那里"以今日之我，攻昨日之我"，甚至"以此一刻之我，攻前一刻之我"。汪先生的解决察哈尔问题论，尤其令人莫名其妙。譬如说："守边而不秉命于中央，其结果必为丧失领土，前例俱在，无俟赘陈。"以我们平常翻翻报章的人，觉得如汪先生认为俱在的前例，实感觉难找。然而汪先生却已认为的确"俱在"，所以"无俟赘陈"了。丧失领土的前例多的很，如张学良，如汤玉麟，如一切奉行南京政府抗日的"整个计划"者。张学良说：

> 余秉承中央命令，服务地方，余之一切，惟依从中央之指示。

汤玉麟说：

> 誓服从中央命令，捍卫热河。

于是行政院副院长宋子文，便宣言："各将领打到天边，全国人民也追随到天边，各将领打到海底，全国人民也钻到海底。"激昂慷慨，得未曾有！为甚么连"天边"、"海底"都去，为的是：贯彻汪精卫先生等所说的"中央抗日整个计划"，规复失地。可是结果如何？东北三省在秉承中央命令的事实之下，丢了不算，连热河、冀东各地，也竟无从保持了。

张学良说：

> 自始至今，中央尚未有和战决心。余亦不知他人视余，系与日战，抑与日和。……热河陷落之前，实并无布防之计划。

汤玉麟说：

> 作工事，没有工具，放枪，没有子弹。降敌的不只热军，失土的不只热河。

至于马、苏、王、李诸义军领袖，绝援溃败，身陷绝域，与十九路军之"后援不继，无兵抽调"，这四十五万方里领土之丧失，究竟是为的秉命于中央呢？还是为的不秉命于中央呢？事实昭然，无待申论。如果"天边"、"海底"都可以去，何至"自始至终〔今〕，中央尚未有和战决心"？又何至抗日军队，会"放枪，没有子弹"，一个个都"后援不继"，身陷绝域呢？汪精卫先生之所谓"前例俱在"，可惜终之以"无俟赘陈"，否则，我以为如汪精卫先生这般的诡辩言论，必有可观！而南京政府的"整个计划"，也可以由汪精卫先生之类的妙论崇议，更呈显其内容于国民之前！

尤其令人骇怪的，是察哈尔问题之必须解决，为的是多伦之收复，"非取之日本军队之手，乃取之伪军之手"，认为"此等傀儡，何足一击"。其实，傀儡果"何足一击"，则所谓"满洲国"者，犹是一傀儡耳！难道明知其不值一击，便应该索性不击，任其坐大吗？从日本军队手上收回的〈是〉失地，从伪军手上收回的，便不是失地？东北三省不是为日本所霸占，而是为"何足一击"的"此等傀儡"所窃据，所以自九一八以来，中国根本就没有丧失过领土？汪精卫先生之所谓"前例俱在，无俟赘陈"，大概即指此了。反过来说，伪军而果不值一击，南京政府进攻察哈尔的十一个师，何以不向伪军去击一击？停在下花园的两列铁甲车以及飞机、大炮等等，又何以不向伪军去击一击？民众抗日同盟军击之，便说"此等傀儡，何足一击"，这未免太滑稽吧！据香港各报消息，自南京政府解决了所谓察哈尔问题以后，多伦失了，康宝也陷落了，但南京政府如无其事。只要解决了抗日将领，拆散了抗日阵线，便万事已了。至于察哈尔领土之是否丧失，是不足置议的。这无非是为了"宁赠友邦，不与家奴"。

七月二十八日，在所谓庐山会议以后，南京政府的行政、军事当局，发表了一个俭电，内中有一段说：

中央对冯委员玉祥，在察省一切举动，深为国危，惟冯委员若能接受以下诸原则：

（一）勿擅立各种军政名义，致使察省脱离中央，妨害统一政令，浸假成为第二傀儡政府。

（二）勿妨害中央边防计划，致外强中干，沦察省为热河之续。

（三）勿滥收散军、土匪，重劳民力负担，且为地方秩序之患。

（四）勿引用共匪头目，煽扬赤焰，贻华北以无穷之祸。

以上诸端，中央认为不仅关系察省存亡，且关系全国安危，万不能因循迁就。如冯委员果能深体党国艰危，民生凋敝，自当接受此原则，中央亦必开诚相与，极愿共负艰巨，始终维护之也。

由南京当局的俭电看来，民众抗日同盟军之在察抗日，实属罪大恶极。因为：（一）破坏国家统一；（二）妨碍边防计划；（三）危害地方治安；（四）煽扬共产气焰。这四种罪状，证实民众抗日同盟军不顾国计，不念民生，危及国家根本。解决察哈尔问题，即所以为维护民族的生存。堂皇正大，我以为非汪先生之类，一定没有面孔能说出这样的话来。

但（一）：中国应否抗日？抗日是否对内？抗日是不是能招致第二傀儡政府？政府不抗而忧心国事的军人抗之，其目的在保国卫民，这是否妨害统一政令？如然，则东三省、热河，并未脱离"中央"，"中央"的政令，是否至今还可以直达各该地？投降日本帝国主义，可以戢止日本帝国主义的侵略野心，则东三省、热河何以失？冀东又何以不能接收？这都是无从理解的大问题。我在上海报章上，看到一段新闻，记述冯焕章先生的谈话说：

> 此次塞北抗日，只有宋哲元、孙殿英几部军队拼命干过，日军也大受挫折。由此看来，我军并非不行，所虑者，不真抵抗耳！仅有此少数人来抵抗团结，如何能行？……军人责任，即是保国卫民，即尽其责。若曰实力不足，枪械不精，而不抵抗，则等到何日抵抗；我辈军人，既已统带三军，就应替国家做事，当兵不卫国要兵何用！

我以为一切军人，都应有这样的认识。但南京政府为避免"妨害统一政令"计，宁愿不抵抗。它以为一妨害统一政令，便可浸假成为第二傀儡政府。察哈尔可以送给日本，但断不能因抗日而"使察省脱离中央"。

（二）最莫名其妙的，是所谓"中央"的"边防计划"。抗日会妨碍"边防计划"？这所谓边防计划，究不知所防何边？而此计划的内容，又不知道究竟是些甚么了。自九一八以来，南京政府一切对内对外的口号，屡变屡更，如由"镇静"、"忍耐"，到"听候国联解决"，再由"长期抵抗"，到"一面抵抗，一面交涉"。此外，则如"充实国力"、"培养生产技能"、"接受国际援助"之类，在这些口号之中，有的已成了过去，有的已失了效用。至今未变的，则是南京当局偶尔引用的所谓"整个计划"。十九路军捍卫淞沪，南京当局说："不宜以一时意气之争，破坏中央整个计划。"热河形势紧张时，南京当局又说："中央已有整个计划。""整个计划"是甚么？据说"事关军事秘密，未便公表"。在俭电中，所谓"妨害中央边防计划"，这个边防计划也许是"整个计划"中之一部了。所不解的，抗日能妨害中央边防计划，所以复宝昌、克沽源、收多伦、保卫察东，便认为"其心可念，而其事则至危"，推其所极，至能沦察省为热河之续，但东北、热河之失守，冀东之无从接收，是不是也是"中央"的"边防计划"呢？保卫察省，便是"外强中干，沦察省为热河之续"，然则"外干内强"，因解决察哈尔问题而使多伦、康宝复沦敌手的，倒不是"沦察省为热河之续"吗？这种种，南京当局，也许仍旧要说："事关军事秘密，未便公表。"那中国人民，虽然眼看着"沦陷整个中国为热河之续"，也只有一辈子的莫名其妙了！

（三）南京当局，似乎非常顾念到人民疾苦。所以"重劳民力负担"，且"为地方秩序之患"的民众抗日同盟军，认为非取消解散不可。但散军、土匪不能抗日，能抗日的"中央军"，又何以不抗？如果以民众抗日同盟军滥收散军、土匪为不合，南京当局，又何以自解于收编滦东伪军？汉奸李际春——据南京方面的宣传说，是受我运动，听我指挥来扰乱河北的——国人皆曰可杀，但南京政府却特任之为编遣杂军委员会委员长。原定收编二千人的，增至四千五百人，原定编遣费二十万元的，增至四十八万元。看看事实，土匪、散军，犹是决心抗日的中国人，滦东伪军，却是为虎作伥的汉奸。南京政府在滦东的措施，会不"重劳民力负担"，那滦东的地方秩序，其平静整肃，一定也异于寻常了？冯焕章先生，说明其抗日部队的内容道：

> 此部军队，皆系黑龙江、吉林、辽宁、热河退来之优良抗日军，转战辽、热，备历艰辛。在冰天雪地之塞北，无衣无食，枪械既不如敌人之犀利，弹药复不及敌人之众多，而仍喋血饮泣，拼命抵抗，此种精神，亘古罕有。其有实力七八万者，已死伤殆尽，仅存六七千人。死者死矣，伤者运至张家口时，焦头烂额，血肉腐臭，其不死不伤者，尚皆衣皮衣皮帽，凄惨之状，不忍卒睹！然抗日精神，毫不稍减。余当换以单衣单帽，向〔飨〕以肉，备水沐浴。军士见余，悲极痛哭，以为祖宗田园坟墓，皆已失去，我辈有何颜见地下祖先也。旋亲向之讲话，鼓励嘉勉，痛陈国难，众闻言，又大哭流涕，悲愤有加，决誓死抗日，收复失地，救国家民族于危亡。于是吉鸿昌等誓死出兵，收复失地，一战光复察东，时大雨方酣，士卒皆冒雨死战，毫无畏缩！

我们读这样的记载，不禁为之涕零！祖宗庐墓，尽为敌有，国家领土，尽为敌有，能光复河山的，南京当局诋之为散军、土匪，为虎作伥的，却收编之为国家正规军队。我以为"重劳民力负担"，固有可议，但比之以土地、人民资为敌有者如何？以"民力负担"，来捍国卫民，比之以人民汗血来残杀异己者又如何？这两端，南京当局，将何辞以解之？

（四）自民众抗日同盟军崛起察哈尔，我们就听到两个相反的消息。南京政府宣传说：民众抗日同盟军“赤化”。这正如俭电所言：“引用共匪头目，煽扬赤焰，贻华北以无穷之祸。”日本帝国主义则与南京政府持同一口吻，故认为解决民众抗日同盟军，即所以扑灭共产力量。苏俄呢？却以民众抗日同盟军为日本帝国主义的代理人，所以也认为有郑重防止之必要。于是民众抗日同盟军，在南京与日本口中，便是“赤化”，在苏俄口中，便变为“白化”。但冯焕章先生却曾一再声明说：“请新闻记者到张家口来调查，到底有没有赤化景象。”而国内一部分人，则愤然说：“能收复失地，虽赤化可也。”南京政府的新闻政策，似乎日见进展。在所谓舆论指导之下，含血喷人，无施不可，察东收复了，硬说没有收复，后来见无可掩饰，便说：“惟非取之日本军队之手，乃取之伪军之手。此等傀儡，何足一击。”这不啻说：即使收复察东，此等战绩，也是不值称述的。它要说人“赤化”，则舆论有指导，还容你分辩吗？其实，我们看看过去的事实，引用“赤匪头目”者有其人，卖身“赤匪头目”者亦有其人，贻中国无穷之祸者更有其人，不过不是民众抗日同盟军而已。这些事实，关心国事与党史的人，当不至于太过健忘吧！

最痛心的是南京政府之解决察哈尔问题，系与日本帝国主义在协议的方式之下同进退。电通社电称：

> 满洲秉承日方接纳南京方面协同解决察事之请求，决以维持“满洲国”边境治安名义，派李守信部参加攻击多伦，与南京军队，共同行动，目下已向察边前进中。

这种消息，与我所得的各方报告相同。七月七日，张家口电讯说：

> 蒋外倡和平，阴仍加紧压迫。江〔已〕令何应钦令入察各军，即向张垣进攻，令黄杰部在南口严密戒备。……平南苑飞机场，已由宁派来飞机两队，已到涿鹿城内。……总计入察

各部，共十八整师，十五万余人。

又一同志的报告说：

> 察局解体，实因蒋日双方，前后夹击，故万难支持。

察哈尔民众抗日同盟军，就在蒋日协议之下，成了牺牲品。抗日将领被逐，叛国的汉奸，却一个一个为南京政府所收录。这是在南京政府"抗日整个计划"下之又一奇迹！

据南京政府的宣传说：我与汉奸李际春，实有"密切关系"。以我十余年来的反共历史，总没有人会说我"赤化"，南京当局明白这一点，所以对我的诬蔑，也改变了方针。它是"引用汉奸头目（？），煽扬'逆'焰（？），贻中国（大概不止华北）无穷之祸"。在南京党部发出的所谓海外宣传通讯第四号中，刊载北平电讯便有这样的一段：

> 据某方密报云：滦东李际春已就任伪救国军总司令兼滦榆警备司令，其前敌总指挥为郑彦侯，人数号称两万，实则不过七八千。其部下向外宣称，该部与伪满洲国军队不同。现时不过请日本帮忙，待攻至平、津，组织华北政府后，日军即退出长城。并谓组织政府事，与……及西南胡汉民等均有联络云云。

"据某方密报"，不知是据的何方？大概是据的宁方"心"报，或作宣传文字者的"笔"报吧？汉奸李际春，的确是叛逆，这种罔民卖国之贼，"据某方密报"，又与我有密切关系，但南京当局何以又竟那样优容他？七月十八日天津电讯说：

> 确息：伪军遣散费，当局筹三十万，已有着落。……李不赞同编练杂军委员长，仍要求任滦东警备司令，或清乡督办，刻在商洽中，表示无大问题。——七月十九日上海《时事新报》

到七月二十九日午，李际春居然就职了。报章称：

　　　　李际春念九日午，在交大总部，就战区杂军编遣委员长

　　职，正式成立委员会，启用关防。——七月三十日上海时事

　　新报

南京政府以李际春为汉奸叛逆，但在南京政府之下，却居然成

了正式官吏？试问南京政府的本身，又自居何等呢？记得北平各

团体为收编李际春事，曾通电云：

　　　　如李际春可以收编，则郝鹏可以释放，胡立夫亦当含冤

　　地下。

李际春收编了，不但收编，而且还做了在抗日"整个计划"

下的"保国卫民"的委员长。郝鹏也确释放了，大摇大摆的做着

天津市市民。只是胡立夫不幸，早已作了绞毙之鬼。抗日是"赤

化"，汉奸为爱国，前者可以"贻华北无穷之祸"，则后者自然便

成了"华北福星"，却不知"引用汉奸头目"，实足以"煽扬日

焰"呢？

张溥泉先生在南京党部纪念周报告，有几句真心话。他说：

　　　　东北四省，已为日攫去，河北亦已入日本半奴隶的状态，

　　但即此半奴隶的状态，亦系华北当局叩头作揖得来。余为此

　　语，非批评外交，乃申叙事实，良以情势所迫不得不［能］

　　如此耳。

张溥泉先生说几句真话，很不失为老成长厚，有一点中国国民

党同志的气息。这种言论，如言辩而伪的汪精卫先生之类，是万

万不能出口的。汪精卫先生之类，正在敷陈其"整个计划"和

"边防计划"，较坦白些，可以说一句"长期抵抗"，再坦白些，便

说一句"一面交涉，一面抵抗"，这类人只说"老话"不讲"真

话"。但我们的疑问："叩头作揖"，是否可以长保河北？又是否可

以长保中国？假如不能长保，我们又当取何种对策？所谓"情势

所迫，不得不如此"，这情势之迫，又到了何种程度？我以为叩头

作揖的方法，有时而穷，到那个时候，是不是应该把整个中国，在"叩头作揖"的形势之下，统统送给敌人呢？

目前的河北，便已到了"叩头作揖"术穷的时候。榆关之接收，平榆之通车，都正在一筹莫展，而伪奉山路之通车问题，却听说已得了解决了。港报载：

> 榆关接收事，已呈停顿状态。临榆县治，原定二十日迁返榆关，亦卒中止。……闻此事非俟菱刈抵长春后，向菱刈提出交涉不可，因日方各要人诸多推宕，无从交涉。——八月廿二日香港《中兴报》

唐榆段则驻有日军，称系根据《辛丑条约》，常川驻屯（八月十九日香港《中兴报》）。在日本帝国主义和伪军统制之下的滦东，"民力负担"和"地方秩序"大概一定会好过察东？所以滦东问题，可以在"叩头作揖"的方式下，任敌人、叛逆去处置，而所谓察哈尔问题，却非以九牛二虎之力，用威迫利诱的手段来解决不可。

关于日本对华阴谋，和南京政府"叩头作揖"的投降政策之下的中国前途，我在本刊第一卷各期中，已有过核要的推断。这种推断，不幸已逐步成为事实。我这篇文章，只单简地叙述南京的所谓察哈尔问题。现在察哈尔问题已这样解决了，但中国的前途，是否也可以由南京政府的"叩头作揖"政策去解决呢？这是中国人民，所应该困心衡虑的问题！而我这篇文章，不至仅认为一种流涕太息的凭吊！

《三民主义月刊》

广州三民主义月刊社

1933 年 2 卷 3 期

（李红权　整理）

内蒙要求自治

冰森　辑录

内蒙具呈请愿自治

据南京十月二十日电，内蒙各盟旗长官，呈中央、国府请愿，原文如下：年来吾国兵荒饥馑，纷扰鼎沸，边疆蹙削，外患日深。吾蒙古地近日、俄，创痛尤烈，广漠之地，弱小民族，抵拒无力，固守无方，俎上之肉，宰割由人。十年以来，外蒙剥夺于苏俄，哲里木盟、呼伦贝尔又亡于日本，近且昭（乌达）、卓（索图）等盟，亦相继覆没，西蒙牵动，华北振〔震〕撼，千钧一发，举国忧心。吾蒙积弱民族，坐受宰割，亦固其所，中央虽负有扶植救济之责，顾内乱频仍，当局尚不暇自救，吾蒙抑何忍以协助责望中央。况兵燹之余，不时劳遣专使，远方存问，足征休戚相关，患难与共，吾蒙深为拜嘉。边疆不警，委蛇偷安，未为不可。迩来强邻俱侵，刻不容缓，燕雀处幕，覆亡之祸已迫，因循偷安，已为事势所不许，煎急难耐，应付无方，倘不亟勉图自决，一旦劲敌压境，国土为墟，风波所及，积弱之蒙疆，势必蚕食殆尽，深贻中央之虑。藩篱破决，将以亡吾蒙者，累及同胞，一肢摧折，全体牵动，关系至大，为罪滋深。《传》曰鹿死不择荫，凡我同胞，设身处地，试为蒙民三思，至〔舍〕自决自治，复有何言？

休〔伏〕念我孙总理艰难定国,以人民自治为基础,以扶植弱小〔民〕为职志,煌煌遗训,万世法守。中央军事鞅掌,既不遑忧远,吾蒙敢不投袂而起,遵奉总理遗训,自任自健,以自策励?盟长、扎萨克等,谨查二十年国民会议议决案,已有准许外蒙自治之先例,乃于今年,始在乌盟百灵庙,招集内蒙全体长官会议,佥曰采用高度自治,建设内蒙自治政府,急谋团结,以补中央所不及,凡事自决自治,庶几眉急可挽,国疆可守,民意谆谆,亦以是为请,于是毅然进行,气象为之一振。此为顺应民意,应付环境,施行自治之情形。除由盟长、扎萨克、王公等会衔联印正式呈报中央鉴核外,爰将吾蒙推行自治真相,谨先电达,俾悉自治真意,实因事急境迫,日暮途穷,志切自救,不得不急图自决,以补救危亡。至于军事、外交,关系团体,吾蒙能鲜力薄,年来尤仰仗中央多助,况当存亡关头,一切对外措施,更惟中央是赖。望当局诸公,一本总理民胞物与之旨,天下为公之意,谅其苦衷,悯其愚弱,弥缝其阙,而教以所不及,策励其自决自治之精神,促成其发愤图强之苦心,上有〈以〉翊赞中央殷殷图治之心,下有以慰吾蒙喁喁望治之意,保五族之民众,互助共存,打成一体,庶几危亡可挽,边疆可固,蒙民幸甚,国家幸甚。

百灵庙王公会议

德王自宣称采行内蒙高度自治后,决定十月九日在滂江举行之内蒙自治会议,因交通不便,应召参加之人,多未到齐,乃改在百灵庙,于是日改开筹备会。到〈易〉(锡林果勒)、乌(乌兰察布)、伊(伊克昭)各盟王公百零六人。当经决议,公推二十三人为起草委员,起草自治政府组织法,于十五日开全体大会时提出,经决议通过。大致自治政府,除军事、外交,仍归中央外,关于内蒙古行政各项，均由自治政府处理。关于自治政府组织，其最高机关，为自治政府委员会，下设政务厅、参议厅及法制委员会。政务厅之组织，包含总务、秘书、教育、警备、实业、交通、交际、建设等八处。人选则由各盟旗长官及青年分任。自治政府究将设在何处，现尚未定，将来当就百灵庙、四子部落旗、德王府三处任择其一。至与某国勾结之说，完全不确。因参与此项会议之人，大部为受有教育之蒙籍青年，民族意识，极为真挚，且极为一般王公所重视，纵有一二浅识王公，断不敢冒此不韪，故现在趋势，极盼对中央以十二分平和之意，请求辅助。待大会于月内闭会后，定派人赴中央各机关说明苦衷，请求谅解。

黄绍雄抵平之谈话

内政部长黄绍雄于二十二日傍晚由京抵平，向记者谈：本人留平二三日，即赴张垣，惟中途或有耽搁。中央对内蒙问题，原则已决定，其办法如何，须俟予视察完毕返京后再决定。关于蒙古各王公要求高度自治之呈文，范围太广。予此次赴蒙，力使打开地方与中央之隔阂。蒙古政治、经济如感觉有改革需要，中央当想办法，惟须地方与中央不发生抵触。

内蒙当前之三大问题

关于内蒙方面最近情况，据熟悉蒙事者所谈如下：自九一八东北事变，日人手制"满洲国"后，继续派员煽动东部蒙古，冀完成其一贯之满蒙政策，依地理之情势，逐渐将东蒙划为数省，兹已完成。今调查其分省概况及省长人选如下：（一）东分省，以布特哈旗为中心，该地为黑省要埠，日方为求事实上便利计，即派布特哈王鄂伦春为省长。（二）北分省，地当海拉尔，且为东北蒙古重地，乃由日方派呼伦贝尔都统贵福之长子林陞为省长。（三）南分省，以哲里木盟之中部为范围，并命图献图王延喜海顺任省长。各分省之最高节制机关，统归兴安总署，总长为哲里木盟齐盟长，次长则由日人担任。自热河陷落，更将锡拉木伦河以北地带（卓素图盟）划为中分省，并令卓盟盟长巴林王扎喀尔遥掌省政。按内蒙西起青海，东达呼伦贝尔，绵延万里，共辖百余旗，人口约二百五十余万，全赖牧畜维持生活，近年来因牧场破产，人民生计困难。据由内蒙来平之蒙民谈称：内蒙人民年来生活艰难，目前急待解决之问题，约计三端：（一）生活问题；（二）治安问题；（三）边吏问题。就生活问题而论，自民国以来，蒙人因受外界移民压迫，失去游牧生活，经济破产。就治安而论，凡经垦殖之地，因移民日多，各方人口麇集，良莠不齐，良善者固可安分守业，无赖者则啸聚抢掠，于是盗贼纷起，社会杌陧。至于边吏，大都不能洁身尽职，多数贪污卑劣，恣意剥削，此类现象，在辽、吉、黑、热、察、绥、青、新等沿边各地为最普通，蒙民处此惨苦生活中，对中央政府，信仰不免为之减少。最低限度，希望中央援助内蒙以下各事：（一）速筹救济内蒙人民生活办法。（二）设法维持内蒙治安，保障其生命财产。（三）放弃利用宗数〔教〕之羁縻政策，树立内蒙实际政权。（四）慎选边疆官吏。（五）介绍内蒙有志青年，在各盟旗办理旗务。如能作到以上数端，则外人野心，亦无所施其伎俩。黄部长（绍雄）此次奉令巡视内蒙，蒙民极欢迎，甚盼能考察内蒙实际情形，解除蒙民痛苦。至于德王所召集之王公会议内幕，亦希望黄部长予以详慎调查云。

内蒙问题之探讨

内蒙锡林格勒盟副盟长，德木楚克栋鲁普亲王（俗称德王），宣布内蒙高度自治消息，现已成为公开秘密，极为国人注意。北平复生社记者特为此事，历访在平蒙籍各要人，刺探此事真象，归纳所得，纪之如下。

远因　（一）此事原因当然基于政治斗争，兹先叙蒙籍要人所述之远因，用备参考，据言，蒙古地处边疆，语言、文字、风俗、宗教，皆与内地不同，而各盟有各盟之特征，各旗又有各旗之特征，中央当局，采纳一二蒙籍要人之言，处理蒙政，早嫌隔靴搔痒，蒙盟对中央政令，接而不布，或布而不行，中央对蒙盟请求，亦只用照准核办字样，存案了事。他如南京之蒙藏委员会、蒙古王公驻京代表、办事处等机关人员，按月领薪，无所事事，全对蒙政莫明其妙。南京有代表团，北平有代表会，中央又有蒙籍中委数人，无不自称其代表蒙盟民意，究竟谁由蒙旗选举而来，谁曾代表民意供献中央，谁曾代表中央指导蒙盟，俱成疑问，以故中央与蒙盟之联系，异常弛松。蒙人既不满中央，尤不满接近中央之蒙人，德王利用蒙人此项心理，故宣布高度自治，以资号召。（二）蒙古王公，系蒙盟贵族，改元以前，年俸甚多，金珠牛马，取之不尽。民国以来，政府继其年俸，王公挥霍成性，自难甘居贫苦。此辈于内地豪奢，素有健羡，中委、司令等荣衔尤足动其内向之心，持筊者已着先鞭，凡后入京活动者，因之备受排挤，无梯可登，废然而去，自不免积忿于心，未能得志于中央，因思求之漠北。而在赤俄指导下之外蒙，日本支配下之呼伦贝尔、齐齐哈尔、郭尔罗斯、布特哈等部，及哲、卓、昭各盟，其王公待遇，又无不备极优隆，蒙地免去升科，尤深合多数蒙人心理，政治认识幼稚之内蒙王公，经此诱引，遂不免心生离贰，此又德王资以宣布内蒙高度自治远因二也。（三）蒙古王公子弟，及富室青年，多有留学黄埔军校、中央军校、日本士官，及京、平各蒙民学校者，毕毕〔业〕以后，十九投闲置散，京、平各处蒙古机关之委职各员，率多川、滇、黔等省籍汉人，蒙古青年身遭排斥，乃多各回本盟，与王公打成一片，利用王公势力，自谋发展。王公则利用青年之交际手腕，与新颖技术，代其练兵办事。王公既有政自我出之野心，青年复存民族自决心理，德王更从而煽惑之，自治之声，乃甚嚣尘上矣。

近因 蒙古代表团驻京办事处处长吴鹤龄，系前北京法政专门（即现在之北平大学法学院）毕业，在供职蒙藏院时，东蒙卓索图盟盟长喀喇沁王贡桑额尔布任蒙藏院院长，贡与蒙藉〔籍〕中委白云梯不睦，白为蒙藏院附设蒙藏学校毕业生，参加革命后，提出打倒封建余孽（王公）之口号，其原藉〔籍〕家产，数度被查抄，以是贡有指使之嫌。民国十七年北伐时，白云梯指导蒙古党务，原有之蒙藏院遂在"封建遗物"口号下，明令取消，贡逃往天津租界，吴鹤龄亦因而失业，乃往谒贡，愿以"拥贡倒白"自任，贡予以重金，并函介之于东蒙哲里本〔木〕、昭乌达等盟盟长，组织蒙古王公代表团驻平办事处，吴任处长，民十八，白云梯列藉〔籍〕改组，脱离中央，吴认为倒白时期已至，立去京谒某最高要人，担保蒙古王公，不与白一致行动，得邀信任，而为蒙藏委员会参事。国民政府内设有蒙藏委员会，原为设计、指导蒙古政治之机关，惟自成立以来，初仅位置蒙藏高级闲员，其后渐变为政治上之酬庸机关，自石青阳以川人而任蒙藏委员会委员长，于是登庸者多川、慎〔滇〕、黔籍汉人，蒙人大哗。去冬德王、卓王等十余王公赴京，原意在整理蒙古王公代表团驻京办事处，并有自任处长兼蒙藏委员会委员长之意，已邀中央认可，吴鹤龄得讯，遂联合石青阳，短德王于某要人之前，德王计划因以失败，遂即拂袖离京，此为德王宣布高度自治之近因。

经过　德王自揽政权之心，蕴藏已久。班禅东来以后，各方咸思资为号召，蒙古青年党领袖郭道甫，曾邀班禅赴呼伦贝尔，并愿为建大刹，为其驻锡之所，德王窥破其意，力阻班禅之行，首在滂江为建庄严伟大之佛寺一座，费洋十余万元，并为班禅筹款，训练骑兵卫队千余员名，对于班禅供奉唯谨。德王自南京北返，即利用班禅，奉为首领，以其名义，向各盟旗发号施令，谓班禅为自治倡导之人，并坚决主持到底。班禅对德王平日之优礼，深为感激，亦不便表示反对，听德王放手干去，此为德王酝酿高度自治时宗教上、政治上之布置。

军事　德王现年三十余岁，颇具新知识，自受任乌滂警备司令后，一面即加紧训练基本骑兵五六百名，一面请准中央，在滂江设中央军校内蒙分校筹备〈处〉。察变当时，其所收容之青年及各盟旗遣送子弟，已达七十余名，以日本士官毕业之蒙籍云继贤为总队长，黄埔军校毕业蒙籍韩凤林为分队长，中央亦曾派教官北来，抵张家口时，察变突发，折回南京。目下将班禅卫队、乌滂警备队及军校合并，加紧训练，并令各盟旗准备全蒙皆兵。现有枪者均须服从德王指挥，约三四千人，合德王兵力在六千人以上，此为德王酝酿高度自治之军事布置。

外交　去年春间，德王以日人顾问之介绍，率卓王等七人乘日军飞机，飞往长春，谒见溥仪。会议内容，有三要点，其一，西蒙宣布独立；其二，东蒙（即热河北部）各盟划归德王，不归伪国管理；其三，伪国以友邦关系，充分接济。德王返滂江后，请示班禅，并召集要员会议，咸以兹事体大，应持慎重态度。会议虽无结果，但德王相信内蒙如有政治变动，某国必能帮忙。又外蒙各盟王公，亦多与德王通款曲，可借外蒙王公之力，取得赤俄之供给。此为德王酝酿高度自治之外交布置。宗教上、政治上、军事上、外交上，均有上述布置后，于本年九月上旬，向各蒙盟及国内外蒙籍人士，发出通启，定期九月二十八日，在百灵庙召开内蒙自治会议，其后又通告改期为十月九日，会址则改在溽江。[一] 现又延期，会址仍在百灵庙，此后进展如何，极堪注意。

蒙人态度　蒙古人士，对于德王此举，主张颇不一致。凡与德王接近之王公及青年，惟德王之命是从，姑不具述。一般青年，则分为两派，甲派主张如自治确无某国背景，可予合作，否则宁抱不合作态度；乙派青年，则在看不清楚之前，不愿有任何表示，均对出席事不闻不问。至浑浑噩噩之蒙古民众，对于自治确无条件赞成，盖蒙民政治认识幼稚，认为自治，就是不受汉人干涉，至对谁来领导，如何自治等问题，则不求甚解。接近中央蒙籍要人，亦分两派，如白云梯、吴鹤龄等，系与德王对立，不能发言，言亦无效，如鲍悦卿等则主张蒙古自治，应绝对在中央领导之下进行。蒙藏委员会委员长石青阳，为德王及一般王公打倒之对象，石称病未赴溽江宣慰者以此。

补救方法　留平某蒙籍要人谈，德王宣布自治，原因非常单纯，一言以蔽之，在谋政治出路，附从王公及青年，亦在谋政治出路，对于此点认识清楚后，解决不成问题。惟蒙古民众及有目光之青年，殆全部希望自决自治，若谓只王公有官可做，蒙古问题便算全盘解决，亦属乐观太过。目前第一步解决办法，大概如下：（一）千万不可用兵，用兵则蒙民皆叛，更为某国造机会。（二）改组蒙藏委员会，使该会还原为纯粹蒙人之机关。（三）对于王公择其实力大者，在中央机关子〔予〕以散职，次者在地方机关予以散职。（四）调查蒙籍青年（各军官学校毕业生），设法安插。（五）派蒙籍青年回盟，筹备自治。（六）发展教育，提高蒙民知识。（七）中央应将此意，宣示蒙旗。

新旧两派意见不一

据十一月十日天津《大公报》百灵庙通信云：黄绍雄、赵丕廉北来后，在平、张、绥各地迭与蒙古五〔王〕公、总管、学者及察、绥两省府当局交换意见，遵照中央扶助蒙古自治之方针，拟订改革蒙古行政系统方案，由中央设边务部或蒙藏部，为统治蒙古最高机关，代替蒙人集矢之蒙藏委员会，在蒙古各盟旗适当地点，准由蒙人组织蒙古地方政务委员会，代替德王等要求组织之蒙古自治政府。此方案之用意，一方实现中央扶助蒙人自治，一方维持省县制度及权限。据当局者解释，中国国家组织为二十八省区，蒙古已经划入省区以内，如脱离省区而设自治政府，在内政上破坏国家最高组织，在国际上显示中国分裂现象，影响极大，故不能容许；蒙古之人力财力，均未达到完全自治之地位，非中央予以扶助，徒鹜〔骛〕名义，不生实效，内地各省尚未达到自治地步，一切较内地落伍之蒙古，何能躐等要求，按照中央之方案，逐渐进行，自能为蒙古谋福利云。此方案经李松风等于上月三十一日携之来百，交德王等阅看，德王及青年等颇示不满。彼之理由，以为内蒙北近赤俄，外蒙共党，时起觊觎，东邻日本，九一八后东四盟已被日人囊括其三，剩余之锡、乌、伊三盟如不亟谋团结，外侮一来，将被各个蚕食净尽，故自治政府之目的，在于团结三盟力量，在中央指导之下，捍卫边疆，维护三盟生存，如各别组织地方政委会，仍不能达到团结，况现行制度，各蒙旗均有超过方案所许之自治权，又何须重新要求云云。惟自治政府之议，倡于德王。最初之会议，亦只锡盟青年王公及德王幕僚参加，在德王处议定方案，及劝西二盟参加方法后，德王等于九月末来百灵庙。该地为乌盟盟长本人牧地，喀尔喀所辖，假此地开会，对乌盟王公易于劝导。乌盟盟长云旺楚克栋，年过七旬，而膝下无子，旗务委于乃侄沙拉布多尔济，沙为二十余岁之青年，热心改革，乃劝云王以盟长命令，召各旗王公来会，违者以违令论。于是锡、乌两盟到会者颇多，而伊克昭盟则无一人出席，会议虽成，列席者仓卒应召，唯唯否否。今见中央另有方案，大都感觉无所适从，职是之故，乃徘徊观望，不加可否，李松风等颇感棘手，询德王究持何种态度，德王称，希望黄部长速来，当面向黄陈述。伊盟副盟长阿拉坦瓦齐尔，则不愿变更制度，谓制度之变更，于蒙古之真实福利并无关系，颇予德王以打击，至此乃形成观点不同之两派。蒙古曾在内地念书之青年，人人以改造新蒙古自任，均皈依于德王旗帜之下，奔走呼唤国人之同情，尤以被日人占据之东蒙青年，感于故土沦亡，有家难归，对自治更为热心。但除德王愿作此辈褓姆外，暮气沉沉之蒙古社会，以数十青年而欲唤起数十万习于原始生活之多数人，实属不易，在青年派热烈有加之情形之下，愈显露唯唯否否之旧派王公，兴趣太少，欲使两派熔于一炉，恐亦不甚易。黄、赵对此两派，已有相当之认识，来百后或集两派于一堂，作惊人之雄辩，但如何而能满足两派之意愿，收中央扶助蒙古之实效，仍为不易着笔之大文。

汪兆铭述政府方针

汪兆铭于十一月六日发表谈话：接黄绍雄一日电，详述北上安抚内蒙最近接洽情形。谓日内即赴百灵庙，作恳挚商议。因内蒙王公正集该处，亟候黄、赵前往宣布中央治蒙方针及政府既定原则。中央对内蒙请求自治，始终诚意扶助，不特对内蒙如此，对其他各省亦莫不然。满清对蒙，向取羁縻政策，蒙民不做官则当兵，绝少就食工商业者，结果致蒙民生产力薄弱，生计几陷绝境。

蒙古邻近之友邦，应付外蒙，则取傀儡运动与分离运动，库伦现况，即属显例。故内蒙此次请求自治，中央绝非取羁縻政策，亦不许有受人诱惑之傀儡运动与分离运动存乎其间，始终扶助之，指导之。同时以为欲谋解决蒙人生计，须从整理财政、发展生产着手，逐步进行。黄、赵奉命入蒙，定能遵中央既定方针与原则，善谋安抚，蒙古王公不乏深明大义者，当可有圆满结果。

《再生》（月刊）

北平再生杂志社

1933 年 2 卷 3 期

（朱宪　整理）

内蒙现代情势与自治问题的探讨

霍文蔚　撰

蒙古接近伪国，创痛尤烈，广漠之地，弱小民族，抵拒无方，俎上之肉，宰割由人。十年以来，外蒙剥夺于俄，呼伦贝尔沦亡于日……中央虽负有扶植救济之责，顾内乱频仍，事势分异，当局尚不暇自救，吾蒙古何忍以协助责望中央。……斯乃内蒙勒〔锡〕林郭勒盟、伊克昭盟等盟旗长官，突然于七月二十六日，在乌盟百灵庙召集全体长官会议，拍发通电向中央呼吁自治，观其意旨肫挚，询〔词〕句恳切，有足令人可取采者，然字里行间，不少滋疑。要知所谓自治，第一，为全国一致的要求，前此中央颁布各种自治法规，原系通饬各省一例办理，何独内蒙先而上之。第二，内蒙所要求的为"高度自治"，显然自认为属领对宗主权的中国的抗争，所谓"高度自治"者，乃系李顿报告书，对于东三省问题之一种建议，当然非内蒙之要求。第三，如果内蒙以强邻压境，必要先争取争得自卫权，那么御侮是全国一致的要求，何以内蒙要单独行动？国家对外，行动是共同的，御侮的力量，是不容分化的，征诸事实，未之可也。况蒙古与中国本部的关系，是绝对的不可分离。在历史上，则有元代一百年来的荣誉；在经济上，则有茶马数百年的贸易；在地理上，尤觉表现"合则双美，分则两伤"。再者，中国边境夙多外患，人民之遭凌夷，固为全国人士所痛心，然则负边疆保卫之责者，宜如何拥护中枢，巩固防御，乃不此之图，故逞巧辩，以求脱离中央，不知中央近年以来，虽迫于内乱，未尝计及边疆，然而爱护之心，时关寸衷。边疆之地，列强环视，鹰眈眈，虎逐逐，实繁有徒。其所以不敢决然深入者，尚以中国主权有所顾忌，碍于侵略之恶名，不致轻举妄动，以破坏国际间之均衡。然而狡黠者流，固无日不穷思力索，谋所以侵略之方，使内蒙而得自治之名，而隐行其干涉代管之手段。此帝国主义者，获得殖民地之惯技，如俄之于外蒙，日之于韩、台，均为卓著之成效。东北四省，现在亦走上此种路程，不谓贤明达练如内蒙之诸王公，而乃不知此计，亦甘步其后尘也。而且现在中国的边疆形势，危险极已〔已极〕，东四省为日本所攫去，西藏、新疆，实际亦成为英帝国的统治地，他如安南属于法，外蒙归于俄，疆土日削，外患日深，国乱滋扰，政柄歧趋。近又加以内蒙自治的口声，高呼云上，所谓锡林格勒盟副盟长德木楚栋克鲁普亲王（俗称德王）为此主动者。当多伦失陷之时，日本人曾用飞机将德王等七人裁〔载〕往长春，谒见溥仪，结果，会议的内容，可分为三点：（一）西蒙宣布独立；（二）东蒙（即热河北部）各盟划归德王，不归"满洲国"理管；（三）"满洲国"以友邦关系，充分接济。是此计划，无异是"内蒙大源共和国"的一种雏形，则将与中央截然为两事，昭然若揭者也。然其所以有是举者，其理自存，是则对此内蒙现代的情势，自治的原因，与自治的分机，以及中央对于应付此自治方法问题等，诚〈有〉不可以不加研究者在也，兹就鄙见所及，胪述如次。

一　内蒙的历史沿革

　　蒙古名称，起始唐，当时又称为蒙兀、蒙瓦，后又有朦骨、蒙骨、蒙古里、萌古、忙豁勒等。同是，蒙古在古时分为多数的小部落，无统一的组织与结合，如周代之时的猃狁、犬戎、东胡等，常为周廷之患，累啸边防，迭为劫占，周人颇引为忧。迨秦汉之时，所谓匈奴、鲜卑，亦属逞强一时，与南部之国，互为消长，其民猛勇慓悍，大多鲁莽，实可足称。每因地方荒凉，居土硗薄，每羡汉家之沃野平畴，常起南下之心思，所谓"逐匈奴七百余里，胡人不敢南下而牧马"者，是其证也。然其侵入汉人所居之地方，特以黄河流域为最甚，侵入之时，便定住汉土，所以我国的北部，人民种族，多为混杂。到晋以后，蒙古人乘汉人之衰微，长驱直入，形同汉家之主，汉之领域，几为占有，及至隋朝，才被逐离汉土。唐初，蒙古又纠合土耳其族，同一侵犯，经唐代的武力，又被征服。至宋之世，蒙古人之帖木贞，克服蒙古全部而统一之，自称成吉思汗，其后蒙人，更席卷而南，横联欧亚两洲，声威赫赫，一世无双，武功鼎鼎，亘古所无，创作大元帝国，是为蒙古全盛时代。然因过于黩武，至后力量不支，领土渐失，结局为明所灭。元亡后，蒙古人受喇嘛教的影响，尚武精神，渐惭失却，且对内部，常混乱，叠为争雄，分崩离柝〔析〕，零落四散。清初之时，蒙古各部，皆被清军征服，全蒙版图，入清地舆，将元来蒙古王公所统辖的各部，（爱马）（Aimaks），照满洲八旗制，更细分为多数的旗（Hoshun）（为最小的政区，形同一县），由扎萨克统治，各部因军事上之互助，合而为盟（ChugulgAn），由选任的盟长管辖。清廷对于蒙古人，一方畏其强悍，用喇嘛教的驯束，并不使与汉人通婚，妨汉文化的薰染；一方又竭力怀柔，对于各王公和盟长、旗长（扎萨克），分别封以爵位，使之安居旧土。清政府对于蒙民，不直接治理，诸事悉委托王公，仅在中央政府，设一理藩院，以管理其事务。在军事上，则设一都统或将军，以监视之。清帝逊位，民国创立，因为内蒙早成一家，并且满、回、藏均皆平等的待遇，不分藩属，不较畛域，将清对蒙古藩属之手

近代蒙古文献大系·政治卷

段，一律废除，但王公爵位，仍然继续。且国民政府，又颁布优待蒙人条例，特设蒙藏院而管理之，惟因中州多故，变乱沧田，实无暇顾及，并非忽视，应体念时艰协理，而乃持携贰之心，唱自治之调。往事情深，世代亲谊，蒙古同胞固宜为此耶。

二　内蒙的地理

（一）疆界

内蒙古的疆界，极难确定，因各时代政治的变迁，疆界常为之而变动。若自元朝，则亚细亚洲之全部、欧洲之半部，皆包在内。若自清朝，凡辽河、松花江以西，额鲁特部（在甘肃之西）以东，大漠以南，长城以北，皆属领地。如是以讲，则今日之宁夏、绥远、察哈尔等省，以及山、陕的北部，亦包在内。如以民国，内蒙古之土地，实属有限，仅仅止于宁夏、绥远、察哈尔等省以北，以及大沙漠以南的一小地区是。至于东部的兴安岭以东，到辽河、松花江一带的地方，已经编入于"满洲国"。边界形势，概略如此。

（二）面积

据《北平晨报》二十二年十一月四号载云："现在内蒙的面积，大约在一百五十万方里以上（含宁、绥、察等省），比两个中等的省还大，大部分都是沙漠。只有宁、察、绥、热等省，为肥沃之地，且此原来是草地，事牧畜，现在开辟成耕地，共约五百万顷以上。"内蒙面积，约如上述而已。

（三）地势、气候、物产（可分南、北、西、东四部言之）

1. 南部——即热河、绥远、察哈尔等省的南部，是蒙古高原的南斜面。由东南方海上吹来，经过长江流域的湿风，倘遇着此斜面，必降少量的雨。尤其是当夏季的时候，雨水特多，此间草莱，可为牧畜之地，但一经开垦，即为农业产地。现在汉人开垦极多，产粟、高粱、麦、豆，并产多数而良质的牛、羊、骆驼、豚等的动物。

2. 北部——即大戈壁沙漠地方。除有山水流下和泉水涌出的"水草地"外，对于牧畜，颇感困难，这是蒙古最坏的地区。此外如兴安岭以东，绥远、热河、察哈尔等地，尚有蕴藏极富饶的矿产，如煤油、煤、铅、铁、铜、银、金，以及天然产生之盐，既多且闲〔咸〕，惜乎尚未开发。如果能使开发，工业上大有补助。

3. 西部——即河套内的鄂尔多斯，及其西方的部分。多为平坦的沙漠，气候干燥，寒暑悬殊，除有灌溉之利的地方外，农业不易举行，可是此块地方，洽〔恰〕是一块良好的牧畜地。

4. 东部——日人称为东蒙古，即兴安岭以东至松花江、辽河的地带。因为当海风，气候最温和，而且多雨量，尤其于夏季之时，由海上吹来的东南湿风，遇着兴安岭的东斜面，降雨极富，除产东三省所产的粟、高粱、豆、麦，并可栽培水稻，所以日人久垂涎于此地。

（四）住民

迩来对于内蒙古的人口，无确实的调查，人口数目，当难得知。据推定之数，约七百五十万人，每平方里中，仅有五人，与十八省的人口比较，仅当我七八分之一，又与人口最密的江苏、浙江地方比较，仅当于其二十分之一。且内部的住民，要以汉人最多（约五百五十万），以偌大之土地，人口如是之稀少，并且还有混居于东部者，亦有少数之满洲人，而杂住于西面者，又有回人。就其人口减少之原因，不外有二：

1. 当清初克服各部落的时候，鉴于蒙人异常慓悍，况且蒙人累代以来，又多为患，因内部〔加意〕崇奉喇嘛教。喇嘛教者，是独生，是禁欲，故清廷设法提倡蒙人的信奉喇嘛，一则借以消极的教旨，以驯蒙人，使脱其勇武的习尚，一则奖励蒙人为喇嘛僧，使其人口减少，以消失其势力。

2. 因为男子之为僧过多，结果男女的界限，亦致不严，且为僧的人，不仅限于蒙人，男女之性交既杂，花柳之病症流行，加之卫生不讲，知识不进，人民之生殖率，当亦减少。

三　内蒙的政治

蒙古人虽然分为多数的小部落，但是均属于蒙古族与通古斯族，此两族的言语、文字、俗习，颇多相同，所以从古以来，而〔两〕民族的结合，甚为密切，此关于政治方面，实有极大之关系。但蒙人主事牧畜，性强悍，近因汉人之统治，渐渐从事农业，其民虽尚存有古代骑射的遗风。但因多年受喇嘛教束缚，亦成为柔顺诚朴的人民，其洒脱、正直、真诚的长点，为汉人所莫及。然则古今之政治有别，人情与风俗易变，就其中之所以如此者，莫不有其政治力之存在。兹将其现在政治之情形，描写于左。

（一）行政的六盟划分

据内蒙的全部，共分六盟。东部有四盟，即哲里木、卓索图、昭乌达、锡林果勒是。西部有二盟，即乌兰察布、伊克昭是。除此之外，又有呼伦贝尔、察哈尔二部和伊克明、阿拉善霍硕特、额济纳旧土尔扈特三独立旗分居各部，散处内蒙，盟旗划分，概略若此。

（二）人民的阶级制度

可分为宗族（贵人）、平民、奴隶三阶级。

1. 宗族——又分为台吉（太极—太子）和塔布囊二者，前者为成吉思汗的子孙，后者为当时的功臣和其亲戚的后裔。现时的王公，多属于这一种的阶级。

2. 平民——多为宗族家人的子孙，也是蒙古族中的人。

3. 奴隶——此种民族，乃是蒙古人征服他族时，所捕获的捕虏，通古斯人、汉人、回人……等等都有。奴隶是可以随便馈赠，而且能买卖的，并且不能与蒙人通婚姻。

（三）宗教

蒙人信仰的唯一宗教，厥为喇嘛教。喇嘛教为佛教之一派，初由西藏而传来，现时的蒙古，仍认西藏为大本山。至于喇嘛教的起源，远在元世祖时代。盖蒙古原为善骑射、好杀戮的民族，转战东西，统一天下后，乃热心文治，如有一宗教，以易于统治不霸〔羁〕的蒙人，于是招聘西藏（当时的吐番）的青年高僧叭思巴为国师，封为大法宝王，使之教导蒙古人，自是之后，代盛一代，及其终也，元朝以亡，但当时的喇嘛教，非常幼稚，仅是一种幻术。至明代，因西藏的喇嘛教大改革，蒙人更加信仰，于是喇嘛教风靡全蒙，人民信之益深。迨至清初，清帝鉴蒙古人因受喇嘛教之拘束力太大，并且借此欲拉拢西藏，于是自己以身作则，建筑宏大的喇嘛寺，以奖励蒙、藏人信奉喇嘛。自是以后，蒙古的喇嘛教，益形普遍，崇信益烈。蒙人因信喇嘛教的甚深，所以对于掌喇嘛教的僧正——活佛（蒙人称为呼图克图）的信仰也深，活佛的权力，因此遂超过王公的政治权威以上，喇嘛教之奉崇，可见一斑矣。

（四）组织

查蒙人政治上的组织，乃系以盟旗而组织者也。盖盟旗组织，属于一种封建制度，世袭职位，旗有旗王，盟有盟长，以旗为统辖单位，旗王为最高长官，盟长之设，原为各王公共举之首领，用以对外，遇事便于招集，但在盟旗政治上，无甚益处。清末之时，盟长的威权已失，现在各旗，均视为无足轻重之职位，各旗军政大权，悉操于王公之手，自由行使，任作威福。迄今人民呻吟于此专制压迫之下，敢怒而不敢言者，事实诚然也。

（五）治安

蒙人性慓勇，善骑射，以之对御外侮则不足，以之保卫自安，颇有余，虽然枪械陈腐，而乘马骋驰，是其特长，以故土匪息影，盗贼敛迹，是以各地之掠劫极多，而终不敢入其境内骚扰者，良由是也。故近年而来，汉人频遭匪患，而蒙人不与矣，盟旗下之户口稀少，财货不丰，匪盗窝藏，常感困难，此亦各旗之内匪患较少之一原因。同时汉人前往盟旗，经营农商者，十有七万人之多，亦以其能维持治安，免受盗匪掠夺之故也。

（六）教育

蒙民之教育，甚为单纯，加于内地之习尚，重骑乘，讲勇武，对于文化教育，多不研求，而蒙古王公，金以固守旧习为主旨，所谓革新，力加排斥，此固为其稳固自己地位之妙法。故对于唤醒蒙民，提倡教育，诸多反对，或直接防止青年求学，或间接阻碍学校成立，其用心也，大皆如是。所以由平、津、京、沪各学校毕业之蒙古青年，每多仇视若寇雠，如"准格尔旗协理奇子俊家中，父子循还惨杀"，即系新旧思想冲突之真相，亦即蒙古王公，不愿革新〔政〕，唤醒蒙民之实例也，蔑视教育，催〔摧〕残文化，至于此极。苟不设法改进，隐忧堪虞也。

（七）生计

蒙民的生计，除土默特旗及绥东红旗……亦如汉人务农外，大多数皆为游牧生活，总之，游牧为生者多，从车〔事〕农商者少。幕帐高撑，逐水草而居，地草油油，牧畜相宜。惟近年来，因天气之每多亢旱，水草不丰，生殖欠繁，又内地各部，迭遭奇灾，农村破产，经济恐慌，购买之力，亦以锐减，以致蒙民赖以生活之牛、羊、马等，既不能多量产生，又不能高价售出，加之盟族〔旗〕各地文化低落，政治黑暗，使蒙民生计，益感受其困穷。当局不加注意，长此继往，蒙民将不知伊于胡底矣。

四　内蒙的要求自治

（一）要求自治的原因

A、远因

（1）外人移殖，生活困憂

清初，清廷畏汉人的文化被〔对〕蒙人的薰染，所以严厉的禁汉人之入蒙，因此细介之故，遂不惜将沃野广阔之一块大地，弃而不用。迨至清朝中季，清廷目睹荒凉无垠，苟不开垦，宝地置遗，遂令蒙人自行开辟，乃蒙人不惯农事，累试不成。及至清末，一方因汉人的生殖澎胀太快，即开始向内蒙两〔西〕部推进，当国穷民困，移殖人民，又必须以垦殖，以自食其力。他方则因日、俄及其他的外人侵入，故在光绪年间，大奖励汉人入住蒙地，开发满蒙，不半世纪，大部分借汉人的力量，开拓成丰满的农业地。唯汉人所到的地方，一则因蒙人的经济势力不敌，蒙人的土地，渐渐多被汉人收买，领土日见其缩减，蒙人的生活，遂感困难；一方则因地方官吏的苛征虐待，蒙人益感胁迫，民族畛域的思想，于焉而起，且"民族自决"潮的高涨，上冲云表，更催起蒙人离异的心理，要求自治的原因多由于此。

（2）外蒙自治，促成影响

民国鼎革，清室推翻，改革自理之新思潮波及外蒙［班］，遂对于我提出的"五族为一家"认作误解，在民国初年，早已萌自治之念。嗣后又受俄人的挑唆，布里雅特蒙古人（在西伯利亚，贝加尔湖东方）的诱惑，竟于民国十一年，自行独立（其初亦以自治内〔为〕口调），我国因内部的离散，力量的不能集中，鞭长莫及，无可如何。但以现在的事实而论，已经脱离民国，形式上也就被苏俄管辖。内蒙人民如现代新思潮的青年，咸慕外蒙的自治成功，羡人心理，人皆所同，模仿人善，彼此无异，所以要求自治者，发生有自。

（3）汉人苛虐，蒙民贰心

汉人侵入蒙内，从事经商、开垦，实居多数。至清末，汉人已经超过蒙人。至民国初，即设汉官吏，改为县治，凡汉人多的地方，都改为特别区，以作行省的准备。蒙人鉴汉人的进展不已，初则嫉视，继则恐惧。在实际方面，蒙地因汉人的移入，荒野变为膏腴，草地辟为沃壤，不惟增加蒙人生产利益，且实对蒙有功。然移民之中，良莠不齐，往往以蒙人之诚实洒脱为可欺也，于是欺骗、掠夺、高利贷等事，曾见迭出，蒙人目疾心仇，痛恨已久。尤又甚者，即汉人之达官、显贵、富豪，以种种不正当的手段，借巨款予王公贵族，以抵押其土地。蒙人以为汉人势力如此之大，手段如此之毒辣，节节进逼，步步退让，则汉人将来不知为如何苛刻暴虐我蒙民也。其要求自治者，情势所趋，事所使然。

B、近因

（1）日本成立"满洲国"后，多方扇惑内蒙

自九一八事变，"满洲国"的成立，全由于日本的多方帮忙，当长春陷落时，日人曾用飞机将德王等七人，载往长春（事见《时代公论》，第二卷，第三十二号）谒见溥仪。结果，会议的内容，约有三点，即（一）……（二）……（三）……（已见于前，兹不赘），详思其词，已可想见日人用之为何如。不特此也，据六月十二日中央社消息云："日人自热河陷落后，取有两种的政策：（一）对于汉人方面，极力施行小惠，以收买人心。（二）对于蒙人方面，极力施行挑拨，以期与汉人绝缘。"又谓"对于蒙人方面，则以种种挑拨之辞，谓蒙汉本无关系。特以蒙古民族，受汉族之凌虐所致，现在日人〔样〕愿以全力扶助蒙古民族，建立'内蒙大源共和国'"等语。于此可见日人既已扶助满民成立"满洲国"，又欲扶植蒙人建立"内蒙大源共和国"，拨论〔弄〕离间，班班可指，用心毒蚕，事实昭著。再据该报又载有："现在开鲁一带蒙民，已有将汉人所购置之房地等，以强力收归蒙人。"此则显示日人怂恿作祟，事理若揭。且日人之满蒙政策，夫谁不知，满虽成功，而蒙尚须经营，铁铸事迹，岂容置疑。加之于内蒙东部之一部，已划属于"满洲国"。内蒙人感于同祖的外蒙，现已隔离，东部之一部，形同割去，使元代光荣一世的有名族，竟陷于此下落，日虽不加鼓蛊，蒙人亦将自起振作图存，自治之要求，此其重因。

（2）近年来青年思想的变迁

内蒙的青年，近来留学于国内及国外者，为数颇巨，受外界之贯注，感时势之蒸陶，对于内部的陈腐、宗教的束缚，均思大加

改革，对民国而别树一帜，对内部而一洗旧制。且外蒙的社会新
思想，顺势传入，一般青年学子，无不乐从，凡具有新〈智识〉
学生〔智识〕，及思想近乎现代思潮者，莫不愿下决心，从事整
饬，建设一切，以谋内蒙福利。关于此类，根据新闻界的报告与
披露，在在皆可证明。所以此次作自治的运动，大皆属于此般的
青年，所谓德王者，即领导是等青年，作内蒙自治运动。

（3）国内政务，绝少蒙人参加，与采纳其意见

根据《时代公论》第二卷第三十一号载云："去年冬，内蒙之
德王、卓王，十余王公赴京，意在整理蒙古王公代表团驻京办事
处，并有自任处长兼蒙藏委员会委员长之职，确实整顿内蒙，终
以志愿不达，拂袖离京。"满怀所抱，付之一空，长辞此去，能无
所怨？不然，德王突然于七月二十六日在乌盟百灵庙，招集内蒙
勒〔锡〕林郭勒盟、伊克昭盟等各盟旗长官会议，向中央发电呼
吁自治者何也？况蒙古地处边疆，风俗、宗教、语言、文字，皆
与内地歧异，中央只采纳一二蒙籍要人之言，处理蒙政，岂能尽
善尽美，彻底改造，实嫌分床做梦，隔靴搔痒，而终不济于事矣。
且自蒙藏委员会自川人任委员长以来，登庸者，而蒙籍人竟无之，
至各地之所谓代表团者，对于蒙政，焉知其详。如此而欲得常
〔蒙〕人之顺服，不起而要求自治，诚难事也。近因之多，此亦
其一。

（4）王公富室之青年子弟，无正当职业

蒙古之王公及贵族，在民国改元以前，多受高官厚禄之供奉，
今乃遭人排挤。而所谓王公子弟、富室青年，其毕业于内地及日
本学校者，十之八九，投闲置散，不能与滇、黔、川等省汉籍人
相竞，致受排斥，郁郁回本盟，以自谋发展。如是待人，直不如
俄、日治下为之优遇也。若是者，政见用意，蒙人不完生离贰之
心，然则王公与青年所建〔处〕之境遇相同，则彼唱此和，沆瀣

一气，而要求自治之口声，遂甚嚣尘上矣。

（二）要求自治的分析

1. 王公方面

但据《西北论衡》第一期载有"此次百灵庙会议，到王公六人，贝子、〈贝〉勒十余人"，表面观之，似亦太少，若据内蒙人的要求自治之原因言之，不当如是。又据《东方杂志》第三十卷，第二十一号，载曰："最近报上传，德王已允日人建筑跌〔铁〕路，以通蒙境……"由此关系，确实可知，此次要求自治之发生，纯出于德王一人之鼓动。盖上之原因，固多复杂，但因其主张如"高度自治"，与王公、青年，意见难免出入，不过德王实为其扩大自己的权威，或其别有企图，亦难预知耳。

2. 青年方面

蒙古青年学子，因知识稍开，痛恨蒙古政治的腐败，诸多的积弊，若辗转相沿，贻害非浅，愿皆普及蒙民教育，革新政治，解除内蒙疾苦，实为要求自治的目标。

3. 民众方面

一般蒙古民众，既无受教的机会，当无参政的能力，不识不知，俯首贴耳，不惟不参加其要求自治之整〔活〕动，且不知自治为如何物也，得失利害，不少过问，但得苟延时日，度其奴隶生活足矣。

五　内蒙的自治问题，当该怎样应付

（一）治本的方法

A、由政府从速颁布一种法令，禁止汉人官民，有搜括虐待，蔑视蒙人的种种行为，违者重惩。尤其是以不正当的手段，略取蒙人的土地、财物的举动，要特别的严禁。

B、对于蒙古王公的主权，绝对的尊重。

C、切实履行民国政府所颁布的优待蒙人条例。

D、奖励投资与蒙人合同开垦土地，振兴农业，并设教导蒙人从事耕作的机关。

E、对于蒙古的宗教，须持不同的态度。

F、对蒙古青年，须切实教育，其能通晓汉文者，须与汉人平等任用，其不谙汉文者，亦须会商蒙古官吏，予以适当的安插。

G、蒙藏院与同等的机关，须多用蒙古人。

（二）治标的方法

只有多派人员，到蒙古抚慰、疏通，并晓以利害之一法。彼此既融洽，自治不自治，都无妨碍。此外对国交方面，也要着手下到有相当的工夫才可。

《政治会刊》（半年刊）

山西省立法学院政治研究会

1933 年 2 卷 3 期

（朱宪　整理）

呜呼汪精卫——看了汪精卫的关于
克复多伦之谈话以后

德平　撰

昨阅汪精卫氏评论克复多伦之谈话，其词意之间，又失态又酸刻，又违事实，又不合情理。既将政府之地位，中国人之立场，国民党之遗教，一扫而空，更活画出一个卑污政客，巧佞小丈夫的卖国无耻人来。其字里行间，很多与日本人一鼻孔出气，不类出诸中国人口之语调。如此与敌国起共鸣，与仇人表同情，实在令人想起同盟先烈，辛亥影事，黄花岗之血史，北新桥之侠情（汪氏手炸伪摄政王时埋藏炸弹之北京一街名也），深有不堪回首之悲。咳，一个人的青年与老年，在山与出山，虽然有段锡朋君所谓"汪先生此次更不堪了，此中或有生理关系，影响精神"的肉体遗传的微妙原因在内，然又何至退转堕落到这样的不堪，这样的使人不可捉摸，不敢想象。今日姑于人性变迁论的人生哲学问题，另划范围，容请教专家更详论之，我们先把汪氏的所谓"冯方克复多伦，不如他的大连会议，收编伪军，领还战区，来得妥协而稳健"之自豪的理论，加以国民常识之普通批判。甚盼海内同胞，对此全世界绝无仅有的，号称政府当局者之绝妙高论，予以共同之注意及深切之认识也。

一

汪氏谈话，好像忘了他是中国人，他是应当负着抗日御侮收复失地的责任的政府地位的人。因为他完全忘了天经地义的"人之立场"，所以他不知道察省亡了四五县，是东四省沦亡既往不究之后，政府又应引罪下台听候裁判的一件事，所以他连带的忘了收复多伦是他的带罪自赎的责任。如果国民及同志，自动爱国，把他克复，政府是应奖励援助，自惭不遑，不管他们是用的如何方式，牺牲的是何等程度，只要结果是由外国人手中把中国土地拿回来，只要不是张汤〔皇〕的断送与外人，只要不是"塘沽会议"的以权利签约拱让于敌国，那便是一切政府只要是中国人组织的政府，所应当竭诚同情，五体投地以赞助欢迎之不遑的事。汪氏忘了这根本立场，所以开口便错，腼然说"御侮而不秉命于政府，无有是处"，汪氏竟又忘了御侮固应秉命于御侮之政府，设使政府而为欢迎外侮，助长外侮之政府，用兵两月，失地已到平、津，外兵入境，城下竟然乞和，事实上已公然表明政府为不许抗日，变更抵抗，主张媚日，实行妥协之政府，则爱国军民、抗日同志，如果不甘妥协，反对乞和，而要励行他的武力抵抗收复失地的与政府适然相反的对日主张，当然无法再循常道，秉命政府。因为他们所要秉的，是抗日政府之命，不是媚日政府之命。汪氏自身，已公开宣言卖国协定是他一手主持的，是等于公言"我已不抗日不御侮了"，吾人不解更令抗日御侮之同志，如何去秉"不御侮的政府"的御侮之命耶？

二

最可笑者，汪氏说："冯军收复多伦，并未作战，不过收编伪军，令其开走，然后将本军开入而已。"姑无论冯军吉鸿昌部血战三日夜，肉搏爬城十余次，见诸日本人之电通社者，尚比汪氏报告的真实。汪氏此言，自不抗日，复将爱国军民之血诚，御侮烈士之忠节，一笔抹煞，其颠倒事实之罪，出诸日本人之口（日人为掩盖其战败之辱，或可作汪氏之论）无足怪，出诸中国人之口，则不但令中国人寒心，直足令日本人笑倒。此处吾人姑让一百步承认他，即令冯军真是如汪所说兵不血刃而收复多伦，中国人闻之，亦应充分同情，较牺牲甚巨，死亡甚多而结果仍不免将领土奉送外人者，其经济，其爱国之智勇兼备，固与政府所指挥的无诚意的抗日诸役，损失大而领土亡者，不可同日而语矣。汪之此言，似乎站立在日本人的地位，甚恨中国人没有死亡多少，仅仅用个手法把中国军队说动了，反正了，便把多伦拿回去，太便宜了他，不受大损失竟克复失地，在我们日本人觉着，实在有点不解恨。阅者试按汪之原文，非如此一改，则文意断不像中国人说的，立场一变，则理充而词顺矣，岂不然乎。呜呼，吾人真不意堂堂政府，多年追随总理之老党员，竟有把祖国忘掉如汪氏者也。

三

最可笑最失态而且无耻者，尤为汪之以收复多伦与改编李际春逆部对比一段言词。日来，国人所痛极欲哭之事，即为堂堂政府与叛逆为对手，三番两次请示于大连，秉命于日人，一幕丑剧。汪氏当国，竟不知国论不解民情至此，不但对此事不觉惭愧，甚且自直得意引为豪举，真令人不得不惊其心理之麻木，与面目之厚□矣。此理何用对比，愚民亦知其曲直。冯□招降伪军，第一条件，即让出原防，引路反攻（如刘桂堂），第一成绩，即真个与中国回复了一块土地。而刘等即刻奉中国军令，与日人为敌。汪等收编李际春逆部，李根本即不愿受抚，政府畏其进犯，无法抗日，乃不惜起用北洋故吏薛之衍〔珩〕等，请商之于大连伪军太上之政府，日人可者可之，否者否之。最初汪等欲将李部调开滦防，日人不允，乃改为特种警察仍驻原地矣。最初何应钦、黄郛等已定何日接收战区，届期日人不允，李等不让，何、黄乃又命令于主席转饬收复委员，以一再改期闻矣，李等逆部驻原地，是战区等于不交还，且由中国出款练日本先驱队于失地之中也。汪氏所谓妥当，所谓收复，吾人正为国权哭，不知汪又何所见耶？闻北平各界，前欲开追悼抗日烈士大会，黄、何等以有碍伪军交涉而打消，华北一块土，已自收编伪军一事而名实两亡矣，汪尚引与多伦并论，人之无良，尚何言哉，尚何言哉！

四

汪谓多伦收复察局更危，其意盖确认收复失地足以致日军之怒也，不知东四省及滦州之事，是谁招其怒者。汪等塘沽、大连之会，奉命惟谨，宜若可以令日人不怒矣，何以追悼会不能开，战区不能收，李际春不就范，郝鹏不敢办。汪等果有人心，宜知抗日非他人之责任，收复多伦即令激动日军，政府只有全力助冯，倾诚共抗，别无作人之道也。呜呼，媚日而得安，已为祖宗坟墓之大辱，况协定之后并一开会自由而无之，媚日固未见苟安乎？汪之心理，变态至此，吾人真欲为中国人一哭矣。

《民风》（旬刊）
天津民风社
1933 年 2 卷 6 期
（张婷　整理）

内蒙自治问题之检讨

赖竹君　撰

一　绪论

近数日来，内蒙自治问题甚嚣尘上，惟以其远处边陲，消息隔膜，故谈者尚鲜。记者以近年来边圉之地，日渐沦丧，如西藏已无形为英人所囊括，新疆之受俄人势力之侵入，外蒙之已变为苏俄的附庸，迨至九一八以后，则满洲、热河且为日本所吞并。今后倡自治之议使果成为事实，则其影响于国家者尤大，乃中央政府为卖国集团所操纵，日唯恣力于私人权利之内争，对于固有之东北尚不惜拱让于人，而于此事尚无暇过问，是以数月以来南京除派黄绍雄、赵丕廉循例前赴调查以外，未闻有何办法。记者不敏，敢一述内蒙要求自治之经过及原因，一则以助国人之了解，一则以证南京政府之危害我民族国家也。

二　内蒙自治之意义

内蒙古共分为六盟，二部，三独立旗，前北京政府时，因恐和外蒙一样被外人侵占，乃施行特别区制，设绥远、热河、察哈尔三区。除将哲里木盟及伊克明安旗（独立旗），呼伦贝尔部，划归辽宁、黑龙江二省外，更划卓索图盟、昭乌达盟二盟归热河省（现已沦入满洲伪国），划锡林郭勒盟及察哈尔部归察哈尔省，划乌兰察布盟及伊克昭盟归绥远，至阿拉善霍硕特和额济纳旧土尔扈特二独立旗，则划归宁夏省，这便是内蒙改省后的情形。现内蒙各盟旗存的，仅察哈尔、绥远及宁夏省之一部，共三盟一部二独立旗而已。此残存之各盟旗，又介于日俄二强势力之间，有朝不保暮之势，故此次由锡林郭勒盟副盟长德穆楚克栋，倡内蒙高度自治之说，更由乌兰察布盟盟长云端旺楚克召集王公到百灵庙会议，他们要求自治的动机，看下列几种意见便知：

（一）德王的会场中报告谓：蒙古自治，对外的关系，外蒙陷于俄，东蒙亦不能守，非起而自决不可。至外传蒙古自治，有外人背景，其实伪国对于王公制度任意予夺，直同废除，日人松室孝良，在多伦迭电相邀，同人不愿加入。同人苦"赤化"之危险，不肯随口说经济二字，可证明与日俄无关。对内的关系，中央对蒙情照过去事实看来，不无隔阂之点，然亦由蒙人分子不齐，从中挑拨离间所致。最近数月冯玉祥在察境通电独立，以致内蒙土匪遍地，民不聊生，内忧外患，如此之急，蒙人非自治无打通环境之办法。

（二）旅平蒙人同乡会意见书谓：一、蒙古要求自治，系在中央扶助之下，纯出于民族自决自救之图，及辅助中央鞭长莫及之虞之运动。中央应放弃"放任蒙古政策"，诚意指导，使之自治臻于完善。二、边陲省县官吏，压迫蒙民事件，不时发生，以致全体蒙人非常激愤，且既抱成见处理蒙事，对于自治消息，当然利用反宣传，阻碍蒙古自治，倘中央不察事实，不顾蒙古民意，听信一方谣言，则蒙汉感情更当恶劣矣。

（三）蒙古救济委员会意见书谓：自十年以还，赤焰方张，嗾使外蒙脱离，东邻压境，囊括东蒙而去，藩篱尽撤，门户洞开，而硕果仅存之西蒙，位于赤白帝国之间，支撑无力，固守无方，幕燕鼎鱼，岌岌堪危。倘不亟思自救救国之策，何以图存而挽危殆。故德王等，及有志青年，惧为外蒙及东蒙之续，提倡自治……政府诸公，不熟习蒙情者，不免沿袭前清故智，拉拢少数之特殊阶级……蒙古全体民众，是循奉总理遗教，根据民族主义之规定，"中国境内各民族一律平等"，及"扶助〈弱小〉民族"、"民族自决"等主张，定全于中央指导之下，而要求自治。

（四）蒙古留〔旅〕平学生会意见书谓：中央政府年来"戡乱"御侮，未暇兼筹并顾，于蒙政之促进，教育之发展，迄未拟具方案，见诸实施。……而省县当局对于蒙籍知识青年，复歧视疾恶，摧残陷害。至蒙民土地，始则开荒屯垦，继则悉索敝赋，致民力凋疲，生计日艰。〈尤〉可骇者，为蒙人与汉人争讼，不论曲直，蒙人必然败诉。似此对汉人多方袒护，对蒙人肆力压迫，显示法律上之不平等待遇。……以是内蒙官民人等，为巩固国家边防，融洽蒙汉感情，拟于中央政府政治统一之下倡行高度自治之义，借分中央治理之劳，除军事、外交而外，余权悉授蒙人，给与统一之自治机关，此为蒙古民众一致之意见。

据上列各项意见而论，蒙人之希望内蒙自治，不外要求平等待遇，企图抵抗外侮，以免覆亡之祸。推其用心，不为不苦，且似非全然为外人怂恿所致的。然而从我们看来，即有外人怂恿之背景，宁政府的为虎作伥，实应尸其咎。盖内蒙自治之要求，不在九一八以前，及热河失守之先，而适在蒋、汪媚日妥协，甘愿断送东北四省之后，此其一。而宁府统治者又非但无法以安蒙人之心，且更将〈在〉蒋、汪媚日妥协之下，置内蒙为满洲之续。事实已证明，蒋、汪因欲亲日，为巩固个人的地盘。不恤以国土赠敌，如蒋介石在赣省对日本电通社记者谈话谓："中国现只需要外国之借款与军火，先巩固南京政府之权力。"此其二。因于上列两点，近来内蒙王公及毓秀青年，因不愿作亡国奴，不甘为军阀之媚敌礼物，而要求自治，收回一部政权，以期内蒙不为媚敌之独裁军阀所断送。此种自卫意义，在记者看来，较之要求平等待遇更为重要。

三　内蒙自治进行经过

内蒙之图自治，酝酿已数月，但自前月十五日，在百灵庙开会通过所谓自治政府组织法后，始予人以深切注意。此事之主动者为锡林郭勒盟副盟长德穆楚克栋，即报纸简称为德王者。德王乃一三十余岁之青年，幼袭爵为苏尼特右旗札萨克，因精明强干，被推继乃父为锡盟副盟长。自九一八后，东部蒙古三盟被日本占领，于是德王所吸引之青年，乃怂恿彼倡导内蒙自治，欲锡盟及乌兰察布、伊克昭二盟，察哈尔八旗，绥远土默特旗，合组自治政府，直属中央，脱离两省府管辖。内蒙王公向甚守旧，此次竟同意于自治，乃由于德王运动乌兰察布盟盟长之侄沙拉多济尔，以盟长名义，令各王公出席自治会议。是时适班禅驻锡百灵庙，为蒙人讲经，行放头礼，各王公多未听经，遂允德王之招，参加会议。该会议于十月十五日举行于百灵庙，到会者除德王、云王外，有锡盟苏尼特左旗郡王郭尔卓尔札布、阿巴噶左旗札萨克郡王雄诺敦都布、四子王旗札萨克潘弟恭札布等，计锡盟十旗，乌盟六旗，均派代表，伊克昭盟七旗到三代表，土默特旗一代表，哲里木盟四代表，共一百一十六人。通过事先拟定之自治政府组织大纲，该大纲规定自治政府置政务厅，制法委员会及参议厅。兹将组织法全文录后。

内蒙自治政府组织法全文：

内蒙各盟、部、旗长官，应内蒙现实之需要，援国民政府

《建国大纲》国内各民族自治自决之规定，由内蒙各盟、部、旗长官全体会议，在国民政府领导之下，成立内蒙自治政府，制定《内蒙自治政府组织法》，颁布如左：

第一章　自治政府

第一条，内蒙自治政府，总揽内蒙各盟、部、旗之治权。第二条，内蒙自治政府，以原有之内蒙各盟、部、旗之领域为统辖范围。第三条，内蒙自治政府，除国际军事，及外交事项由中央处理外，内蒙一切行政，俱依本自治政府法律、命令行之。第四条，内蒙自治政府，以政务厅、制法委员会、参议厅组织之，但遇事实之需要，自治政府及各厅得设各种机关。第五条，自治政府设委员长一人，副委员长二人，委员九人至十五人。第六条，自治政府正副委员长暨委员，由各盟、部、旗长官共选之，各厅长及各会委员长，由政府委员兼任之，各厅副厅长及各会副委员长，由正厅长及正委员长提请自治政府任命之。第七条，自治政府委员长因事不能执行职务时，由副委员长或政务厅长代理之。第八条，自治政府以政府委员会处理一切政务，政府委员会由政府委员组织之，委员长为政府委员会之主席。第九条，公布法律、发布命令，经政府会议议决，由自治政府正副委员长及该关系之主管机关长官署名行之。第十条，各厅、会间不能解决之事项，由政府会议议决之。第十一条，各厅、会于不抵触自治政府法令范围内，得发布厅令及会令。第十二条，自治政府内置左列两处：（一）秘书处；（二）总务处。第十三条，秘书处掌理左列事项：（一）关于文书之收发、编制及保管事项。（二）关于文书分配事项。（三）关于文件之撰拟、翻译事项。（四）关于典守信印事项。（五）关于编制政府公报及议事日程、会议记录事项。（六）关于登记政府内职员任免事项。（七）关于发布命令事项。第十四条，总务处掌理左列事项：（一）关于编制、统计及报告事项。（二）关于会计、庶务事项。（三）关于不属秘书处事项。

第二章　政务厅

第十五条，政务厅为自治政府最高行政机关。第十六条，政务厅设厅长一人，副厅长二人，厅长因事故不能执行职务时，由副长厅〔厅长〕代理之。第十七条，政务厅设左列各处，分掌行政之职权：（一）内务处；（二）警备处；（三）财政处；（四）教育处；（五）司法处；（六）建设处；（七）实业处；（八）交际处。第十八条，政务厅正副厅长及各处正副处长、特种机关主管长官组织会议，处理一切行政事宜，开会时厅长为主席。第十九条，政务厅经政府会议，及制法委员会之议决得增置或裁并各处及其他机关。第二十条，政务厅各处及特种机关间不能解决事项，由厅务会议决之。〈第〉二十一条，政务厅各处设处长一人，副处长一人，均由政务厅长提请自治政府任命之。第二十二条，政务厅各处长，于必要时得列席政府会议及制法委员会。第二十三条，政务厅关于主管事项，得提出议案于制法委员会。第二十四条，政务厅及各处组织法，由自治政府另以法律规定之。

第三章　制法委员会

第二十五条，制法委员会为自治政府最高立法机关。第二十六条，制法委员会设委员长一人，副委员长二人，委员十七人至二十九人，委员长因事故不能执行职务时，由副委员长代理之。第二十七条，制法委员会委员，由委员长提请自治政府任命之。第二十八条，制法委员会会议由委员长为主席。第二十九条，制法委员会之议决案，由政府会议议决后公布之。第三十条，制法委员会组织法，由自治政府另以法律规定之。

第四章　参议厅

第三十一条，参议厅为自治政府最高咨询建议机关。第三十二条，参议厅设厅长一人，副厅长二人，参议二十一人至四十一人，厅长因事故不能执行职务时，由副厅长代理之。第三十三条，参议厅各参议组织参议会，其职权如左：（一）关于自治政府咨询事项；（二）关于政府委员长特交办理事项；（三）关于参议建议提案审查事项；（四）关于其他重要事项。第三十四条，参议会以参议厅长为主席。第三十五条，参议厅组织法，由自治政府另以法律规定之。

第五章　附则

第三十六条，本组织法自公布日施行。

闻当时主张，将由云、德二王分任自治政府正副委员长，各厅、处组织，则由青年与王公分任，王公制度依然保留，凡军事、外交，由中央主持。内蒙既谋自治，复保存王公制度，实不免不彻底之讥，且德王虽出自王公后裔，固为青年，而帐下曾受新教育之青年，复有七十余名之多。虽然德王非无谋之辈，一方用种种手腕谋自治政府之成立、新势力之发展，但他方亦知王公势力甚大，非一旦以暴力所能消灭，故于积极维新运动中，不敢忽视封建之王公制度，盖亦取循序渐进之方法，以减少内部之阻碍耳。

四　宁府之处理方法

中央政府对蒙古之政策，自北京政府以来，不外二种：一用武力，二尚怀柔。第一种方法，因蒙古人骁勇善战，纵横驰骋于沙漠中，以其刚鸷强悍之素性，绰有乃祖成吉思汗之遗风，殊非易于实行。民国十三年前，白梯云曾率骑兵十五团人入蒙，然渐为蒙人缴械，即其明证。此次倡导自治之德王，于军事及蒙民青年武装训练，素主严格，袁政府时被委为乌德滂江警备司令，近且设有干部军官学校，聘用黄埔第六期学生丁吾愚、云继贤二人主持。现时德王之盟兵及乌滂警备队，约三千名，东大公旗二千名，四子部落四千名，由云王指挥。加以绥远保商团四队二千名骑兵，共为一万一千名。以蒙古人之犷悍，诚非易制，南京政府虽一唯依据于武力政策，而于内蒙自治事件，亦不敢贸然从事。至于怀柔政策，则专用愚民方法，择其宗教上之领袖，宠以高官，饵以厚禄，借以笼络蒙人。如宁府之封班禅为护国宣化广慧大师，又封章嘉活佛为蒙旗宣化使之类，即其明证。惟此种政策，亦不见效，而蒙古青年反对尤力，如日前蒙民〔古〕救济会之意见书谓："政府诸公，不熟习蒙情，不免沿袭旧制，拉拢少数特殊阶级，而欲取得大多数民众之信任，如对章嘉、班禅等，崇之以虚荣，享之以福禄，借以安抚蒙民，并宣中央德意，使高唱入云之自治问题，无形消弭。岂知作此政治运动者，皆系头脑清晰之各盟盟长及智识充分之青年，崇仰宗教之观念，早已破除，若辈僧徒，万难号召。政府如以此为得策，则势必为渊驱鱼，徒增纠纷而已。"又蒙古旅平学生意见书谓："此次章嘉赴蒙宣化，不啻仍用愚民政策，刻下蒙民智识日高，利用宗教笼络，已不适于今日，若不急早明令裁撤，匪特无补现局，且必更滋纷扰，可断言也。"可知怀柔政策，至今亦已失其效力。武力不可恃，怀柔又失其效，而南京政府既默许日本之占取满蒙，乃不敢复显然放弃内蒙，以买国人之反对，于是宁府统治者对此次内蒙自治事件，几经苦心思维，始决定派黄绍雄、赵丕廉北上，赴百灵庙与德王等磋商。据黄绍雄十月廿五日在北平接见平市新闻记者发表谈话谓：

　　　　内蒙各王公要求自治问题，中央处理之方针，于汪院长改革蒙古行政系统说明书中，已有详尽之解说，本人无另外之意见。惟察蒙古地处边围，对于中央政治，向即隔阂，往昔在满清时代，中央政府乃施行积极政策，愚弄羁縻，以图消灭其民族之进步。迫辛亥革命以还，国内政情不安，对蒙政策乃一变而为"消极的放任主义"。现蒙民既提出自治之要求，中央政府甚愿从而协助之。本人此去至蒙调查各蒙旗政治、经济状况之后，决由扶助其发展入手，使内蒙有健全的政治组织，并充实其内容，使蒙古人民确能享受到自治的真实效果，此为中央改革蒙政之主旨云。

据此可知南〈京〉政府所取之方针，乃欲于不破坏中央政制组织之下，容许蒙人自治之原则中，与蒙人谈判。如此萎靡不振之办法，实为宁府统治者苦心焦思之结果，其不彻底与敷衍，可谓尽其能事。据本月廿一日上海专电云："蒙自治机关，决分设二区，一区辖锡盟及察部十二旗，二区辖乌、伊二盟及土默特旗。二区区长，仍由云、德二王兼任。"是则所谓高度自治之呼声，已于缓和政策下暂停而告一段落矣。

五　结论

我国今日以主政不得其人，对外不言抵抗，致数千百年附于我之民族为人煽惑，受人欺侮，而生离叛之心。满、蒙、回、藏，与我汉族同居中华疆土之内，依总理民族主义之主张，当使国内各民族一律平等，不容歧视。南京政府昧于此义，处理蒙事不根据总理之主张，致有形同分离之内蒙自治要求。其治蒙谬点即一，继续愚民政策。宁府统治者，以为有一喇嘛，或活佛，即可用以笼络蒙人，而班禅、章嘉之徒，胸无成竹，一受宁府之恩宠，即肩负宣化名义往蒙古，岂知非但不能得蒙人欢迎，且攻讦之声纷至沓来，所谓宣抚，毫无效果。第二歧视蒙族。宁府对蒙事向称隔膜，虽有蒙藏委员会的设立，而经费极少，且常靳而不与，职员几至断炊。他若边省官吏，欺侮蒙民，更未尝设法为之援助，实与总理求各民族一律平等的遗教违背，宜其招致蒙民的怨愤而离贰也。第三则为最使蒙人感受不安之卖国行为。缘宁府媚日，甘愿放弃领土，与日本妥协，将长城以外，拱手授人，而内蒙各盟旗，在长城外，分布于热河、察哈尔、绥远等省，其情形已如上述，自《塘沽协定》，与最近签字之与日妥协条件订定后，微特满洲土地，将无归还之望，即毗连满洲、热河之察、绥二省，亦已感朝不保暮之危险。而宁府统治者尚在梦中，不体恤蒙民之苦心，只汲汲以不破坏中央统治为务，阻蒙人自治。殊不知蒙人之自治要求，正针对宁府卖国行为而发，苟宁府不轻送国土，不漠视蒙人痛苦，则蒙人安处无忧，正如孩提之于父母，依依膝下，焉有自治之要求？

　　宁府宁府，汝将何以谢蒙民，更何以谢国人耶？盖吾人今日所论，虽以内蒙自治问题为限，然因此而兴起之恐虑，固不仅对一内蒙也。

《三民主义月刊》
广州三民主义月刊社
1933 年 2 卷 6 期
（李红权　整理）

中国边疆之脱线危机与外蒙古独立运动

陈次溥　撰

一、中国边疆之离心倾向

　　年来我国国势陵夷，外患日亟，国人犹复醉生梦死，酣嬉自若，驯致农村破产，灾祸频仍，社会杌陧，民生日困，而环伺四周之强邻，遂益张牙舞爪，以求一逞。举凡割让土地，开辟租界，划分势力范围，缔结丧权条约，种种国耻，屈指难数！更就边疆而言，亦正如脱线之石，而为离心运动矣。台湾、琉球，早已割让日本，近则西班牙之于彭琴岛，且有觊觎之心；安南藩属，早入法国势力范围，近复有进窥滇、桂之谋；西部迤北之西藏，英人早已垂涎，近更以实力援助企图内犯，侵略青海、西康，建设大西藏国，康藏问题，于今莫决（详见本报第一卷第十二、三两号之《西藏独立运动》一文）；北满本与苏俄尚可共同维持现状，乃自九一八事变后，日人占据三省，苏俄之北满权益，亦同遭蹂躏，日军阀犹以为未足，热河、察、绥，势亦危急，华北、平、津，且难安枕，日内竟实行其预定计画，攻略榆关矣；新疆金树仁秉政有年，原系受命中央，乃闻拒绝汉族，登用俄人，假以军权，资为自重，引狼入室，太阿倒持，长此以往，非复我有；蒙古毗连俄境，人事不修，强邻眈视，理所宜然。洎乎革命以还，借口讨伐白俄，进占库伦，“赤化”外蒙，报章纪载，私人通讯，亦已数见不鲜。我人知边患之日亟，宜早自为计，固毋庸讳疾忌医，自欺欺人，庶几上下一心，发奋为雄，惩前毖后，共拯危亡；否则，微特边疆剥蚀以去，即心腹之病，亦将随之而剧发也。燕巢危幕，鱼游釜底，寇患益深，国难愈急，执干戈以卫社稷，歼寇仇而光华夏，此其时矣。

二、大蒙古国皇帝之拥立

俄罗斯当日俄战争以前，倾注全力于满洲方面，而忽视外蒙。推源其故，厥惟欲得不冻港，而采所谓南下政策，但经三度试验，俱归失败。其一，为欲由巴尔干半岛而出地中海；其二，为欲由中央亚细亚而出印度；其三，则欲由满洲而出大连。然当帝俄势力侵入满洲，与日本之大陆政策，利害冲突，于以造成日俄战争。俄既败北，深知此路不通，乃不得不转其方向，而至无人注意之外蒙古，竟得着着成功：前清末年即一九一一年十一月，外蒙遂脱离满清羁绊，而于帝俄保护之下，宣告独立矣。盖当时帝俄疑忌北京政府之外蒙殖民政策，若得成功，则大多数华人入境，势力增进，西伯利亚铁道之侧面，势必感受威胁；同时根据一九一一年之《伊犁改订条约》，帝俄获得长城以北之通商权益，亦将葬于乌有之乡，故不若嗾使外蒙独立，以冀保障其权益，较为得计也。自帝俄实行其在外蒙之南下政策以后，卒使北京政府感其压迫，谋有以驱逐之，乃假殖民政策之名，命库伦办事大臣，率兵进外蒙，携带多数华人，预备移殖。然而清廷当局，比年以来，对喇嘛教态度，异常冷淡，政教分离，更复露骨，遂使活佛与喇嘛教之蒙古信徒，渐怀反感，俄人乘之，遂有此种种策划故也。旋外蒙遣使赴俄都圣彼得堡时，北京政府思有以制裁之，反使俄政府根据"罕特"、"托尔极"（译音）等约定，派兵至库伦，迫令北京政府撤退中国军队与移民等，态度强硬，势将起衅，我国不得已放弃外蒙。当时以活佛为中心之蒙古独立派，遂于是年十一月三十日，于库伦宣布独立，拥活佛"捷本登白·佛托克托"（译音）为皇帝，国号"大蒙古"，改年号为"共戴"，组织新政府，使与中国完全断绝关系。自清康熙以降二百年间，隶属中国版图之外蒙古，至是遂于俄国保护之下，而起独立运动焉。

三、中国之恢复外蒙运动

外蒙既被帝俄势力侵入，建造伪国，我当局者固未尝不谋恢复。迄清室倾覆，袁世凯秉政，乃更称清代之理藩部而为蒙藏院，规画恢复之策，以内蒙之库桑诺尔贺（译音）为总裁，并进而怀柔外蒙王公。但应付不易，反使帝俄与外蒙，益趋接近，于一九一二年十二月三日，签订《俄蒙协约》与《议定书》，于是外蒙以帝俄援助独立之功，许俄国臣民以特别优惠之权利，一切外交权受其支配，俄国并从外蒙新政府获得："指挥有组织之国民军，阻止中国军队与移民入境之权利。"至此，俄国在清朝之既得权益，一概复活矣。然而我国迭次抗议，几经交涉，结果于一九一三年十一月五日，缔结中俄北京条约。该约内容：使中国承认蒙古自治之俄蒙条约及附属议定书，仅与中国以外蒙古之宗主权。

一九一四年，中、俄、蒙三方代表，于恰克图举行会议，翌年六月七日，缔结《恰克图条约》，外蒙取销独立，而采完全自治制，与中国政府保持其宗主国对保护国之关系，因是一九一二年之库伦条约及一九一三年之北京中俄条约所承认之外蒙古皇帝称号，改呼为"捷本登白·佛托克托"汗，并规定中国有册封权等。实则俄国得其"实"，中国取其"名"，而外蒙人民所受俄国之羁绊压迫，遥不若中国从来待遇之宽大焉。

四、赤军与外蒙共和国

一九一四年，开始世界大战，结果于一九一八年俄国革命，
"罗曼诺夫"朝之帝政崩溃，一时由"凯伦斯基"收拾时局，然而
弥漫全国之急激革命思潮，尚以为未满，旋由列宁一派，出而组
织苏维埃政府。时北京之段祺瑞政府，乘苏俄国内多事之秋，谋
驱逐俄人势力，夺还外蒙，乃任徐树铮为西北筹边使，负收复之
责。其时徐氏深察外蒙政府，因俄国革命，平日当地通行之俄国
卢布，价格惨落，且物资穷乏，方呻吟于艰难万状之悲境，乃于
一九一九年十月，率兵四千入库伦，强迫外蒙政府于三十六小时
内，放弃自治，服从民国；否则，即行逮捕活佛及政府总理。迄
十一月十六日，所谓外蒙政府总理，声明服从中央，于是中国再
以外蒙为属领，废弃《中俄蒙协约》与《中俄协约》，而徐氏大有
蒙古王之概。然而时事沧桑，直皖之役，段派失势，徐氏解职，
陈毅继之为镇抚使，驻扎库伦，实则不仅有名无实，反使中国为
外蒙人民之怨府，刺戟其敌忾之心。一九二〇年十月，外蒙人民
勾结俄国温格尔将军，企图再举，联合白俄共约二千人，进迫库
伦，一九二一年二月，占而有之，华兵三千，损失过半，其时中
华民国之势力，复被扫荡无遗。温格尔将军遂拥活佛为皇帝，复
兴蒙古帝国，组织独立政府。厥后温格尔将军，滥用权力，施行
暴政，大失人心，怨讟繁兴，所谓"外蒙皇帝"活佛，乃密派使
节至北京政府，以承认外蒙之中国宗主权与自治为条件，回复从
来中蒙之关系。其时苏维埃政府，因革命以后，财政大受打击，
物资穷乏益甚，势非讲求救济之策不可，但遭列国之经济封锁，
乃转欲求诸外蒙之食料品与衣类，亦因有妨中国主权，不能占领

其地，苦心惨澹，以谋一逞。适苏俄革命之叛徒温格尔将军，于库伦树立反苏维埃政府，拥护白俄，故即以此为讨伐口实，向中国提议共同出兵，当时中国政府无力远顾，致采放任主义。

苏维埃赤军，既向库伦进击，外蒙人民并无援助温格尔将军者，温乃离库伦远遁，故一九二一年七月，库伦遂入赤军之手。前此苏俄于一九二〇年，命库伦俄领馆之蒙人鲍托（译音）等，于后贝加尔、恰克图组织蒙古人革命政府，至是遂命移设库伦，虽号称独立政府，实则绝对服从苏维埃政府之一切命令。不宁唯是，赤军滥用武力，自一九二一年夏以迄二十三年秋之二年间，白系俄人之惨遭屠杀者，固不必论；即蒙古人民及王公等，往往目为亲华派或反过激派，任意加以监禁、驱逐、枪毙，或其他种种虐杀行为，于是外蒙王公及人民，不能隐忍此种恐怖环境，至一九二二年四月以后，上下一致，于推翻革命政府之目的下，组织军队，进击库伦；但因革命政府，得苏俄后援，并携有最新式武器之赤军拥护，卒致败北，遂使外蒙共和国，于一九二四年七月八日正式成立。然而外蒙政府要求苏俄："在共同敌人，尚未完全肃清以前，不撤驻蒙赤军。"苏俄应允其请，乃互换公文，缔结类似攻守同盟之条约。

五、苏俄对外蒙之侵略

然而一九二四年五月三十一日缔结之中俄通商条约第五条，虽载明：苏维埃政府，承认外蒙完全为中国领土之一部，并对于该领土尊重中国主权；但一九二一年缔结之《俄蒙条约》，如仍属有效，则外蒙共和国之独立，亦予承认。似此中国、苏俄、外蒙三方面之关系，殊欠明显，而苏俄则恒采取与其自国有利之政策，倘或事势许可，苏俄未尝不苦心焦虑，谋将外蒙古加入为苏维埃共和国联邦之一。其堪注意者：当一九一〔二〕四年五月，活佛死后，外蒙无主，苏俄乃命其采用共和政治，并定是年七月八日为赤军扫灭温格尔将军三周年纪念之大祭日；且传活佛之死，由于俄之毒杀；而蒙古民族中之“勃利亚托”族，自一六八九年以来，早已隶属于俄，故或称为“勃利亚托”自治共和国，或称外蒙共和国，而为苏维埃加盟国之一。

今苏维埃政府，大兴蒙古文化机关之设备，以冀蒙蔽其本国之外蒙侵略政策。更改从来外蒙流行之古代英雄传、占星术、民谣，乃至西藏学之类之教育法；建设中小学、大学，以俄人及德人居指导地位，用蒙人教师，以蒙语施欧化之教育。在一九二八年三月，举行中央执行委员会会议，议决统一地方教育上使用之蒙古教科书文法，并设立学术馆，厉行教育资料之搜集，以供一般展览会之用等等，为其最著之实例。

要之，苏维埃政府，既使中俄条约与俄蒙条约对立，置外蒙共和国于极暧昧之地位，赤军且从而拥护之；同时以本国人教育外蒙之青年子弟，使“赤化”其精神内部，故无论平面的立体的，方在努力实现苏维埃一流之侵略政策。然而世界各国之视听，现方集中于日内瓦讨议满洲问题之际，苏俄之外蒙侵略政策，已着着到达成功之域。今者中俄复交，已由宣传而成为事实，蒙古问题，实不能常处于暧昧状态之中，此问题之重要，实不下于满洲问题，故蒙古问题之待于解决，实为中俄复交后重大问题之一，尚望国人急起图之。

《国际周报》

南京国际周报社

1933 年 2 卷 9 期

（李红菊　整理）

西蒙请求自治

也鲁　撰

西蒙自治事件，自愿电发表后，时局即骤呈紧张。中央既颇重视，并派黄绍雄、赵丕廉前往宣慰，对于自治事件，设法调处；兹特将此事件自发生以至演进，而至中央大员出发为止之重要情形，汇志如次。

愿电全文

西蒙请求自治之愿电政府初意不发表，嗣蒙古代表恐各方误会滋甚，传闻庞杂，乃于本日非正式由蒙古办事处招待席上发布：（衔略）年来吾国兵荒、饥馑，纷扰鼎治，边疆日蹙，外患日深，吾蒙古接近日国，创痛尤烈。广漠之地，弱小民族，抵拒无力，固守无方，俎上之肉，宰割由人。十年以来，外蒙剥夺于苏俄，吾盟呼伦贝尔沦亡于日本，近并卓、昭等盟，亦相继覆没，西蒙牵动，华北扼〔震〕撼，千钧一发，举国忧心。吾蒙老弱民族，坐受宰割，亦固其所。中央虽有扶植救济之责，顾内乱频仍，事势分异，当局尚不暇自救，吾蒙古何忍以协助责望中央？况兵燹之余，不时劳遣专使，远方存问，足证休戚相关，患难与共，吾蒙深为拜嘉，边疆有警，委蛇偷安，未为不可；迩来强邻俱侵，刻不容缓，燕雀处幕，覆亡之祸已迫，因循偷安，已为事势所不许，煎急虽甚，应付无方，倘不黾勉自决，一日劲敌压境，所至为墟，风波所及，积弱之蒙疆，势必蚕食殆尽，深贻中央之忧；藩篱破决，将以亡命蒙古，累及同胞，一联〔旦〕摧折，全体牵乱，关切至大，为罪滋深。《传》时〔曰〕鹿死不择荫，凡我同胞，设身处地，试为蒙三思，舍自决自治，复有何法？伏念我孙总理，艰难定国，以人民自治为基础，以扶植弱小为职志，兢兢遗训，万世法守。中央军事鞅掌既不遑忧远，吾蒙敢不投袂而起，遵奉总理懿训，自任自决，以自策励。盟长、札萨克等谨查二十年国民会议议决案，已有特许外蒙自治之先例，乃于今年七月二十六日，在乌盟百灵庙，招集内蒙全体长官会议，佥曰采用高度自治，设立内蒙自治政府，急谋团结促进，以表中央所不及，凡事自决自治，庶几眉急可挽，国疆可守。民意淳淳〔谆谆〕，亦咸以是为请，于是毅然进行，气象为之一振。所有顺应民意，应付环境，施行自治情形，除由盟长、札萨克、王公等，会衔联印正式呈报中央鉴核外，爰将吾蒙推行自治真相，谨先电达。其自治真意，实因事急境迫，日暮途穷，志切自救救国，不得不亟图自决，以补救危亡。至于军事、外交，关切国家体制，吾蒙能鲜力薄，平时犹仰仗中央扶助，矧当存亡关头，一切对外措施，更惟中央是赖。并望当局诸公，一本总理民胞物与之旨，天下为公之意，谅其苦衷，悯其衰弱，辅导箴勉，弥缝其阙，而教以所不及，策励其自决自治之精神，促成其发奋图强之苦心，革其固陋，新其治化，上有以翊赞中央殷殷图治之心，下有以慰吾蒙喁喁渴望之意，俾五族之民众，互助共存，打成一体，庶几危亡可挽，边疆可固，蒙民幸甚，国家幸甚。锡林果勒盟长、乌珠穆沁右旗札萨克亲王索讷木磴〔拉〕布坦，副盟长、亲王德穆楚克楞〔栋〕鲁普等数十人连署。（二十日专电）

蒙古联会〔合〕办事处之公开报告

二十日蒙古联会〔合〕办事处吴鹤龄招待记者，报告云：蒙古要求自治，中央已派黄部长、赵副委员长出巡内蒙各盟旗，必能有明确的观察与适当的处置。本来蒙古自治问题，在十七年北伐完成，将本党扶植弱小民族自决自治的政策，向蒙古宣传时，各盟旗就有设立内蒙地方政府的要求，想在不阻碍国家统一的范围以内，实行自治。现在蒙古土地，在国家无办法的当中，已经丧失了大半，而仅存的锡、乌、伊各盟旗，也成了釜中鱼，他们感觉到非自治组织起来，不足以御侮图存，所以又向中央提出自治的要求。至于他们要求的高度自治，并未脱离中国独立的意味，有人将投日、附逆、有背景等罪名，加在蒙人头上，这是离开事实的言论。蒙古决不能与日本合作，因蒙人不愿意变更盟旗制度，日人既把乌、昭、哲三盟废除，改为自治东、南、西、北四分省，又把〔单〕札萨克改为旗长，处处设法拆散各盟旗长的团结，如对卓盟七旗及昭盟南部七旗，只变其各旗自治，不许其设立共同机关，这都是为什么舍此而就彼呢？所以我们很希望政府，要防范日人再把现存的蒙古抢去，不必疑虑蒙古背叛中央。人说此次蒙古要求自治，是少数人谋政治出路，在要多给位置，便可解决。其实蒙古要求自治之用意，是只集合全力，御侮图存，愿电中已经说得很明白。而且署名愿电的人，都是有他们的世职，现在若不把他们御侮图存的问题为之解决，而以易安插捣乱分子的方法应付之，是为缘木求鱼。希望政府体贴蒙古要求自治的苦衷，设法使他本身发生抵御外侮的力量，才于国家地方，两有裨益。愿电发后，本定于九月二十八日，在百灵庙集会，讨论进行办法，后来听说中央决派大员前往宣导，就一直延宕到现在，中间只开过两次会，一次在本月九日，结果共推二十四人，起草自治方案，预备与大员接洽，一次在本月十五日，通过自治方案，内容未详。但是百灵庙的地主乌盟云盟长，一再电京表示，要在拥护党国下，求得自治。在这种会议进行中，日人也在多伦召集蒙旗会议，他们给各盟旗的通知书内，威迫利诱，非常严重，他们的意思，是在使灵庙的会议开不成。但是各盟旗的长官及代表，这是如约齐集百灵庙，使无一人出席多伦会议，现在到百灵庙的长官及代表，都急欲得到一个圆满结果，所以乌盟云盟长及锡盟德副盟长（即德王）等一再来电，欢迎大员前往，又一再电邀鹤龄前往，义不容辞，在一二日内，启程北上。本人对于蒙古，持三个信条，一是地方与中央合作，二是盟旗与省县合作，三是王公与平民合作，此次前往百灵庙，本此信条，尽力实现内蒙自治。（二十日专电）

自治政府组织大纲

内诸〔蒙〕各盟、部、旗长官本月十五日全体会议，通过《自治政府组织大纲》，其前文及第一章如下：内蒙各盟、部、旗长官应内蒙现实之需要，援国民政府《建国大纲》国内各民族自治自决之规定，由内蒙各盟、部、旗长官召开全体会议，在国民政府领导之下成立内蒙自治政府，制定《内蒙自治政府组织法》颁布如左：第一章，自治政府。第一条，内蒙自治政府总揽内蒙各盟、部、旗之治权。第二条，内蒙自治政府以原有之内蒙各盟、部、旗之领域为总辖范围。第三条，内蒙自治政府除国际〔防〕、军事及外交事项由中央处理外，内蒙一切行政，俱依本自治政府法律命令行之。第四条，内蒙自治政府以政务厅、法制委员会、参议厅组织之，但遇实事之需要，自治政府及各厅得设各种机关。第五条，自治政府设委员长一人，副委员长二人，委员九人至十五人。第六条，自治政府正副委员长暨委员由各盟、部、旗长官共选之，各厅长及各会委员长由政府委员兼任之。各厅副厅长及各会副委员长由正厅长及正委员长提请自治政府任命之。第七条，自治政府委员长因事不能执行职务时，由副委员长或政务厅长代理之。第八条，自治政府以政府委员会处理一切政务。政府委员会由政府委员组织之，委员长为政府委员会之主席。第九条，公布法律、发布命令，经政府会议议决，由自治政府正副委员长及该关系之主管机关长官署名行之。第十条，各厅、会间不能解决之事项，由政府会议议决之。第十一条，各厅、会于不抵触自治政府法令范围内，得发布厅令及会令。第十二条，自治政府内置左列两处：（一）秘书；（二）总务。第十三条，秘书处掌理左列事项：（一）关于文书收发、编制及保管事项；（二）关于文书分配事项；（三）关于文件之撰拟、翻译事项；（四）关于典守信印事项；（五）关于编制政府公报及议事日程、会议纪录事项；（六）关于登记政府内职员任免事项；（七）关于发布命令事项。第十四条，总务处掌理左列事项：（一）关于编制、统计及报告事项；（二）关于会计、庶务事项；（三）关于不属秘书处事项。

黄绍雄谈话

自百灵庙通电发表后，中央即派定黄绍雄、赵丕廉前往宣慰。最近且均已到平，即日出发。据二十五日北平专电，黄绍雄接见旅平蒙人后，又接见各记者，发表此行目的。据黄谈，中央对处理蒙古问题之意见，已详于说明书，本人无另外意见可以发表。惟蒙古地位在逊清时代，政府系施以积极愚民政策，迄辛亥革命以后二十余年来，一变而为消极的放任主义。现蒙人既提出自治之要求，中央自应加以注意。本人此去调查该方面实情后，决由扶助蒙古得有健全之政治组织入手，使蒙人得获真正自治之效果，亦即中央处理蒙事之主旨。余等一行，拟先至张垣，与各关系方面交换意见后再往绥远，与各王公会晤，章嘉是否同行，尚未谈及，盖彼此所负任务不同，无同行必要。至日人松宝〔室〕孝良曾在多伦召集各王公举行东蒙会议之说，本人颇有所闻，但真相未详云。

又据吴鹤龄谈，蒙古要求自治，志在御侮图存，意颇良善。惟因高度二字，乃引起各方误会。其实高低皆不成问题，此次蒙民对自治办法，约有三点：（一）促成地方与中央合作；（二）盟〈旗〉与省县合作；（三）王公与平民合作，打破以前封建制度，旗纯在中央指导之下，实行地方自治。当九月二十八日百灵庙开会前，日方先于九月二十五日，召集东蒙会议，主其事者，为日人松宝〔室〕孝良，并请西蒙各王公参加，结束〔果〕无人前往，各王公乃在百灵庙举行，主要人物，为百灵庙盟长云端旺楚克等，而德王尚在其次，现中央既派大员赴蒙巡视，一切问题，自可迎刃而解云。

旅平蒙人意见

内外蒙旅平同乡会，蒙古救济委员会，蒙古留学生会，昨均上书内政部黄绍雄及蒙藏委员会副委员长赵丕廉，声述蒙古自治意见，其原文如次。

同乡会意见书：

民国肇造，庶政革新，而蒙古以落后之民族，在过去二十二年中，一切兴革，莫不惟中央是赖。而中央因频年内争，不遑顾及蒙事，故二十余年来，蒙古之政治未能革新，蒙古之教育未能发展，蒙古之文化未能提高，蒙古之生活未能改善。中央既无暇顾及而放弃蒙古矣，是中央无以对蒙古，蒙古复从而自弃之，何以对地方，何以对民族。是以西盟官民，鉴于蒙政之腐败，外侮之侵凌，不谋自拔，无以图存，不有组织，无以御敌，故组织蒙古自治政府之酝酿，因而甚嚣尘上。国人不察，竟信边省府及章嘉等之捏报，以为蒙古自治运动，有某国背景操纵其间。为此言者，实欲颠倒是非，垄断蒙古耳。谨将本会所见，条陈于左：（一）蒙古要求自治，系在中央扶助之下，纯出于"民族自决"、"自救救国"，及辅助中央鞭长莫及之虞之运动。中央应放弃"放任蒙古政策"，诚意指导，使之自治臻于完善。（二）边陲省县官吏压迫蒙民事件，不时发生，以致全体蒙人，非常激愤，且既抱成见处理蒙事，对于自治消息，当然利用反宣传，阻碍蒙古自治，倘中央不察事实，不顾蒙古民意，听信一方谣言，则蒙汉感情，更当恶劣矣。（三）锡盟德王，系根据全蒙民意而要求自治，绝非其一人操纵把持，更无其他背景，倘该王公果受外人利用，不特中央予以处分，即蒙民必将群起声讨。中央应将蒙古民治与德王嫌疑作两事，勿以个人行动影响于全体民意，则处理蒙事，庶乎得当。（四）章嘉入蒙宣化，蒙古极端反对，而该氏复对于自治，加以阻碍，尤为蒙民所愤懑。倘其仍本以往主张，恐必激起意外事件，希望中央以福利蒙民为前提，勿再听信谗言，不但蒙族幸甚，实亦党国幸甚。

救济会意见书：

谨略呈者：溯自中国自有史，我蒙古民族，即占全世界之重要地位，人性诚朴，俗称剽悍。查太祖成吉思汗曾率百万健儿，纵横欧亚，开辟版图，盛大武功，光荣史册。缘自有清以来，信任贰臣洪承畴之建议，禁读汉书，摈斥科试，崇拜喇嘛，灭其类族，实行愚民政策，于是日知诵经礼佛，数典亡

〔忘〕祖，使我最大最光荣之民族，一蹶不振。缅忆前尘，如痴如梦。政治、经济、教育、实业、交通，无一不落人后。民国初建，百政维新，蒙古民族，翊赞共和，希望中央一涤逊清之恶政，加以适当之指导，而有积极之建设。不意民元迄今，军阀割据，自相残杀，内政不修，漠视蒙众，因循泄沓，向未有一贯之政策，以奠边徼。如在蒙地开荒屯垦，驱逐蒙民，夺其地权，设置省县，蒙人之权利，剥削无遗，蒙人之生计，日就穷蹙，而吾民族更形衰微矣。迨北伐成功以后，党国旗帜，飘扬朔漠。我总理以扶植弱小民族自治自决为前提，蒙古民族，重见天日，共维党国，矢志弗渝，皆图同心同德，以期共存共荣。惟自十年以还，赤焰方张，唆使外蒙脱离，东邻压境，囊括东蒙而去，藩篱尽撤，门户洞开。而硕果仅存之西蒙，位于赤白帝国之间，支撑无力，固守无方，幕燕鼎鱼，岌岌堪危。倘不亟思自救救国之策，何以图生存，而挽危殆？故德王等及有志青年，惧为外蒙及东蒙之续，提倡自治，全蒙腾欢，风潮云涌，退迩景从，端赖中央扶植，毫无背景。而政府诸公之不熟习蒙情者，不免沿袭前清故智，拉拢少数之特殊阶级，而欲取得大多数民众之信任。如对于章嘉、班禅等，崇之以虚荣，享之以福禄，借以安抚蒙民，并宣中央德意，使高唱入云之自治问题，无形消弭。岂知作此政治运动者，皆系头脑清晰之各盟盟长及智识充分之青年，崇仰宗教之观念，早已破除，若辈僧徒，万难号召。政府如以此为得策，则势在为渊驱鱼，徒增纠纷而已。凤仰钧座党国元勋，此次翩然北来，赴蒙宣慰，蒙古民族之存亡，尽在巡查述职之结果。我公提挈〔掣〕培植之德，自有青史，司照丹心，似无庸再絮絮多为赘述。惟利害切肤相关，断难再行缄默。职会忝属蒙古分子之一，愿作刍荛之献，以达葵藿之忱，谨具管见五项，乞垂察。

谨呈黄部长、赵副委员长。（1）蒙古民众鉴于外蒙既被赤俄侵略，东蒙复为倭寇盗据，且不堪再受省县之压迫，万不得已而出此，自救救国而要求自治之举动。（2）蒙古全体民众，是循奉总理遗教，根据民族主义之规定"中国境内各民族一律平等"及"扶助民族"与"民族有〔自〕决"等主张，完全于中央指导之下而要求自治。（3）蒙古自治是全体蒙古民众的要求，决非少数部分把持操纵。外传仅德王一人包办各节，决非事实，更无其他背景。（4）蒙古民众意见，向无发表机会，既有此民意机关，尚能向中央供献复兴蒙族及巩固边防之方案，且中央应速扶助组织成立，易于统辖。（5）喇嘛之责任，只是奉经供佛，不应稍涉政治行动，且在蒙古民众中，本已失去信仰力，而章嘉阻碍自治，尤为全体民众所愤懑，如其仍本过去之主张，必将激起意外事件。设中央听信其言论，实与蒙古民众意旨相反，错误更多，务请特别注意，体念整个蒙古民意，完成自治，国家幸甚，蒙古幸甚。蒙古救济委员会上。

学生会意见书：

呈为强邻凌轹，边疆阽危，敬恳恩准实行高度自治，以淬励奋发，而卫疆土事。窃查内蒙地处北陲，实为吾国藩障，北接外蒙，而苏俄赤焰高张，东邻热河，而暴日觊觎心切，情势危殆，覆亡无日。中央政府年来"戡乱"御侮，未暇兼筹并顾，于蒙政之促进，教育之发展，以及建设事业之筹办等，迄未拟具方案，见诸实施。徒以宗教信仰，羁縻人心，因循敷衍，以冀幸存，兴念及此，忧惧万分。且蒙汉语文、习俗不同，治理之方针自异，乃竟于察绥设省置县，破坏内蒙行政系统，而省县当局，对于蒙籍知识青年，复歧视嫉忌，摧残陷害，至蒙民土地，始则开荒屯垦，继则悉索币赋，致民力凋疲，生计日艰。最可骇者，为蒙人与汉人争讼，不论曲直，蒙人必然败诉（在察、绥、宁等地，已屡见不鲜）。似此对汉人多方袒护，对蒙人肆力压迫，显示法律上之不平等待遇，故民族感情，龃龉日深。以上所述，事实昭彰，若不急谋补救，则必贻患愈烈，前途危机，更不堪设想。迩来中央既不暇忧远，匡助扶植，蒙人亦不敢偷懒痿痹，苟安自误。以是内蒙官民人等，为巩固国家边防，融恰〔治〕蒙汉感情，拟于中央政治统一之下，倡行高度自治之义，借分中央治理之劳。除军事、外交而外，余权悉授蒙人，给与统一之自治机关，此为蒙古民众一致之意见。揆其动念，极为纯洁，既无背景，更非独立。盖蒙人忧国，素不后人，海枯石烂，此志弗渝。社会之谣诼虽多，然杯弓蛇影，莫非奸人捏造，天长地久，当有水落石出之日。兹更有陈者，此次章嘉赴蒙宣化，不宜仍沿用愚民政策，刻下蒙民智识日高，利用宗教笼络，已不适于今日，若不急早明令裁撤，匪特无补现局，且必更滋纷扰，可断言也。顷闻钧座奉命巡视内蒙，遂听之余，同深忭慰，用敢略陈蒭议，借供参考。至恳周咨遍访，审察症结所在，迅谋妥善解决办法，并请早日前往，指示自治纲领，俾内蒙官民，知所遵循，而底于至善尽善，匪惟蒙人之幸，抑亦国家之福也。披沥上陈，不胜惶悚待命之至。谨呈内政部长黄、副委员长赵。蒙古留平学生会代表亢仁、吴柏龄、鲍印玺、任秉钧、殷石麟、乌臻和、乌梁海义图、托奇斯斤谨呈，十月二十六日。

章嘉两电：

又该会昨（二十六日）下午五时，发表反对章嘉活佛宣言，并将章嘉所致政府密电两件披露，兹将该电，原文觅录如次：

（一）国民政府行政院、军事委员会、蒙藏委员会钧鉴：行密。窃以设立内蒙自治政府，其中隐蒙资财助械，发纵指使者，实有其人，当时恐酿成大祸，未便揭明，曾于二十二年九月十四日密陈国府诸书〔公〕在案。迩来锡林果勒盟阿巴□左旗亲王、参赞、〔哦〕锡盟盟长杨桑，以成立蒙古自治政府，内蒙王公多数不予赞成，至蒙人有识之士，咸抱忧戚，间有无知蒙民，喜形有色，以为蒙古立国之为可爱也，杨王因循公意，特遣代表来五台山，面陈以上各情。鄙人得到此项报告，再四筹思，虽有人欲联络多旗，借壮声援，而实际上东西各盟反对为多数，倘能用神速手腕，早为之计，必不至滋蔓难图。鄙人现已由山出发，月之三号，业抵太原，预计八日可抵平。至出发宣慰行期，俟到北平，再为请示。蒙旗宣化使章嘉呼图克图叩。江（十月三日）。

（二）介公委员长钧鉴：密启者，西三蒙人，资财助械，发纵指挥，志不在小。初以为政府当局，必有远谋周详之计虑，况蒙古官民，事吾惟谨，分属师徒，情若骨肉，虽孝子之事其父，亦不过如是也。微〔征〕诸往事，班班可考，无待赘述。乃近得确报，西三蒙已有某某数人，竟背吾纵人，甘作傀儡，于癸酉闰五月二十日，在绥远乌兰布察〔察布〕盟达尔汗王旗贝勒庙，召开王公大会，幸因赴会者太少，大会未能举行，但以主动者志在必行，故由到会数人草拟大纲，以成立蒙古自治政府为主旨，行文各旗，以加盖印信者为同意，并定于阴历八月初旬间仍在该贝勒庙开二次会议以决之。至其将来之结果如何，因以时势关系未敢断言，若在往昔，绝不成问题。此岂为全国报章盛载之某某宣化蒙旗所收之功欤。值此国家多故，蒙边吃紧，鄙人出发宣化之际，若我政府能以迅雷不及掩耳之手段，将班禅大师克日请出西三蒙之境地，则鄙人对于此事，自有妥慎处置办法，不特能使蒙人无志，能坚其内倾之诚心，即所谓障碍除而康庄现也。否则吾虽尽力宣化，而其功恐效〔效恐〕不如破坏力之大也。事实昭然，无庸讳言，耿耿此心，乃为知己者言之，不足为外人道也。谨布腹心，不尽欲言。章嘉呼图克图叩。

《力行》（月刊）
南昌陆军第十师司令部
1933 年 2 卷 10 期
（李红权 整理）

西蒙自治与边防

也鲁　撰

我国的边防历史，已经不自今日始，就是一篇算不清的糊涂账。不过在事实上所遗留给我们的，却是清清楚楚的印在我们的脑子里，领土是给别人零零碎碎的宰割得将要没有了。所以要说是中国有边防历史，也就不过是一张失地表式的糊涂账。

较远一点的关于安南、缅甸的白白送掉，以及朝鲜的被日本抢了去，姑且认为它是已经过去，而除掉了这南北的两大失地，以外可也就已经不少！台湾、香港、流球，这是海防上的损失。其次，西藏与中国的隔阂，以及英国政治力量的潜入，于最近数年来，已经是情同独立。甚且有较此而上之行为，如达赖喇嘛的兴兵进犯，川边的警报频传，就无形的证明西藏已不仅仅是脱离中国本土，而且是一变而为帝国主义侵略中国的鹰犬了。再其次，说到外蒙，也是远在帝俄时代，就一半操纵在俄人手里，现在是更不用讲，中国内部因为国无宁日，无暇顾及。虽然在民国八年的六月间，徐树铮奉派远赴库伦，运用他敏捷的手段，曾经一度取消自治，但是自俄国革命以还赤色运动的蔓延面下，外蒙情形也就一天紧急一天，终于是无声无息的送掉了。

至于九一八以后东北，那是更为痛心！在飞机、大炮之下，公理成为体无完肤的降卒，中国的领土就凭空的属了别人。这还能谈到边防么？实际中国目前的情形，只能说是有边而无防则可。

最近东蒙事件的蕴酿，日本帝国主义的刁唆诱惑，已经使我们感觉无上惊诧，觉得中国国防前途的暗淡，已岌岌乎不可终日。而西蒙盟族〔旗〕又突然以请求自治闻矣。姑不问其动机与背景之何如，于此国难重重，边防危殆的现在，而有如此严重事实之发生，的确已足使人枕席不安。更何况西蒙在位置上，正因为国无宁日，无力远顾，便成了天然防线。如果让其开放，则将何以异于开门揖盗？一旦有警，其严重性之深刻则又将何如！？

所以在地理上讲，西蒙既是中国北部的天然屏障，不可谓为非国防上之主要据点，而北又与赤俄操纵下之外蒙接壤，东则与充满日本帝国主义之潜势力的东蒙相毗邻，若更回首南望，则为中国内地之所谓腹心了。一方面既直接感受苏俄的赤色诱惑，一方面又紧连日本帝国主义的暴力侵攘。如果自治而成为事实，试问能经几度风雨？其未来之变化何如，诚不能不以外蒙、满洲以及东蒙的事实，以为显明的前鉴。

进一步以政治的意义上言，中国是无论如何没有实行共产之可能与需要，即是在政治的立场上，永远是立于反共地位的。对于苏俄的宣传与侵蚀，既不能和顺的接受，当然就应有以反对的方法。而在此目前匪患猖獗，外侮频仍的时候，欲求有此强大之反抗力量，事实既无法如愿，而西蒙之天然壁垒，就不能不依若长城了。这是对于赤色帝国主义方面言，是防俄阵线中之前哨。而对于日本大陆进展之控制，那是更其显明的事实。对于内地的察、绥、新均可以说是有唇齿关系！一旦东蒙不测，而西蒙又受其诱惑，则为患内地，就将更其不堪设想了①。

同时，站在民族的地位上讲，中国以五大民族相号召，蒙古既为五大民族之一，当不能有任意独立之可言。诚如锡林果勒盟副

---

① 以上照录原文。——整理者注

盟长德木楚克栋所谓，中央有扶助救济之责，而不知中央者乃五大民族之中央，反之五大民族对于中央也即有拥护图存之责了。既然口口声声以"自存"自矢，而不知自存之有力基础，实即共存。五大民族如各谋出路，不计国家，实际上将何以异于自取灭亡。所以，要求自存必须以共存为基础，团结奋斗，始可有望。西蒙，如果此风一开，在民族立场上既陷于分崩离析〔析〕，不可挽回，国家前途，就不能不以拔一毛而动全局，为国命上之一大波折了。

（十月二十四日也鲁）

《力行》（月刊）

南昌陆军第十师司令部

1933 年 2 卷 10 期

（朱宪　整理）

内蒙自治问题

旭光　撰

　　日本人于去岁承认满洲伪国之顷，尝声言于世界，谓中国如不革新内政，继"满洲国"起而作独立运动者，将有若干区域。同时记者于夏季在京，晤外部友人云：某方获得某国阴谋证据，将使中国分裂成为七八个国家。证以日人之言，若合符契，亦云巧矣。自十九世纪以来，帝国主义灭亡人国，其道固多，而必使此国家内部自相分裂，彼乃得逐渐蚕食，则为极普遍采用之手段。前一世纪晚年朝鲜新旧党之争，与朝鲜对中国之独立，朝鲜即以此颠覆其社稷，此事殆全为日本人之阴谋，稍有历史常识者，谁不知之？满洲伪国之独立，即此亡国史刊之重剧耳。今兹日人复将以此手段演之于内蒙古，此为日人分裂覆亡中国之一贯政策，吾人久已熟知，无所用其骇怪；惟吾国人竟有少数分子罔识大势，甘为虎伥，窃深为之痛惜耳。

　　据电讯社所传：内蒙赐〔锡〕林郭勒盟副盟长德王，于去年春曾由日本顾问之介绍，乘日军飞机往长春谒见溥仪，会议决定三点：一为西蒙（即内蒙）宣布独立；一为东蒙（即热河）各盟划归德王，不属伪国；一为伪国以友邦关系，充分接济西蒙独立运动（见十月日①《大公报》）。德王于今年夏秋之间，即倡议内

蒙高度自治运动。所谓高度自治者，无异变相的独立。英国之与爱尔兰、加拿大、南非、澳洲等联邦，以同种同文之关系，一旦自治，即无异脱离母国，况蒙人今日犹自别于非汉族耶？

蒙人宣布要求自治理由，据内外蒙旅平同乡会草拟之意见书谓：

> 中央因频年内战，不遑顾及蒙事，故二十余年来，蒙古之政治未能革新，蒙古之教育未能发展，蒙古之文化未能提高，蒙古之生活未能改善，中央既无暇顾及而放弃蒙古矣。是中央无以对蒙古，蒙古复从而自弃之，何以对地方，何以对民族？是以西蒙官民，鉴于蒙政之腐败，外侮之侵凌，不谋自拔，无以图存，不有组织，无以御敌，故组织蒙古自治政府之酝酿，因为甚嚣尘上。

又据《蒙古旅平学生会意见书》云：

> 内蒙地处边陲，实为吾国藩障，地接外蒙，而苏俄赤焰高张，东邻热河，而暴日觊觎心切，情势危殆，覆亡无日。中央年来勘〔戡〕乱御侮，未暇兼筹并顾，于蒙政之促进，教育之发展，以及建设事业之筹办等，迄未拟具方案，见诸实施，徒以宗教敷衍，以冀图存，兴念及此，忧惧万分。且蒙汉语文、习俗不同，治理之方针自异。乃竟于察、绥设省置县，破坏内蒙行政系统。而省县当局，对于蒙籍智识青年，复歧视嫉忌，摧残陷害。至蒙民土地，始则开荒屯垦，继则悉索币斌〔赋〕，致民力凋疲，生计日艰。最可骇者，为蒙人与汉人争讼，不论曲直，蒙人必然败诉，似此对汉人多方袒护，对蒙人肆力压迫，显示法律上之不平等待遇，故民族感情，龃龉日深，若不急谋补救，则必贻患愈烈……以是内蒙官民人等，为巩固国家边防，融洽蒙汉感情，拟于中央政治统一之下，倡行高度自治之义，借分中央之劳，除军事、外交而外，余权悉授

蒙人，给与统一之自治机关。（以上均见《时报》十月卅日）

月来消息所传，蒙人自治运动，或谓为德王一人所把持，或谓为蒙民之公意，观于以上两种意见书，则至少蒙人中一部分智识分子，当已预闻此事。惟吾人细衡此意见书所云自治理由，既非甚当，且在此远东风云紧急之秋，蒙人尤不应妄生枝节、立异标新也。夫所谓政治未能革新，教育未能普及，建设事业未能筹办，此为目前中国之一般现象，即江浙两省繁华富庶之区，年来成绩，尚不足道，况边远贫瘠之内蒙哉？吾人欲为蒙人告者，欲谋内蒙一切事业之革新改进，惟当与中央以及当地省府密切合作之下，期以岁年，方能有效可观。若谓取消省府，蒙人一旦获得自治，一切事业均可有长足之进展，此直欺人之谈耳，与事实果何补哉？

蒙古旅平学生会，当系受中国文化洗礼之青年，而此举《意见书》所陈各点，较之蒙古贵族，尤为眼光短浅，宁非怪事！自辛亥革命成功以后，建设五族共和，汉蒙民族之间，绝无介蒂。盖依血统言之，一时尚有汉、满、蒙等族之分，若就远东国际情势言之，此五族者以生存与共、利害相同之关系，亟应将彼此文化，糅合调和，而粘合成一伟大之中华民族，以独立于世界。吾人在此信念之下，则不但汉族文化、政教，应早日推行及于蒙古，即蒙古文化，苟有所长，亦应宏布中土，相得益彰也。乃《学生会意见书》中竟谓蒙汉语文不同，治理方针亦异，更谓设省置县为破坏内蒙之行政系统，然则依若所云，汉蒙将永无文化沟通之一日，蒙人岂将划出整个中华民族圈外，而仍度其数百年前之生活乎？年来内蒙省县官吏，或汉人较多，或政治设施未能尽洽民意，然此亦系国内年来一般情形，若以此为要求高度自治之口实，则目前内地各省各县，将无一不要求可〔可要求〕高度自治矣，此岂整个中华之福乎？

总理《建国大纲》中，地方自治，本已明白规定，蒙人知识分子，果有才能，与盟族〔旗〕以及省县政府，协同努力，未尝不可改善地方，若谓一取消省县，蒙人统一行政系统，便可融洽蒙汉，巩固边防，其谁信之？

吾人更欲郑重为蒙族同胞告者，外蒙名为自治，实则已在强俄掌握之中，满洲号称独立，实亦处于日人铁蹄之下。内蒙情势，愈益危殆。以内蒙不满五百万之人口，欲获得高度自治，周旋于俄日之间，前途将不堪设想矣。吾人为捍御外侮、共同图存计，以后中央诚应改革内蒙一切庶政，而蒙族同胞，亦必须与中央密切合作，乃能收效愈速。区区自治问题，以视整个中华民族之文化沟通与永远生存问题，相去何啻天壤，是在汉蒙有识之士之努力矣。

二十二年，十月

《力行》（月刊）

南昌陆军第十师司令部

1933 年 2 卷 11 期

（朱岩　整理）

内蒙自治案

信芳　辑

于国难正深之今日，而有内蒙组织自治政府、实行高度自治之酝酿，宜其全国震动，视为西北边圉安危之大问题。良以内蒙地方，与甘、陕、宁、晋、冀、热六省犬牙相错，一有不稳，则边患随之，历史之记载，固不必论，即视西起玉门关〈东〉迄山海关，巍然雄峙之万里长城，即可知吾人之祖宗，对蒙患之重视为如何矣。惟今兹五族一家，汉蒙兄弟提携并进，共臻文明，猜忌之心，理宜泯除，值兹国家危亡之秋，尤宜精诚团结，共促五族共和新国家之日进于富强。蒙古王公，于今日而提〔倡〕导自治，因而唤起举国之注意，从此谋密切之联合，泯除智〔昔〕日之隔阂，共筹将来之大计，只要政府处置合宜，安知非国家前途之福。兹将蒙古自治问题，叙述概要，及其经过如次。

内蒙政治组织及沿革

内蒙之政治组织，颇为简单，不过一种酋长，一家族长之集合而已。其行政首领为盟长，一盟之下，分统若干旗，为便于治理起见，于旗内设置多数员司，分别办理日常事务。兹为容易明了起见，表列于下：

蒙古盟旗政治组织系统表

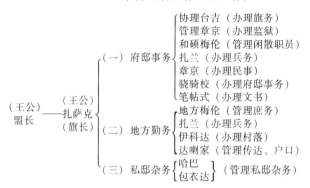

以上所有员司，除哈巴及包衣达二职系管理私邸杂物外，其余各职，均在府邸及地方办理一切事务，而扎萨克则为一旗之首长，多由王公中任命之，有专断旗内事务之权。但扎萨克之辅佐卑〔协〕理台吉，则非出自扎萨克之自由任命，必须呈请该管盟长，就该旗内闲散王公以下台吉以上推举之，将被推者中之前二名，列为候补，而呈请理藩院圈定一人任命之，是则任命之权，实操诸理藩院也。其余官员自管旗章京以下，乃至骁骑校等，亦无不选补自台吉及部众内者。惟盟长则由理藩院开盟内各部之扎萨克及王公呈请任命，又按同一方法，选任副盟长一员，助理事务，而盟长之异于旗长，即盟长系由政府直接任命。此外又就扎萨克及王公中选择一最有德望中〔者〕，以总理各旗大事，此则较可注意，以其类似盟长而实非盟长也。

至于司法审判事务，由各旗扎萨克处理之，倘其不能自决之讼事，则报请盟长公同审理，或扎萨克裁判不公，亦准两造上诉于盟长，若再不决，则将全案呈送蒙藏院。内蒙各地驻有司员者，其获〔诉〕讼则由司官会同扎萨克审判，蒙古人民与内地人民发生诉讼，则由内地之地方官会同扎萨克判处，至若各旗间之交涉事件发生，必待盟长办理。盟为若干旗合成，每三年各旗会盟于一地，盟长为当然之会主，解决各种重要问题。各旗之下，另有若干佐领，以分别治理之。凡佐领之丁，百有五十，每一佐领，设催领〔领催〕六人，什长每十家一人，满六佐领以上者，设章京一人，十佐领以上者，设二人。计内蒙古哲里本〔木〕盟四部十旗，设佐领二百六十三人，卓索图盟二部五旗，设佐领三百零三人，锡林果勒盟五部十旗，设佐领一百十三人，乌兰察布盟四部十旗，设佐领五十六人，伊克昭盟一部七旗，设佐领二百七十四人（改省之察哈尔、归化土默特两部十二旗未详）。两〔盟〕旗既为政治组织之单位，又为惟一之自治区域，以其有一定之地域故也。其初蒙古游牧之地域，本极辽阔，各部落所占领之土地不相邻接，故亦鲜有纠纷。嗣以种族繁茂，地域缩减，遂形成犬牙相错之势，为免除一切游牧上之纷争，乃有旗地之分划，此为旗制成立之起始。在清季以前，则仅见旗制之雏形，清代而后，遂得先后完成其编制。不特此也，当明末时，蒙古种族统一之力渐衰，旗之趋势更臻成熟，满清遂利用之，分划众多之旗，以减削其势，并寓恩赏怀柔之意于各旗中，任命一世袭之扎萨克，使为旗长，世治其民，管理旗务，此为明末清初设立旗制、规定牧地之伊始。自是以后，设旗逐年加多，并严禁各旗越世〔界〕游牧狩猎，如有违犯者，无论其为王公士庶，一律严加惩处。犯者如倘系王公或有职爵者，则与以停俸处分，倘系人民，则科以罚金，此为内蒙古政治组织一般，及其发生旗制与沿革之大概情形也。虽然，近今或不免又有杀〔变〕更，然以积习太深，未必能转移多少，此又可以料逆〔逆料〕者。

内蒙古各盟旗分布概况

内蒙古位于大沙漠之南，东界辽宁、吉林二省，南界陕西、山西、河北三省，西接宁夏，北连大漠。全境共分六盟，二十四部，四十九旗，其附于内蒙古者，有内属二部十二旗，各盟旗今已编入辽宁、吉林、黑龙江、热河、察哈尔、绥远等六省，故与〔與〕图上已无内蒙古名称之存在。今为明了计，仍将内蒙古之盟旗分布情形，志于下表，而各盟旗所编入之省境及其占有之疆界，亦一并注明焉（表列如下）。

附注：哲里木、卓索图、昭乌达、锡林果勒向称东四盟，乌兰察布、伊克昭则向称西二盟。

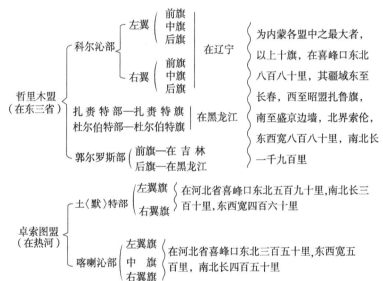

至于东部蒙古，及东部内蒙古之地域，最难确定。自民国四年日本提出二十一条要求中，列有东部内蒙古一条后，东部内蒙古及东部蒙古之地域，更形混淆。兹将中日双方所指东部内蒙古及东部〔内〕蒙古之地域，摘录于下，以供参考。

1. 东部蒙古　据林道源《东〔部〕蒙古形势考》云："塞外迤东部承德府，即俗号热河，南界万里长城，北达西伯利亚，西界独石口，西北界多伦诺尔，东以柳条边（在辽宁省内法库门一带），东北至盛京（即沈阳）所属为界，截长补短，东西约千里，南北约一千五百余里。"准是以谈，则所谓东蒙古者，当以今之热河为主，略及察哈尔及外蒙车臣汗部之地。而日人则谓东蒙古者，系外蒙古之车臣汗及土盟〔谢〕图汗二部，以及内蒙之哲里木、卓索图、昭乌达及锡林果勒之东四盟。若是，则外蒙之东半部，及热河、察哈尔二省，皆在东部蒙古范围以内矣。

2. 东部内蒙古　哲里木盟，为内蒙古最东之一盟，故严格言之，所谓东部内蒙古者，应限于哲里木一盟而止。查哲里木盟即今辽宁省内之旧洮南道境，南包辽沈道之彰武、法库两县境，北括黑龙江省龙江道之东南部，东包吉林省吉长道之西部，盖已编入东北三省之版图矣（编入盟旗见前表）。日本则以其已编入东三省，且为画入其南满势力范围起见，称哲里木盟为南满所辖之东内蒙，更以热河画入东内蒙范围内。

统观以上两分〔种〕之划分，则可知日本将我所称之东部蒙古，称为东部内蒙古，而另以外蒙一部及内蒙之东四盟，称之为东部蒙古，此无他，指鹿为马，希图蒙混世人，而使推广其势力于我蒙古而已。虽日人之用心深远，然我人亦早窥破其阴谋矣，愿吾人慎防之。

内蒙与外蒙之关系

内蒙、外蒙，初无轩轾之分，在历史上通蒙古。自前清末叶，以地域辽阔，为使控制管理之便利，始加划分，虽为二部，民族则一，同为成吉思汗之后代，苗裔相亲，关联密切。当民国初年，〔内〕外蒙曾乘机宣布买〔独〕立，至民国四年，中俄《恰克图条约》成立，遂令取消独立而实行自治。迨民八徐树铮奉命为筹边使，驻节库伦，以兵力迫令取消自治，仍还政权于中央，然此仅形式耳。民十库伦二次政变，蒙古青年革命党人引苏俄实力为外援，而逐我国派驻外蒙之官吏出境，成立所谓外蒙古新政府，至是外蒙一切政治大权，均落于赤俄掌握之中，而内蒙形势亦愈危，幸赖内蒙不乏贤明之士，于末后数次变乱，迄未参与，虽几经勾煽诱惑，而终于未为所动，故仍得保全斯土，以迄于今。近十年来，内外蒙之关系，渐已由亲而疏，而在此若干之岁月中，外蒙又无时不欲囊括内蒙，蛊动一般青年外向，以图与外于〔蒙〕合并。内蒙青年，一方因感感〔于〕中国青〔经〕年内政之失修，一方因受宣传之煽惑，倾向外蒙者，固大有人在，此种事实，政府非不知之，徒以力有未及，莫由匡济。

中央与内蒙古之联系

历来政府对于边疆有其一定之政策，此政策之实施，在期达到一种特定之目的，而收其效果，此固理所必然，而中央与地方之联系，亦即产生于此。溯自清季以还，内因有革命运动之勃兴，外受帝国主义者势力伸张侵略，对于边务，固无暇整理，而于边区各族之支配匡导，已力有未逮。虽表面有理藩部之设，但亦仅存有其统治之名而已，对蒙古、西藏、新疆，莫〈不〉同然也。政府既无暇以顾及边务，边民亦渐与中央疏远，此为事实，不容讳者。迨至民国创始，废理藩部而统属于蒙藏院，然终以内乱繁兴，中央当轴图巩固自身之不暇，遑论边陲政教之设施。北伐成功，党政府成立，对于蒙古，在政治方面，则备高位于中央，而请蒙人之有德望、才能者充任，恩克巴图、克兴额、白云梯诸氏之参与全国最高级政治机关即其例也。宗教方面，则政府对于蒙民信奉之佛教，不独不妨碍信教之自由，亦且进而共为尊崇提倡，中委兼考试院院长戴传贤氏，诵第宝华山，班禅喇嘛与章嘉活佛之随处设坛建醮，蒙古王公——尤以班禅及章嘉二人为甚——随到内地各省任何一处，均受政府及人民之热烈欢迎，此种事实，凡属蒙人，应皆知汉人对于蒙族之优渥礼遇也。在党务方面，凡蒙古青年具有政治意识而欲参加国民党者，亦格外宽许，免去若干之麻烦手续，务使彼等得有参加党内工作之机会。教育方面，中央曾通令国内各公立和私立大学，对于蒙藏籍学生，特别通融，予以优待，最近国立北京大学之补行考试蒙籍生，即一其〔其一〕例，而北平市内，又有蒙藏学校之设立。九一八沈变，东北三省及热河沦陷后，东部内蒙古人民之流离失所者，自所难免，然而目前北平有蒙古救济委员会之设立，蒙古被难民众得有栖息之所，不致受饥寒冻馁，此亦可见政府之不弃边民，而蒙藏委员会在中央政府组织之系统下，地位固相等于各部，用以设计筹运蒙藏人民之政教布施。凡此均为中央与蒙古之关联枢纽，亦即中央与蒙古之联系的关键。固然，连年以来，党政之纠纷重重，继以国难，全国各地民众，均陷于水深火热之境，又何独蒙古人民为然。

蒙汉两族心理上之弱点

中华民国，集汉、满、蒙、回、藏五族而成，胡越一家，固不应有畛域之分视，而生歧异轻鄙之憎恶心理，致构成民族间互弃互毁之根株，而汉族人民有大部分，均因相沿成习之历史上传统观念之错误，轻鄙边民，视同异类，此实大愚。今则外蒙独立，藏番侵扰西陲，警耗频传，日人强占东北，劫持溥仪以倡乱，缠回民众，又复暴动于新疆，边疆祸患与外侮以俱来。中原天灾，乘"共祸"而并起，国祚衰微，至于此极。内蒙自治之声，适于此时闻，政府不肯轻率以弃边民，自无疑义；惟是祸变之来，原因复杂，政治固为主因，而此民族间心理之嫉恶，亦为重要因子之一。盖蒙汉两族，人民杂处，土壤相接，封域鄙视之见既深，礼俗拘执约束尤紧，边塞汉人，好以小智而愚弄蒙民，民族间已少互助互敬之诚心，欲其共经危艰，乌可得耶？

当满清之时，凡服官蒙古者，多曰吃达子油，在外馆经营商业者，则谓蒙达子钱，至于文人学子，以为蒙人乃黄衣佛号而已，自来汉人对于蒙民之观感，大体多轻视与憎恶之情。而蒙民对于汉族，又多存恐惧与怀疑之心理，民族隔阂已成，纵无国际之背景，其将出于脱离叛变之途已可预知，而况北有赤色宣传之煽惑蛊动，东有日伪之引诱胁迫耶。孙中山先生尝云："对于国内之弱小民族，当扶持之，使之能自决自治。"吾人对于蒙古问题求解决，无论如何，在政府官吏与人民中，应彻底祛除此种恶劣之心理，且宜以蒙治蒙相维持提携，故破除两族间之隔膜，实为扶植蒙族之起始，固不宜使蒙族兄弟永沦于生番野类之群也。

九一八事变后之内蒙

自九一八事变以后，强邻入寇，傀儡丑剧，在长春登台，东北三千万同胞，数百万方里之国土，无数量之财富，随而沦丧，天下事之令人伤心者，宁有过此。今则暴力所及，已更进而入我蒙边，所谓"满蒙"本为侵略我者之一对象，彼固尝倡"满蒙一元论"之谬说以惑世，今热河、察东，为其据有，辽、热之哲〈里〉木、卓索图、昭乌达三盟之十四部廿六族〔旗〕，既为日伪囊括以去。且前曾以飞机载内蒙王公七人赴长春，个中情事，不问可知。且彼帝国主义者之于蒙古王公，向持联络拉拢手段，其用心之深远，诚较我国之怀柔政策有逾十倍，故往往使一小部分王公为其蒙蔽。一方则以鲜民为移殖先锋，而令大批农民，运往蒙古内地，此事若经完成，则进一步图以贱价收买土地，广植禾黍，盛设牧场，如此而全蒙均非我有矣，东北四省可为殷鉴也。果也，锡林果勒盟副盟长德木楚克栋王，受日人煽惑较深，遂有联合绥远境内之乌、伊二盟，组织自治政府之举。

　　惟德王之声望，尚不足号召全部王公，故出席会议及赞成自治者甚少。缘蒙古之一般情形，乃最富于封建意味之民族，以爵位相尚，以年龄相崇，德王之位只郡王，年始三十三岁，职只为副盟长，对位尊年高之其他王公，自难望其就范。该盟盟长和硕车臣汗亲王索诺木喇布坦，年过七旬，安于故常，对德王此举，虽不公然反对，亦不愿假权力，故德王乃移尊就教于乌兰察布之达王，召会议于百灵庙，欲借绥远乌、伊二盟之赞助，促成此举，但结果仍未能如愿。其最大原因，系一般王公，数百年来，子袭父职，过惯安居尊荣之生活，习于租〔祖〕宗流传之制度，不愿遽加更改。王公辈均拥有广大资财，养尊处优，奴使其民，视土地、财源均为己有，以封爵自娱，视天下之事，无一足萦以〔以萦〕诸胸臆，经年不出府邸，不认识汉文，蒙文组织简陋，不足为介绍新文化之用。职是之故，均认为德王所倡议之自治，即系背叛政府，自顾能力非政府之敌，造反重罪，惟恐加诸己身，故避之犹恐不及，更何商议组织之足言。顾德王之毅然倡导此举，亦有足资凭借之点，自信能博得若干蒙人之同情与援助，事即不成，一鸣惊人之后，于其政治生命前途，亦有甚大作用，其所凭借之点：

　　一、为蒙古生计之日益艰难，非谋改造，将群趋沟壑。为蒙事前途计，即德王不有此种倡议，政府亦应代蒙人设法解决，以收蒙民内向之心。

　　二、为曾利用〔利用曾〕受教育之蒙籍青年，许以政治上之地位。此辈蒙籍青年，亦以察、绥为多，因接近内地，有求学机会，所学既成，饱载新思想而归，对于所处环境，当然不能满足。又感于政府之漠视蒙事，本身出路太少，对同胞之同情心大炽，改造环境之意识更为坚决，德王亦其中之一，曾受新教育，能作汉、日、英语文者，欲利用其地位，团结热心青年，为本身之助。此种抱负，如用之正当，社会当然予以同情援助也。

三、为利用中央漠视蒙务，引起各王公对中央之不满。在中央政治不宁之今日，满〔蒙〕古自治自决之呼声，自易掀动若干王公，欲使王公同情自治，尤以此着较前二者更为有效。

九月廿一日锡林果勒、乌兰察布、伊克昭等三盟，联名发出召集平、津及驻各地之王公、委员赴达尔罕王镇贝勒庙举行自治会议文告，其大意谓："现蒙古北有赤祸器张，东有暴日侵扰，加以中央政府因我远处边陲，其政力之保护极难达到，本盟长等为谋地方种族之维护与生存，用特决定九月二十八日，在乌兰察布盟达尔罕王镇贝勒庙地方成立正式大会，除通知全内蒙各盟旗外，特此邀请旅外王公、扎萨克、族众贤达，务必一律亲自前往参加，将我濒于危亡之蒙古民族，共图挽救，以尽蒙人之责，不胜祈祷之至。"

吾人观于彼等所用以为理由，而发出之文告，要不外"赤祸"与日寇里表为患，交相煎迫，为图存谋自卫而为此。倘或此事之内幕，诚然如是纯洁，则吾人固衷心深表同情，而并愿中央迅派大员前往指导，以扶持其成功，第恐其未必如是其简单耳。盖多数蒙民，均系以游牧为生之勤劳民众，现固仍被重重压迫，而未获解救者也。况乎交通既不便利，教育亦甚缺乏，此辈游牧之民，对所谓自治问题根本即未能了解，此次之事亦不过极少数王公，兴风作浪，假借全体名义，以行其操纵垄断之实耳。观于内蒙王公七人，于春间曾乘机飞往伪京，个中真像，不待智者而后知矣。内蒙自治酝酿揭幕，中央及内政部、外交部、参谋本部等各关系机关，以值此东北未靖，内蒙各地，关系边防，似不应变更制度，致生枝节。经连日协商结果，闻以自察、绥改行省以后，相沿旧习，蒙地制度，未曾稍改，现蒙地官民，既有此项要求，在可能范围内，拟予以扶持协助，借树地方自治之基础。但实现地方自治后，所有一切军事、外交、财政各项问题，均仍由中央统一办理，在中央指导之下，进行地方建设事宜。大体原则，已经决定，自治问题，关系内政部主管，因决请内政部长黄绍雄入察一行。闻黄日内即由沪返京，再度协商具体后，即行启程。俟抵察省，将召集察、绥两省府主管长官，及内蒙各盟旗长官开会，报告中央意旨，及商洽进行步骤与方策。上月三日，国府内政部召集参谋本部及蒙藏委员会长官会商一切。同时蒙藏委员会草就内蒙自治大纲草〈案〉，章嘉活佛、班禅喇嘛均有电致蒙方，劝勿入歧途。蒙人方面，于上月初设内蒙自治政务委员会，于八日在百灵庙集会讨论，惟各族〔旗〕王公受中央及绥省主席傅作义派员分赴各旗宣慰之后，多不到会，会议毫无结果而散。西蒙各盟旗长官，复有电〈致〉中央，沥陈要求自治真意义云。德王迫不得已，电蒙藏委员会称内蒙自治，实为自卫，中央所派黄、赵两大员入蒙宣慰，极所欢迎，请敦促早日启程。

蒙民通电

中央党部执行委员会、国民政府、行政院、军事委员会、蒙藏委员会、参谋本部钧鉴：年来吾国兵荒饥馑，纷扰鼎沸，边疆蹙削，外患日深，吾蒙古邻近日俄，创痛尤烈，广漠之地，弱小民族，抵拒无力，固守无方，俎上之肉，宰割由人。十年以来，外蒙剥夺于苏俄，哲盟、呼伦贝尔沦亡于日本，近日卓、昭等盟，亦相继覆没，西蒙牵动，华北震撼，千钧一发，举国忧心。吾蒙积弱民族，坐受宰割，亦固其所，中央虽负扶植救济之责，顾内乱频仍，事势分异，当局尚不暇自救，吾蒙抑何忍以协助责望之中央？况兵燹之余，不时劳遣专使，远方存问，足证休戚相关，患难与共，吾蒙深为拜嘉。边疆不警，委蛇偷安，未为不可，尔来强邻俱侵，刻不容缓，燕雀处幕，荡亡之祸已迫，因循偷安，已为事势所不许，煎急难耐，应付无方，倘不黾勉自决，一日劲敌压境，所至为墟，风波所及，积弱之蒙疆，势必蚕食殆尽，深贻中央之忧，藩难破决，将以亡吾蒙古者，累及同胞，一肢摧折，全体牵动，关系至大，为罪滋深。《传》曰"鹿亡不择荫"，凡我同胞，设身处地，试为蒙民三思，舍自决自治，复有何法？伏念我孙总理，艰难定国，以人民自治为基础，以扶植弱小为职志，煌煌遗训，万世法守。中央军事鞅掌，既不惶〔遑〕忧远，吾蒙敢不投袂而起，遵奉总理懿训，自任自决，以贝〔自〕策励。盟长、扎萨克等，谨查民国二十年国民会议议决案，已有特许外蒙自治之先例，乃于今年七月二十六日，在乌盟百灵庙召集内蒙全体长官会议，佥曰采用高度自治，建设内蒙自治政府，急谋团结促进，以补中央所不及，凡事自决自治，庶几眉急可挽，国疆可守，民意淳淳〔谆谆〕，亦咸以是为请。于是毅然进行，气象为之一振，所有顺应民意应付环境施行自治之情形，除由盟长、扎〈萨〉克、王公等会衔联印正式呈报中央鉴核外，爰将吾蒙推行自治真相，谨先电达。悉其自治真意，实因事急境迫，日暮途穷，志切自救救国，不得不亟图自决，以补救危亡。至于军事、外交，关切国家体制，吾蒙能鲜力薄，平时尤仰丈〔仗〕中央多功〔之助〕，况当存亡关头，一切对外措施，更推〔惟〕中央是赖，幸当局诸公，一本总理民胞物与之旨，天下为公之意，谅其苦衷，悯其衰弱，辅导箴勉，弥缝其阙，而教以所不及，策励其自决自治之精神，促成其发奋图治之苦心，革其固陋，新其治化，上有以翊赞中央殷殷图治之心，下有以慰吾蒙喁喁望治之意，俾五族之民众，互助共存，打成一体，庶几危亡可挽，边疆可固，蒙民幸甚。（下署各盟旗长衔名）

《自治政府组织大纲》

然内蒙各盟、部、旗长官本月十五日开二次会议，通过《自治政府组织大纲》，其前文及第一章如下：内蒙各盟、部、旗长官应内蒙现实之需要，援国民政府《建国大纲》国内各民族自治自决之规定，由内蒙各盟旗长官召开全体会议，在国民政府领导之下成立内蒙自治政府，制定《内蒙自治政府组织法》，颁布如左：第一章，自治政府。第一条：内蒙自治政府总揽内蒙各盟旗之治权。第二条：内蒙自治政府以原有之内蒙各盟旗之领域为统辖范围。第三条：内蒙自治政府除国际军事及外交事项，由中央处理外，内蒙一切行政，俱依本自治政府法律、命令行之。第四条：内蒙自治政府以政务厅、法制委员会、参谋厅组织之，但遇实事之需要，自治政府及各厅得设各种机关。第五条：自治政府设委员长一人，副委员长二人，委员九人至十五人。第六条：自治政府正副委员长暨委员由各盟、〔旗〕部、旗长官共选之，各厅长及各会委员长由政府委员兼任之，各厅副厅长及各会副委员长由正厅长及正委员长提请自治政府任命之。第七条：自治政府委员长大〔遇〕事不能执行职务时，由副委员长或政务厅长代理之。第八条：自治政府以政府委员会处理一切政务，政府委员会由政府委员组织之，委员长为政府委员会之主席。第九条：公布法律、发布命令，经政府会议议决，由自治政府正副委员长及该关系之主管机关长官署名行之。第十条：各厅会间不能解决之事项，由政府会议议决之。第十一条：各厅会于不抵触自治政府法令范围内，须发布厅令及会令。第十二条：自治政府内置左列两处：（一）秘书；（二）总务。第十三条：秘书处掌理左列事项：（一）关于文书收发、编制及保管事项；（二）关于文书分配事项；（三）关于文件之撰拟、翻译事项；（四）关于典守信印事项；（五）关于编制政府公报及议事日程、会议记录事项；（六）关于登记政府内职员任免事项；（七）关于发布命令事项。第十四条：总务处掌理左列事项：（一）关于编制统计及报告事项；（二）关于会计、庶务事项；（三）关于不属秘书处事项。

改革蒙政新方案

行政院旋于十月八日会议上通过《改革蒙政新方案》，要点如次：（甲）变更蒙藏委员会组织法，拟特设一边务部，或称蒙藏部，直隶于行政院，为处理蒙藏〈事务〉之最高机关，设部长一人，次长二人主持。边务部并应酌定时期，分别召集各边区负有行政责任之首领，及有德望之人士，来京举行会议。（乙）改革蒙古地方行政系统案：（一）已设置省县治地方，其行政区域，应不变更；（二）蒙人聚居之省份，应设置蒙古地方政务委员会，为办理地方行政之专管机关，各设委员若干人，推选委员长、副委员长各一人，以蒙人之有德望及有政治学识、经验者充之；（三）已设政务委员会之省份，除军事、外交及其他国家行政，仍由中央政府办理外，其余属于蒙人聚居区域之地方行政，统由政务委员会负责办理，并受边务部之指挥监督；（四）地方政务委员会办理各种建设事业；（五）地方政务委员会于不抵触国家法令范围内，得制定地方单行法规，并发布命令；（六）地方政务委员会应设蒙古代表会议，为蒙人之民意机关，每年定集会一次。（丙）蒙古行政之用人标准，为中央或地方之蒙古行政，应尽量容纳蒙人，中

央就适宜地点，设立中央军事政治学校分校。复于十八日之中央
政治会议提出讨论，通过原则〔原则通过〕，该案之说明书如次：

评〔谨〕按总理《建国大纲》第四条规定：国内各弱小民族，
政府当扶植之，使之能自决自治，并经总理郑重声明，承认中国
以内各民族之自决权。对于反对帝国主义及军阀之革命获得胜利
以后，组织自由、统一之中华民国。而第三次全国代表大会，复
有"吾人今后必力矫满清、军阀两时代愚弄蒙古、西藏之恶政，
诚心扶植各民族经济、政治、教育之发展，务期同进于文明进步
之域"之决议。本党主张扶植国内各民族之自决自治，久已昭示
中外，中央为免除边民误会，增进边民利益起见，无论中央与地
方一切蒙藏行政制度，自应本此自决自治之精神，以收培植发展
之实效。兹以蒙古而论，过去中央组织与蒙古地方组织之联系，
失之松懈，而蒙古人民习俗各异，在省区域内，因无专管机关，
对于省行政极易发生误会，遂予觊觎者以挑拨离间之机会。一方
对于负有一族重望之王公首领，以及曾受政治训练之蒙古青年人
士，复未能代谋政治出路，每使其失望而去。此次内蒙自治之发
动，原因虽甚复杂，而其重要症结，要在乎制度与政治不能尽满
足蒙藏民众之要求也。根据以上理由，爰拟定改革蒙古地方行政
系统具体方案，其要点略加说明如下：第一，改革蒙古地方制度，
对于已设省治县治地方，以不破坏其原有行政区域及其行政系统
为原则。边区设省，系沿袭特别区而来，原有行政区域，早经明
白划定，某省某县之名词，公私文书，沿用已非一日，中国二十
八行省，尤为中外人士所习闻，倘一旦冒然加以割裂，关系良非
浅鲜，故本案主张对察、绥等省行政区域，不因蒙人主张自治而
所变更。至于地方行政组织，则不妨略加补充，以适合实际之需
要。第二，蒙古人民聚居地方，虽已设有省治，惟以风俗、习惯、
语言、宗教各异之故，过去之地方政府，对于蒙古人民内情之研

究，改革之方案，每易忽略，因而发生种种隔阂，此固无可讳言。今为补偏救弊起见，拟于省行政区域及省行政系统之下，增设一地方政务委员会，受边务部之指挥监督，专管蒙古地方行政，以辅助省政府之不及，而收分治之效。如此办理，既查〔令〕蒙古行政责有专属，复可使中央与边疆之关系更臻密切。第三，中央政府为增进边民实际利益起见，所有物质上、精神上之各种建设事业，均须积极筹划，次第进行。惟此等地方，公私经济本形竭蹶，于必要时，自应由边务部斟酌各该地方需要情形，拟定建设计划及其预算，呈请中央筹拨巨款补助，以期绥辑边民，巩固国防。第四，以各种民族杂处地方，公私纠纷之事，层见叠出，省政府主持全省政务，原设有蒙古委员名额，遇有各厅县及地方政治〔务〕委员会与人民间之纠纷，自可由省政府委员会负责解决，至必要时，再请命中央办理，以资便利。

十九日、廿二日、廿四日，蒙方续开三、四、五次会议。内长黄绍雄偕同赵丕廉等于上月廿二日到平，携带赠品数十大箱，中贮手枪、绸缎、名香及丝绸、总理遗像及蒋委员长肖像百余幅。当黄在平时，蒙古王公来谒者甚多，又有青年代表，表示意见，约为三点：（一）欢迎黄赴蒙宣慰。（二）内蒙要求自治，系根据总理遗教，在中央政府领导之下，实行民族自决，并无分裂国家中〔之〕企图，中央对内蒙划省县后，一切操诸省县官吏之手，对内蒙人民，则使无知识之喇嘛无形统辖之，蒙民对一切权利，无从享受。今要求自治，目的在确定省县的蒙民之权限，此系全体蒙民之需要，非局部或个人之要求。（三）章嘉以〈宗〉教的势力在内蒙发展个人势力，无异阻碍内蒙自治，亦等于出卖蒙古利益，如无此事，希望加以剖白，有则请其觉悟，不然者蒙民另有其他对待办法。

黄等于二十九日到绥远，抵绥远后即草定改革内蒙行政系统方案，欲在不破坏现在行政系统及不妨碍省政府权为〔力〕之下，许蒙旗设地方行政委员会，以蒙古有学识德望者力〔为〕委员，会以下并设民选议会，为行政监督机关。此种意见，颇足推进并改革蒙古现行制度，经察、绥两省府同意，认为足调和蒙古新旧两派之意见。黄氏于上月三十一日派李松风偕随员十人先行来百，意欲先由李向德王等接洽，如意见接近，即作为定案。李氏到百，在是日下午五时，下车后即拜各王公，作普通会晤，未谈公事。伊盟之副盟长杭锦旗旗长阿拉坦瓦齐尔为不主张急遽改革之人物，为调和双方意见，亦〔亦〕与李同来。在百王公，至此乃有德王及该盟阿巴噶右旗郡王雄诺敦都布，乌兰察布盟盟长达尔罕旗郡王蕴栋旺楚克，四子旗亲王潘弟恭扎布，中公旗镇国公巴宝多尔济〔芘〕，明安旗镇国公奇默特凌庆库尔罗瓦，伊克昭盟阿王，乡〔鄂〕克托旗郡王噶勒僧噜拉木旺扎拉扎木苏，准葛尔旗员〔贝〕勒棍布扎布，锡盟苏尼待〔特〕左旗松王，共王公十人。关于自治之事，均在德王处办公，但意见颇不一致。一日李携黄氏方案，译成蒙文，交德王等传阅，下午与德王会晤，德王表示各王公急欲回旗，切盼黄部长速来，以便由黄代表中央意见，容纳蒙民要求，如照此往返磋商，仍不能得具体结果。二日又派人来晤李称，各王公对改组中央治蒙机关均同意。黄案关于改革蒙古行政，设地方委会事，意见不一致，希望黄来详商，黄遂于十一月十日赴百灵庙与各王公晤谈。

会谈经过

向在百王公宣布中央意旨，使之接受中央所定扶助内蒙自治方案，以便在中央扶助之下，逐渐实现为蒙人机〔造〕福利蒙之种〈种〉改革。最初德王仍只〔持〕青年派之立场，从理论上坚持种

〔蒙〕人必须有高度自治之自治政府，其管辖范围，并拟扩充至久经汉人开垦设有县治之地，并要求将察、绥两省政府及县治一概取消，恢复清〔清〕初原状，即察省者归察哈尔八旗，绥省者归土默特旗。此种不顾事实〈之〉理想主张，任何当局无冒然允许之权力，察、绥两省之得有今日之繁荣，实出于数百万不避劳苦之汉人，手足胼胝血汗经营而成，原有土地，虽属于蒙人，但于转移至汉人手中时，均得有应得之代价，初非用征伐、兼并、抢掠而来，但凭片面理想，而欲数百万汉人拱手让出产权，恐为千古奇谈，任何时代之改革运动所无有。

中央所定方案，第一条即为已设县治地方，其行政区域应不变更。第二条，允许在有蒙古人民聚居地方之省份，应分别设蒙古地方政务委徐〔员〕〈会〉，为各设省区内办理地方行政之专管机关，各设委员若干人，并推选委员长、副委员长，办理地方行政、建设事业，其经费中央将酌予补助。省府、各县办理普通行政，有涉及蒙古行政范围者，应随时与地方委会商决定，如发生纠纷时，由省府与地委会会议解决，或呈中央解决。中央之方案，大体如此，一面顾及事实及现有行政态度，一面扶助蒙人实现其自治运动。在内蒙现罪〔状〕之下，实比较易于收效，其自治上所享受之权利，且为内地各省人民犹未享有者，故经历较多之老年王公如云王、阿王等，对此方案咸欣然接受。惟青年派领袖愁〔之〕权利欲甚者，对此方案，因未允联合各盟、旗、部、群组织其理想之联邦自治政府，与中央政府处于联邦自治地位也，故对中央方案不愿接受，几使黄氏愤然而去。中经黄及其随员李松风等，从新旧各派单独试探其意见，证明德王之主张，亦出之于少数青年之怂挟〔恿〕挟持，非有坚持之信念，及实现之步骤，而旧派王公对青年多怀疑忌之心，认为不奉中央命令，即不啻背叛中央，故不敢随德王到底。

在百蒙人显分三派，即德王及其幕下少数人，以改造新蒙古之英雄自命，自治政府成立，即握到无上之大权，不问将来收获如何，亦可一偿其领袖欲、支配欲之愿。二为云王等阅世已刻，反躬自问于实现德王计划后，与本人无若何利益，咸主亲近中央，维持现状。三为若干活动奔走之蒙古政客，为谋个人出路，趁此模〔机〕会脱颖而出，不问德王或中央，只要对蒙古有改革设施，均有活动余地，以无可无不可态度，周旋于两方，最为易与。黄氏窥明三派态度，应付自易，德王因拥护者日少，终于云王、班禅劝说之下，将黄氏增删后之中央方案，全部接受。酝酿四五个月之自治案，至此始得到最终收获。

记者于前由百返绥，于十四日在绥闻双方陷于僵持之中，为视察真象起见，于十五日再度至百，经探询结果，备闻黄氏到百八日来之经过，兹逐日记之，用觇近〔进〕展结果。黄、赵于十日由百〔绥〕动身，十七军军长徐庭瑶氏偕往，视察国防问题，省府派团长溥〔薄〕鑫率兵一连，铁甲车三辆，随同警卫，徐氏亦带卫队一排随行，连黄、赵随员、各方代表等共约二百余人。同行之士，对西北问题多有研究，对自治问题之解决，裨益良多。军容振奋，武器坚利，尤非蒙人所习见，清静岑寂之漠南古刹，顿成逞才奋威之场所。是日上午八时许，由绥开车，下午五时半抵百，王公、青年列队迎于河干，仍衣翎顶辉煌之亡清制服，彼等蒙古之王公贵族，对此虚荣犹不肯摈而去之，守旧思想之深，于此可见。经此二十余年，仍不惜为亡清保留遗制，致使一般蒙人犹只如〔知〕有大清皇帝，不知有国府主席，僮〔憧〕憬胜清威德，蔑视共和制度，减少国家观念，此又政府失当之处。在历史上，于团体既更之时，无不改正朔，易服色，以新民众之观念，欲唤起蒙民重视民国，改正服制，亦切要问题也。

黄、赵抵百之日，天色将暮，当日除周断〔旋〕外，未谈公事。十一日各王公准备意见，先用书面送来，约于十三日正式会商。十二日正午由德王、云王率各王公，公宴黄、赵、徐三氏及全体随员于行辕，为纯粹蒙古式宴席，用整个蒸羊，所谓全羊席者是。由主人着礼服，切羊肉以献，并奏蒙古弃〔乐〕唱蒙古歌，并表演角力助兴。是日由各王将意见书送来，是日上午黄氏请班禅活佛为主席，率领百灵庙全体喇嘛在正殿〈讽经〉。

国府告蒙民文

十一月十三日行政院为内蒙自治事，特编印汉蒙合璧文告，派专员送往百灵庙，交黄、赵分发各盟旗。文称："本党以三民主义为施政之圭臬，其民族主义，本含有两方面之意义，一则中华民族自求解放，二则中华境内各民族一律平等。国民政府本斯主旨，对于国内各民族之待遇，无不一视同仁，未尝稍有歧异。内蒙古地处边陲，国防所关，凡有利于吾民族同胞者，中央莫不尽力以图，徒以连年以来，外患凭陵，灾害洊至，对于边疆行政设施，容有未周，此则政府所深用忧惕者也。现在吾内蒙古人民希望推行自治，中央政府不惟无靳而不许之意，且极愿扶植辅导，俾底于成。惟自治之先决条件，为人民在政治上有相当之训练，在经济上有相当之余裕，预立计划，逐步前进，而后能达到所期之结果。内蒙古地方，教育、文化及经济生活，均尚亟待发展，政治训练尚未有准备，若一旦实行高度之自治，亦将不过虚有其名，人民之不能行使权利如故，经济之不能适应需要如故，甚至功效未见，而纷乱徒增，此尤政府之所洞悉而深虑者也。惟政府于内政之进行，虽不欲躐等以立虚名，而切望努力以求实效，务使蒙古王公首领及受有政治训练之青年，能得政治上相当之地位，俾各展其才，以造福于国家社会。至对于全体蒙人之文化生活、经

济生活，亦当尽力扶助改进，充实其自卫御侮之力量，养成其实
行自治之能力，以期于不远之将来，实现真正之地方自治，一如
吾党《建国大纲》之所规定，此种程序，不独于蒙古为然，即内
地亦无二致。惟蒙古人民风俗、习惯、语言、宗教与内地略有不
同，此为政府所特别考虑，倘于省行政区□及省行政系统之下，
特设蒙人掌理政治之机关，试行初步自治，则不唯可免扞格之弊，
亦可以辅助政府之不及，而收合作之效。总须不违背国家一般之
法令，不妨碍各省行政之制度，中央政府无不推诚相与，竭其全
力以图蒙古人民之福利。兹因道途辽远，深恐意志阻隔，特派黄
部长亲往巡视，并派赵副委员长襄助一切，宣布中央德意，商洽
自治方案，各该王公及盟旗长官暨地方人士，如有嘉谋良献，或
兴革改良之意见，务向该部长等剖陈无隐，必能求得满意之办法，
以副吾蒙古同胞之殷望。方今外患日深，吾五族一家之国民，凡
有意见，均宜尽情吐露，开诚磋商，以祛除误会，孰〔敦〕睦情
感，一致团结，精诚无间，二〔而〕吾国族之复兴，国民之光荣，
实利赖焉。特此布告，咸使闻知。二十二年十一月，行政院长汪
兆铭。”

　　讽平安经，此为前济〔清〕钦差每到有活佛之处，照例举行
之故事，一则推崇活佛，一则表示信仰黄氏，各王公等均往听经。
凡在场之喇嘛，均得经资若干。喇嘛在寺梵修，均自备食用，以
代人念经为其收入，与内地和尚依赖寺院不同，黄氏念经之用，
盖欲对喇嘛有所施予也。十三日上午由云王、德王至黄氏处正式
谈话，历时甚久，当日仍无结果，约翌日再谈（两次谈话原文见
另条）。十四日继续谈话，下午由各王骑赛马，邀黄等往观，德王
并亲自乘骑，使随行之电影技师拍入电影。是日晚由黄氏根据两
次谈话果〔结〕果，将中央［方案］原定方案略加增删，容纳德
王等之若干意见。十五日班禅邀全体人员宴会，为绥远厨师之南

式酒席。下午再约各王谈话，讨论实际问题，将修正之方案，交与德、云二王，黄表示此为中央所能容纳之原则，过此即不能允许，德王称俟与各王商酌后，于翌日由双方各派代表再详细讨论。十六日由德王约黄氏派代表与各王代表会议于根王蒙古包内，黄派李松风、贺扬霖等六人，德王方面代表出席八人，李询被〔彼〕方对新方案意见。彼方代表开口即称，仍希望部长容纳组织自治政府要求，并出各王呈请中央准许自治政府之呈文，请黄氏代为转呈。李答称，既坚持组织政府之意，即不便再谈，可即散会，彼等坚留，改作普通谈话，约话二小时各散。

　李将此情向黄报告后，黄甚不满，决定十八日返绥，另谋应付之方，于十七日令随员准备起行，令薄团长率铁甲车及兵士驻百候令。于是日上午着李松风将德王等送请转呈中央核准之自治政府备案呈文，及筹备自治政府之会议录、意见书等全部送还云王，表示拒绝接受之意。云王之主张自始即与〈德〉王不同，至此颇为失措，坚请李向黄说项，谓本人对中央方案早欲接受，请部长再住一二日，本人当劝德王亦接受。李称，部长已决定明晟〔晨〕返绥，君等如不全部接受中央方案，即无话可说。李归后，云王急找德王谈话，称君如不接受中央方案，余将单独接受，德王称班禅佛已允代留部长略住，并代疏通，请部长容纳吾等意见。二人遂往谒班禅，会商后，由班禅派重要随员三人，于下午三时往谒黄氏，称班希望部长再留一日，彼愿使各王接受中央意见。黄氏称修改后之方案为中央所能允许之最大限度，彼等如愿全部接受，可用书面告余，否则余决定明晨返绥，亦无再谈必要，三代表向班覆命。德王至此颇以云王为卖己，并悔被青年利用，归帐邀本盟数王研究办法，均一筹莫展，询之青年，亦无良策供献，颇为畴〔踌〕躇。同时各盟代表纷至黄处表示不信任德王，至夜一时，云王将向黄表示接受中央方案之公函草就，着德王署名，德王至是颇有四大皆空之感，觉悟连日强硬主张徒被他人利用，遂亦欣然署名，送达黄处。十八日上午各王晤黄，讨论实施方案之细部问题，下午由黄氏随员与青年讨论细部问题，各青年一变其论调，力示好感。

德王向人发牢骚，谓我被大家公推，故不能不打官话，现在大家拉腿，弄得我对不住朋友等语。德王青年气盛，经事尚少，经受此打击，已觉悟欲团结向无团结之各盟旗为极不易，决心放弃其联合各盟组织政府之意图。惟德王在内蒙王公中，实不愧为一好学深思、抱负远小〔大〕之人物。中央方案既各王公已接受，黄氏为调和三派意见计，对诸人均有所安慰，诸人到此地步，感觉黄氏能代表中央，以诚恳态度处理此事，将来定有满意之结果，故已毫无芥蒂于胸中。十八日在百王公、青年及班禅共在寺内拍照电影，用留纪念，冠裳齐楚，顶戴辉煌，欢欣鼓舞〔舞〕，较数日前彼此猜忌之神情，大有不同。

晚间设宴欢送，并互馈礼品，德、云二王合赠黄氏名马四匹，赵、徐各二匹。黄氏对来百王公、青年代表等，各惠川资若干，并函约各王来绥参加汉蒙联欢大会。十九日上午八时，黄、赵、徐及全体卫队动身返绥，另派杨君励、孔庆宗等八人，分为二组乘汽车出发，一组赴锡林果勒盟各旗，一组赴乌兰察布各旗，考察一切经济、社会情形，用作中央扶助各盟旗建设之参考。黄、赵起行，各王公率随员、卫兵送出里许，殷殷惜别。下午五时返抵绥远，在此俟联欢大会开毕，即行返京报告经过。内蒙古第一、二区自治政府组织法俟行政院会议通过，经立法院决定，再正式公布之。联欢会二十八日开幕，察蒙、宁夏各旗王公大半到齐，大会不举行仪式，程序为二十八日午十二时阅兵，均行分列式，下午二时国术、器械体操、刺枪式、制式教练，三时马戏，在小校场举行，五时各机关团体公宴，七时电影，在绥远饭店映演。

二十九日晨十时宴会，并邀当地士绅参加，十一时富连成班在大观戏园出演旧剧。大会一切文件皆汉蒙文并列。阅兵总指挥场〔为〕傅部旅长曾延毅，王靖国部参加一营，余均为傅部。大会已在小校场、东门、南门、新旧城马路、大什字、北门外、车站等处，张挂全国同胞精诚团结、努力充实国家力量、全国民族团结起来复兴中华民国、全国同胞大联欢是将来复兴的曙光等标语。

改进生计为多数要求，自治非急务

中央对内蒙自治案，采折衷办法，于不破坏现有行政系统之下，制定改革蒙古行政系统方案，准各旗设地方行政委员会，经黄绍雄氏赴蒙解决，对此方案已势在必行。中央并愿从实际上扶助各旗，促其进步，从经济作成汉蒙联锁，提高蒙民生计。昔日之虚伪牢笼手段，乃满清遗毒，此后将一扫而去，从此划一新时代，作成共存共荣之满〔汉〕蒙结合，遂逐步改革之下，实现满〔蒙〕人之自治，以满足青年派之希望，并调和新旧两派之隔膜。吾人于此新时代开端之初，顾一般有识者以为内蒙在现在制度及人力、财力、社会环境之下，不能急遽改革，以现在之种种阻力，均为改革之对象，必认识此对象，始能着手于改革工作之推进也。

任何改革工作，必须认清其环境阻力及事实昭示之因果源流，专从理论上高谈雄辩，不从实际上找问题，研究问题，定不能得到解决问题之切合方法。蒙古需要改革，需要事〔现〕代化，此为任何人所同情，舆论界对蒙人之要求改革，尤抱深切同情，但一事成之，要以不种恶因、不留弊害、不遇甚高之阻力，始能收到预期之效果。内蒙种种事实之昭示，均未能达到青年派主张设立政府之程度，政〔故〕殊途同归之各旗自治，在中央及地方政府扶助之下，实现青年派之理想，实为适于现在需要之方案。

试研讨各盟旗现在制度，亦惟有利用现握行政实权之王公，始能收到推进新制之效果。考各王公之取得今日之地位，由来已久，自元太祖成吉思汗起于汉〔漠〕北，自称蒙古，建都和林以后，扫灭回纥、室韦诸族，势渐强大，侵略汉〔漠〕南，统一中国，扩版图至西欧，使欧洲各国不忘黄祸之名词，蒙古种族亦因乃祖文事武功灵〔震〕烁古今，乃能维持至今，不为外族所同化，内外蒙古四部落六盟一百三十三旗，亦继此精神，永为元太祖裔孙之统治地，兰〔满〕清之降服蒙古，亦不过加封原有王公，使之效顺，初非另有更动。

故王公制度之弊害，亦不能责之清代帝王，即蒙古青年集矢之喇嘛教，其侵入蒙古时，亦系元太祖十七世孙阿巴岱亲谒达赖喇嘛请来，部众因此奉以汗号，遂名土谢图汗，清代随其俗而利用，初非清帝助喇嘛侵入蒙古也。自喇嘛教入，蒙人之尚武嗜杀精神，一变而为佞佛诵经，修积来世之颓衰思想，教义禁娶妻，致人口日益减少，不事生产者日多，生计日益堕下，浸成今日之境，阿巴岱实为蒙古罪人，不能遽以愚民政策责之外人也。

蒙古之历千百年未受世界进化之影响，仍保持其原始社会生活者，亦固政治组织、精精〔神〕思想、社会环境，历千百年来一成不变之故，蒙民之优秀分子，不皈依于王公帐下谋政治之活动，即皈依于喇嘛教下，求来生幸福。推进社会，必需一社会中之优秀〈分〉子，今优秀〔秀〕〈分〉子既无不满足之冲动，自无人注意改造环境。直至最近，始有德王领导下之青年派出现，但凭借过于薄弱，只能博得具有近代思想人物之同情，仍不能唤起多数蒙人之觉醒。

以中原人口之多，人才之众，二十余年犹未收获改革之实效，以此例彼，愈读〔证〕明中央方案之有益实际。当局某君之谈话云："以少数不顾事实之人物，托以重大权力，势必流于暴民专制之途，外蒙已深感此苦，王公被杀殆尽，民财全被共产，除少数红党青年，达到享乐目的外，一般蒙人已不知人生之兴味何在，内蒙古王公引此自惧，故咸愿在中央及省府扶助之下，徐图改革。"旧派王公曾云："吾们的力量，总是跟人家抬轿子，与其给不相干的野心家抬轿子，不如给中央及省政府抬轿子，抬的好吾们也可以跟着往前走几步，吾们更犯不上找一个婆婆来侍候。"青年派之自治主张，系着各旗王公将所握政权，交还自治政府，故有高度自治之名词，王公之权将被夺，故有找婆婆之牢骚语，婆婆之地位非强制他人所能破〔获〕得，谋婆婆地位之人，殆可以醒欤。

内蒙之急遽改革，令〔今〕为环境所不许，此后惟有仍利用各旗之王公，使之各自组织地方政通〔务〕委员会，由中央、地方予以人力财力之扶助，以一旗为单位，参〔行〕政治、经济之改进。锡、乌、伊三盟延表〔袤〕数千里，而人口不过三十万，经济尤感困难，若干王公，已以出卖王府用其维持生活。自治政府定每年经费十八万元，尚系限〔限〕于办公费，即此数亦非各旗所能常久负担。有机关而无事业改进费，根本即不能〔收〕改革之效。

如各旗自治，由中央、地方予以扶助，利用王公原有人力财力，费省而效大，先由改革经济着手，使蒙人生计日趋向上，经济上收有效果，则风气日开，对新时代一切设施，始有接受可能，然后始能创办工业，发展教育。在今日之情形下，绝不能舍其推〔惟〕一财产之牲畜，不去放牧，而去学校听请，凡不放牧者，仍属王公贵族子弟及资产家子弟，此辈本属特权阶级，若言革命，应在打倒之列。

故一般熟知蒙情者，〈不〉主张用大量金钱为蒙古特权阶级办教育，而主将办教育之经费，移用于多数有益之生计之改进，生计有办法再办教育，一般蒙人始有受教育机会，凡事应以多数人为对溪，现在多数蒙人之切身痛苦为生计艰难，而非政治欲望之不满足，亦惟有予以经济上之帮助，始能得蒙人内向之心耳。

《力行》（月刊）
南昌陆军第十师司令部
1933 年 2 卷 12 期
（李红权　整理）

内蒙自治之严重性

虚一 撰

自内蒙自治消息传出后，关心国事者，咸惴然以有国际背景为虑，归纳各方面之报告，可分为以下两说：其一，谓内蒙之要求自治，绝不含有独立气味，军事、外交，将仍归中央办理，盖本诸五族平等、民族自决之原则，欲建立高度的地方自治政府耳。其二，谓内蒙自治，实有某国人及伪组织作其背景，因德王位高年幼，信任前牛羊群协领布英达赖，布汉名赵福海，为人不端，代德王划策献计，联络各王公宣告自治，假民族自决之口号，实行独立。此两说也，泊〔洎〕乎今日，尚均无法证实其究竟，实际上之真象如何，参与内幕者既讳莫如深，中央当局，亦捉摸不定，自非吾人所敢判断。惟昨读锡林果勒、乌兰察布、伊克昭三盟长等通知京、平王公扎萨克等启事中，有"今我蒙古，北靠赤化，东临暴日，加以中央政府因我蒙疆地处偏僻，势有鞭长莫及，保护殊觉困难，故本盟长等目睹此情，为保护蒙族、安辑蒙众起见，议决组织自治政府，于九月二十八日在乌兰察布盟百灵庙正式成立"等语，则国际背景之说虽未征实，而高度自治之说，亦非真象，此吾人所认为有严重性者也。

吾人更就德王此次举动之经过观察，亦非全无可疑者，盖德穆楚克栋普鲁〔鲁普〕亲王，在蒙旗方面，为锡林果勒盟副盟长，在省治方面，则为新任察省府委员，使果有振作意志，无论以副盟长立场建议于中央蒙藏委员会，或以省委立场建议省府转呈中央，均不失为正当合法之手续，苟中央无意赞助，省府不肯转呈，然后再取径行宣告之手段，尚未为晚，乃舍正路而弗由，而采取直接之手段，已不能令人无疑。迨省府特派萧振瀛氏，赴溽江速驾，请其赴察就职，从长磋商，彼则不独不肯会面，抑且未曾将宣告自治之理由、经过、婉达中央，求其谅解，致使萧氏奔走徒劳，不得要领。凡此罅隙，均在吾人满怀疑虑之中，故谓内蒙之要求自治，决无国际背景、政治作用者，吾人惴然不敢遽信也。

　　锡林果勒、乌兰察布、伊克昭三盟，共有二十三旗，锡盟十旗，乌盟六旗，伊盟七旗，其壤地包括察、绥两省。按内蒙计共有六盟，哲里木盟早经划归辽宁，已为日本所吞噬，昭乌达及卓索图两盟，地在热河境内，亦掌握于日人手中，则所余者，即此硕果仅存之三盟，不独为漠南之要地，抑且系晋、陕、宁、新之屏藩，使其与中央分离，独立建国，即无国际之背景，已足影响我立国之要件，矧复北接赤俄，东邻暴日，而文化、产业、交通、建设，又一切落后，虽动机至为纯洁，而应付必感困难，久而久之，非同化于漠北，即降服于辽东，前车可鉴，毋俟烦言。浸假而西北濒危，而包围于我西南之两大帝国主义，或亦将继起效尤，其性质之严重，实不亚于东北，且尤过之，此吾人之所以惴然以虑者也。现在中央对于此事，亦分两方面应付，即使果有分离运动，羼杂其中，国际势力，为其背景，则必设法消弭，加以制裁。设仅要求自治，安辑蒙疆，则清派遣大员，前往指导，吾人意见，正复相同。惟是政府处事，疲缓颟顸，平时既不求深刻之认识，临事遂彷徨周章，莫知所措，即如派员一节，迄嗣旬日，明令未颁，负责之当局又迭加否认，踟蹰却顾，无所适从，虽饱经教训，而迁改未能，浸假而坐失时机，渐趋扩大，至于不可收拾。社会方面则感觉迟钝，认识不清，事未形成，则痛痒无关，一旦爆发，又虚矫浮躁，凡此皆足偾事而有余。蒋介石统制下之政府，只知对内不对外之原例，东四省之伪组织，既可承认，内蒙自治，彼当更视为渺小无足轻重之事矣。惟一希望顾〔愿〕社会人士，勿再临之以虚矫，须知此事之严重，倘非有灵活之手腕，冷静之脑筋，其应付必感万难，东隅既失，桑榆可收，幸三致意焉。

《民风》（旬刊）

天津民风社

1933 年 2 卷 12 期

（丁冉　整理）

内蒙自治毕竟实现

默安　撰

当从前北京政权崩溃瓦解的时候，内蒙各王公并没有公开地进行和中国分离的运动，但等到日帝国主义的炮火征服热河与察东以后，内蒙自治派首领德王等便公开要求自治。这使我们立即联想到内蒙自治与日本进攻的连带关系。中央对内蒙自治的处置办法，着重宣扬中国政府的德意，指派大员黄绍雄、赵丕廉等前往抚慰。结果非常圆满，各王公接受中央的宣慰，而中央也接受各王公的自治要求。缔结了六条《自治大纲》，其要点是以乌、伊两盟及土默特、阿拉番〔善〕、额济纳各旗编为蒙古第一自治区，其他如锡盟、察北各旗等，均照此例编区。

各区设立区政府，直隶行政院，管理本区各盟、部、族〔旗〕一切政务，其经费由中央按月拨给。自治区间设立一个联席会议，商决各区间共同事宜。

这样，内蒙各王公对自治的要求算是实现了。我们只伫看诸王公"捍卫国家，当益加勉"（德王通电）的行动了。不过他们怎样捍卫国家，却是很费解的。从前热、察驻扎了半现代化的军队十数万，都弃甲曳兵而逃走了，我不知道各王公统制下的少数队伍，怎样可以负担捍卫国家的责任。他们所谓保卫国家，即使真有诚意，充其量也不过想成立一个缓冲地，以待日帝国主义的鲸吞。如果这可以算为捍卫国家，那末西藏达赖喇嘛真不愧为捍卫中国的民族英雄了。

　　讲到以缓冲地来保全国土，我们不禁要放声大哭。沿长城一带的几千里的领土既已划作缓冲地，以图自全，那末对那少数内蒙王公以缓冲地"捍卫国家"，似又未能苛责了！

　　然而我们对于内蒙的自治，不可单单注意于王公一方面，必须还从少数民族的立场来深切地认清这个问题。内蒙各王公，未必能代表蒙古民众的利益，有的时候或反为少数民族解放运动中的障碍。而这次内蒙自治的胜利，恐怕也只是少数蒙古贵族的胜利，和大多数蒙民的迫切要求（如社会的、政治的相当解放）是没有多大相干的。今后各王公如果借着自治的权力，加紧对蒙民的剥削与压迫，不受华官的干涉，则蒙古一般人民的困苦仍然是不得解除的。

　　总之，内蒙的自治，如果虚有其表，而实质上只是内蒙王公们得到一点利益，外不足以抵抗帝国主义的侵略，内又不能增进内蒙民众的福利，则其自治，实于中国，于蒙古民族，都无好处。蒙古民众们，如有觉悟的话，应该一面自己团结起来，努力于解放运动；一面和中国全国的民众，联合起来，共同抵抗日帝国主义的侵略。因为只有这样，蒙古民众才可以防止日帝国主义和王公们两重的压迫，才能够真正负起捍卫国家的责任。

《申报月刊》

上海申报馆

1933 年 2 卷 12 期

（丁冉　整理）

德王要自治或人治惟中国以内有自治

岳 撰

内蒙的民族英雄（？）锡林果勒盟副盟长、扎萨克亲王德穆楚克栋〔栋〕鲁普，似乎是痛恶"中国帝国主义"（？）的压迫，抱着满腔的热血，东奔西跑的来宣传民族解放的福音，以求民族的自决或德王口中的自治，照这当然值得我们赞扬和欢欣。

但是不幸的很，我们，我们又在报上看见这样的好消息——

1. 去年春间，法〔德〕王以顾问之介绍，率卓王等七人，乘日军飞机，飞往长春谒见溥仪，会议内容有三要点：其一，西蒙宣布独立；其二，东蒙（即热河北部）划归德王，不归伪国管理；其三，伪国以友邦关系，充分接济。

2. 去年春间，日本由江省运送德王步枪千余枝，机枪、迫击炮各若干。

3. 大连、长春之屡次会议，德王均派员参加。

4. 此次德王在百灵庙所召集之自治会议，日本驻热特务机关长松室孝良亦参加。

使我们弄的非常糊涂，不知德王到底还是要求自治或是要求人治？

若要自治，那是惟有在以民族平等为原则的中华民国之内可以获得，可以发展。若要人治，那就依附日本。我们相信中央之宽大可以使德王觉悟来归。狼不是一好朋友！

《中国革命》（周刊）

南京中国革命周刊社

1933 年 2 卷 17 期

（朱宪　整理）

内蒙自治问题的探讨

洁生　撰

　　两月来轰传一时的内蒙自治运动，渐渐的可告结束了，虽然圆满的解决还需要相当的时日，但是现在我们对于内蒙自治运动的真相和将来的归宿都有比较清楚的认识，我们正不妨对于这件事的前前后后的情形加以概括的叙述，并且借此机会一吐我们对于蒙古以及边疆问题的一点意见。

一　内蒙自治运动真相的分析

　　在这标题之下，我们打算把内蒙自治运动的起因和背景加以综合的说明。当这问题在九月中旬突然爆发的时候，因为一般人对于蒙古事情太隔膜了的原故，对于这件事的原因和背景都是非常茫然；现在则因事情的发展，我们的认识渐渐清楚，而这问题的严重也是渐趋于缓和。这次内蒙自治运动完全是少数蒙古青年和青年王公的把戏，不但一般浑浑蠢蠢的蒙民不知道什么叫自治，就连一般保守的年高的王公也不感觉到自治的需要。我们只要想一想内地的汉人，比蒙民智识高出百倍的汉人，对于政治的隔膜轻视，就可以想到一般逐水草而居，过着游牧生活的蒙民对于政治的态度，所以说一般蒙民能认识政治，而这自治运动就是根据他们的意见，这是决不会有的事。一般王公呢？都是数百年来，子袭父职，过着安富尊荣的生活，有的是金钱供他们挥霍，除了吃喝玩乐以外，也不会有什么国家大事到他们脑中去；他们只想平平安安的过他们的太平日子，不要说内蒙政治的腐败，敌人的窥伺，他们漠不关心，就连利害切身的经济问题，例如改良牧畜业，提倡农业，以及如何解决蒙民的生计问题等大概也都未想过。所以我们说内蒙自治运动完全是少数青年和王公的把戏，并不是武断。但是少数蒙古青年和王公为什么会在此时提出所谓高度自治的要求来呢？这有下列几个原因：

A. 这次运动的中心和主倡者是锡林果勒副盟长德穆楚克持〔栋〕鲁普，通称德王。德王年纪尚轻，不过三十三岁，又受过相当教育，能懂汉文汉语，并通英语、日语。他野心勃勃，总想在内蒙树立他的权威，中央既不能满足他的野心，他不能不另找出路，于是和伪国通款曲，此步未成功，便和一般蒙古青年勾结起来。

B. 现在的蒙古究竟不是几十年前的蒙古，许多蒙古青年都受过高等教育和军事教育。他们认得中央虽在革命之后还是战争不绝，不要说顾不得蒙古，自己在内乱外患夹攻中，已觉得岌岌可危。同时日本侵吞了东蒙四盟，外蒙已在赤俄的爪下，两方都虎视眈眈的要把仅有的西蒙三盟一下吞了下去，他们怎不感觉环境的险恶可怕呢？那些东蒙的青年在日本的铁蹄下，也受尽了苦楚，弄得有家难奔，这亡国的惨痛更逼使他们不能不积极的要求内蒙政治的革新。同时蒙民智识的固陋低下，封建势力和宗教思想的压迫也是刺激他们奋起的因素。因此他们自然会和野心的王公走向一条路上去了。

C. 中央对内蒙太隔膜，太不关心也是此次自治运动的原因之一。中央一向只顾自己家里的事，没有工夫顾及蒙民，对于内蒙，和其他边疆问题一样，没有一定的方针，没有一定的政策，一切都听其自然。地方当局的处置又处处使蒙人不利，例如任意放垦，捐税繁重，使蒙民的牧畜、经商生活大受打击，他如废喇嘛庙改为学校，引起蒙民的反感，宣传打倒封建势力和破除迷信的口号，又使蒙公〔古〕王公、喇嘛人人自危。这样蒙民对于中央只有疑惧，不会有亲近的心理。中央在首都设一个蒙藏委员会，算是指导蒙事的最高机关，里边的委员不过是些蒙籍的要人，对于蒙古王公与青年都格格不入，此外的委员连委员长都是他省人，对于蒙事完全茫然。蒙人的意见和要求都不能达到中央，中央和蒙古完全失去联络，无怪蒙事愈闹愈僵了！

D. 过去中央对于内蒙有一个绝大的错误政策，就是中央只看见了班禅和章嘉，以为只要把班、章二人拉住，便无问题，如有问题经他们一"宣抚"也就可以完事。殊不知蒙人固然还是宗教民族，一般蒙民还信仰班禅和章嘉；但是今天的蒙古决不是满清时代的蒙古，一般蒙古王公不见得还是那样崇拜他们，至少年青的王公对之不会有什么信仰，顶多不过拿他们作个工具，作个傀儡。即使一般王公都信服他，蒙古的青年决不会相信他，这是无疑的。在内蒙自治运动闹得正凶的时候，政府还有令章嘉去宣抚去的话，终因蒙人之反对而未能成行，可见这种敷衍政策和是不对的。

E. 因为中央只知道欢迎嘉奖班禅与章嘉，自然忽视了多少蒙古青年和少数青年王公。现在许多蒙古王公子弟或富室青年，有很多受过高等教育，尤其军事教育。他们在黄浦〔埔〕军校，中央军校，或日本士官军校毕业之后，差不多都闲着没事，而平、京各处蒙古机关里的职员尽是他省人，这自然会增加民族间的隔阂与仇视。这些遭了排斥的蒙古青年没有出路，只好回到蒙古和王公打成一片，他们利用王公的势力可以活动起来，王公也利用他们的新学识和军事智识给王公练兵办事。这样王公和青年结合起来，形成内蒙今日的势力。

F. 此次还有一个原因也不能不注意。去年春间德王曾以日人顾问某之介绍率卓王等乘日机飞往长春，谒见溥仪，会议内容据说有三要点：一，西蒙宣布独立；二，东蒙各盟划归德王，不归伪国；三，伪国以友邦关系，充分接济。德王返滂江后和班禅及盟内要员会商，大家都主张慎重，因此未成事实。所谓伪国的接济当然就是日本的接济。我们试看日本的满蒙政策如何的急进，多少年来处心积虑，满洲既如愿以偿，蒙古自不会轻易撒手。此次德王虽不一定得日本的接经〔济〕，至少也是受了他们的怂恿和煽动。而德王想接〔借〕此机会来威胁中央以图达其政治的野心，更显然可见。

以上几项可以说是直接或间接造成这次内蒙自治运动的几个比较重要的因素。

二　内蒙自治运动的酝酿与长成

野心勃勃的德王，年富力强，精明强干，不似一般蒙古王公的昏瞆〔聩〕，早就想把内蒙团结起来，形成一个比较坚固的民族团体，由他自己掌握大权。所以他利用他的地位与资财，大事收罗一般受过新教育的蒙古青年。蒙古还是一个封建社会，王公对于一般青年非常奴视，青年不愿受王公的压迫，常因此不能回旗而流落在内地。现在闻德王和青年接近，于是一般青年多奔赴其幕下。其中不乏有心改革蒙事的，看见德王英勇有为，也都乐为所用，各地的蒙古同乡会、学生〈会〉等都是这般人组织起来的，所以德王一唱，他们马上在各地响应。德王自知年轻，不能孚众望，只有凭借军力作他政治权利的基础。原来锡林果勒盟人民全数不到五万，蒙兵不过二三千，枪支不过二千，没有受过新式军事训练，战斗力自非常薄弱。德王自受任乌滂警备司令后，便加紧训练骑兵队五六百名，又在滂江设中央军校内蒙分校筹备处，收容的蒙古青年已达七十余名，以日本士官毕业的云继贤为总队长，以黄埔军校的韩凤林为副队长，二人皆蒙人，专替德王训练队伍。目前又将班禅卫队，乌滂警备队，及军校合并，并令各盟旗准备全蒙皆兵。现在德王兵力共合有六千人以上，这是他在预备行所谓高度自治前的军事布置。

种种准备就绪后，德王便要乘机进行他的自治运动；但是如上节所说，蒙民智识太幼稚，根本不懂什么叫自治，而一般王公又大都图目前的苟安，过太平日子，不愿意徒惹是非，所以德王的自治运动不能得蒙民和一般王公赞助；只存极少数年青王公和德王幕下的青年们拥护他。在本年五月间德王即在百灵庙召集首次会议，讨论自治问题，到会者仅有乌兰他〔察〕布盟盟长数人，会议毫无结果，只有德王发一通电了事。至十月间德王又召集第二次会议，原定会期为十月四日，后因到会人数太少，展期至九日始成会。首由德王提出自治问题，各王公多主慎重从事。十五日又开第三次会议，通过所谓《自治政府组织法》，其大纲要点如下：

内蒙各盟、部、旗长官应由蒙现实之需要，援国民政府《建国大纲》国内各民族自治自决之规定，由内蒙古各盟、部、旗长官召开全体会议，在国民政府领导之下成立内蒙自治政府，制定《内蒙自治政府组织法》颁布如左：第一章，自治政府：第一条，内蒙自治政府总揽内蒙各盟、部、旗之治权；第二条，内蒙自治政府以原有之内蒙各盟、部、旗之领域为统辖范围；第三条，内蒙自治政府除国际〔防〕军事及外交事项由中央处理外，内蒙一切行政俱依本自治政府法令行之；第四条，内蒙自治政府以政务厅、法制委员会、参议厅组织之，但遇事实之需要，自治政府及各厅得设各种机关；第五条，自治政府设委员长一人，副委员长二人，委员九人至十五人；第六条，自治政府正副委员长暨委员由各盟、部、旗长官共选之，各厅长及各会委员长由政府委员兼任之，各厅副委员长及各会副委员长由厅、会正委员长提请自治政府任命之；第八条，自治政府以〈政〉府委员会处理一切政务，政府委员会由政府委员组织之，委员长为政务委员会主席；第九条，公布法律、发布命令，经政府会议议决，由自治政府正副委员长及该关系之主管机关长官署名行之；第十二条，自治政府内设左列两处：一秘书处，二总务处。（余略）

三　中央应付蒙事的方针与经过

自德王等蒙古王公要求内蒙自治的呼声喊出来以后，中央才如大梦初醒，渐知道边疆问题的重要，和过去因循泄沓的错误。但是平常毫无准备，事变仓促，几乎束手无策。十月一日蒙藏委员会召集内政部、参谋本部及熟悉蒙情之蒙古旅京人士，讨论自治问题，也没有结果。当局也知道单是坐在首都解决不了问题，于是十七日行政院会议议决特派内政部长黄绍雄和蒙藏委员会副委员长赵丕廉巡视内蒙各蒙〔盟〕旗，其任务大概可分三点：一，调查过去和现在的察、绥两省及各盟旗之政治状况；二，调查其经济状况；三，巡视内蒙要求自治之情形，并慰问蒙民。足见中央也悟觉对于边疆问题，应当根据事实而求其解决了。同日行政院会议席上，汪院长又将变更蒙藏委员会组织法案、改革蒙古地方行政系院〔统〕案、和蒙古行政用人之标准案，提出通过。一般对汪院长的改革蒙政的新方案，感觉得耳目一新，认为这也许是中央的边疆政策之新转变。新方案的要点如下：

甲、变更蒙藏委员会组织法。拟特设一边务部，或蒙藏部，直隶于行政院，为处理蒙藏事务之最后机关，设部长一人，次长二人主持之，并应酌定时期分别召集各边区负有行政责任之首领及有德望之人，来京举行会议。

乙、改革蒙古地方行政系统案。一，已设置省治、县治地方，其行政区域应不变更。二，蒙人聚居之省份应设置蒙古地方政务委员会，为办理地方行政之专管机关，各设委员若干人，推选委员长、副委员长各一人，以蒙人之有德望及有政治学识经验者充之。三，已设政务委员会之省份，除军事、外交及其他国家行会〔政〕仍由中央会〔政〕府办理外，其余属于蒙人聚居区域之地方行政，统由政务委员会负责办理，并受边务部之指挥监督。四，地方政务〔整理〕委员会办理各种建设事业。五，地方政务委员会于不抵触国家法令范围内，得规定地方单行法规，并发布命令。六，地方政务委员会应设蒙古代表会议，为蒙人之民意机关，每年定期开会一次。

丙、蒙古行政用人标准案。中央或地方之蒙古行政应尽量容纳蒙人，中央就适宜地点，设立中央军事政治分校。

以上诸案如能实行，自然对于蒙事可以有相当的改进，但是我们认为这几条简单的方案是否能有益于蒙事的解决，便要看当局有无力行的决心了。

对于蒙事负有重大使命的黄绍雄、赵丕廉二氏终于在十月二十九日到了绥远省会的归化，黄表示：中央本来允许人民自治，蒙人自治的要求原则上可以赞同；但是自治的目标不在虚有自治之名，而在从改进蒙人经济生活上使自治得到实际的效果。内蒙此次倡议自治，适在国难期间，又含有民族意识，所以值得社会的注意；蒙人自治的动机即属纯洁，也不能不顾及国际形势，免为人利用，所以不能不在中央与省监督之下辅助其进行。蒙人的自治大纲不过是一种方案请中央采纳，完全是建议性质云。十一月一日黄先派李松风等携带中央的方案到百灵庙和蒙古王公会见，中央方案的用意，不外一方扶助蒙人自治，一方维持省县制度和权限。这和德王等自治政府的主张相去过远，当然为德王等所不满。但是蒙古王公的意见并不一致，新派如德王等高唱自治，旧派如伊克昭盟副盟长阿拉坦瓦齐尔等则不愿变更既存制度，其余竟是徘徊观望，所以李等到百灵庙后全无结果。于是黄、赵等不能不应德王之请，于十日赴百灵庙。黄等到庙后抱定中央方策，认为到庙集会的人不过是极少数的蒙人，他们的要求只是一种意见，处理此事还要顾及大多数蒙古王公的意见。同时行政院又编印汉蒙合璧文告交黄、赵分发各盟旗，大意是："内蒙古地方教育、文化及经济生活均尚亟待发展，政治训练尚未有准备，若一旦实行高度之自治，亦将不过徒有其名。……政府对于全体蒙人之文化生活、经济生活，亦当尽力扶助改进，充实其自卫御侮之力量，养成其自治之能力。……总须不违背一般之法令，不妨碍各省行政之制度，中央政府无不推诚相与，竭其全力以图蒙古人民之福利。"但是德王及少数青年并不因中央的主张和旧公〔派〕王公的反对而打消所谓高度自治的主张。德王的高度自治的主张，虽不是脱离中央独立，虽然根据其自治政府大纲，外交、军事的大权还在中央手里，但是对于内蒙的内政，中央将不能过问，而且和绥、察的省政冲突，自治政府如果实现，则和绥、察两省府便不啻二重政府，这当然和中央的意见相差过远；同时德王又坚持其主张，所以双方的谈判几经顿挫。德王曾提出十一项要求，后经几次会商，多数王公同意于一拆〔折〕衷办法，就是成立第一、第二两自治政府，直辖于中央。德王还不肯同意，但因多数王公如云王等都表示接受，如果再坚持便要决裂，也就只好表示赞成。双方商谈的结果大约如下所述：

（一）名义：绥、察两省旧有蒙地（已设县治者在内）分设蒙古第一自治区政府及蒙古第二自治区政府，与绥、察两省府并不冲突。

（二）区域：第一区自治政府为乌兰扎〔察〕布盟、伊克昭盟、土默特独立旗，第二区为锡林郭勒盟、察哈尔部群。

（三）隶属：各自治区政府直隶于中央行政院，遇有关涉省县事件，与省府互相处理。

（四）权限：蒙古各自治区管理本区内各盟、部、旗一切政务。

（五）组织：各自治区设主席一人，副主席二人，专任委员二人至四人，各旗长官为当然委员，按照实际情形，设立厅、处，分别职掌。自治区政府设备该区内适当地点，各自治区为联络进行设联席会议，各自治区各旗各派代表一人组织之，商决各自治区共同进行之事务。

（六）经费：自治区经费由中央负担。

（七）税收：绥、察已设县治之地，由绥、察省府与自治区政府派员共同管理税收，双方平均分配。蒙民受省府与盟旗之二重负担须即日免除。

（八）圈地：盟旗各地已由省府开垦者可继续开垦，未经开垦者由中央明令归自治区管辖。

（九）政策：第一、第二自治区政府预定政策：一，农事，实行垦地造林；二，牧业，以科学方法改进牧业；三，工业，开矿制造皮业毛类等；四，交通，各盟旗修筑汽车公路；五，邮政，与交通部商洽实行各地通邮；六，教育，采取两种：甲，军事教育，乙，实业教育。

闻中央对此办法已经同意，内蒙各王公于二十一日发出感戴中央的通电，于是喧腾多日的内蒙自治问题总算得到解决。

四 我们对于蒙事应有的认识与主张

我们把这次内蒙自治运动的起因、经过和结局看清以后，我们应有几点认识和主张，现在分条写在下面，作关心蒙事的人的参考。

（一）我们应当认清，这次自治运动不过德王一人为主动，以少数青年作声援。德王所以高唱自治，全是他个人政治野心的暴露；他的目的不在脱离中央独立，更不在扶助蒙民自治，至于抵御赤俄和日本的侵略那只是他的口实。我们只要看百灵庙之会只有少数蒙古王公，有的盟旗竟无人出席，更谈不到蒙民的代表，可见自治的要求不但不是一般不知什么是政治的蒙民的意见，也不是多数王公的意见。我们再看这问题突然而生，忽然而灭，完全是看德王一个人的意见，这和一般蒙民有什么关系呢？还有，民国以来蒙古的政治制度并未改变，盟旗的组织，王公的势力还是照旧。实际上王公在盟旗里有很大的自治权，中央概不过问，更何必来要求自治？所以从各方面都可以证明，德公〔王〕包办自治运动的事实，而他的野心不过在树立他在内蒙的权威，或是独断内蒙的政治。民族的自决或自治是国民党的政策，理论上不能反对。但是我们认为自决或自治一定要以民众为基础；详言之，就是主观上人民有自治的意识与了解，客观上有自治的需要与能力。我们决不能赞助把自治的美名为少数野心家用来作专政的护身符。何况内蒙还是在封建政治之下，王公们掌握政权，小民没有参政的机会，这时的自治只有增长封建势力的威焰，与自治的真义相去甚远。我们以为真正的自治是人民自治，不是王公自由治理人民；所以我们主张，内蒙的自治如果真是蒙民的要求，而蒙民又有真的自治能力，那我们不但不能反对，还要积极扶助；

在不危害中〈央〉蒙〈地〉两方的安全的范围内，任何高度的自治，我们都没有理由来反对。反之，如果仅是少数王公欲脱离中央，而享有绝对治理蒙民的权力，这是反动的封建政治的运动，我们一定要来反对，这是我们对于内蒙自治运动的应有的基本的认识与主张。

（二）我们应当认识，这次内蒙自治运动，其本身并不是很严重的问题。严重的问题是：就全国来说是巩固边疆的问题，就蒙古来说是生存问题。现在事实上内蒙已成了我国的边疆，又在赤俄的卵翼下的外蒙和日本卵翼下的伪国的夹攻中，内蒙的存在时刻感觉危险，我们的边疆时刻感觉动摇。中央自顾内忧外患已竟〔经〕不及，已竟〔经〕无力顾到边疆。外蒙和东四省事实已非我有，西藏、云南等地又深入了帝国主义者的势力，不但内蒙可危，整个的边疆都在动摇，这是如何严重的问题呢？此次内蒙要求自治，不管真意何在，是否有日本煽动，总之，都和日本阴谋有关，这是我们从内蒙自治一事感到的问题。德王固然也是以御侮图存作他的倡议自治的理由，但这是欺人之谈；以内蒙没有军事准备的地方，根本不值一击，和中央合作还恐力量太小，分家只有自取灭亡！所以我们觉到中央应当因蒙事而提醒今日边疆问题的危急严重，而决定一贯的方策，对于国防的筹划，民族感情的融和，边民经济生活的富裕，文化教育的提高，交通的改进等等都定了具体的方案切实做去，或者可有挽救于万一的希望。

（三）中央对于蒙古和其他边疆地方一样，没有实际的联络，南京的有名无实的蒙藏委员会对于蒙古和西藏一样，一点也没有认识和了解；里面虽有蒙人，但对于蒙古王公素无联络，对于蒙古事情更是茫然了。汪院长的改革蒙藏委员会为边政部的主张，原则上没有什么不可同意的地方，但是仅仅改变机关的组织实际上没有一点用处。边政部成立后还得要设法把中央和内蒙密切的联络起来，譬如以能代表现在内蒙势力的人担任各机关的职务等，这样，中央和内蒙便不致如今日的隔膜。我们希望今后中央与内蒙互相有切实的了解与联络，这是一个很紧要的问题。

（四）从来政府对于内蒙都用羁縻政策，一般人现在还是这样的心理，这是大错。羁縻政策的目的就在用种种方法使被羁縻的民族不要动，但是一旦他们醒悟过来，马上就要翻脸。羁縻政策是一种愚民政策，是帝国主义对付弱小民族的政策，这是我们根本反对的。我们对于蒙古民族应当用种种方法使彼此切实的了解，从前汉人欺侮蒙人的行为要禁〔严〕厉取缔，那末蒙民对于汉人方可除去从前恐惧怀疑的心理。我们还要更进一切谋两民族的精神的融和，泯除民族的界限，使彼此都感到像一家人似的亲切，这是我们应当注意的。

（五）中央对于蒙人还有一个错误的政策就是宣化政策。中央过于重视班禅与章嘉，过于轻视蒙古王公，尤其是青年的力量。也许一般蒙民对于班禅、章嘉还在五体投地的崇拜他，但是一般蒙民没有政治地位和力量，即使蒙民完全听班禅、章嘉的话，不能说蒙古便无问题。因为在内蒙政治上活动的王公和青年对于班禅、章嘉并没有十分的信仰，也许还在拿他当傀儡。若果中央只知道在他们两人身上做工夫，而不从事于蒙古王公及新青年的联络，及蒙民民族情感的融和，这是大错而特错的。一般的舆论还主张利用宗教来推行政治，但是我以为宗教虽可利用，但不可恃。我们应当想法抓住有势力的蒙古王公和一般青年，那末一般蒙民便没有多大问题，可是抓住有势力的王公和青年却不能靠宗教，而要用政治力量，这次德王等的起事就是证明利用宗教势力的宣化政策的失败。

（六）中央对于内蒙自治区政府应当切实保障并增进蒙人的生活的安全与富裕，只有经济生活才是一切发展的基础，所以对于蒙民的地权要加以保障，汉人开垦土地只能作佃户，不能占有。牧畜事业应当推广，苛税杂捐要免除，交通建设与设备要积极进行，土匪要剿平，诸如此类凡是为安定蒙民生活问题的事情，中央应与充分的援助，此外如蒙民知识的提高，自治的训练，中央也不能忽视。

（七）最后我所希望于一般蒙古青年的是，不要只作个人的工具，而要谋大众的福利，要认清社会进化的历程及动向，不要再拥护开倒车的封建势力和宗教势力。蒙古的新青年负有创造新蒙古的责任，要把三十几万落伍的蒙民化为现代的文化的民族，应当和民众联合起来要求你们的政治权力，不能再让封建的王公专有政权，这是真正自治途径，在你们没有从王公手中把政权取回来时，你们只有作他们的奴隶，三十万的蒙古民众便永无出头的日子。蒙古青年不容再马虎下去，现在应当开始你们伟大的工作，就是创造一个三十万蒙古人民的新蒙古。

至于这次黄、赵与德王商决的解决内蒙自治问题的办法，即设立第一、第二两自治区政府一事，我们不愿多加批评，因为这只是把目前的内蒙自治问题暂时告一结束，这决不能解决蒙古的问题，蒙古问题的解决还得要着中央对付内蒙的方针与进行的成效如何以及内蒙人士自身的努力与否而定。

11，23，33

《平明杂志》（半月刊）

北平平明杂志社

1933 年 2 卷 23 期

（李红权　整理）

日本实力统治下之呼伦贝尔

——以海拉尔做中心的一切设施情形

作者不详

　　海拉尔在事变前仅有六十名日人，事变后竟达七百余人，并设有日本军司令部，利用"蒙古由蒙古人开发之"的标语，以愚弄蒙人。海拉尔市是呼伦贝尔中心地，因此日本军部、领事馆、居留民会，皆倾其全力，进行设施，共筹在北海①势力的伸展。兹据日报所载设施情形，撮述于左。

　　一、蒙古指导员训练所　由桥本特务机关长创设，尽拔擢"兴安北分省"蒙旗子弟，以"日本文化为基础"，用为治蒙方策，由佐藤主办其事，第一届指导员，业已毕业，今方开始第二届训练，受此指导之蒙古青年经训练后，各回本旗，以教导其无知蒙人。

　　二、蒙古青年修养会　此亦由特务机关长发起，利用此机会以愚弄蒙古青年者，因为成吉思汗后裔之蒙人，仍时往来于祖先坟墓所在地之西比利亚，日人恐其为俄人所蛊惑，故格外注意训练。

　　三、日语夜校　无论是满人也好，蒙人也好，俄人也好，汉人也好，不分男女、人种、民族，一概课以日语，以期日本文化之输入。另外还有"满洲语讲习会"、"蒙古语讲习会"、"蒙古青年

_____

　　①　原文如此。——整理者注

会"之类的集团，外表看来似是专力于民族相互间语言之研究，实质上并不如此简单，骨子里的含意在：为开发满洲计，不能不尽量利用青年与笼络青年，不能不努力于语言的沟通。

四、蒙古军之改编　蒙古军之指导官是寺田少佐，他日夜孜孜于教导，虽然"立正"、"开步走"蒙古人不懂，但是他不遗余力并〔拼〕命的指导，和尽量运用与发挥"日本陆军之教育精神"，也还有相当成效。据说自苏炳文部退入俄境后，蒙古军极为可观，加以日本军屯驻该地，呼伦竟无不逞之徒出现。日本利用"以蒙古人开拓蒙古，以蒙古人警备蒙古地方"之手腕，委实惊人啊！

五、《呼伦周报》　由特务机关主编，每周刊行一次，用以发表重要事项。

六、设置宗教联合会　会址在呼伦之海拉尔，以融合喇嘛教、回教、日本佛教、大本教、基督教及巴罗门教为宗旨，事实上是日本想把蒙古造成无排外气味之蒙古，不分宗派、不分教别，纯为开发蒙古及愚弄蒙古人而设。宗教还不仅以蒙古为限，且包括世界各宗教全部，其联合会本部设在蒙古都市之海拉尔，拟定六十万元工程费去建筑"大伽蓝"以指导全世界之宗教，野心之大，可以想见。现在其活动已入第二期中，兹录其目的如左：

　　　本会联合在海拉尔各宗教团体，利用宗教以促进呼伦贝尔
　　文化之进步与发展，兼以宗教为亚细亚联盟之中心。

七、呼伦贝尔购买组合　在宗教联合会中特设购买组合，以促日货之销售。

八、西本愿寺布教所　大谷光瑞指导其事，赖斯波开教总长，哈尔滨押野本愿寺住职奔走之，日本"佛教所之佛教"因以成立，佛教所之设置，不仅有利于日本，即于其宗教联络上，亦所关甚重。

九、日本小学校　由高波、山浦（宪兵队长）、星河（野联队

长）作后援，影山（署长）、崎岛（总长）积极活动，已于四月一日开学，现在正努力于校内之设施。

十、蒙人可就学日校　此举有类于国际小学校，在同一教员之下受日本式教育，但受课的不是一种人，此前海拉尔不但见所未见，即闻于所未闻，兹录日本小学募集基金启事于后，以供参考：

　　……海拉尔乃满洲国兴安省呼伦贝尔的中心地，现时为帝国国防线最重要地带，此地为汉、满、俄、蒙各族之集中点，西北控西比利亚之旷野，南则握有外蒙，实为普及日本文化最宜地带，故将前述各民族子弟尽使入学，以为将来之大用。谨将本校现状，作一简单介绍：本校于本年四月一日开学，当时以设备未周，故未能托〔脱〕去旧时小屋式之形态，就学儿童中大多数为日本人，约计三十四名，蒙古人十七名，俄人一名，逐日增加，将来发展，定能可观。特将上述情形草成拙文，愿诸君解囊慷助，担起教育与指导之责，拥护多事多端之祖国，幸甚幸甚！

十一、海拉尔各国联合民团　由高波、桥本（特务机关长）、寺田（少佐）、山浦（宪兵队长）发起，设法解决卫生与消防问题，并联络市民，组织各民族间之集合团体。此处有赤俄、白俄、满人、犹太人、日人、朝鲜人、白种人，彼此互相杂处，为便于利用与支使计，他们努力于消防、卫生问题及各民族生活问题，一以笼络民心，一以便于维持，因此有所谓"啦〔垃〕圾场"、"天长节"、"提灯会"、"植树"等等。

十二、所谓"残饭之施与"　高波将每日日本军队残茶剩饭施予贫民，由联合民团分配之，用以拉拢与买好贫民。

十三、减低电灯费、电话费、汽车费　联合民团处处为买好市民起见，因之又有此举。

十四、朝鲜人民会　该会设有小学校，李春民为会长。

十五、海拉尔各机关名称与其长官、国籍：

1. 日本军司令官高波佑二少将，山下副官、小川副官，河野队长。

2. 卫戍病院长（医官十一人）。

3. 特务机关长桥本欣五郎中佐。

4. 宪兵分队长山浦大尉。

5. 日本警察署长影山善四郎。

6. 日本民会长岛崎辰美氏。

7. 海拉尔警察局警务课长内藤少佐。

8. 蒙古军指导官寺田利光少佐。

9. 公安局长李相庭。

10. 特区市长广重。

11. 旧街市长德春、顾问梶原氏。

12. 兴安北分省长凌陞、顾问中村撰一郎。

13. 协和会铃木氏。

14. 日本小学校长永川幸代氏。

15. 联合民团长岛崎辰美氏。

16. 白俄商务会长洼古克夫。

17. 满新街商务会长赵某。

18. 满旧街商务会长罗某。

19. 达旦民会。

20. 伊沙罗古民会。

21. 赤俄民会。

22. 朝鲜民会长李春民。

23. 日本人商店代表——朝日洋行支店，昭和盛。

十六、建筑大兵营　由五月廿八日起动工，不久即可完成，日本谓为"国防上不可忽视之一事"，不知中国有所感否！

十七、遂〔随〕处购买军需品　除关东军仓库供给者外，尽量由地方购买（？）。

十八、建筑兵营。

十九、其他"必要"设施　如体育会、商业会议所、畜产组合等计划，又极力研究低利贷金办法。

总之，一方努力建设，一方努力收买人心，建设成功，人心买妥，帝国殆将（王）乎！

《行健月刊》

北平东北行健学会

1933 年 3 卷 1、2 期合刊

（朱宪　整理）

日人眼中之呼伦贝尔

——所谓"诗国曙先〔光〕"的呼伦贝尔之将来

季蕃 译

日本自以武力占领东北后，特别注意蒙地之开发，故年来对于热河北部及呼伦贝尔等地之旅行调查，几于日有所闻。其野心所在，不难推知。此为大连《满洲日报》（日文）特派记者署名和气传者所记，题曰《诗国之曙先〔光〕》，将呼伦贝尔之现况，描写入微，巨细靡遗。虽其立论，语多狂悖，显刺人目，但据所闻见，仍多为吾人所应知者，故转译之。

——译者

自六月末至七月初，适兴安岭野花盛开之际，夏季北满夜间颇短，午前三时既已天明。兴安岭中第一站为博克图，位于山腰。有很好的市街，由此经过荒木大尉战死碑螺旋路，及大隧道而达山巅之兴安站，汽车下山，八时而达山麓之雅克石站，又经过草原地带，遂于九时到达海拉尔。途中野花盛开，山中特有之百合、芍药、菖蒲、婴〔罂〕粟等花，鲜艳夺目。汽车每到一站，即有许多俄妇持花喊卖，车中一时为鲜花所袭，香气扑鼻。下兴安岭之后，则达国境之满州〔洲〕里大草原，此即呼伦之真面目，在路无行人之草野上，但见牛马成群。——大兴安岭之呼伦，诚满洲唯一诗国也。

诗国自苏俄势力东渐（十七世纪以来，即为中俄两国互争的所在），一六八九年中俄缔结《尼布楚条约》后始确认为中国领土。但结果俄国取得敷设北满铁路（即中东路）权，以后势力及〔乃〕渐侵入蒙旗，屡使独立，以便支配。苏俄革命后在中国之特殊势力已除，方归于黑龙江督军管辖之下，后以苏俄之再起与外蒙之独立，呼伦岌岌堪虞，昭和三年有名之呼伦青年党之叛乱，不久即被制止。翌年中俄纷争发生，备受赤卫军之蹂躏。昭和六年"满洲事变"起，翌年"满洲国"发生，呼伦副都统凌陞亦行参加，逮苏炳文"叛乱"起，"皇军"不得已越过兴安岭，是年十二月苏氏遂率全军退入苏俄领内，现在完全隶属于"满洲国"，改称为兴安北分省。

住在呼伦的民族是蒙古人。彼等至今仍盛夸越过大戈壁而袭土耳其斯坦之成吉思汗的后裔，故"满洲国"兴安北分省统治之成绩如何，影响于全亚洲之蒙古民族者至大，殊值人注目也。记者认为此为"满洲国"政治最重要之事项，亦即不能使余忘却视查呼伦现状之原因，稽考其政治的、经济的发展动向的任务与使命。

夜间雨晴〔晴〕，碧空如洗。远望海拉尔东郊广信公司与制粉会社之大墙耸立于天空，渐近则见有日旗飘荡于屋顶之上，闻为吾军某队所置。在事变前海拉〈尔〉仅有日人十数名，备受中国官宪之压迫，站中无繁华街市，今则日旗与新五色旗高耀空中，站中之大和石竹皆向日而开，"满洲国"阵容渐次整新，行政面目亦非复旧观，而蒙古人亦遍知"满洲国"建国之意义，数千年来之迷梦至〈此〉方醒。每逢傍晚数百牛羊群，路过大街，途为之塞，骆驼成队扰扰于店前，此行饱尝蒙古风味。此新旧扰攘的地方，行将变为乐土，以下仅就记者实地所见闻者，记述之。

统治呼伦贝尔之第一步

　　诗与数字不能相容乃世之常，诗国呼伦亦不能依据统计而论也。在过去的许多文献，虽有种种数字，但逐水草的游牧民族，与迁入呼伦北部之白俄及中国人实无正确的记录，大体皆为估计数目。近代政治之特色即立于统计之基础上。"满洲国"于设立北分省统治政策之第二步骤，即从事搜集统计资料，然而此事绝非易事。在苏炳文事变后，即邀各旗长到海拉尔，顺便使其报告各旗之家畜数目，各旗长均大为不平，反谓："我们与家畜一同生活，其数不能计算，并且调查那〔用〕事有何〈用〉处呢？"关于蒙古事情能得有正确的记述，是如何困难？

　　基于现今诸文献所载之数字，较兴安总署所作成之统计，实差很远，其全面积为十五万八十平方粁，其人口：

蒙古人	三一,〇〇〇人
俄人	一六,〇〇〇人
汉人	一三,〇〇〇人
共计	六〇,〇〇〇人

　　以上所提出之数字，虽亦不能谓为确当，但所差亦不远矣。人口密度每十平方粁不到四人，无论如何为一旷野无人之野地。

　　此大游牧地带，东隔兴安岭与黑龙江省遥遥相望，西南与外蒙古、察哈尔接壤，西北则隔额尔古那〔纳〕河与西比利亚相连，与满洲其他地域全然不同趣，因此"满洲国"将此土地划为兴安北分省，特别处理之。任旧蒙古衙门要人凌陞氏为分署长，在蒙人蒙治主义的旗帜下，以开发呼伦。

　　五月下旬，曾在海拉尔召开旗长会议，以决定呼伦行政区划，废止从来之八旗，而为一市六旗，业已通过于"国务院"会议，不日即可见之于《政府公报》中。以海拉尔为北分省之政治、经济的中心，有如哈尔滨之为特别独立市也。其他则分划如下（长线下为旧行〔行〕政区）：

一、索伦旗——索伦左翼旗、索伦右翼旗、鄂〔额〕鲁特旗、布里雅特旗。

二、新巴尔虎左翼旗——新巴尔虎左翼旗。

三、新巴尔虎右翼旗——新巴尔虎右翼旗。

四、陈巴尔虎旗——陈巴尔虎旗。

五、额尔古纳左翼旗——室韦县。

六、额尔古纳右翼旗——奇乾县。

新旗之决定经过许〈多〉波折，在旗长会议经三日之辩论方克成功。原来之旧旗制是属人主义，至于新旗制乃采属地主义，置数种族于一旗，此蒙古问题中之种族问题，因旧旗制属人主义之结果，每旗人口颇不平均，在行政上深感不便，此次改组后，人口大概相似，兹列于左：

一、索伦 　　　　　七六,〇〇〇

二、新巴尔虎左翼 　一一,〇〇〇

三、新巴尔虎右翼 　　八,〇〇〇

四、陈巴尔虎 　　　　三,五〇〇

五、额尔古纳左翼 　　八,五〇〇

六、额尔古纳右翼 　　二,五〇〇

此新旗制诚为今后统治呼伦第一步之重大改革。

蒙人蒙治〔治蒙〕主义与对俄、汉人关系

“满洲国”统治呼伦之重要事项，即为种族融和问题，有两方面：第一即蒙古人与汉人及白系俄人之融和问题；第二即蒙古人

间之各种族融和问题。在第一项中之民族融和问题，即兴安省之成立建于蒙人自治主义上的原因，且呼伦为蒙古人有史以来之故土，故为协和五族计，以蒙古人为中心，以期政治易于施行。是以新旗长全由蒙人任之，额尔古纳左翼旗〈居〉民大部分为俄人，同翼右〔右翼〕旗居民多为汉人而旗长不与俄人、汉人，而仍以蒙古人任之，即此意也。其下之警察官则任用各族人，以图相互融和与疏通，但警察署长以日人任之，以便于周旋。

"满洲国"建设〔立〕以后，蒙古人始自压迫下被解放，得以自由行动，此为对于异种人尤其是满洲人之反响。蒙古人困于强力威胁的不平得以泄矣。在旧军阀时代，想蒙古人与朝鲜人无故的被其压迫，彼等之反动不能谓之无理，黎顿爵士之报告书中曾谓："满洲国之建设能从心乐者仅有蒙古人。"在此种程度下之蒙古人，如予以自由，他们的欣喜可想而知。昔日北满全境为彼等逐水草而居之土地，后因汉民压迫将蒙人逐至呼伦，而彼等认为乐土之呼伦反为人家管辖，不亦太可悲乎？因此在此种根本原则下，应规定与俄蒙两人种的关系。

呼伦白俄问题自一九二九年，中俄纠纷时赤卫军侵入，被其掠夺杀戳〔戮〕以来，始惹人注意。彼等居住之所为哈乌尔河、得尔布尔河及根河三流域，该三流域约有土地一万平方粁，俗称为三河地方。事变后，日军及日人屡至其地，方明了其状况。后彼等乃形成二十三部落，每部落由五六户以至百户构成，共有户数八百零三户，人口四千八百人，因地质肥沃皆经营农业，呼伦所消费之小麦大部分为彼等供给，彼等皆系逃难而来，在中俄纷争时受赤卫军之凌辱，故更为恨怨。"满洲国"成立以后，心窃喜之，皆箪食壶浆以迎"皇军"，此地方即前述之额尔古纳左翼旗也。旗长为蒙古人，警察署长则由日本人任之，有此极圆满之政治，恐不致再引起民族纠葛吧！

汉人以海拉尔为中心，沿铁路线经营商业，又在额尔古纳右翼旗者皆业农业与采掘砂金业。在事变前镇守使署设于海拉尔，满洲里则有哈满护路军司令部，驻有数千军队，蒙古人颇受威胁。汉人势力颇大，对蒙古人任意蹂躏，逮事变后则形势一变。总之，因此一变所有政策亦为之一变矣。

各种族之特征

所谓种族问题，即如何融和蒙古人间之各种族问题也。现在呼伦之种族问题，无论何时皆带有重要性。至于普通所谓呼伦蒙古人大别有二，即通古斯族与蒙古族是也，其人口数大概如左：

通古斯族

索伦　　　　　四，〇〇〇

鄂伦春　　　　　　六〇〇

蒙古族

额鲁特　　　　　　四〇〇

布里雅特　　　三，〇〇〇

达呼尔　　　　　　六〇〇

巴尔虎　　　二二，五〇〇

前〔现〕将各种族之个个历史与特征记述于下：

一、索伦族　此种族由肃慎兴起以来，即为满洲族之祖先，自古即居黑龙江省，清初始移于此，背〔身〕高发黑而颇勇敢。

二、欧伦鸠恩族　乃隶于兴安岭深山中之娇嫩人，在亚洲为唯一的食人种，彼等纯然为狩猎民族，有种种特奇风俗。此种人身长，头为扁压形，颊骨颇高，全体颇为奇特。

三、欧路透族　在十八世纪由西蒙古移住于此，眼为青色，发为青铜色。

四、布里雅特族　在俄国革命后由查巴伊卡路逃来者，所以仍是西比利亚时代之生活，且操俄语，多奉希腊正教。

五、台后路族　此族与布里雅特族同为蒙古人中之文明分子，现在皆住于海拉尔，经营农业与园艺，体格雄伟，智能发达。事变前蒙古衙门之要人大部分皆出自此族，现在北分署署长凌陞氏即出身于此族也。

六、巴路克族　自喀尔喀兴起以来，即定居于嫩江流域，在清叶朝末〔清朝末叶〕移居于呼伦，人口最多，家畜之数亦最多，大都皆为富庶人家。

新族制是将各种族各为一旗或一游牧地带之制废止，而着眼于地域去设旗，如巴路克旗三旗依然如旧，暗示将来有许多问题。普及教育，自小学时即与其同学，其种族之观念可以及渐消灭，现在"指导员训练所"及蒙古军，皆由各旗选拔青年，一同食宿，将来交通便利再促进异族间之结婚，彼等既皆信为"成吉斯汉〔汗〕之后裔"，在政策上颇为适宜，将来彼等必变为一体。

农耕问题

呼伦蒙古人仅不过三万一千人，此与三千万人口比之，尚不到百分之一，兴安省蒙古人有六十万，若就其全体比例之，还占有相当数字。关于种族生存，数字实属重要，故希望蒙古人将来增多，讲求人口增殖政策，这诚然是当前急务中之急务，亦难事中之最难事。其最大原因即为彼等系游牧民族，营逐水草而居的游牧生活，有类于五千年前卡尔加人，此为人类生活最初阶段，最原始且极不经济的方法，因此在同面积土地人口较农耕地相差很多。质言之，蒙古人若不为农耕民，彼等必将萎颓不振，难期其发展，所以统治呼伦之关系人皆以"移向农耕问题"为最紧要之问题。

对此种问题大部分有三派，即现状维持派、急进派与渐进派。急进派大部为日本人——新京（长春）、海拉尔之二三有力者，所主张"去游牧民转向农耕民，乃人类历史必须经历之过程，否则必将落伍，虽旁观者亦为蒙人谋而不忠"，现在，呼伦可耕之地非不能种植小麦与蔬菜，如在可耕地定在〔居〕而营农业，于附近土地再事牧畜，以其干草用为改良绵羊，则蒙古人将来很有希望。

此种意见闻最有力，旧派颇为惊怪。旧派大部分为蒙古人，彼等多在海拉尔或新京，极端反对移向农业，以为逐水草以牧牲畜，易于肥美，自己生命亦得以保持，否则，安免〔逸〕生活既失，农耕生活又苦，现在，在海拉尔郊外耕作者，蒙古人观之，即频为蹙额，蒙人之反对此事，又可知矣。在蒙古人中之青年亦有急进派，兹有蒙古青年党党员德春氏（海拉尔市政筹备处主任）谓："禁止游牧，强制各人就其现时所住地从事农业，如此三十年内有从事武断政〈治〉之必要。"此种意见在蒙古人中实为最少，凌陞氏及其地〔他〕北分省蒙古要人大体均为保守派。

至于折衷的渐进派，认移向农业为救济蒙古人惟一途径，但此时强其急于转向，徒引起反感，由大体上观之，实非上策也。此派人人观察点不同，而其意见亦异，有的认呼伦土地全系碱地，可耕之地颇少。又有谓外蒙古之移向农耕政策失败，如在此间实行恐亦鲜有效果。甚至有人谓日本如从羊毛政策上观之，在最近将来有维持蒙古牧畜主义之必要。

就与记者晤谈者观之，此种渐进论者最多，兴安总署之方针想大概如此决定。由游牧移向农耕诚然为人类史上必然过程，有促进之必要，令其自然移向，不过借他民族力量或人为的移向，是否能得所期之成绩，颇属疑问。但如置之不理，又反"满洲国"建设政策，结局多同情渐进论者，既不能引起蒙古人之反感，不易诱导其自动移向农业之一途。

改良畜产与增加产量

　　既然积极移向农业为不可能，则呼伦经济政策仅能基于现在机构发挥其所长，以矫正其短。因此首先须注意于牧畜之发达与改良，第一呼伦之家畜数目，关于此点昔日旧统计有很大的数字，但为多数观察者公认的，尚属罕有。昭和五年因天气特寒，死者累累，其后尤甚，事变前之统计，大概如左：

种类	北分署	兴安署
羊	一五〇万头	二〇〇万头
马	一八	四六
堂〔牛〕	一七	四九
共计	一五八〔一八五〕	二九五

羊为主要产物，占兴安全省百分之七五，马、牛较少，结果占兴安全省家畜之百分之六三。

　　呼伦以饲羊为最盛，在日本羊毛政策上颇为识者所注目，且亦有值得注意的价值。然而改善羊之量与质，实非易事，蒙古人亦剪羊毛卖于商人，但重要目的在取其皮用以防寒，或杀而食其肉，或榨饮其乳，纯为其自己生活着想。若为后者目的，蒙古羊适极适宜，若为前者目的则其毛不长，且多死毛，所以为改良"剪毛用"之羊，必为注意于食肉之蒙古人所不喜。总之，改良种子难以普及。

　　且蒙古人，禁忌刈草，妨碍羊群之繁殖颇大，且不蓄干草，虽为零下五十度之严冬，亦仍牧畜。此时牛马之健者，尚可自掘冰雪，食其枯草，至于残弱之羊群，则非步行拾草不办，在积雪甚深，马牛深苦之时，羊殆已陷入绝食状态，不入春即已饿死者时时有之。为除去此种缺陷，一方须教其刈割干草，他方须命其作简单之围墙，以备防预冬季之风雪，但如此设备在贫乏之蒙古人已感觉困难万分矣。故谓蒙古羊之改良增产计画〔与〕实非易事。

牛与马在诸〔蒙〕古人观之，为次于羊之财产，而《日满经济统制论》，竟与蒙古牛马以新的意义，屡次计画将蒙古牛输入日本。在事变前，有将桦太生牛输入日本之计画，但结果失败，及事变情态变更后，蒙古牛可以赴兴安岭，由洮索线直达大连附近，如予以浓厚饲料，二三月后即可作为烧肉之用，故日本人鼓舌而食蒙古牛并非不可能也。"马"，因此次事变骑兵在近代陆军中立感重要。日本所养军马驰奔满洲极感缺欠，故又与蒙古"马"以新的注意。

对呼伦畜产发达之第一急务，即设立畜产试验场，"满洲国"有来春开设于海拉尔之计画，因此最适于蒙古之牧野改善政策。改良种子及讲求饲育方法最为重要，一方能使蒙古人关心于经济，同时在产业上又能收相当之效果，不仅能促蒙古人生活程度之向上，即于日本之羊毛政策、食粮政策，亦有不少供献云。

林业、煤、金、煤油及其他

关于牧畜业已如上述。至于林业以大兴安岭为最盛，森林地带约有三万平方粁，占呼伦面积五分之一，落叶松居其大半，约占百分之八十，白桦亦有之。白桦为薪材，落叶松可作枕木、电竿，惜北满铁路及一般住民皆用为燃料。此广大之森林地带，在呼伦独立当时变为"让与物"者颇多，其面积约达二万三千平方粁，"特许公司"所占约有五千平方粁。满铁所设之公司与旧军阀政府争持颇久，即关于北满铁路交义〔叉〕线切断问题，军阀政府横为阻拦，但"满洲事变"后该公司方得脱除羁绊，与"满洲国"

及满铁间正式缔结正式契约。过去八年间，因该公司赔累，满铁所受之损害颇巨，有损失而仍得以维持者，实以满铁之协助也。特许公司之存材达九千万石，北满铁路每收买之用为燃料。

关于呼伦矿业，亦有一谈之必要。已经着手者则为吉拉林之砂金与扎兰诺尔煤矿。吉拉林砂金之发见，约在十九世纪末及二十世纪初，在黑龙江沿岸由俄人开采之，事变前归广信公司经营。至于北部呼伦之采金事业虽然很久，但以交通不便与诸多危险，未能十分开发。除吉拉林以外，小规模之试掘，到处皆有，今后"满洲国"努力于此方面之开发，想意外之宝库不难发现。扎兰诺尔之煤与东铁敷设工事同时发现，为北铁事业之一，每年约出煤二十万吨，专供东铁及呼伦地场之用。当中俄纷争时，苏俄欲将自国煤售于北满，遂将此煤矿破坏，形同废矿，该矿之埋藏量达二亿吨，现又渐行恢复。

呼伦矿产还有煤油。遥闻在大赖湖畔有渗出煤油之油田，此乃事变前二三年事。满铁地质调查所曾派人调查，认有沥青存在，故于事变后试行探求满洲各地矿物，亦以此油地为重要候补地。去年苏炳文"叛乱"之前，满铁外山理学士乘板仓机被射击遭难，一时即行中止。至于大赖湖畔是否有煤油，地质学者有种种议论，缺乏煤油之日本，对于油田万不可轻易舍弃。

其他农业，仅限于三河地方以北与铁道沿线地带，前者产有良质的小麦，今后因"满洲国"之保护，必更能有相当增进。农业果能移向成功，则一般蒙古人自己食料之一部，亦足以自给。且呼伦有大赖湖、伯尔湖，产渔〔鱼〕亦多，散在甘珠尔庙一带之小湖且产曹达。以旧军阀时代之虐政与交通不便，呼伦之相当经济价值未能发挥，诚可惜也。所以在"满洲国"政治下之今日，已有相当之觉晤〔悟〕。

教育普及与喇嘛教之改革

经济方面状态如此，再就其一般文化以观其将来。蒙古人本为马上民族，好武轻文，当然无教育之可言。在蒙古人中仅达后尔族比较为认识文字者。自清朝时代即有简单的小学校，其后正式的设官立学校（有二三所），齐齐哈尔之蒙族中学及蒙旗师范学校，成绩毫无。"满洲建国"后，设指导员训练所于海拉尔，居于各旗之指导地位，三个月毕业，现在第二期学生行将毕业，最近旅行南满各地，成绩立刻照〔昭〕著。

今后蒙古教育之重心，当然为初等教育。现在兴安总署当局之意向，拟设四年程度之小学校，以蒙文为主，汉文为副，以生活教育主义及产业教育主义为宗旨。因蒙古人之十二三岁小孩与其父兄皆为牧畜者，无教育时间，故在实地学习，此为使蒙古人生活向上最妥切方针。此外将齐齐哈尔与奉天蒙旗师范，改为中学程度之兴安实业学校，其毕业生使为蒙人小学校教师。再上之高等教育与一切满洲人相同，不另设特别机关。教导得宜，诚能为民族融和，文化向上，移向农业之根源，故普及教育，实今后蒙古人之幸福。

宗教问题，亦蒙古人之文化中心问题，不容轻易视之。呼伦之蒙古人宗教有二，喇嘛教与萨满教，巴尔虎、额鲁特、布里雅特诸族信俸〔奉〕前者，达呼尔、索伦、欧伦鸠恩诸族则俸〔奉〕后者。呼伦为喇嘛教之中心，有名之甘珠尔庙建立于百五十年前，现在拥有许多僧众。蒙古人之尊崇喇嘛极为狂热，生有二三男子者，其中必有一人为僧侣，事之是非不问，惟听命于喇嘛僧。宗教之效果能使蒙古人不为恶事，养成互相辅助之风，但遗害亦大，若不加以改革，蒙古人恐难进步。

一九三〇年班禅喇嘛之留驻于甘珠〈尔〉庙，用烈宁所谓"宗教即是鸦片"之言，可为左证。旧奉天政府及南京政府善用怀柔蒙古政策及自杀政策，班禅自彼等手中得有特别便宜，然后北来，此来纯为作香钱生意而来，蒙古人争前恐后接踵而至。且其寄进品以金银及现洋为限，因而蒙古人甚至售卖锅釜以换现金，良可慨也！班禅惊"满洲事变"爆发之报，横断沙漠，经由张家口逃至北平，其时携去财宝达七十万元之巨，仅有三万蒙古人之呼伦，骤然夺去如此之多，其疲弊之状可以知矣，此种打击数年间难以恢复。愚民无智之宗教实有改革之必要，应传布能唤起人心之教义。现下有邦人（日本人）传教师居住此间，与喇嘛僧人组织宗教联合会，发起改革运动，且特务机关长桥本欣五郎中佐等，主唱在库伦设一如拉萨之大伽蓝，计划以海拉尔为全蒙古人之圣地。现在苏俄之统治外蒙，压迫喇嘛教，还是改革宗教？尚未可知，不过宗教问题实为蒙古问题中之一重要问题也。

保健与性病问题

民族病

蒙古人保健问题中之花柳病问题，为讨论呼伦将来不可忽略之一事。蒙古人患花柳病者颇多，关于此点有许多传说。记者晤见许多"蒙古通"，以为驱除蒙古人之遗传梅毒，实属难能，为其民族前途抱绝望之杞忧者颇不乏人，其居怀疑态度者亦不乏人。此种人之意见，大部为好奇之臆度，难足征信，盖所谓蒙古人患花柳病颇多的可信统计，尚未见及也。

关于以上两说确否不知，但在新京之蒙古人官吏达八十名之多，因花柳病而休止者，尚无其人。又最近大本营施疗班，在海拉尔诊察时，殆无患花柳病者，在医学者中有的以为蒙古人有类似花柳病之疾病，实非花柳，乃另一种皮肤病。想日人或无患此蔓延病者，亦有人宣传谓此为"民族病"。总之，此种恶疾遗留于民族血液中，实应灭绝，最好于蒙人小学设立之初，施以血液检验，再于一般成年蒙古人中施行健康诊查，对于花柳病之程度，应速为具体的调查，以讲求对策。

蒙古军前途

呼伦蒙古军之将来，亦一有兴趣之问题也。蒙古军在目下吴〔训〕练过程中，于东、北、南各分署分别编成。北分署于六月一日开始，八月中干部养成终了，以此为骨干，于九月初再召集兵士，编成正式军队，以前布里雅特旗长乌路金氏为参谋长，代理司令官，以顾问寺田少佐及留学日本之蒙古人为教官。记者与寺田少佐及乌路金参谋长同赴杉山下蒙古军营之练兵场，参观其教练，开始以来不足一个月，显有进境，寺田少佐谓："蒙古人为成吉斯汗之子孙，关于军事颇有兴味，且很服从，较中国军人之素质为佳，相信能成一相当精锐之军队。"

清明的黎晨〔明〕

总之，蒙古在清朝时代，因轻于必要上之保护，而丧失实力，是以渐次受汉族压迫，及至民国军阀时代，则采弹压政策，遂被幽闭于中央，在呼伦者更受苏俄之压迫。中东铁路运费过高，阻碍呼伦物产之输出甚大，因是疲弊，又因世界的萧条，如主要输出品之羊毛，在数年前，一担值十五圆，去年不过三圆，如此其贱而过剩者，即因中东路运费太昂，不能运出境外，乏于经济知识之蒙古人亦以价廉而不卖，结果将其羊赶至张家口方面，在天津市场售出。将来不论中东铁路收买能否实现，延长洮索线，越过兴安岭由河伦阿路、新温泉至海拉尔敷设新铁路之议已成，虽不必明年急速进展，但此路实现时，则可由呼伦直达大连，不求其进展，亦自进展矣！

"满洲之建国"之最情愿者，为扶翼其进展〈之〉蒙古人，呼伦为蒙古人集团地，故将此地统治成功，实为全蒙古人所最钦仰于"满洲国"者。是以呼伦之统治为"满洲国"最重要之责任，如清朝时代之过于保护固不可，而如军阀时代之压迫亦不可。总之，须教导得宜，使彼奋起谋自强之道。

自别海拉尔后，越兴安岭而归，时已午夜二时。东方渐白，诗国灿烂可爱之晨，令人不胜神往！

译于津门

《行健月刊》
北平东北行健学会
1933 年 3 卷 3 期
（朱宪　整理）

察事调解绝望

蒲安　撰

调解波折

自冯玉祥崛起抗日，中央虽主和平解决察事，但迄未有圆满解决。北平军事当局，于六月下旬中，接奉中央电令，处置察事。当经各领袖相当时间之会商，拟定办法两项：（一）冯先撤销抗日军名义，然后派宋哲元返察。（二）冯即率所部卫队，来平附近居住。此项办法决定后，当请冯之代表李忻，于二十九日返察，向冯征求同意。冯对之未加可否，亦不作答，惟另提意见两项，交李带回：（一）本人（冯自称）此次重领师干，目的即在保卫察省，一俟多伦等处失地收复后，取销抗日军名义，自无问题。（二）如宋能即日率部返察，一切均可从长计议商洽。又黄郛代表马伯援，二日赴张谒冯，冯向马又提出意见数点。声言：本人对察局，亦盼早日和平解决。各方接洽，应出以诚意。至其誓必收复失地之志愿，望政府对之有相当恳切之表示，中央并须有抗日及收复失地切实之办法。马当于三日由张兼程返平覆命，向黄郛、何应钦报告经过。何、黄根据李、马二代表之报告，会商结果，咸以冯所提条件，实有不能接受之苦衷，乃分电京、赣报告，并请示办法。一面仍邀请宋哲元等谈商，冀于无办法中，另觅新途径。中央方面覆电，四日晚到平，令何、黄准备一切解决办法，并本和平原则，作最后一次之努力。五日上午，居仁堂举行重要会议，宋哲元、庞炳勋、熊斌、秦德纯、傅作义、徐永昌、商震、高桂滋、冯钦哉等，均出席参加。当场决定分两个步骤进行：（一）再由宋哲元派代表，向冯传达中央意旨，作最后接洽。（二）一面即开始着手至必要时之准备。

十日冯方孟宪章到平，表示冯最后意见：（一）盼宋哲元即回察任，主持省政。（二）冯仍努力进行收复失地工作，不涉其他。并谓冯认此二事，是二非一，不相混合。平方方表示冯须依下列四项办法进行：（一）结束抗日军事。（二）取消同盟军名义。（三）宋哲元回察。（四）请就全国林垦督办。十一日黄郛、宋哲元各具一亲笔签名之恳切劝告书，交冯秘书谌厚滋携去。黄函大意，系申述前托孟宪章转陈四点，为中央及此间确定不移之方案，力请冯毅然采纳，勿事迟疑。宋函大意，略谓公屡促哲元回察，然哲元现不能回察，实有种种苦衷。公如真爱我，盼速发通知，撤销抗日同盟军，打开荆棘，走向坦途，勒马悬崖，惟望察之。但各方逆知冯个性坚强，察事终未易顺利进行。

多伦克复

冯氏与其部下，则正积极进行收复多伦及察东边境工作。自将康保、宝昌克复，即令刘桂堂部集中沽源，吉鸿昌、邓文、李忠义各部，分别集中张北、康保、宝昌各处。七日起，令吉、刘、李各部，向多伦进逼。驻守多伦之逆军为崔兴五部李守忠旅，约有四千余人，曾经一度顽强抵抗。十二日上午，将多伦克复，逆军向热边遗〔溃〕退；吉鸿昌部即开入多伦。冯氏当通电全国告捷。原文谓：

全国各民众团体、各机关、各报馆及全国民众均鉴：阳（七日）戍〔戌〕、庚（八日）午、佳（九日）未三电，报告我军血战多伦各情形，计荷垂察。连日我吉鸿昌、邓文、李忠义三总指挥，均亲临城下督战，拼死猛攻。蒸（十日）晚我吉总指挥等，更亲率敢死之士，肉袒匐匐前进。爬城三次，敌以机枪扫射及猛掷手溜弹，致未得手。计是役共伤亡团长以下官兵，共五百四十余名。真（十一日）早八时至九时，又由东飞来敌机七架，掷弹四十余枚，但多未命中。真（十一日）戍〔戌〕我吉、邓、李三总指挥，严令各部，奋死猛扑，迄至今晨（十二日）九时四十分，我军全部由南、西、北三面攻入多伦城。复经巷战肉搏三小时之久，日伪残敌，始由城东门仓皇窜出，我军正向东追击中。多伦至此，已为我抗日同盟军完全克复。特闻。俘获详情，另电奉告。冯玉祥文未。

冯玉祥并电南昌蒋委员长、南京汪院长、北平何委员长、黄委员长，报告克复多伦。原电云：

顷接前方急电，我军自阳（七日）午围攻多伦以来，血战五昼夜，官兵死亡千六百余人。兹已于文（十二日）晨，克复多伦，敌人向东溃窜等语。祥久疏戎马，伏处山林，前只以东北沦亡，滦、热继陷，多、沽为四省之续，平津订城下之盟，一时为血性所驱，民众所迫，不得不揭竿而起，振臂一呼，以保卫察区，收复失地自任。惟自上月号（二十日）晨出发以来，官兵饮露餐风，食不果腹，阴雨则鞍马尽湿，昏夜则席地幕天，且际兹酷暑气候，多有着皮衣皮帽以杀贼者，酸辛惨苦，困难万分。兹幸托全国民众之助，总理在天之灵，虽以饥寒疲敝之师，挟腐朽窳残之械，而气凌霄汉，志雪国仇，旬日之间，收复康保、宝昌、沽源等地，今又继续收复多伦，察省地区，可告完整。惟保察之任务虽尽，而东北四省之失地未复，瞻望河北，犹深惨痛。公等执国家大政，掌百万雄师，兵械之精，何啻霄壤，饷糈之富，更不待言。如蒙慨念东北同胞亡国之痛，废调停协定之约，兴收复四省之师，则祥虽庸愚，敢辞鞭镫。否则惟有自率十万饥疲之士，进而为规复四省之谋。一息尚存，此志不懈，成败利钝，之死靡他。谨电奉闻，诸惟亮察。冯玉祥文叩。

冯氏旋有两电到沪，报告克复多伦受伤之官兵情况，原文录左：

（一）元（十三）由多伦运回之受伤团长张学忠、参谋长李林春二员，今早特派赵副官护送赴平协和医院医治。其余大批受伤官兵俟抵张，亦拟径送该院疗治。但此次战事，因前方医药缺乏，重伤者多因不胜痛苦，复举枪自戕，每念及此，辄为泪下。又第二军中士齐有喜，于今日抵张时，伤重身死，特葬于住室南端，表示敬意。午后二时，复躬率各级官长，并队伍两连，亲临致祭，特闻。祥寒。

（二）（上略）（一）现截至塞戌〔寒戌〕止，计由多伦运到受伤官兵，已达六百七十四名，均任〔住〕红十字会医院。弟连日亲往慰问，每询至作战受伤情况时，则均精神振发，愿俟创伤稍好，再赴前方杀敌。士气之盛，可见一斑。（二）昨加派汽车八辆赴多，专任运输救护工作，日内当有大批伤兵向后输送。（三）今早十时派秘书常守谦、副官王英，专车拥〔护〕送重伤官兵二十六人，赴平协和医院治疗。（四）此次发给受伤官兵慰劳金，团长三百元，营长一百六十元，排长八十元，上中士各四十元，兵各三十元。特闻。弟祥删午。

多伦捷电传布后，各方均为兴奋。中委李协和氏，十四日电冯玉祥，致贺克复多伦。原电如下：

张家口冯总司令焕章兄鉴：离京日久，复疏音教，但不审中央政情何如，尊状又奚似。唯据弟所知者，政府对公惟一希望，是来中央。人民对公，惟一希望，则在救国。今公尚未尊重中央之意，而先已快人民之心。不贪高官，不惜牺牲，旬日间传檄收复四县，今且血战攻克多伦，举百万方里已失之领土，首收复之。闻者雀跃，公等之业诚伟矣。（下略）

李烈钧除电冯申贺外，并电中央，请明令授权，示以方针。原电云：

急，南京国民政府、中央党部、行政院、立法院、司法院、监察院、考试院、军事委员会勋鉴：冯委员玉祥，义举张垣，志在收复失地雪国耻也。烈钧诚愚，曾与王、朱、傅、邓诸委员，密电陈词，请授大权，俾当大任。俚言浅见，仅邀传观。今玉祥传檄收复察东，并以血战攻克多伦见告矣。捷报到京，欣慰可想。昔张学良不战而弃数省，苟为有罪也，则冯玉祥一举而复百万方里已失之领土，应为有功。国家纪纲，有罪者诛，有功者赏。民主政制，才智之士，悉宜举之。此求有利于国，非君主时代仅为个人比也。玉祥瑰杰英迈，海内赞美，今国事若此，正求田单、檀道济恐不可得之时，烈钧愚虑，以为政府亟应明令授权，示以方针，共扶危局，表中枢治国之诚，慰国人求贤之望。团结同志，安内攘外，无逾于此。苟不然者，则天下后世，其谓之何哉。烈钧备员中央，恐政府误陷于不道，贻笑于友邦也，故再进逆耳之言，冀邀虚怀之职。至于龙逢、比干之祸，则非所敢避也。李烈钧删。

九四老人马相伯及章太炎，电冯玉祥庆贺。原电云：

得文电，知多伦克复，察省保全。汉奸之名，断不能妄相诬蔑。至称异己者为赤化，人固不信，执事亦不必辩也。自有识者观之，无敌国外患，忧当在内。有敌国外患，忧当在外。

果能发愤抗日，虽实已濡染赤化，终胜卖国贼万万。李定国、郑成功，独非盗耶。今非赤化而强诬之，不知自处何等矣。执事所当虑者，小人无赖，或密唆日本反攻耳。中国虽衰，有大义在，特电贺捷，兼慰不平，马良、章炳麟删。

继续抗日

多伦克复以后，冯氏认为主张业已贯彻，特电在平代表邓哲熙、李炘等，谓多伦既克，本人保全察省收复失地之目的已达，察事善后，可不成问题。于是平方认为察局已有和平之机。十四日何应钦特召邓、李等谈商，嘱再返张垣一行，征冯意见。李炘当于十五日携黄郛亲笔函一封赴张。黄函内容，约分三点：（一）多伦收复，冯保察之目的已达，请即收束抗日军事。（二）非履行中央决定四项步骤，察局难望和平解决。（三）冯之名义及其他一切，只要其能撤销抗日同盟军组织，自可从长计议。冯氏于李炘到张后，召集会议，一致决定，多伦虽已克复，抗日任务，尚未终了，仍须贯彻原有主张。据李炘十八日返平后表示，冯方意见约有数项：（一）冯枪口决不对内，万一不能相谅，自动率部离开张垣，实行对外主张。（二）当局对其报告克复多伦之通电，如有恳挚之表示，即可结束抗日军事，通电取消抗日同盟军总司令名义。（三）察省军无人负责，望宋哲元即刻率部返察主持。冯氏意见与当局所希望者，相去仍甚远也。黄郛虽又派代表马伯援于十八日赴张，亦无何等效果。平绥路宣化东面辛庄子附近一〇四号铁桥，突于十八日晚六时，曾被冯军一度破坏。中央军庞炳勋部已进向下花园，与宣化之孙良诚军相距不过五里。冲突之危机，已迫眉睫，而冯玉祥代表李忻〔炘〕，于十九日又离平赴津，宋哲元、秦德纯等，对于察事和平，斡旋最力者，近亦谢不见客。则察局之新展开，从可知矣。

日方准备

日军对察，久蓄侵扰之念；但因热河侵占未久，长城战事，甫经结束，一时当无暇西顾。故拟利用逆军，渐次蚕食察地，为其先导。然自刘桂堂反正以后，日方之计画已失败，而其野心，则终未稍减。适玉祥部既克多伦，日军认为有机可乘。十三日日本驻平军事随员柴山，谒见平当局，提出抗议，指此为破坏中日《塘沽停战协定》之举。盖据日方消息，《塘沽停战协定》，曾将多伦列入华军不得越过之界限内也。一面自十七日起，驻热西围场之茂木骑兵，已开始向多伦方面前进，由古北口方面撤回承德之第八师团西义一部，亦陆续西开，与茂木骑兵联合推进。伪军张海鹏、崔兴五各部，已奉伪国命令侵扰察东。崔部收拾由多伦退下之李旅，会同日军担守反攻多伦；张海鹏部伪军则拟进犯沽源。冯部亦正安抚百姓，补充军实，预备对抗云。

西南态度

西南对冯，本传有相当之接洽。自冯氏克复多伦后，十五日政会电冯致贺，有血战多日，卒复名城，从此西陲得所保障，功在党国，佩慰实深之语。迩来盛传中央有对冯武力之说，李济深、陈铭枢于十八日即致电汪精卫、居正、于右任、孙科四院长，请勿轻启阋墙之祸。原电云：

> 焕章同志愤暴日侵凌，奋身朔漠，捍卫边疆，衷情热血，国人共见；其非离异中央，公等亦曾为之辩白。乃者中央竟遣重兵入察，虽意旨未明，然倘系对付焕章同志，则窃有期期以

为不可者。今东北四省沦陷，焕章同志抚率孤军，志存卫土。中央即有远谋，然对于焕章同志爱国苦心，当能嘉许。果不幸而传闻属实，必使群情疑骇。焕章同志，公等曾共患难，其才其力，亦系党国干城，即不能付以抗日之任，亦当恤其抗日之心。国家多难至此，应共奋同仇敌忾之心，勿轻启兄弟阋墙之祸，为外人所笑，千古所悲也。我公主持至计，即饬令停止入察之师，为国家惜人才，为社会留元气。临电不胜迫切待命之至。

留沪中央委员程潜等二十一日亦电〔至〕国府林主席、各院长电，力主团结，以纾国难。爰将原电，附载于下：

南京国民政府林主席并转各院长勋鉴：自冯焕章先生克多伦后，全国人心，为之奋振。北门锁钥，此为近之。昔者秦人攻晋，赵穿将以独立应战，赵盾曰，秦获穿归，我何以报，遂皆出战。谁秉国钧，其智岂翻出赵盾下耶。甚望虚怀相处，共振危亡。则团结同志，集天下智能，以纾国难，或尚可期。程潜、杨庶堪、陈嘉佑、张知本、李烈钧、张定璠、薛笃弼。马。

唐绍仪、陈济棠及中央执委其他粤籍委员电致南京，警告立即停止对冯之军事行动，否则粤方不能坐视，而将领导全国，拥护正义云。该电痛斥内战之复活，并赞助冯氏抗日之立场。广州诸领袖又通电全国，请国人共起维护国家生存。

广州市义勇军后援会，决议汇款五万元与冯玉祥部下，以资鼓励。同时致电冯氏，誉之为爱国英雄。

汪氏意见

行政院长汪精卫，对于李济深、陈铭枢筱电，即行电覆，原

文云:

> 香港《南华日报》探转李任潮、陈真如两先生惠鉴:筱电敬悉。数旬以来,冯焕章兄在察哈尔一切布置,其心固可念,而其事则至危。盖守边而不秉命于中央,则其结果,必为丧失领土。前例具在,无俟赘陈。至于守边之策,在严治防守工具,严整军纪,而不在多招散兵,以至内溃。日前多伦之失,并非由于战败,乃在热河溃兵猬集多伦,食尽烧光,不得不退,伪军刘桂堂部乃得从容进入,殷鉴具在,实为张家口危之。今者多伦已告收复矣,惟非取之日本军队之手,乃取之伪军之手,此等傀儡,何足一击。硁硁之余,固不敢掩人之善;然若因此而遽以为吾国现有兵力,足以收复失地而有余,则徒使古北口、喜峰口、冷口一带战死之将士,溅泪于地下而已。两兄军事专家,无待弟絮言也。多伦本为察省土地,焕章兄一举收复,足慰人望。倘于此时,举察省军政之权,还之中央,则心迹光明,举世共见。弟敢信中央同人,方推重之不暇,更何有于疑猜。此诚唯一良机,弟已多托同志,苦为劝喻。两兄忧国爱友,必有同情,尚祈深切为焕章兄言之,冀其垂听,是所至荷。弟汪兆铭。巧。

汪精卫在发电之翊日,对于察局,更发表意见。据谈:

> 昨日我回覆李任潮、陈真如两先生的电报,今晨报上已经登载。全个关于察哈尔收编伪军的事情,尚未详尽披露。自热河失陷以来,许多军队,陆续由热河退至察哈尔境内。这些军队里头,有些是义勇军,由东三省退至热河,更有热河退至察哈尔的,也有是些土匪,更有些是打着伪军的旗号的。军事委员会,本已拟妥办法,分别处理。真的义勇军,改为正式军队,土匪便须解除武装;伪军更当设法解决。及至冯先生到察哈尔以后,不分皂白,一律收编,以为多多益善,其实真是后

患无穷。最近宣传收复多伦，声势因之更盛。收复多伦，诚然一件好事。但多伦方面，本无日本军队驻守，仅有伪国收编原来热军崔兴武之残部李守忠部，约二千余人。所以冯先生派人一经接洽，一部分便服从收编了，一部分系站脚不住了。而吉鸿昌率邓文、李忠义等部，便进驻多伦了。我们应该明了，现在失地之不能收回，并不是因为有伪军存在的原故。假若多伦地方，收编了或驱逐了若干伪军，便以为可以收复失地，这真是太轻视天下事，而在长城战死的几万战士，地下也要流泪了。这种虚骄幼稚的心理，在过去已误事不少，以后更应引为严戒，这在昨日覆电已经说明。现在更进一步，讨论收编伪军，是不是一种好的方法呢？我可断言其不是为好方法。第一、这些伪军是毫无生〔主〕义，而完全以利害为去留的标准。可以忽然掮着抗日的招牌，而受日人的卵翼，也可以忽然打着伪国的旗帜，而向我接洽归诚，真所谓饥则依人，饱则飏去。今日受了编，这块失地似乎是收回了，明日翻了脸，这块失地又依然仍非我有。第二、伪军是无穷无尽的，国家有限的财力，人民有限的脂膏，如何能尽养他们，况且收容的数额愈多，他们愈可以自重，事事反宾为主，鱼肉地方，蹂躏人民，无恶不作，稍加制裁，便随时可以背叛。所以我认为收编伪军，是应该慎而又慎，切不可掉以轻心的。在这里我又联想到滦东方面了。滦东的接收战地问题，直待至停战协定成立一个多月以后，方才有决定的办法者。正因为有极端慎重，以免贻患将来的缘故，所以宁可受不明内容者之指摘猜疑唾骂，而决不肯随便敷衍。其实在过去的一个多月的时日之中，对于这个问题，无时不在苦心积虑之间的。当初滦东一带的伪军，要求收编的数目，有四万人之多，北平军分会和政委会顾虑到将来人民负担，地方的治安，种种关系，予以严格的减削。经过若干度的磋商，经由四万而三万而两万，最后竟减至四千，只及原额十分之一。对于改编及遣散的经费，也予以极严格的减削，比要求原额，相差甚远，接收迟缓的主因，实在于此。现在办法已定，自可于最短期内迎刃而解了。若是也照察哈尔方面办法，来五千，编五千，来一万，编一万，那么也不必待至今日。然而收编下来的这许多军队，怎么善后呢，若无善后的方法，其结果徒有收回之名，无收回之实。将来后患真是不堪设想。所以多伦与滦东，虽然是同样收回，而其结果，则大不相同的。所以我们现在对于察哈尔问题，固虑其足以召外兵，失国土，尤虑其以边疆贫瘠之区，养十几万糅杂之众，一旦饷糈不继，地图上察哈尔全省的颜色，便会随这十几万的心理而变化，心所谓危，不敢不告，还望国人于此注意。

冯氏自辩

冯玉祥氏在张抗日后，各方对冯，或谓联俄，或谓勾日，颇多推猜。冯氏曾于六月十日通电声明，原文为：

　　玉祥此次因察省危急，奋起挽救，不自度德量力，欲从全国战士及抗日民众之后，求伸大义于天下。只知反对屈辱妥协，抗日到底，此心此志，有如皎日。而造谣中伤者之于玉祥，无所不用其极，不曰玉祥勾结日本，即谓玉祥联俄投共。第一层不屑辩，国人宜无有以玉祥为汉奸者。就第二层言，如张、库交通，今仍完全断绝，而曰玉祥已由库伦运到大量军火。又曰玉祥军中，已聘到苏俄顾问二十人。如张垣秩序安静如恒，金融工商百业仍旧进行，而曰玉祥封闭银行，提倡打倒资本家，此皆绝非事实之真相也。玉祥认定抗日非军民一致不为功，诚奖助民众，起而抗日，此与所谓工农暴动者，殆风马牛不相及。今夫赤党横行于长江，暴动时起于沪、汉，若谓张垣市上，偶然发现赤党传单，辄指玉祥为共产党，则各省军政长官，不亦皆共产党乎？此等离奇之谈，决不足蒙蔽国民之明智，不待辩而自明。极望各地民众团体及新闻界派人惠临，实地视察，定知此间一切动作，绝对未逾越民族解放运动之范围，阶级斗争云云，实为捕风捉影。此间省政府所办之《国民新报》，其读者论坛中，偶登左倾言论，即已由省政府严加取缔，举一反十，可概其余。至于前因多伦失陷，省政府人员，多相率离职，宋主席明轩督师抗日，不遑启处，因派宋所委之察哈尔警备司令佟凌阁暂代主席，固系一时权宜之计。今者平、津停战，日军转锋深入，察省危在旦夕，此固日阀之预定计划。查多伦失于五月一日，沽源失于五月二十四日，而玉祥兴师抗日，则在五月二十六日，实逼处此，不容缓图。而人之片面宣传，竟谓因玉祥之奋起，始引致日军之来侵。果诚如此，则东北四省，何以在不抵抗主义下完全丧失。夫以地事日，有如以肉投馁虎，地不尽，侵略不停。玉祥决竭全力，保卫察省，为国守土，不辞牺牲。宋主席明轩此次在喜峰口一带，沐血抗战，功在国家，所部悉百战精锐，如令其移师援察，即回主席之任，固为最便。他如孙总指挥殿英，方总指挥叔平，亦皆志切御侮，国家干城，可当方面封疆之重任者，苟能公平善处，无所不宜。玉祥唯知率部对外，决不割据自雄，不然，如谓抗日者有罪，言战者应杀，于停战之后，为对内之谋，则玉祥固抱持正义，至死不屈也。耿耿愚忱，伏维亮察。冯玉祥叩。真。

本月二十日，又发通电辨明，多伦之克，确由力战而来。原电并录于下：

全国各报馆转全国民众公鉴：玉祥痛心《塘沽协定》，兴师抗日。揭帜之始，即备遭诬蔑，或指为对内，或指为赤化，或指为汉奸，魍魉之技，不一而足。玉祥为大义所驱，不敢畏谤，曾请求各地民众团体暨新闻界派员到张垣，实地考察，究竟玉祥有无对内赤化或做汉奸等情事。兹欲进一步证明事实，亦至易易，盖多伦激战情形，汉蒙民众，莫不共知。而此次受伤官兵，除不能运送者留置多伦调治外，其能运送者，已迎护来张垣红卍字医院，并有一小部送往北平协和医院。至阵亡官兵，则新冢累累，尸骨未寒。各官兵为抗日复地而流血，求仁得仁，本无所容心。玉祥复吁求我全国民众团体，暨新闻界再派员来张视察，此间有无伤亡官兵，并询诸汉蒙民众，多伦是否不战而克。如能至多伦参观战迹，一白其冤，尤为祷幸。冯玉祥。号。

《大中国周报》
上海大中国周报社
1933 年 3 卷 4 期
（朱宪　整理）

察哈尔问题初步解决

蒲安　撰

一　汪精卫补充说明检〔俭〕电

蒋军委长召集之庐山会议，及汪、蒋俭电，均已刊登前期本报。七日晨，汪院长在第九十次中央纪念周，出席报告，对于庐山会议之结果，及俭电之补充说明，均关重要。因将全文录左：

　　本来前星期一日，兄弟奉命出席纪念周报告。因为当时还在由浔回京途中，所以上星期四日中央会议，再命兄弟今天出席报告。今天所要说的，是此次庐山会议的结果。

　　庐山会议的名称，从哪里来的，就是因为蒋委员长最近召集江西剿共军队的将官，分班到庐山南山下讲话，予以训练。到庐山南山下的人，都会见到许多营幕，约三四千人，在那里听候讲话，接受训练。大家拿出所得的经验，来谋军事上之改进。所以这种聚会所商议的，是关于军事技术的多，军事委员会已将会议的结果，分别编印报告，于此不必细说。

　　至于兄弟之赴庐山，以及后来孙哲生先生继到，并非参加此军事会议，而是对于时局作一种商榷。几天会谈之后，才发出俭电。俭电所说的，并不是新的政策和新的方针，政策和方针，是中央所已确定的，俭电不过根据中央已定的政策，已定的方针，说明处理时局的态度和意向而已。既不是会议的结果，也不是什么新的决定，原电由蒋委员长和兄弟两人署名，其原因即在于此。关于俭电最先要说的，各报所载，大致相同。但开首有一句漏去的原文，是"今日救国方策，治本莫要于充实国力；治标莫急于清除共匪。盖国力不振，由于民力不充"。而各报所载，治标一句，都漏去了，这是应该补正的。什么叫做"国力"，什么叫做"民力"呢？我们可以说"国力"就是"民力"，"民力"就是"国力"。用语虽有不同，内容是无甚差别的。不过"国力"指对外而言，是国家对外的力量，也就是国家对外自存自立的力量。"民力"指对内而言，是民众的力量。如今国里头有两种偏见的人，一种偏重国力，忽视民力；一种偏重民力，忽视国力。偏重国力，忽视民力的人，以为求国家自存自立，除了扩充军备没有别的。他们不知道，水有泉，树有根，国力有他的来源，民力不充实，国力不会发达的。只知扩充军备，而不注意充实民力，其结果不但重工业，没有一些儿发展，连普通农、工、商业，也萎靡不振，一切需用之科学的设备，甚至于普通用品，都要仰给于外国。有海口的时候，还可以和外国通商。万一有事，海口被封锁了，所必需仰给于国外的，也就被断绝了。到了那个时候，还有什么国力可说。须知国力之发达，是科学技术发达之结果，也即是民力充实之结果。不求民力之充实，而只知道军备之扩充，是徒然的。反之，偏重民力，忽视国力，也是一样的错误。中国今日所要建设的甚多，所谓轻重之别，缓急之分，于百端待举之中，不能不有一个中心以为努力的鹄的。今日最要之图，莫过于求国家之自存自立。一切努力，必须以此为鹄的。所以发展民力，为的是充实国力，如果发展民力，只是文化上之增进，物质上之享受，于国家自存自立的力量，全不注意，则物质上享受够了，而国家之自存自立，也就不可能了。这样的民力，在中国今日，是不需要的。有许多国家，于积极充实民力之中，所谓宫室之美，饮食之奉，虽也应有尽有，而于发达国力，却特别注重。所以民力充实，国力亦随之而发达。反之，如果只求物质上之享受，偏重民力而忽视国力，是一样要失败的。俭电说，国力不振，由于民力不充；民力不充，由于农村破产，工业幼稚。故商业无形凋敝，舍发达国民之生产力，则别无充实国力之道，我们今日，首要充实民力，同时以充实民力而发达国力。

至于治标方面，共匪肆虐，患在腹心，甚至于御侮自卫的工作，亦为所牵制，而不能为有效之实施。只就中央军队而论，受牵制的几十师之众，其他再不必说。自从本年三月间，中央抽调一部精锐赴长城作战，南昌几于失守，及蒋委员长回镇南昌，始保无虞。其后西路剿匪总司令何键，南路剿匪总司令陈济棠，相继就职，剿匪军事形势，才较为开展。所以江西共匪，实在是腹心之患。共匪一日不清除，则不但充实民力，发达国力，皆无从着手，就是紧急御侮自卫的工作，也做不到。治标莫急于清除共匪，是无论何人，都不会有异议的。

俭电原文，还有两段，要补充说几句的。一是借款问题，一是察哈尔问题。

现时国内外对于经济援助与技术合作，发生误会，其要点不外以下三者：（一）以为损及主权开共管之渐。其实经济援助，已成立者，不过美国棉麦借款。核其内容，不但与政治无关系，即就商业来论，亦只是货物赊贷的性质，如何会损及主权。外间揣测，以为除棉麦借款之外，还有其他各种借款，甚至说有新银行团之组织。须知道四国银行团，五国、六国银行团，在前清为亡国之原；在民国亦为大乱之媒，如何可以轻易成立？据宋部长来电证明，此说全属子虚乌有。至于国联技术合作委员会，据宋部来电郑重声明以下两件事：其一，绝对不涉政治。其二，由我国自动，绝不自行提议。如此则亦何致损及主权，更与共管云云，毫不关涉。（二）以为将以此促成内战。现时西南有一部分人，即持此说。以为民二借款，民六参战借款，覆辙具在。但是此等覆辙，我等正当引以为戒，何故躬自蹈之。中央政治会议、立法院的决议，均规定此项借款用途，限于农业、工业之建设，行政院根据此决议正在草拟计划。军事委员会亦郑重声明，决不以此款移于增加军费。增加军费，尚且不为，更何致以此用于内战？政府对于方针已定，将来必更有事实可以证明的。（三）以为此次借款，会有外交作用，即利用甲之势力，以抑制乙之势力，日本有一都〔部〕分人议论以为此仍是"以夷制夷"之办法。我如今负责声明，中国感于建设之需要，与物质之缺乏，确有与世界各国增进经济与技术之关系的决心。此在中国为自存自立计，固应如此；而在世界各国为共存其荣计，亦决不认为非策。但我们有自知之明，在现时积弱的形势之下，一切联甲制乙等等政策，无论为合纵，为连横，都不足以扰人，而适足以自扰。我们痛感于国力不振，不但不能与人言抵抗，且亦不能与人言亲善，而且我们若没有相当的国力，也决不会有人来联我们，以对于其他的。我们认定今日救国，惟具备真实力量，不存奢望，不存侥幸心。我们现时需要真实力量，是用以自救，不是用以害人。我们今日力量未足时，是如此决心，他日若幸而有力量充足之一日，这决心也是不变的。

我们对于察事所定方案，一是不用兵，二是不放任。避免内战，不但在国难期内应当如此，在任何时候，都应当如此。如果有其他方法可以达到目的，即使较迂远些，较委曲繁重些，也还是避免内战为是。这个理由，在《以建设求统一》的论文中，已经说明。但是因为避免内战的原故，对于察事取放任主义，那就大大的不对，恐怕其结果较之内战，更要不堪。何以呢？因为察哈尔是边省，因为察哈尔是地瘠民贫的省份，以边省而又地瘠民贫，脱离中央，何以自存，其不沦为东三省、热河不止，所以我说其结果较之内战，更为不堪。或者会有人驳我道，冯先生之割据察省，曾经声明，其目的在抗日，且以收复多伦为证，只要中央取消《华北停战协定》，一同抗日，则察省自无脱离中央之虞，中央何为而不出此。我答道，在停战协定以前，中央调集各处军队，在长城一带，悉力抗战。当时深知情形危急，穷于应付，曾经再三催请军事委员，务必同在首都，共决大计。如实因职务不能分身，则务必派定负责代表前来出席。可见得当局的人，实在没有存心独断独行，不去理会其他负责者的意见。及至停战协定成立，当局的人，固然豫备以一身受各方面的责难，但是已经成立了，也就不是任何人所能随意推翻的了。我们对于停战协定成立，固认为十分痛心的事。但东三省、热河的事件，并不因停战协定成立而了结，我们尚需要无穷的努力，以维其后。只是努力要有整个的计划，一致的步骤，不是一人与一隅之地，可以集事的。甲午战败，清廷将台湾割让，唐景崧、刘永福等，不肯承认，继续作战，其人其事，至为可悲。但这是因为清廷已将台湾割让了，如今政府并没有割让东三省、热河，察省更谈不到。冯先生绝不宜以唐景崧、刘永福自居，使察省为台湾之续。冯先生愤愤于停战协定之成立，我甘受冯先生责备，我对于冯先生唯一恳求，则在救亡图存，宜有整个的计划，一致的步骤。其内容如何，此时自然不能宣布。然如冯先生以为能收复多伦，即能以同样办法收复东三省、热河，则我当敬告冯先生，国难至此，所需的是真实力量。大言壮语，不但不能生出力量，反而将力量消灭，这是应该注意的。

以上是对于察省事件不能放任之真实原因，俭电所提四原则，即根据于此。如果有人问我，倘使不用兵即不能不放任，不放任即不能不用兵，又如何呢？我答道，只要有其他的方法，则决不用兵。所谓其他的方法，在中央当局的人，能推诚相与；在冯先生能受尽言，在全国民众有真实的认识，正确的主张，发生出民主的力量来，制裁一切。我的注意与希望，尤在后者。如今察事尚未实际解决，据冯先生世电，似乎已经使我们绝望。但是这两三日来，又有接受俭电所提四原则之希望，而同时伪军向多伦进攻之消息，亦在这两三日来，最为紧张。可见事情变化是不测的。但是无论如何，以上所述的根本观念，决不因事情变化而更改。

以上所说，均就俭电原意，补充说明。总而言之，今日救亡图存之道，首是充实国力，而欲充实国力，舍发达国民之生产力，别无他途。希望全国国民聚精会神，向此做去。俭电的根本意义，即在于此一本中央已定之政策和方针，以处理时局之态度和意向，公告国人，并不是新的决定。

二　冯〈玉〉祥交还军政大权

中央对于应付察局情形，汪氏报告中已明白揭出。盖冯玉祥自接到汪、蒋俭电后，即发出汪氏所谓"绝望"之世电（三十一日），世电措词，异常强硬。文云：

各报馆转全国民众均鉴：顷接读汪精卫、蒋介石两先生俭日通电，不知两先生爱祥如此其切，祥虽不敏，敢不敬从。顾祥生性戇直，终有不得不为国人告者。自民元迄今日，国人之苦内战也久矣。乃者倭寇西侵，国土日蹙，热河为东边〔北〕之续，平、津订城下之盟，此何等时，此何等事，稍具人心，岂复容意气用事，而置我国家民族于不顾者。祥悲愤填膺，举义边塞，区区之意，亦欲利国家、卫民族耳。微特无对内作战之心，抑亦断无爱国而反以祸国之理。故自上月号日出师以来，诸将士壮怀奇节，奋不愿〔顾〕身，旬日之内，克康保、克宝昌、克沽源，而多伦血战五昼夜，河山已复，正义已昭。谓为割据，则不徒祥欢迎宋哲元回主察政文电，盈筐累箱，即察省穷瘠荒陬，亦断非可以怡然自足之地。且我军多伦一役，官兵之受伤及尸裂于日伪炸弹者，千六七百人。祥屡次宣言，一则抗日到底，一则枪口不对内，如中央严禁抗日，抗日即无异于反抗政府，则不独军事可以收束，即科我以应得之罪，亦所甘心。至〈谓〉中央政权因察事而分裂，祥殊不解，中央何以不使宋哲元回察？祥自兴师抗日，迄今已六十七日，究竟赤化察省与否，与确保察东失地与否，事实俱在，究有见谅于国人者。敬布区区，唯希亮照。冯玉祥叩世印。

此项世电，与俭电针锋相对，显示不肯让步。北平军分会长何应钦，当即致电汪、蒋请示办法后，特于三日，本蒋电和平处理之旨，拟定办法三项：（一）冯取消军事名义。（二）撤退张、宣军队，宋哲元回察主持察政。（三）由佟麟阁以察哈尔警备司令名义，先维持过渡之治安。冯接到此项条件后，四日晨，忽派代表刘治洲由张坦〔垣〕到沙城，与前方将领庞炳勋、关麟征晤面，表示接受政府所提办法，即日结束军事，并欢迎宋哲元速返察省。五日又发出结束军事通电云：

玉祥誓死抗日，原期对外牺牲，湔雪国耻。若因此反招致政府军之讨伐，酿成内战，则不惟玉祥所不愿见，抑亦国人所不忍闻。嗟夫，今日中国，危殆极矣。河山破碎，灾祸荐

〔涛〕臻，正国人同舟风雨，生死相依时也，尚〔岂〕容箕〔其〕豆相煎，为渔人造机会，益陷民族于万劫不复乎？玉祥爱国，决不忍以救国者而反以误国，玉祥爱民，亦断不肯以爱民者反以殃民。今愿将曲直是非，公诸万世，爰自即日起，忍痛收束军事。政权归之政府，复土期诸国人。并请政府即令原任察省主席宋哲元，克日回察，接收一切，办理善后。玉祥举义迄今，凡七十日，报国之力已穷，复土之愿未遂，深愧无以慰举国同胞之热望。然抗日雪耻之念，愈挫愈坚，一息尚存，此志不渝，此可自信也。冯玉祥歌。

路转峰回，殊出人意外。冯氏态度陡变原因，据报载：（一）冯之抗日同盟军，内部复杂，殊难取一致步调，如同盟军旗帜，定为红地异缘，含意当有所属。方振武则以党的立场，仍揭党旗。曾于某次会议席上，因此问题，方与冯之左右言语冲突。又如邓文、李忠义、刘镇东各部，自邓文及李忠义之参谋长被杀以后，亦起变化。冯之干部力量薄弱，不足以应付此环境。（二）日伪军积极谋犯察东，形势日急。（三）同盟军揭竿以来，各军力事扩充，以地瘠民贫之察省，养如许军队，饷糈大感缺乏，无法支持。（四）平绥南段各军入察，形势紧张，加以平绥路中断，察省经济，感受封锁，粮食燃料，来源断绝。冯因鉴于内外之交逼，乃有退一步表示，先谋内部之稳定，一俟难关渡过，再作计较。

冯氏既有愿意和平之表示，于是何委员长当令宋哲元总指挥克日进驻沙城，就近处理。宋氏当于五日发出通电，略谓：

窃哲元前于六日、十八日，奉行政院驻平政务整理委员会训令内开：查该主席前因指挥军事，由民政厅长仵佣〔墉〕代理职务在案。现在省政重要，该主席应即回任，以重职守，仵佣〔墉〕无庸代理主席职务。同日复奉军事委员会北平分会训令，着二十九军移驻察哈尔省各等因。哲元适值腰症加剧，请假医治，迭奉催促，未克遵命。顷复奉军分会本月支（四日）训令，节开：着宋总指挥即日开赴沙城，接收察省政权，处理一切军事等因。奉此，伏念国难益深，察政待理，既感职务之久亏，又承列宪之督催，遵令即日返察，处理一切。旋偕同秦德纯、蒋伯诚、熊斌及冯氏代表邓哲熙、李炘等径抵沙城，与庞炳勋、徐庭瑶等会见。冯因派佟麟阁及其参谋长邱山宁，到下花园与宋会商，结果颇为圆满。冯氏乃于六日，在张垣发出通电云：

> 此间本和平爱国之旨，曾于世、歌两电，一再申叙衷曲，是非当可见谅于国人。顷原任察省主席宋哲元昨已抵察，兹自本日起，即将察省一切军政事宜，统交由宋主席负责办理矣。特电奉告。冯玉祥麻印。

宋哲元亦发出遵令负责处理察局通电，有"哲元到察，冯公因察省负责有人，所有军民两政，已于麻电声明，交还中央，不加过问。哲元即日遵令负责处理一切"云云。是风雨欲来之察局，似可告一段落矣。

冯氏旋偕其夫人李德全，及随从卫兵三百余人，移居万全县（一说尚未离张）。惟中央颇盼其赴期入京。七日蒋、汪两氏有电致冯，文云：

> 张家口冯焕章先生惠鉴：阅报知吾兄通电，交还察省军政，并催促明轩兄回任主持，至纫公谊。惟明轩兄前次迭受平军分会、平政委会明令敦促回防，迄未奉行，其濡滞之苦心，人所共喻。今吾兄既有此廓然大公之表示，切盼克期离察入京，共商大计，俾明轩兄得以自由接收察省一切军政，并自由处理。现在察省军队庞杂，而日伪军攻多伦消息甚紧，当此千钧一发之际，非当机立断，必致偾事。吾兄明达，当不以为河汉也。掬诚奉达，伫候裁夺。蒋中正、汪兆铭阳。

冯氏于九日覆电云：

> 阳电承以友谊相督责，惓惓之情，衷心至感。刻察省军政各权，依次交替完毕。总部人员，亦决于明日遣散。惟比月以来，艰苦困辛，且及旧病，山居静养，似较秣陵为佳。稍缓当趋候。

北平军分会则因冯所发歌、麻两电，并未将抗日同盟军总司令名义声明取消，且其所派代表之在京、津、沪、粤者，仍宣传冯系以总司令名义，将察省军政交与宋；至总司令职权，并未取消。因再发电令予宋，续提三项办法：（一）冯即日明白声明取消民众抗日同盟军总司令名义，总部亦即取消。（二）张垣、宣化一带杂军、土匪，须由冯下令暂时调驻张北、宝康，听候编遣。（三）冯须即日离开张垣。此项条件，宋已据以转冯，并请佟麟阁、孙良诚等促冯实行。此三项中第三已经实行，第二，可无问题。惟第一项最关重要。平当局认为内外视听所集，必须办到。因冯氏如正式通电取消，则内之既不虞有凭借，外之可以去日军攻多口实，关系殊不在小。然冯氏能否照办，现尚难知，故察局亦仅可认为初步解决也。

《大中国周报》

上海大中国周报社

1933 年 3 卷 7 期

（朱宪　整理）

关于满蒙之日俄密约

郭斌佳　撰

　　一九二七年，莫斯科远东研究学会出了一部新书，叫做 Sbornik dogovorov i drugikh dokumentov Po istorii mezhdunarodnykh otnoshenii na Dal'nem Vostoke。里面收罗许多重要的约章和公文，都是关于近代远东国际问题的材料。这部书编纂的人，是 Professor E. D. Grimm。编者除了搜集约章之外，自己又做了一篇很长的导言，从苏俄的立场来讨论远东历史上的许多问题。因为这个缘故，他发挥了许多新颖的论调，把帝俄时代，侵略东亚的野心，暴露无余。尤其是日俄战争后十余年间日俄两国屡次协约，要想划分东三省和蒙古的情节，这部书里面，写得非常详尽。近年来研究远东史的人，都认为这是一项重要的贡献。

　　现在我们读新出版的 Price 的书（注），觉得他在一九三三年研究的结果，和 Professor Grimm 六年前所持的议论，几乎完全符合。到底 Price 这册书，是否因为受了 Professor Grimm 的影响而成，我们不敢臆断。如果就作者援引 Professor Grimm 的地方看起来，似乎受他的影响，的确不少。但是我们批评一位史家的著作，不应当单求创作，不顾其他。所以本书的来源如何，我们不必多说。我们应当注意的，就是以前 Professor Grimm 的解释，代表苏俄的观点。现在 Price 的解释，完全是根据广博的研究，详细的考订得来的，而他的结论，与前人相同。从此看来，关于当时日俄协定，宰割满蒙的一段历史，史家已渐有定论，我们可以把二家的公论，接受下来，作为一种可靠的学问。换句话说，纵使 Professor Grimm 是偏袒苏俄的，但是 Price 这册书，则立论公平。以前人们或许以为 Professor Grimm 之言，未可尽信；现在有这本书，证实他的言论，就毋庸置疑了。

（注）The Russo-Japanese Treaties of 1907-1916, Concerning Manchuria and Mongolia By Ernest Batson Price, PP. XIV &164, Baltimore, The Johns Hopkins Press, 1933, P. 75.

本书叙述一九〇七年至一九一六年，先后十年间，日俄的屡次协定，商议如何宰割满蒙的经过。作者主要的意思，可以分为下列几点：第一，日俄战争的结果，人们都知道日本把俄国打败。但是和约订立之后，俄国并不谋报复。非但如此，并且俄国对于日本在满洲的发展，抱着一种容忍的态度。第二，俄国在这个时期中间，为了谋自己的实惠起见，专心经营他可以保守的利权。例如日本在满洲发展，俄国只能在蒙古方面发展，他便专心致志于蒙古。因为俄国抱着这一种政策，所以起初是容忍日本，后来更进一步，竟与日本合作，互相帮助完成各自侵略的计划。因此有一九〇七年、一九一〇年、一九一二年和一九一六年，四次日俄协约。第三，在双方商订这几次协约的时候，日俄两国的外交家，都表显他们具有灵敏的手腕，和严密的防范。所谓灵敏的手腕，是用于日俄两国间的讨价还价。至于严密的防范呢，因为日俄两国，恐怕其他国家，表示反对，或从中破坏，所以不得不谨慎从事。第四，这几次的日俄协约，可以代表帝国主义，侵略中国已经到了最凶险的境地。照这几次协约的条文上看起来，中国在满蒙的主权，日俄两国，根本不把他当作一回事。人们都知道，甲午之后，各国争借军港，划分利权范围，要想瓜分中国；殊不知日俄这几次的协约，筹划宰割中国的领土，更为周密，更为具体。要是没有一九一七年的俄国革命，满蒙或许早已不保了。

　　作者在开卷之初，提出一个问题，就是日俄携手有什么背景？为了解答这个问题，他把已往的满蒙的历史，做了一个简明的绪论。其中对于满蒙民族政治组织的散漫，俄罗斯势力的东渐，以及日本的大陆政策，都特别注意。等到甲午之战，日本把中国打败之后，日俄两国，便开始在满洲接触。两国各有自身的利权，要想保障，要想禁止对方的侵犯。但是他们都很明白，凡是满蒙的各种利权，应当让他们两家来支配，断断不可以听由这种利权，落于他人之手。他们似乎从没有顾到，这许多地方是中国的领土，他们不能任意支配的。他们所见到的，只有一点，就是他们（日俄两国）早晚要做满蒙主人翁的，早晚要在这里做邻居的，所以为了保障他们的未来起见，他们觉得两家应当携手。早先他们并未公开的说明，他们要想攫夺满蒙；但是两下的心中，都是各怀兼并的恶梦。因为这个缘故，事前联络起来，将来可以互相帮忙，完成兼并的野心。

　　我们明白了这个背景，便可以懂得一八九八年四月的日俄协约。这就是所谓 Rosen Nishi Convention。作者引用日本外相林董的日记（Secret Memoirs of Count Tadasu Hayashi）说道，根据这次的日俄协约两国政府承认朝鲜的独立和主权；两国约定以后韩日两国工商业的关系，可以尽量发展，不加牵制；并且两国约定，如果派遣顾问赴韩，必须先得对方许可。这是最先的日俄联络，注意点在朝鲜，还没有及到满蒙；但是作者因为要述明已往的日俄联络，所以把他一并述及，以供参考。过了四年（即一九〇二年），日本将要和英国缔订英日同盟的时候，伊藤博文竭力主张订立日俄同盟，以替代之。伊藤这项建议，在当时俄国，亦很有许多人表示赞同（例如 Alexander Iswolsky 与 Count Sergius Witte）。从此看来，日俄携手的意思，很早就有人主张。在日俄尚未开战之前，这个观念已经存在了。

等到一九〇四年，俄国战败，于是这个观念，又重新活跃起来。日本得到了《波子玛斯条约》（Portsmouth Treaty），胜利之后，暗底下十分害怕，亦许将来俄国要报仇。所以只要俄国愿意和他谅解，日本是万分欢迎的。至于俄国呢，在战前俄皇听信了一般狂妄的野心家，以致招此大难，现在他们的势力消失了。Iswolsky 和 Witte 等人，素来主张联日的，现在为政府重用。所以他们便向俄国的人民说道，俄国应当以一九〇五年《波子玛斯和约》为出发点，力谋联络日本。因为俄国的亲日政治家当权，所以日俄协约的局面，便造成了。在这里我们应当特别提出一九〇七年六月十日的法日条约，因为这一个条约对于日俄协约，有直接的影响，原来日俄在一九〇五及一九〇六年，虽然逐渐接近，但是因为两方要在满蒙划分利权范围，不能成议，所以两国协约，迟迟不成。现在法日条约中间一方面承认法日两国划分利权范围的原则，而同时对于实际划分疆界的小节，文字写得很活动，备以后磋商时有变通的余地。日俄两国看了法日条约，可以这样毋庸呆板，因此就决定遵照他的样子，订立日俄协约。结果在七月三十日，成立第一次的《日俄协约》。

这次《日俄协约》里面，分密约和公约两部分。密约划定日俄在满洲的界限。我们节录其原文如下："Starting from the north-western Point of the Russo Korean frontier, and forming a succession of straight lines, the line runs, by way of Hunchun and the northern, extremity of Lake Pirteng, to Hsiushuichun; thence it follows the Sungari to the mouth of the Nunkiang, thereupon ascending the course of that river to the confluence of the Tola River. From that point, the line follows the course of that river to its intersection with Meridian 122° East of Greenwich." 从大体说起来，北满是俄国的利权范围，南满是日本

的利权范围。各人在利权范围之中，享有政治上与经济上的特殊权利。公约上讲的是什么话说呢？主要的一点，就是双方协议，大家不可侵略，大家要维持现状。作者认为这里可以注意的一点，就是这句话的语气是否定的，是侧重不应侵略的。但是他说，我们要知道，这不侵略并非普遍的。他的真正的意义，是说各人在各人的范围之内，尽可侵略、发展，或改变现状，只有在范围以外，双方协议，不应越界侵略。这样讲起来，所谓不侵略者，终究是侵略。所以要载明维持现状者，仅仅因为日俄互相猜忌，恐怕对方越界拓展，故有这样协议，实则并非真正维持现状。

日本自从缔订这次协约之后，他在南满的地位很巩固了。但是当时德美两国亦希望在满洲发展，日本只靠着对俄协约，哪里能够安心过去？德美两国之中美国尤其是可怕。因为美国最反对任何国家在中国享受特殊权利。并且美国已经一再声明，除非条约上载得很清楚的，其他各种利权范围，美国都不能承认。这种态度，最为日本所嫉视。日本为了巩固在满地位，及防止美国干涉起见，很想用各种手段，把美国引上他的圈套，间接的承认日本在满已经造成的特殊地位。结果有一九〇八年十一月底在华盛顿所订的《日美协约》。中间最重要的一条，就是说："两国政府之政策，其目的在保护太平洋之现状。"从此可以见得日本勾引美国的意思。可是我们要知道，美国政府决不会受他欺骗，随便承认他在满洲的特权。我们只要看当时美国铁路大王 Edward H. Harriman 等人的活动，以及美国国务卿 Philander C. Knox 所提分化满洲铁路权等事，就可以知道，《日美协约》，毕竟是没有用的。因为日本仍旧在害怕美国，所以他觉得唯一自卫的方法，要和俄国多事联络，防备将来第三国的干涉。

因此日俄两国，在一九一〇年七月，缔结第二次的《日俄协约》。我们如果把这次和前次比较起来，就觉得这次已经俨然成为一个防御同盟，态度较前紧张多了。因为内中至少有三点，可以使我们注意的。第一点，就是在第一次协约上，划分利权范围，及互相尊重对方权利等语，都是载在密约里面的。现在竟是把密约的笼罩揭去了。因为这次的协约的公约上载着："两缔约国，为保各国交通便利、商业发达起见，相互协力改善满洲之铁道，及准备该铁道之联络，决不为妨害此目的之一切竞争事务。"第二点，在第一次协约上，只有很空泛的讲，双方要维持现状。现在就大不相同了。第二次协约的公约上载着：为维持满洲现状，"若发生带有侵迫性质事件之时，两缔约国为协定维持该现状必要办法，得相互随时商议"。这是开辟了一个防御的具体方法。以上两点，都是载在第二次协约的公约里面，那末我们就可以想见，这是仿佛对第三者的干涉，预先下一个警告，使他勿来干涉，如果干涉的时候，那末日俄两国要合力反抗的。至于第三点呢，把日俄防御同盟的态度，表显得更清楚了。在这次协约（即第二次协约）的密约上，第五款载着，如果日俄两国，在各自利权范围之内，受人侵迫的时候，两缔约国为维护被侵害的利权起见，应会商执行必要的手段或竟出兵援助协同战斗。这是日俄第二次的协约。

这项协约成立后两个月，清政府有向美、英、法、德银行团借款的事情。中间有一部分涉及满洲的地方，因此日俄两国，立刻表示反对。当时俄政府一部分的朝臣，竟要想把北满立刻并吞下来，至少他们主张要竭力保护已得的利权，使将来终究可以把北满归并下来。日本方面的反抗亦是非常猛烈。后来于一九一一年四月十五日，清政府与四国银行团，正式签订合同了。但是十月中革命爆发，其事遂寝。而日俄遂可重新攻击。四国银行团无可如何，只能邀日俄共同参与，但是日本的要求，必须各国承认日俄两国在满蒙的特权。此事最后的结果，就是借款成立的时候，合同上载明，此项借款，不能用以损害日俄在满蒙的特权。

　　前两次的日俄协约把满洲差不多已经解决了。俄国以北满为其利权范围，日本以南满为其利权范围。但是他们如何划分蒙古呢？这个问题在第三次协约（一九一二年七月八日）的密约上解决了。这次密约的第一款，把一九〇七年的那条界线向西延长，作为日俄的分界。这条线迤西沿着 "the course of the Oulountchourh River and the Moushisha River up to the line of the watershed between the Moushisha River and the Halhaitai River; thence it follows the frontier line between the province of Heilungkiang and Inner Mongolia until reaching the extreme point of the frontier between Inner Mongolia and outer Mongolia"。密约的第二款，又载称内蒙古分为东西两部，以北京的子午线（116°27′ East of Greenwich）为两部分界线。俄国承认日本在东部有特殊利权，日本则承认俄国在西部有特殊利权。

　　自从这次协约订定之后，过了两年到欧战开始的时候，日俄关系，又有新发展了。我们先要认清，欧战开始的时候，远东的局面是怎样。第一，日本要想乘此机会，把他在满蒙从对俄协约上已得的各种利权，使中国承认。这一点在一九一五年条约上，已达到目的了。另外一点，就是俄国一部分的军械，须仰给于日本，而日本便乘此机会，向俄国需索极高的代价。当时一般社会，都传说俄国将允许日本航行松花江，并愿以中东路某段让与日本云云。我们姑且不问这种传说，是否属实，总之日本乘机向俄需索重大的权利，以为供给军械的条件，是一件肯定的事实。而结果呢，两国在一九一六年七月三日又订了一次协约（按这是第四次日俄协约），双方缔结正式的攻守同盟，以保护他们在满蒙的利权。遇有第三者侵犯的时候，两国有协力抗抵〔抵抗〕的义务。

　　自从一九〇七年至一九一六年，日俄两国，先后共订四次协约。等到一九一七年俄国革命发生，这次宰割满蒙攻守同盟的政策,就立刻中断了。作者在卷末申说一九二五年苏维埃政府和日本所订的条约,完全推翻帝俄时代的外交政策,把以前帝俄和日本所结的条约,除了一九〇五年《波子玛斯和约》以外,完全取消。换句话说,就是现今苏俄的立场,和帝俄的政策,完全相反,前面所述的侵略满蒙的情节,已经成为过去的历史了。但是我们如果看看现在的状况,苏俄虽然不主张继续侵略,而日本则仍旧坚守他传统的侵略政策,得寸进尺,初无厌足。所以我们读了Price 这册书,心中很有一些感触,在那十年之中,日俄一样的凶险,俄国的苦心经营,现在已云消烟散了,独日本深知他进取的方向,现在非但已经俨然成为满洲的主人翁,并且锋刃所及将夺内蒙,苏俄当局,究将如何对付,当〔尚〕难臆断。所以这本书,我们不应当把他仅仅当作历史读,简直可以用为研究将来远东问题的参考哩。

《国立武汉大学社会科学季刊》

武昌国立武汉大学社会科学季刊委员会

1933 年 4 卷 2 期

(李红权　整理)

内蒙王公的自治运动

作者不详

自九月中旬内蒙少数王公的自治运动消息宣布后，中日两政府均给以特别之注意。消息宣布之原因，系内蒙锡林果勒、乌兰察布与伊克昭等三盟发表文告，召集平、津及驻在各地之内蒙王公、委员等于九月二十八日赴达尔罕王镇〔旗〕贝勒庙举行自治会议，文告被报纸所登载。消息传出后，各方始知首倡自治者为锡林果勒盟副盟主德王；七月二十六日在百灵庙曾开会一次，八月间又开会一次。九月二十八日之贝勒庙会议，因到会人数不多，作为非正式会议，改于十月九日在百灵庙再度举行。十月九日之会议，共到内蒙各盟旗王公等五十余人，议决在南京中央政府指导下成立内蒙自治政府，并推定委员起草《自治政府组织法》；十五日开第二次会议，审查《自治政府组织法草案》；二十三日开第三次会议通过此《组织法》，并推定自治政府委员（十月三十日张家口电）。其组织法第一章以前有前文如下："内蒙各盟、部、旗长官应内蒙现实之需要，援国民政府《建国大纲》国内各民族自治自决之规定，由内蒙各盟、部、旗长官召开全体会议，在国民政府领导之下成立内蒙自治政府，制定内蒙自治政府组织法，颁布如左。"云云。《组织法》第一章以下规定除军事、外交归中央政府处理以外，内蒙行政均由自治政府处理。

国民政府得此消息后，深知此事意义之重大，因即积极筹划处理之办法，大改以前对蒙事因循敷衍之态度。于十月十七日的行政院会议上提出变更蒙藏委员会组织方案，及改革蒙古行政系统，及蒙古行政用人标准案，即被通过，十八日此诸案原则又在中央政治会议通过。不久又特派内政部长黄绍雄及蒙藏委员会赵丕廉等，多携绸缎、贵重物品赴内蒙宣抚，内蒙王公都来电欢迎。

　　内蒙此次之自治运动如果无复杂背景，自当为我们所赞同。所可虑者，系内幕决不单纯。按德王等七人，今年春间曾乘飞机被载往长春，此中情形自可怀疑。且九月二十五日多伦亦曾有一次自治会议开会，而其指挥者则系日人。德王处据说现尚有某国人居住。

　　假如运动的内幕果有日人操纵的话，则别人系有巩固基础，且系谋定而动，断非国民政府的办法所能慰抚得下；万一幸而无背景，黄绍雄等之行自可奏一时之效，但决不能阻止将来内蒙王公之被诱。日本之侵内蒙是具有决心的，是有充分预备的，对于内蒙风土俗情、文字语言之详悉，决非中国政府之所能及，再加以财力与武力的威胁与利诱，内蒙王公也决无此种抵抗的力量。所以在中国内政无有办法以前，强邻将利用九一八以来的地位不断对内蒙侵略，中国将无法保持蒙古民族之〈不〉离去。

　　所以由内蒙自治运动的危机，我们所感到警惕的，是中国内部将要来到的弱小民族之离去运动无法制止！

《青年界》（月刊）

上海北新书局

1933 年 4 卷 5 期

（李红权　整理）

蒙古各盟旗要求高度自治真相

作者不详

蒙古各盟旗联合驻京办事处，于十月二十日招待新闻记者，由该处代表吴鹤龄报告蒙古要求自治的实际情形。据云从锡、乌、伊各盟旗长官请求内蒙高度自治的愿电到京以后，各报连日都有关于此事的消息与评论，足见新闻界很注意此事。前几日汪院长邀集旅京全体蒙人谈话，更见得政府重视蒙古群众的意思，我们都是十分感佩的。现在中央已派黄部长、赵副委员长出巡内蒙，各盟旗必能有很明确的观察与很适当的处置，这是我们竭诚欢迎的。本来蒙古自治这个问题，在民国十七年北伐完成以后，本党扶植弱小民族使之能自决自治的政策传到蒙古，那时候各盟旗就有设立内蒙地方政府的要求，想在不防〔妨〕碍国家统一的范围以内，实行自治。现在蒙古土地在国家无办法的当中，已经丧失了大半，而仅存的锡、乌、伊各盟旗也成釜中游鱼，他们感觉到非自己组织起来，不足以御侮图存，所以又向中央提出自治的要求。至于他们要求的高度自治，究竟高到什么程度呢？在他们愿电中已经说明，军事、外交惟中央是赖，五族互助共存，打成一体，这很可以证明所谓高度自治者，并无脱离中国而独立的意味。现在很有些人大惊小怪的说，蒙古要求高度自治，就是叛离中国，又把投日附逆、有背景等罪名，加在蒙人头上，这些离开事实的言论，姑且不去管他，先将蒙古不能与日本合作的情形报告一下。

日人吞并朝鲜的惨剧，蒙人早就知道，现在日人对于伪国的压迫，蒙人是共见共闻的，尤其是盟旗制度是蒙人不愿意大变更的，但是日人既把卓、昭、哲三盟废除，改设兴安东、南、西、北四分省，又把各旗礼〔扎〕萨克改为旗长，还有各盟旗遇事联合办理，已成为近年蒙古政治上的新趋势，而日人偏处处设法拆散各盟旗的团结，如对卓盟七旗及昭盟南部七旗，只许其各旗自治，不许其设立共同机关，这些办法都是蒙人所深恶痛恨的。况且蒙古与中国有悠久的历史，请各位想想为什么舍此而就彼呢，所以我们很希望政府要防范日人再把现在的蒙古抢去，不必疑虑蒙古背叛中央，换一句话说，就是要防范敌人，相信自家人，才可以谈得到团结御侮，巩固国防。现在又有些人说，此次蒙古要求自治是少数人谋政治出路，只要想方法多位置些蒙人，便可以解决此事，这一种见解的幼稚，也用不着我们去批评，因为此次蒙古要求自治之用意，是在集合全力御侮图存，愿电中已经说得很明白，而且署名愿电的人，都是有地方的世职，现在若不把他们御侮图存的问题为之解决，而欲以安插捣乱分子的方法应付之，是为缘木求鱼，请各位想想能够发生效力吗。所以我们还希望政府体贴蒙古要求自治的苦衷，设法使他们本身发生抵御外侮的力量，才可于国家地方两有裨益。锡、乌、伊各盟旗长官发出愿电以后，本定于九月二十八日在百灵庙集会讨论进行办法，后来听说中央决派大员前往宣导，就一直延候到现在，中间只开过两次大会，一次在本月九日，结果共推廿四人起草自治方案，预备与大员接洽，一次在本月十五日，通过自治方案，内容还未听说，但是百灵庙的地主乌盟云盟长一再电京表示要在拥护党国下求得自治。在这种会议进行中，日人也在多伦召集蒙旗会议，他们给各盟旗的通知书内，威迫利诱非常严重，他们的意思是在使百灵庙的会议开不成，但是各盟旗的长官及代表还是如约齐集百灵庙，并无一人出席多伦会议。现在到百灵庙的长官及代表，都急欲得到一个圆满结果，所以乌盟云盟长及锡盟德副盟长（即德王）等一再来电欢迎大员前往，又一再电邀兄弟前往，而这次全体代表也要兄弟去一趟，事关边局，义不容辞，打算在一二日内就启程北上。兄弟对于蒙事向来有三个信条，第一是地方与中央合作，第二是盟旗与省县合作，第三是王公与平民合作，简言之，就是整个的精神团结。此次前往百灵庙仍当本此信条，尽其绵薄，以期于各方圆融中实现内蒙自治。以后消息当再报告，各位都是热心边事的，尚希予以指导才好。

正副盟长愿电原文：中央党部执行委员会、国民政府、行政院、军事委员会、蒙藏委员会、参谋本部钧鉴：年来吾国兵荒饥馑，纷扰鼎沸，边疆蹙削，外患日深，吾蒙古近日、俄，创痛尤烈，广漠之地，弱小民族抵抗无力，固守无方，俎上之肉，宰割由人。十年以来，外蒙剥夺于苏俄，哲盟、呼伦贝尔沦亡于日本，近且卓、昭等盟亦相继覆没，西蒙牵动，华北震撼，千钧一发，举国忧心。吾蒙积弱民族，坐受宰割，亦固有其所，中央虽负有扶植救济之责，顾内乱频仍，事势分异，当局尚不暇自救，吾蒙抑何忍以协助责望中央。况兵燹之余，不时劳遣专使，远方存问，足证休戚相关，患难与共，吾蒙深为拜嘉。边疆不警，委蛇偷安，未为不可，迩来强邻俱侵，刻不容缓，燕雀处幕，覆亡之祸已迫，因循偷安，已为事势所不许，煎急□耐，应付无方，倘不黾勉自决，一旦劲敌压境，所至为墟，风波所及，积弱之蒙疆，势必蚕食殆尽，深贻中央之忧，藩篱破决，将以亡吾蒙古者累及同胞，一肢摧折，全体牵动，关切至大，为罪滋深。《传》曰鹿死不择荫，凡我同胞，设身处地，试为蒙民三思，舍自决自治，复有何法？伏念我孙总理艰难定国，以人民自治为基础，以扶植弱小为职志，煌煌遗训，万世法守。中央军事鞅掌既不遑忧远，吾蒙敢不投袂而起，遵奉总理遗训，自治自决，以自策励。盟长、扎萨克等谨查二十年国民会议议决案，已有特许外蒙自治之先例，乃于今年七月廿六日，在乌盟百灵庙召急内蒙全体长官会议，佥曰采用高度自治，建设内蒙自治政府，急谋团结，以补中央所不及，凡事自决自治，庶几眉急可挽，国疆可守。民意淳淳，亦咸以是为请，于是毅然进行，气象为之一振。所有顺应民意应付环境施行自治情形，除由盟长、扎萨克、王公等会衔联印正式呈报中央鉴核外，爰将吾蒙推行自治真相，谨先电达，悉其自治真意，实因事急境迫，日暮途穷，志切自救救国，不得不亟图自决以补救危亡。至于军事、外交，关切国家体制，吾蒙能鲜力薄，平时尤仰仗中央多助，况当存亡关头，一切对外措施，更惟中央是赖。并望当局诸公一本总理民胞物与之旨，天下为公之意，谅其苦衷，悯其衰弱，辅导箴勉，弥缝其阙，而教以所不及，策励其自决自治之精神，促成其发奋图强之苦心，革其固陋，新其治化，上有以翊赞中央殷殷图治之心，下有以慰吾蒙喁喁望治之意，俾五族之民众，互助共存，打成一体，庶几危亡可挽，边疆可固，蒙古幸甚，国家幸甚。

《中华法学杂志》（月刊）

国立北平研究院

1933 年 4 卷 9、10 期合刊

（李红权　整理）

行政院会议通过改革蒙政新方案

作者不详

中央对蒙事异常注重，已拟有改革新方案，于地方行政系统，用人标准，均拟重新厘订，审度地方情形，以合时势需要。十月十七日行政院会议席上，汪院长提有变更蒙藏委员会组织法方案，及改革蒙古地方行政系统方案，暨蒙古行政用人之标准各案。经讨论后，结果通过，即向中央提请核准施行。要点如次：

（甲）变更蒙藏委员会组织法：拟特设一边务部，或称蒙藏部，直隶于行政院，为处理蒙藏之最高机关。设部长一人、次长二人主持，边务部并应酌定时期，分别召集各边区负有行政责任之首领，及有德望之人士，来京举行会议。

（乙）改革蒙古地方行政系统案：（一）已设置省县治地方，其行政区域，应不变更。（二）蒙人聚居之省份，应设置蒙古地方政务委员会为办理地方行政之专管机关，各设委员若干人，推选委员长、副委员长各一人，以蒙人之有德望及有政治学识经验者充之。（三）已设政务委员会之省份，除军事、外交及其他国家行政仍由中央政府办理外，其余属于蒙人聚居区域之地方行政，统由政务委员会负责办理，并受边务部之指挥监督。（四）地方政务委员会办理各种建设事业。（五）地方政务委员会于不抵触国家法令范围内，得制定地方单行法规。并发布命令。（六）地方政务委员会应设蒙古代表会议，为蒙人之民意机关，每年定期集会一次。

（丙）蒙古行政之用人标准：为中央或地方之蒙古行政，应尽量容纳蒙人，中央就适宜地点，设立中央军事政治学校分校。

《中华法学杂志》（月刊）

国立北平研究院

1933 年 4 卷 9、10 期合刊

（丁冉　整理）

中央改革内蒙古行政系统拟定三项方案

作者不详

闻黄绍雄、赵丕廉二氏为适应内蒙现实情形及经济地位，参照德王等倡议之自治政府，准察、绥两省各盟旗就各省区内设一区自治政府，办理内蒙自治事宜。该区自治政府之组织法，仍须由立法院制定颁布，但中央于派黄、赵北来时，即预拟一改革蒙古行政系统方案，由黄、赵令各王公接受施行。此次之区自治政府，即根据上项方案增删而成，虽不能认为正式法规，要为制定法规之基本原则。兹觅录如次，用供参考。

甲　变更蒙藏委员会组织法方案

（一）中央特设一边务部（或蒙藏部），直隶于行政院，为处理蒙藏行政之中央最高机关，设部长一人，次长二人，主持部务。

（二）边务部设各司处分掌事务，并设各委员会，分任讨论进行之责。

（三）边务部应酌定时期，分别召集各边区负有行政责任之首领及有德望之人士来京举行会议。

（四）边务部与其他各部、会办理国家行政，有互相关连者，应随时会商，决定办理。

乙 改革蒙古地方行政系统方案

（一）已设置省治、县治地方，其行政区域应不变更，蒙古原有各盟、旗、郡〔部〕之组织及制度仍应保存。

（二）内蒙古人民聚居地方之省份，应分别设置内蒙古区自治政府，为各该省区内办理地方行政之专管机关，各设委员若干人，并推选委员长、副委员长各一人，均以蒙古人之有德望及有政治学识经验者充之。前项区自治政府之经费，由中央酌量补助之。

（三）已设置上项区自治政府之省份，除关于军事、外交及其他国家行政仍由中央政府或由中央政府授权于当地省政府办理外，其余属于内蒙古人民聚居区域之地方行政，统由内蒙古区自治政府负责办理，并受中央、边务部之指挥监督。

（四）内蒙古区自治政府得斟酌情形，分科或分处办理各种行政事务。

（五）内蒙古区自治政府办理地方各种建设事业，于必要时得按各该地方需要情形，由中央拨款补助之。

（六）内蒙古区自治政府于不抵触国家法令范围内，得制定地方单行法规，并发布命令。

（七）关于蒙古全体事项及各区自治政府有互相关联之事务，每二年得开联席会议，或由该会议召集全体蒙民代表会议讨论之（全体蒙民代表会议之组织与权限另定之）。

（八）省政府所属各厅县办理普通地方行政，涉及蒙古行政范围者，应随时与区自治政府会商决定。发生纠纷时，应由省政府委员与区自治政府会议解决，或呈请中央解决之。

（九）内蒙古区自治政府委员长、副委员长，得列席当地省政府委员会议。

（十）内蒙古区自治政府成立后，各省政府应即停止设县或设自治局。

丙　蒙古行政之用人标准

（一）中央或地方之蒙古行政，应尽量容纳蒙古人。

（二）中央政府应就适宜地点，设立中央军事政治学校分校，由熟悉蒙古情形者担任教练，培植蒙古民族各种专门人才，并设法任用之。

《中华法学杂志》（月刊）

上海大东书局

1933 年 4 卷 11 期

（李红权　整理）

冯玉祥走后之察哈尔

学西　撰

冯玉祥乘日寇平、津之时，以抗日军为标榜，突然发动于察哈尔，因此使战后之华北又生危机，刻刻有破裂之虞，中经各方调人挥汗奔走，时紧时弛，凡七十余日，终因环境之不容许，与冯氏之毅然收束，乃得平定。现冯已南下至泰山，宋哲元亦入察主政。但经此变化，所招土匪多至十万人，冯走后陷入群龙无首之境，善后事宜倍感棘手耳。现追记冯下野前之形势，及乱军麋集于察北，日伪攻取多伦之现状，与夫军分会对察事之处置如下。

事与愿违冯氏下野

或谓冯之下野，由于中央军之压迫，不能贯彻其抗日主张者，则大错。盖抗日乃冯之口号，而由于抗日之口号以造成一独立地盘，乃冯之愿望。冯在举事之前，对军事发展路线及经济来源，早有筹划，且昧于左右之宣传，以为抗日之旗朝揭，平、津夕为己有，而愤激于国亡家破之徒，能乐予输将也。如若北平当局真无抗日决心与决死表现，失去民心者，则冯之愿望甚易达到，但既完全弄错，则一着之差通盘全输矣。所以冯之失败，在其举事后未能立下平、津，把有北方政治中心，已能断其必败。察哈尔为贫瘠之区，税收不满六十万，居民不足三百万，决难供给十万大军之需要，而形势上东限于平、津，南阻于大同，西扼于归绥，且多伦至沽源、独石口五百余里，当敌骑之冲，冯玉祥虽有撒豆成兵之能，苦无指石为金之术，支撑六七十日，气焰逐步下降，终乃一走以了之。

御匪乏术信誉大伤

以上所说，尚为形势使然，但中央为体念冯之抗日苦心，怵于内战之不能再有，始终以政治解决方式，应付察事。中央军之开往沙城、下花园者，亦仅以监视为限，冯在此种方式之下，如御众有方，处置恰当，未尝不能继续干去。但冯在此番，已无嫡系部众，方振武合作而来，吉鸿昌另有抱负，皆欲以冯为偶像耳！于事实上，冯无独行其主张之可能，比之西北军时代，已感境况不同矣。而冯之所以能成就今日地位，完全恃其御下之严，军誉甚好，此番抗日同盟军之成分，十之八为土匪，冯无干部力量镇压其间，无从施行军纪风纪，因此抢掠为常事，奸淫亦难免，民怨大兴，信誉扫地，以前爱戴冯玉祥者，亦骂之为殃民，即冯在给养无法取得时，亦以绑架手段对付商民勒派，使人民深恶痛绝。且军事实权操之吉鸿昌、方振武之手，冯欲改革而不可能，回念昔日雄风，能不自叹多事？

最后考量决定不干

及日伪进攻多伦，冯知不能驱土匪以御敌，则以抗日自命者，势且以失地终矣，此其决心不干之第一因。吉、方为强迫各路义勇军开回张南，实行枪口对内，因此狙杀邓文，开火拼之端，冯知吉、方目中已无冯玉祥，乃敢直接行动，且邓文一死，反感立生，内溃又所不免，此其决心不干之第二因。冯在事前原与西南商定，今举事两月已接济不至，仅以电文之慰藉为空言之唐塞，且接收战区后平方已能单独对察，前途更无希望，此其决心不干之第三因。所以李炘再度至平，言冯已愿意接受蒋、汪四原则，及何应钦三项办法，请宋哲元即回察时，尚无人敢予相信，及宋哲元漏夜入平，云已得冯之密电，始信之，但为慎重计，仍以相当警戒护宋前往，与孙良诚、佟麟阁会晤于下花园，入张垣接收政权，解决之速，大出一般人之见解。

吉、方阻挠未为所动

察事之解决，贵在神速，从冯氏来电至秦德纯入张垣仅三天，而冯之南下亦在一星期内，简直无人可以破坏。当冯之电宋哲元也，方振武方整理邓文部于宝、康，吉鸿昌则在多伦，星夜驰回，力图阻止，且以南下必有危险胁冯，请冯移住张北，以方振武为同盟军代总司令，但冯皆不同意，仅云本人自有主张。后方振武又表示冯如一走，无异使同盟军陷入绝境，进退无据，请冯负善后之责。冯云：善后事自有宋哲元办理，宋在公义私交上决不致使同盟军失所。议无结果，冯已收束行装，委佟麟阁办理移交，即晚专车南下矣。

麇集察北议论纷纭

现时同盟各军之分布形势，方振武部驻张北，吉鸿昌、张励生部驻多伦、保〔宝〕昌、沽源间，张人杰驻张北以西某卡伦，刘桂堂在赤域〔城〕、龙关，檀自新在宝、康，冯占海在蔚县，已成一盘散沙，各不统属，各自行动。方振武则主张划察北为根据继续抗日，吉鸿昌则主张另图发展，张人杰欲并入孙殿英军或往依晋阎，檀自新、冯占海则已向平军分会接洽，刘桂堂有众万余，及乜玉岭等三土匪师，则当然仍为土匪。此为察北之最大危机，盖日伪军已下多伦，进窥宝昌、沽源，而此间又为乱兵麇集之区，编不胜编，遣不胜遣，平军分会所定额数为一万人，月饷十五万元，仅能收编七分之一，则七分之六之余众如何，大成问题矣。且方振武、吉鸿昌至今未有接受编遣之表示，而前来张垣投靠冯玉祥之准共党分子张久荣等，均在吉、方军中，主张另图发展，以察北、绥东为根据地，实行建国。盖彼等皆为迷恋于苏俄分子，此番来察之目的，亦无非欲拉拢冯与第三国际重续前欢，无如第三国际已不能恢复对冯信任，事不能成耳。今冯已去位，吉、方继之，吉、方与第三国际无所好恶，且地位较低，易于操纵。因此彼等又申前议，有组织此外蒙外卫以迎合苏俄需要之议也。

《社会新闻》（三日刊）

上海新光书局

1933 年 4 卷 18 期

（朱宪　整理）